HEYNE BIOGRAPHIEN

Robert Browning

KAISER JULIAN

Der abtrünnige römische Herrscher

Wilhelm Heyne Verlag
München

HEYNE BIOGRAPHIE
12/161

Lizenzausgabe mit freundlicher Genehmigung
der Nymphenburger Verlagshandlung GmbH, München, 1977
Titel der Originalausgabe: ›The Emperor Julian‹,
erschienen bei Wiedenfeld and Nicolson, London

Aus dem Englischen übersetzt von Ulla Leippe

Copyright © 1988 dieser Ausgabe by
Wilhelm Heyne Verlag, GmbH & Co. KG, München
Printed in Germany 1988
Umschlagbild: Archiv für Kunst und Geschichte, Berlin
Umschlaggestaltung: Atelier Ingrid Schütz, München
Gesamtherstellung: Presse-Druck Augsburg

ISBN 3-453-00821-9

Inhalt

Vorwort

Seit sechzehn Jahrhunderten regt die Person des Kaisers Julian die Fantasie der Historiker und Künstler an. Das Mittelalter sah in ihm eine Verkörperung des Bösen, mußte aber doch die Bedeutung seines Charakters und seiner Leistungen anerkennen; in der Renaissance meinte man in seiner Stimme die eigene zu vernehmen; die Aufklärung glaubte in ihm einen Vorkämpfer für die Vernunft zu erkennen, der heldenhaft, wenn auch vergeblich, gegen den herrschenden Aberglauben kämpfte. Dem neunzehnten Jahrhundert wiederum stellte er sich oft als der tragische Außenseiter dar, ein genialer, seiner Zeit entwachsener Herrscher. Heute stehen unterschiedliche Auffassungen über Julian nebeneinander. Zuweilen möchte man ihn auf die Couch des Psychiaters schicken und sucht in den Traumata seiner Jugend die Erklärung für seine ungewöhnliche Persönlichkeit und sein Verhalten; manchmal wird er als verworrener Enthusiast ohne große Bedeutung geschildert, dann wiederum als ein Mensch von außergewöhnlicher Begabung, in dem sich aufgrund seiner exponierten Stellung die schärfsten Widersprüche seiner Zeit und ihrer gesellschaftlichen Zustände verkörperten.

Ich selbst neige zu dieser letzteren Auffassung. Für mich ist Julian kein Außenseiter, sondern gerade in besonders typischer Weise ein Mensch seiner Zeit, der ihren Aberglauben und ihr rationales Denken, ihren Pragmatismus und ihr Ringen um Glaubensinhalte gleichermaßen in sich vereinigte. Auch wenn sich letztlich die meisten seiner Bemühungen als fruchtlos oder überflüssig erwiesen, läßt sich daraus noch lange nicht folgern, Julian sei unbedeutend gewesen – denn dann hätte man ihn vergessen wie so viele seiner Vorgänger und Nachfolger. Wenn ich zuweilen Julians Geisteshaltung nachspüre, dann mit der Bescheidenheit des Historikers, der den Allerweltserklärungen für die Vielfalt menschlicher Verhaltensweisen mißtraut. Ich habe versucht, Julian als Menschen seiner Zeit darzustellen, der sich intensiv mit den Problemen seiner Zeit auseinandersetzte, und dem dabei ein zwar weites und tiefes, aber mehr aus der Tradition als aus Erfahrung gewonnenes Wissen zur Verfügung stand. Er scheiterte nicht, weil er ein Träumer oder Narr gewesen wäre. Gewiß, er beurteilte die Verhältnisse falsch, er irrte vor allem, was die Oberschicht in den Städten des Ostens anging. Doch wie schon Joseph Bidez richtig bemerkt hat, die Fehler, die Julian machte, waren verständlich. Daß er eine außergewöhnliche Persönlichkeit war, mußten sogar seine Feinde zugeben. Was immer man auch von seinen religiösen Ansichten halten mag: Er war ein brillanter Schriftsteller und einer der großen Heerführer seiner Zeit. Und er war eine tragische Figur, ein Mensch, der zu großen Hoffnungen Anlaß gab, die er jedoch nicht erfüllen konnte. Ein amerikanischer Student hat ihn einmal mit Präsident John F. Kennedy verglichen, und wenn der Vergleich auch bei genauer Betrachtung nicht standhält, so verdeutlicht er doch, warum Julian schon wenige Jahre nach seinem Tode zur Legende geworden war.

Ich freue mich, meinen Dank dem Dumbarton Oaks Center für byzantinische Studien aussprechen zu dürfen: Ich konnte dort als Gast viele Vorarbeiten tätigen und mit dem Schreiben dieses Buchs beginnen; ich danke auch Andrew Wheatcroft und Benjamin Buchan, die mir halfen, aus einem Manuskript ein Buch zu machen; und nicht zuletzt Susan Archer, die alles ins reine schrieb, vieles davon sogar mehrmals.

1

Das Zeitalter Konstantins und Julians

Das vierte Jahrhundert unserer Zeitrechnung erlebte die Anfangsstufen einer ausgedehnten und komplexen Wandlung der Gesellschaft; sie wurde erst Ende des sechsten Jahrhunderts abgeschlossen. Frühere Historiker pflegten diese Wandlung als das Ende einer vorhergegangenen Vollendung zu empfinden, den »Verfall und Untergang des Römischen Reiches«. Dieser gedankliche Rahmen, zuerst von der Renaissance entworfen, ist später durch großartige Synthesen ausgefüllt worden, von Gibbon bis zu Seeck und Rostovtzeff; in ihm haben die üblichen Kategorien Platz, in denen wir für gewöhnlich das Ende der Alten Welt und den Beginn des Mittelalters unterbringen. Wir alle sind Gefangene der Ideen, die unsere Vorgänger entwickelt haben.

Die heutige Generation sieht die große Wandlung unter einem neuen Gesichtswinkel. Verschiedene Historiker, von Piganiol und Mazzarino bis zu A. H. M. Jones und Peter Brown, haben damit begonnen, noch einmal genauer zu untersuchen, was in jenen entscheidenden Jahrhunderten wirklich vor sich gegangen ist – und zwar ohne schon im voraus zu bestimmen, was sie finden wollten. Sie haben also nicht einer einfachen, eingleisigen Entwicklung nachgespürt, einer einzigen ›Erklärung‹, sondern vielmehr die Komplexität und innere Widersprüchlichkeit alles menschlichen Handelns zum Ausgangspunkt genommen. Diese Historiker bilden keine Schule. Tatsächlich widersprechen sich ihre Ansichten oft und in grundsätzlichen Punkten. Aber sie alle haben die neuen Einsichten der Sozialwissenschaften in die Zusammenhänge menschlicher Gemeinwesen mitberücksichtigt. Sie sind von den mit Max Weber und Karl Marx verbundenen Gedankengängen beeinflußt worden, ohne deswegen gleich unter deren Flagge zu segeln.

Falls die vorliegende Darstellung der wesentlichen Veränderungen im mittelmeerischen Gesellschaftsgefüge während des vierten Jahrhunderts manchmal ein verworrenes und widersprüchliches Bild bietet, liegt das daran, weil hier der Versuch gemacht wurde, auch neuere Historiker heranzuziehen, die nicht nur mit den alten Antworten unzufrieden sind, sondern auch neue Fragen stellen. Und keine ihrer Antworten ist glatt und einfach.

Für Edward Gibbon war die Antoninen-Zeit noch ein goldenes Zeitalter, das er mit überzeugender Beredsamkeit im zweiten Kapitel seiner »Geschichte des Verfalls und Unterganges des Römischen Reiches« schildert. Daß die Vollendung jedoch bereits ihre geheimen Risse hatte, wußte auch er: »Es war kaum denkbar, daß der Blick der Zeitgenossen hinter dem allgemeinen Wohlbefinden die noch verborgenen Ursachen von Verfall und Verderbnis erkannte. Diese lange Friedenszeit und die einheitliche Verwaltung der Römer führten ein langsam wirkendes und verborgenes Gift in die lebenswichtigen Elemente des Reiches ein.«

Moderne Fachgelehrte haben oft vorgebracht, daß die Risse im Gebäude keineswegs so unauffällig waren, wie Gibbon sie schildert. Doch das bleibe dahingestellt: Alle stimmen darin überein, daß das Römische Reich im dritten Jahrhundert – vor allem in seinem zweiten und dritten Viertel – von einer tiefgreifenden, lange währenden und heftigen Krise geschüttelt wurde.

Statt die Grenzen zu verteidigen, marschierten die Armeen nach Rom, um ihren jeweiligen Kandidaten auf den Thron zu heben. Kein Kaiser hielt sich längere Zeit am Ruder, und zuweilen kämpften drei oder vier Anwärter um das höchste Amt im Staate. Sengend und plündernd drangen Barbarenvölker aus dem Norden tief in das Land ein. Sogar Athen wurde von einer gotischen Truppe, die über die Donau gekommen war, erobert und ausgeplündert. Im Süden verunsicherten Nomadenstämme aus der Wüste die Kolonien in den afrikanischen Provinzen. Ein neu erstehendes Persien bedrohte im Osten die römische Macht. Die Silber- und Bronzemünzen, mit denen die Bürger für gewöhnlich ihre täglichen Geschäfte abwickelten, gerieten in eine Inflation und Abwertung, die sie bald bis auf weniger als ein Millionstel ihres ursprünglichen Wertes absinken ließen. Das heikle Gleichgewicht zwischen den Klassen der Gesellschaft schwankte. Die alten Wahrzeichen, die unverrückbaren Sicherheiten des Lebens wurden weggefegt. Die Menschen sahen sich zu einer oft wilden und grausamen Selbsthilfe genötigt: es war ein unfreundliches, ein brutales Zeitalter. Eine Armee, zum großen Teil außerhalb des Mittelmeerraumes rekrutiert, kämpfte für die Errungenschaften der mediterranen Zivilisation. Städte wurden zerstört, und mit ihnen ein ganzes Daseinsmodell, das sich auf die Existenz einer Klasse von verpachtenden Grundbesitzern stützte und zumindest teilweise von staatsbürgerlichem Stolz beseelt war. Die Aufteilung der Verantwortung zwischen der Zentralregierung und den Städten, auf der das Gleichgewicht des Römischen Reiches beruht hatte, verlor an Wirksamkeit. Man griff zu verzweifelten, oft undurchführbaren Hilfsmitteln, durch die eine immer noch größere Last der Verantwortung auf die kaiserliche Regierung gehäuft wurde; und diese war schwach, schlecht organisiert und litt unter den wiederholten Usurpationen. In einer so unberechenbaren und von Schrecken erfüllten Welt wandten sich die Menschen neuen Göttern zu, die eine unmittelbare und persönliche Rettung versprachen und überzeugender waren als die alten Gottheiten des olympischen Götterhimmels. Oder sie suchten Zuflucht bei Hexenwerk und Magie, wobei sie die launischen und undurchschaubaren Mächte, von denen ihr Schicksal abzuhängen schien, eher zu bannen als zu begütigen hofften. Der Aberglaube bot ihnen mehr Trost, als es die Vernunft vermocht hätte.

Wiederum darf man das Chaos und den Mangel an Zusammenhalt im dritten Jahrhundert nicht zu sehr übertreiben. Es gab große Unterschiede zwischen den einzelnen Provinzen. Die Grenzen innerhalb der Gesellschaft, wie sie von der römischen Zivilisation errichtet worden waren, hielten sich im griechischen Osten besser als im lateinischen Westen. Obwohl reiche Familien jetzt verarmt waren, gab es keine vollständige Umbesetzung in den herrschenden Klassen. Ihr Reichtum lag vor allem im Landbesitz, nicht in Geld oder beweglichen Gütern. Und Land war ein wesentlicher Faktor der Produktion. Im Westen hatten sich einige alte Senatsfamilien gehalten, die gelegentlich ihren Grundbesitz durch rechtzeitige und richtige Kursänderungen sogar noch erweitern konnten. Andere Landgüter eigneten sich die neuen provinziellen oder barbarischen Heerführer an, die zu kurzer Macht gelangt waren. Im Osten gab es vermutlich weniger Großgrundbesitzer. Doch in vielen Gegenden blieben hier die herrschenden Klassen am Ruder, wenn sie auch nicht bereit oder imstande waren, die Freigebigkeit ihrer Vorfahren fortzusetzen.

Vor allem aus dieser Klasse städtischer Grundbesitzer kamen die geistigen Führer des Imperiums, wie überhaupt die Intellektuellen in diesem rauhen dritten Jahrhundert gute Zeiten genossen. Ihre wirtschaftliche Basis war nicht ernstlich bedroht. Und wenn sie auch lernen mußten, sich zuzeiten im Hintergrund zu halten, gewannen sie doch immer wieder Ansehen und Fürsprache. Vor einem gehobenen Publikum im unruhigen Rom des Gallienus lehrte Plotin gelassen über Platos Philosophie, aus der er unabsichtlich etwas ganz anderes machte. Es kam also nicht zu einem plötzlichen Abbruch mit der antiken geistigen Tradition. Lehrmeinungen, Wertschätzungen und Anschauungsweisen aus der Zeit der Antoninen wurden in die Konstantins übernommen. Doch am Ende jener dunklen Zeit unterschieden sie sich unmerklich von dem, was sie vorher gewesen waren. Die Akzente hatten sich verschoben, die Bedeutung von Begriffen und Vorstellungen hatte sich gewandelt, und ebenso die Ziele, die sich die Menschen setzten, wenn sie die Bürde einer schon tausendjährigen Tradition auf sich nahmen. Die Dinge konnten nie mehr werden, was sie gewesen waren.

Die Männer in den einflußreichen Positionen bemühten sich nach Kräften, in einer zerfallenden Gesellschaft die Ordnung aufrechtzuerhalten, und wenn es nur in ihrem eigenen Interesse lag. Die Maßnahmen, zu denen sie griffen, waren durch die ihnen verfügbaren Mittel bestimmt, durch ihre eigene Auffassung darüber, was in dieser Gesellschaft faul sei, und natürlich ebenso durch ihre Intelligenz und ihren Charakter.

Aurelian legte großen Wert auf gemeinsame Religionsausübung und gemeinsamen Glauben. Unter seiner Regierung wurde die Verehrung der göttlichen Sonne, des *Sol Invictus*, zum offiziellen Kult des römischen Staates. Andere Gottheiten mußten entweder mit der göttlichen Sonne identifiziert werden – wie Apollo – oder wurden auf die eine oder andere Weise der neuen, universalen, einzigartigen Gottheit zugeordnet. Die neue Religion übernahm einiges aus den iranischen Glaubenslehren, mehr jedoch noch aus den traditionellen Religionen der Länder des Fruchtbaren Halbmonds. Sie war symptomatisch für eine neue Aufgeschlossenheit der Herrscher Roms für geistige und geistliche Einflüsse aus dem Osten. Doch wie die meisten ›offiziellen‹ Religionen konnte der Kult des *Sol Invictus* dem einfachen Menschen in seinen Ängsten und Hoffnungen kaum helfen, und daher erwarb er sich niemals eine leidenschaftliche Anhängerschaft der Massen. Doch er konnte sich ohne Schwierigkeiten dem Mithraskult angleichen, der in der Armee weit verbreitet war; deshalb kann man ihn auch nicht als eine von oben her verfügte intellektuelle Konstruktion bezeichnen.

Diokletian (284–305) sah die Schwächen der Gesellschaft und die erforderlichen Heilmittel in breiterem Zusammenhang. Er versuchte, die steigende Inflation mit ihren gesellschaftlichen Konsequenzen durch eine Politik der Preisfestsetzung aufzuhalten. Ein kaiserliches Dekret bestimmte für alle nur denkbaren Waren oder Dienstleistungen, was sie kosten durften, und setzte zugleich hohe Strafen für Überschreitung bei Kauf oder Verkauf fest; man hat in allen Winkeln des Reiches Kopien dieser Verfügung in lateinischer oder griechischer Sprache gefunden. Unnötig zu erwähnen, daß sie wirkungslos blieb: Rationierung oder Kontrolle der Verteilung, die auch eine nur vorübergehende Preisbindung begleiten müssen, konnte der Verwaltungsappart nicht leisten. Und selbst wenn sie technisch möglich gewesen wären, so doch nicht in der sozialen Struktur einer Gesellschaft, in der sich die Unterschiede nach Status – und manchmal auch nach Klassen – durch so auffällige Gegensätze in Lebensstandard und -stil bekundeten. Auf keinen Fall ist aber anzunehmen, daß die Inflation im dritten Jahrhundert durch steigende Produktionskosten verursacht wurde.

Mehr Erfolg hatte Diokletian, wo es um Probleme der politischen Macht ging. Er verstärkte den tatsächlichen Einfluß der Heerführer, begrenzte ihn aber gleichzeitig auch, indem er militärische und zivile Ämter trennte und die Senatoren unnachgiebig von der Kriegführung ausschloß. Bürgerliche und militärische Laufbahnen blieben streng getrennt, sollten aber andererseits den verschiedenen Klassen von Staatsbürgern gleicherweise offenstehen. Diese Politik half, zusammen mit einer Stärkung des zentralen Staatsapparats, die Armeen wenigstens vorübergehend unter Kontrolle zu bringen. Die Zentralorgane des Staates erhielten durch eine Reihe von Maßnahmen erhöhte Wirksamkeit und waren damit besser imstande, die ihnen zugeteilten Pflichten zu erfüllen. Neue Ämter, die der Republik und dem Prinzipat unbekannt gewesen waren, wurden geschaffen, um finanzielle, rechtliche und militärische Aufgaben im ganzen Reich zu übernehmen. Sie unterschieden sich grundsätzlich von den alten römischen, jährlich erneuerten Magistratsämtern, die zu bedeutungslosen, aber angesehenen Posten herabsanken. Zum erstenmal schuf das Römische Reich damit ein Regierungssystem, das von fern an die von Ministern geleiteten Fachbereiche erinnert. Die Provinzverwaltung wurde verbessert durch die Verkleinerung der großen Provinzen und ihre Zusammenfassung in größere Diözesen, an deren Spitze, soweit es sich um zivile Angelegenheiten handelte, eine Art Oberster Gouverneur oder Regionalkommissar stand.

Um dem Staat regelmäßigere Einkünfte zu verschaffen, gab man das alte Besteuerungssystem auf. Bis dahin hatten sich die Abgaben für den Grundbesitz – die grundlegende Steuer in jeder Agrargesellschaft – nach Höhe und Art der Erhebung von einer Provinz zur anderen unterschieden. In einigen lag sie fest, in anderen konnte sie geändert werden, hier wurde sie in Geld, dort in Waren geleistet. In Italien blieb der Grundbesitz steuerfrei. Diokletian ließ nun im ganzen Reich, Italien eingeschlossen, das Land vermessen und in gedachte Einheiten, die *iuga*, einteilen. Das *iugum*, Joch, war zunächst der Besitz, den ein Mann mit seiner Familie allein bestellen konnte. Die Größe des *iugums* richtete sich nach Klima, Fruchtbarkeit und der Art des Anbaus in den einzelnen Regionen. Doch die Steuer für ein *iugum* und den Mann, der es bestellte, das *caput*, waren überall im Reich gleich hoch, wo immer *iugum* und *caput* sich auch befanden. Diese allgemeine Steuer konnte allerdings von Jahr zu Jahr dem jeweiligen Bedarf angepaßt und geändert werden.

Iugum und *caput* waren die zwei Seiten einer Münze: Land ohne einen Landwirt und ein Mann ohne Land waren gleicherweise unproduktiv und nicht besteuerungsfähig. Um das System also wirksam zu machen, mußte der Mann an sein Land gebunden werden. Das älteste uns noch vorliegende Gesetz, nach dem Landflüchtige in Ketten auf den verlassenen Hof zurückgebracht wurden, ist zwar erst einige Jahre nach Diokletians Abdankung und Tod erlassen worden. Doch diese Sitte hatte sich sicher schon unter der Tetrarchie als logische Folge des neuen Besteuerungssystems eingebürgert.

Der Zwang erfaßte nicht nur die Bauern. Die Inflation hatte die normalen wirtschaftlichen Voraussetzungen zerstört oder doch geschwächt, und die Unsicherheit des Lebens verlockte oft dazu, den Lebensstil der Vorfahren aufzugeben: Man war versucht, vor den unerträglichen Schwierigkeiten davonzulaufen. Der Staat begegnete dieser Gefahr durch das Verbot des Berufswechsels. Immer mehr Gruppen von Bürgern wurden zu ihrer Tätigkeit verpflichtet, die ihrerseits erblich wurde. Kam es zu einem Mangel an Bäckern, durften Bäcker keine andere Arbeit verrichten, und der Sohn eines Bäckers mußte nicht nur selbst wieder Bäcker werden, sondern auch eine Bäckerstochter heiraten. Städtische Beamte konnten den Verpflichtungen ihres Amtes nicht entrinnen und durften nicht fortziehen; auch die Ratszugehörigkeit wurde erblich. Gab es Schwierigkeiten beim Getreidetransport aus Ägypten nach Rom, wurden auch die Schiffseigner zum Handel verpflichtet und gezwungen, jährlich eine Reise in staatlicher Charter zwischen Alexandria und dem Hafen von Rom zu unternehmen. Dieses System, das uns recht gründlich durch die Gesetzgebung des vierten Jahrhunderts bekannt ist, entstand unter Diokletian. Es bezeichnet ein neues Verhältnis zwischen Regierenden und Regierten, eine neue Beziehung zwischen Staat und Bürger – das Ergebnis von Krise und Zusammenbruch überkommener Strukturen.

Doch obwohl offenbar fast jeder Bürger, vom höchsten bis zum geringsten, an seine Tätigkeit gebunden war, zeichnen uns die Erzählungen aus dem vierten Jahrhundert ein ganz anderes Bild. Danach war es eine Zeit starker sozialer Veränderungen. Die Verwaltung warnt, droht, schüchtert ein; doch niemand scheint es recht ernst zu nehmen. In der reichen erzählenden Literatur des vierten Jahrhunderts, ob sie heidnisch oder christlich ist, scheint die Bindung an den Beruf keinen Menschen an dem gehindert zu haben, was er zu tun wünschte, obwohl die Freiheit des einzelnen sonst natürlich auf viele Weise eingeengt war. Der Gegensatz ist seltsam: Der Gesetzgeber und der

Durchschnittsbürger scheinen nicht so sehr unterschiedliche Welten als vielmehr parallele Universen zu bewohnen. Diese Einsicht sollte von den Historikern des spätrömischen Reichs nicht übersehen werden. Seine Herrscher machten den allerdings zum großen Teil vergeblichen Versuch, sich dem Geist der Zeit entgegenzustellen und eine sich rasch wandelnde Gesellschaft in starrer Unbeweglichkeit einzufrieren, und zwar ebenso aus verwaltungstechnischen wie aus anderen Gründen.

Zurück zur Besteuerung: Die neue Bodensteuer konnte wegen der starken Inflation nicht in Silber- oder Bronzemünzen erhoben werden, und Goldmünzen kamen den Bauern kaum in die Hände. Die Steuer mußte also in Naturalien gezahlt werden, die wiederum dem Staat einen gewissen Puffer gegen die Inflation verschafften. Dazu war allerdings ein dichtes Netz von Vorratslagern, Speichern, Transportmitteln und Sammelpunkten nötig, die von zivilen Funktionären unter einem hohen Staatsbeamten, meistens einem Prätorianerpräfekten, verwaltet wurden. Als sich die Verhältnisse unter Konstantin und seinen Söhnen auf längere Zeit hinaus festigten, war es für den Staat und zuweilen auch für die Steuerzahler bequemer, die Bodensteuer in Geld zu leisten und die Bauern ihre Ernte auf dem Markt verkaufen zu lassen. Die Verwaltung konnte sich dann die Waren, die sie brauchte, durch Zwangskäufe beschaffen. Diese Ablösung der Steuer in Waren durch Geld – *adaeratio* – wurde im vierten Jahrhundert üblich und wichtig: Da die Regierung nicht nur die Umtauschquote, sondern auch den Preis bei ihren Käufen festsetzte, konnte sie die Dinge oft zu ihrem Vorteil drehen und wenden. Allerdings stieß sie hier auf Grenzen, denn es war sinnlos, den Erzeuger bis zum Verhungern zu bedrängen oder die Waren, die gebraucht wurden, dem Markt zu entziehen.

Neben dieser grundsätzlichen Bodensteuer gab es noch andere Abgaben, die in von der Inflation nicht betroffenen Goldmünzen oder -barren gezahlt wurden. Sie waren zu entrichten von städtischen Handwerkern, grundbesitzenden Senatorenfamilien und anderen, die von der Bodensteuer nicht betroffen wurden. Diese Einnahmen verschafften dem Staat das Gold, mit dem die weitgehend aus Barbaren bestehende Armee bezahlt – oder bestochen – wurde. Theoretisch sollte dieses Gold seinen Weg wieder zurück in die Produktion finden, wenn die Soldaten Manufakturwaren oder Nahrungsmittel kauften, tatsächlich wurde jedoch ein beträchtlicher Teil gehortet oder außer Landes gebracht.

Um möglichst wirkungsvolle Entscheidungen zu treffen, holte sich Diokletian einen zweiten *Augustus* an die Seite. Er wählte dazu Maximian, der wie er selbst ein Soldat aus den nördlichen Grenzprovinzen war. Jeder der beiden Imperatoren bestimmte einen jüngeren Mitherrscher – einen *Caesar* –, der sein Stellvertreter, vielleicht auch sein Nachfolger sein sollte, damit die blutigen Machtkämpfe vermieden wurden. Die beiden Augusti und die beiden Caesaren sollten sich dort aufhalten, wo die militärische Lage ihre Anwesenheit erforderte, also dort, wo sie am meisten gebraucht wurden. So war nun nicht mehr die Ewige Stadt Hauptstadt des Imperiums, sondern das Lager, das *castrum*. Die kollegiale Ausübung der Macht bedeutete keinesfalls eine Aufteilung des Reichs, wie sie sich 395 nach dem Tode von Theodosius vollzog. Der jüngere Augustus und die beiden Caesaren vertraten den höchsten Augustus und waren seine Delegierten, konnten aber von sich aus keine Entscheidungen treffen. Sie waren auch nicht an geographische Gebiete gebunden, sondern regierten dort, wo es der Augenblick verlangte: Es war ein System der Einheit, nicht der Teilung, der Zentralisation, nicht der Dezentralisation.

Um diese Idee der Einheit zu stärken, pflegten die obersten Imperatoren die nachgeordneten zu adoptieren, ein Zugeständnis an die Macht des dynastischen Gedankens. Treue, vor allem die Treue des Heeres, galt immer einem Mann und konnte auf den Sohn übertragen werden, wenn er vom Schlage seines Vaters zu sein schien. Ein

Kollegium erwarb sich nicht ohne weiteres solche Treue. Es ist kein Wunder, daß die Tetrarchie, wie man das System der vier Herrscher nannte, bald zusammenbrach, nachdem Diokletian, verbraucht und krank, vom Thron gestiegen war, um an der dalmatinischen Küste seinen Kohl zu pflanzen.

Marc Aurel hatte sich im zweiten Jahrhundert bemüht, für seine Untertanen ansprechbar zu bleiben, seine Menschlichkeit zu betonen und zu leben wie seine Mitbürger, oder wenigstens wie die Reicheren unter ihnen. »Gib acht, daß der Purpur dich nicht färbt«, hatte er sich selbst ermahnt. Aber in der Zeit der großen Krise verlangten die Menschen keinen Mitbürger, sondern einen Heilsbringer. Nur übermenschliche Kraft konnte die Welt retten. Deshalb mußten Diokletian, seine Mitregenten und seine Nachfolger überlebensgroß erscheinen, ihren Mitmenschen entrückt, von einem Strahlenkranz umgeben. Ihr Lebensstil wurde priesterlich, er wurde zum Ritual. Sie lebten in großen Palästen, und ihre Untertanen bekamen sie nur selten zu Gesicht. Wenn sie wirklich erschienen, schwebten sie hoch über den Köpfen der Menge, umgeben von Wachen in schimmernder Rüstung, und Trompetengeschmetter zog ihnen vorauf. Von Kopf bis Fuß in Purpur gekleidet, von Edelsteinen blitzend, ließ sich der Kaiser nicht herab, den Beifall seiner getreuen Untertanen zur Kenntnis zu nehmen. Unbewegt, den Blick in die Ferne gerichtet, bemüht, doppelt so groß wie tatsächlich zu wirken, posierte er als Übermensch. Jede Bewegung war durch Protokoll und Zeremonie festgelegt, er wurde in Ausdrücken angeredet, die eher einer Gottheit als einem Menschen zukamen. Alles, was sich auf ihn bezog, sein Palast, seine Erlässe, seine Kostbarkeiten, der Saum seines Gewandes, wurde als heilig bezeichnet. Die Menschen fielen anbetend aufs Gesicht, wenn sie nur seine Stimme hinter einem Vorhang hörten. Wir können uns vorstellen, welches Bild ein Kaiser des vierten Jahrhunderts von sich zur Schau stellen wollte, wenn wir den großen Kopf Konstantins betrachten, der sich jetzt im Museo dei Conservatori in Rom befindet. Die Statue, zu der er einst gehörte und die in der Apsis der von ihm erbauten, das römische Forum überragenden großen Basilika stand, war über zwölf Meter hoch. Kalt und ungerührt wirkt das Gesicht mit der großen Schnabelnase und dem schmalen Mund; die unnatürlich großen Augen starren ins Leere, weit über die Köpfe normaler Sterblicher hinweg. Es ist das Gesicht eines Mannes, der den täglichen Sorgen der Menschen weit entrückt und nur damit beschäftigt ist, über größere Zusammenhänge zu meditieren. Der Kaiser ist kein *primus inter pares*, er ist *dominus et deus*.

Die Wirklichkeit sah natürlich etwas anders aus. Doch kann man sich kaum vorstellen, wie ein so über seine Mitmenschen erhabener und von ihnen getrennter Mensch jemals ernstlich Staatsangelegenheiten mit seinen wichtigsten Beamten besprechen, ja wie er sogar eine normale Unterhaltung führen konnte. Eben diese Besonderheit seiner Stellung, durch die er dem Durchschnittsmenschen als Retter und Beschützer erschien, hinderte den Kaiser des vierten Jahrhunderts an der tagtäglichen Vertrautheit mit den Problemen des Reichs und ihren möglichen Lösungen, wie sie noch Augustus oder Trajan aus dem ständigen Umgang mit ihren Mitbürgern bezogen.

Die Macht dieses zum Übermenschen stilisierten Kaisers beruhte ausschließlich auf seinem Befehl über die Streitmacht. Die römische Armee hatte sich unter dem Prinzipat aus einer Verbindung von freiwilligem Dienst mit der Wehrpflicht des römischen Bürgers und des Nichtbürgers im Imperium zusammengesetzt und bestand zum großen Teil aus Bewohnern des mittelmeerischen Raums. Sie wurde von Zivilisten im Laufe ihrer politischen Laufbahn geführt. Diokletian und seine Nachfolger mußten mehr Menschen unter Waffen halten als Trajan oder Marc Aurel. Genaue Zahlen sind nicht bekannt, doch im vierten Jahrhundert wird die römische Armee aus etwa 400 000 Mann bestanden haben. Moderne Industriegesellschaften können weitaus größere Teile ihrer Bevölkerung mobilisieren, aber wenn auch 400 000 Mann bei einer Bevölkerung von etwa 25 Millionen einen geringen Prozentsatz zu bilden scheinen, so wurde der antiken Gesellschaft mit ihrer geringen Produktivität die erhöhte Kopfzahl der Armee zu einer fühlbaren Belastung.

Die Heere des Prinzipats hatten fast ausschließlich in den Grenzprovinzen, oft sogar unmittelbar an der Grenze gestanden. Eine strategische Reserve kannte man nicht. Verstärkung für eine bedrohte Grenze mußte erst an anderer Stelle abgezogen werden, und es dauerte lange, bis sie eintraf. Diokletian führte eine Unterscheidung ein zwischen den ständig an den Grenzen stationierten Truppen, deren Aufgabe ausschließlich die Verteidigung war, und der beweglichen Einsatzarmee, die zu Verstärkungen und Gegenangriffen herangezogen wurde. Seine Nachfolger behielten diese Zweiteilung bei und bauten sie weiter aus. Das Ergebnis war eine Streitmacht aus zwei grundsätzlich verschiedenen Arten von Truppen, den *limitanei* und den *comitatenses*. Die *limitanei* stellten als Besatzung der Grenzbefestigungen weitgehend die Infanterie, waren aber weniger gut ausgerüstet und ausgebildet als die *comitatenses*. Sie lebten vor allem von den Produkten des Grenzlandes, das sie selbst mit ihren Familien bestellten. Die *comitatenses*, zum größten Teil beritten, waren besser ausgerüstet und ausgebildet und wurden besser bezahlt. Doch der Unterschied war zu keiner Zeit unüberwindlich: Die Einheiten wurden immer einmal von der einen zur anderen Truppe versetzt. Um die Mitte des vierten Jahrhunderts gab es immer noch viele Einheiten, die offenbar nicht eindeutig zum einen oder anderen Waffendienst gehörten. Wie bei so vielen Reformen in der antiken Welt lebte das Alte Seite an Seite mit dem Neuen.

Zu Beginn des vierten Jahrhunderts gab es schon 250 Jahre lang christliche Gemeinden im römischen Reich. Die ersten waren in Städten wie Korinth, Thessaloniki, Antiochia, Alexandria und Rom selbst entstanden. Zunächst rechneten sie vielleicht noch mit der unmittelbar bevorstehenden Ankunft Christi, fügten sich aber bald in die Welt und in den römischen Staat ein. Die Christen waren meistens bescheidene Leute, städtische Handwerker, Ladenbesitzer, Freie und Sklaven. Im allgemeinen traten sie nicht hervor. Das Christentum war nur eine in einer Vielzahl orientalischer Religionen, die persönliches Heil versprachen und deren Angehörige aus Kreisen kamen, die mit den hochgezüchteten intellektuellen Traditionen der griechisch-römischen Welt wenig Berührung hatten. Doch die Christen unterschieden sich von den meisten anderen Sekten durch ihre gute Organisation. Die Bischöfe, die den kleinen Gemeinden vorstanden, korrespondierten ständig miteinander und trafen sich auf formellen und weniger formellen Synoden und Versammlungen. Jeder Christ, der aus einer Stadt in eine andere zog, wurde sofort in die Gemeinde aufgenommen. Ihre Organisation gab den Christen das Gefühl der Zusammengehörigkeit und dazu eine Einheit von Lehre und Kult, die den meisten anderen Religionsgruppen fehlten.

Die frühen Christen bildeten nicht etwa eine Interessengruppe. Ihr Gemeindeleben war gekennzeichnet durch Verinnerlichung und die Verfolgung geistiger Ziele. Sie versuchten nicht, Einfluß auf den römischen Staat oder auf die Behörden ihrer eigenen Wohnorte zu nehmen. Die Existenz des römischen Reichs war eine Tatsache ihres Lebens in dieser Welt, mit der man rechnen mußte, wenn die Christen auch weder dafür noch dagegen waren. Sie mischten sich freiweg unter ihre heidnischen Mitbürger, arbeiteten und handelten mit ihnen und beteiligten sich an öffentlichen Aufgaben, wo die Situation es verlangte. Wenn es möglich war, vermieden sie die Teilnahme an heidnischen Opfern; sie hielten sich von den Gladiatorenkämpfen in den Amphitheatern fern, weil sie ihnen zu grausam waren, ebenso von Theater- und Ballettvorführungen, weil sie ihnen moralisch zweifelhaft und in ihrem Gehalt zu heidnisch erschienen. Doch ein Christ konnte durchaus in seiner Provinz ein Priesteramt übernehmen, ohne die Verurteilung seiner Glaubensgenossen in Kauf nehmen zu müssen, weil es sich dabei eher um ein staatsbürgerliches als um ein religiöses Amt handelte.

Allmählich wuchsen die christlichen Gemeinden. Manche Leute fühlten sich von ihrem Lebensstil angezogen, andere wollten gern zu einer selbstbewußten Gruppe mit eigenem Innenleben gehören, wieder andere an der Verheißung des Jenseits teilhaben. Doch die Gemeinden bildeten sich lange Zeit ausschließlich in den Städten, die Masse der Landbewohner war kaum vom Christentum berührt. Ein Wachstum zeichnete sich vor allem im griechischsprachigen Osten des Reichs ab, weniger ausgeprägt in Nordafrika und in Italien selbst. Im übrigen lateinischsprachigen Westen gab es kaum Christen, und die wenigen stammten meistens aus dem Osten und waren in die Gemeinwesen, in denen sie lebten, nicht voll integriert. Auch Männer und Frauen aus den Oberschichten tauchten allmählich in den Gemeinden auf, aber vor allem blieben die Christen doch in den unteren Klassen angesiedelt. Die soziale Ausweitung nach oben hin erklärt aber die Bemühung christlicher Führer wie Klemens von Alexandria (gest. etwa 215) und Origenes (185 bis 253 oder 254), die überlieferte griechische Philosophie mit der christlichen Offenbarung in Übereinstimmung zu bringen und für die christliche Lehre einen Rahmen zu entwerfen, der auch für die im klassischen Gedankengut aufgewachsenen und ihm nach wie vor verhafteten Menschen annehmbar war.

Wie alle introvertierten Gemeinschaften neigten auch die Christen dazu, sich über Lehrsätze und Kultfragen in Gruppen zu zersplittern, doch die Bischofsorganisation war stark und wirksam genug, um die Einheit aufrechtzuerhalten. Die meisten abtrünnigen Sekten verkümmerten, wenn die treibende Kraft ihrer Gründer verschwand. Andere hielten sich allerdings Jahrhunderte hindurch in winzigen Gruppen selbsternannter Rechtgläubiger, die sich hochmütig auf die Reinheit ihrer Lehre beriefen, aber keinen Einfluß auf die Masse der christlichen Bevölkerung hatten.

Die Christen, vollauf beschäftigt mit ihren eigenen Angelegenheiten und Problemen, die Ungläubige nicht interessierten, wurden von ihren römischen Mitbürgern allgemein mit belustigter Duldsamkeit behandelt, soweit man sie überhaupt beachtete. Immerhin unterschied sich aber ihre Lebensweise doch so auffallend von der heidnischen ringsum, daß sie schon deshalb die passenden Sündenböcke waren, sobald irgendwo Schwierigkeiten auftauchten. Manchmal wurden Gerüchte laut, daß sie zu Blutschande und Kannibalismus neigten. Hier und da veranlaßten kommunale Spannungen die römischen Behörden zum Eingreifen, es kam zu Prozessen und Verurteilungen. Männer und Frauen wurden hingerichtet, manchmal auf besonders grausame Art. Die Blutzeugen ihres Glaubens, nach einem griechischen Wortstamm als ›Märtyrer‹ bezeichnet, wurden von den Mitchristen besonders geehrt. Die Umstände und Art ihrer Verurteilung und ihres Todes schrieb man auf – oder erfand sie – und verbreitete sie in den christlichen Gemeinden. Für viele Heiden war ihr Verhalten nur hartnäckiges, stumpfes Festhalten an einem Irrtum, typisch für die dickköpfige Dummheit auch ihrer Glaubensgenossen. Doch die Standhaftigkeit im Sterben überzeugte andere von der Aufrichtigkeit und dem Ernst ihrer Überzeugung; in gewisser Weise wurde das Blut der Märtyrer die Saat der Kirche.

Über die eigentliche Anklage gegen die christlichen Märtyrer ist viel diskutiert worden. War es der summarische Vorwurf, zu einer Gesellschaft zu gehören, die nicht die ziemlich strengen Vorschriften des römischen Rechts befolgte? Oder galten sie als politisch unzuverlässig, weil sie nicht bereit waren, auch nur ein Körnchen Weihrauch vor dem Altar Roms und des Augustus zu opfern? War es vielleicht schon ein Verbrechen, Christ zu sein, und sollte die Aufforderung, Weihrauch zu opfern, nur den Beweis liefern, daß der Beschuldigte Christ war? Und wenn das zutrifft: Warum wurde unter all den vielen Religionen des Reichs nur – oder fast nur – das Christentum als ungesetzlich angesehen? Vielleicht ist die Fragestellung überhaupt überflüssig. Das römische Strafrecht war längst nicht so verfeinert und bis ins letzte durchdacht wie das Zivilrecht – schließlich betraf es ja auch vor allem die Unterschichten. In den Augenblicken akuter kommunaler Schwierigkeiten überwogen bei den Provinzgouverneuren zweifellos andere Gesichtspunkte als eine strenge Auslegung der Gesetze. Doch soweit hier überhaupt etwas klar erkennbar wird, scheinen die Christen verurteilt worden zu sein, eben weil sie Christen waren, nicht aber, weil sie Verrat begangen oder an verbotenen Versammlungen teilgenommen hätten. Der Begriff einer ungesetzlichen Religion war den Römern ja durchaus vertraut. Schon 186 v. Chr. hatte der Senat den orgiastischen Bacchuskult untersagt und diejenigen, die ihm weiterhin anhingen, unter schwere Strafen gestellt. Das Christentum wurde wahrscheinlich aufgrund einer ähnlichen Verordnung oder durch eine entsprechende Auslegung der geltenden Gesetze verboten, und sicherlich nicht aus theologischen, sondern aus sozialpolitischen Gründen, weil es zersetzend wirkte und den Frieden bedrohte, nicht aber, weil es sich um eine Irrlehre gehandelt hätte. Die Glaubenslehre hatte nichts damit zu tun, nur die Ausübung zählte.

Immerhin blieben Verfolgungen bis in die Mitte des dritten Jahrhunderts Ausnahmen und fanden nur örtlich, niemals überall statt, so daß die meisten christlichen Gemeinden Generationen hindurch ungestört bestanden. Es gab im Römischen Reich damals kein ›Christenproblem‹.

Die große Krise des dritten Jahrhunderts erlebten die Christen auf zweifache Weise. Einmal suchte der von Unsicherheit und Angst umgetriebene Mensch immer mehr nach übernatürlicher Hilfe, nach Schutz und Trost. Die christlichen Gemeinschaften boten eben das. Es steht fest, daß die Christenheit in Krisenzeiten rascher wuchs, und zwar in geographischer wie in soziologischer Hinsicht.

Es wäre töricht, hier nach Zahlen zu fahnden, doch in manchen Gebieten wurden die Christen zu einer bedeutenden Minderheit, gelegentlich sogar zur Mehrheit, die in ihren Gemeinwesen eine führende Rolle spielten. Die Leiter der Kirche, die Bischöfe, stammten jetzt häufiger aus dieser Schicht als aus denen der bescheideneren Glaubensgenossen. Die neuen Anführer waren nicht nur gebildete Männer, sondern kannten auch den Weg zu den Machtausübenden, so daß ihr Wort gehört wurde. Doch man sollte dies nicht übertrieben hoch einschätzen. Für das gesamte Reich bildeten die Christen immer noch eine kleine Minderheit, die vor allem im Osten des Reiches angesiedelt war, sich auf die Städte beschränkte und die Landbevölkerung überhaupt nicht erreichte. Nach wie vor waren sie vor allem mit ihren eigenen Problemen beschäftigt und brachten dem römischen Staat eine passive Neutralität entgegen, in der stets eine mögliche Gefahr für ihn lag.

Die andere neue Entwicklung lag darin, daß die Regierenden selbst Hilfe und Schutz bei höheren Mächten suchten. Wo die alten Institutionen und Bräuche die Sicherheit der Gesellschaft nicht mehr eindeutig garantierten, wandten sich auch die einflußreichen Männer neuen religiösen Glaubensinhalten und -kulten zu. Es war eine Zeit, in der jeder, vom Höchsten bis zum Geringsten, überall das unmittelbare Eingreifen des Übernatürlichen erkannte und versuchte, es für seine eigenen Zwecke einzusetzen. So, wie das Glück des einzelnen davon beeinflußt wurde, ob er dem richtigen Glauben anhing und die richtigen kultischen Handlungen vornahm, die sich auf die unsichtbaren Mächte bezogen, so hing das Schicksal des Reiches von den Glaubensinhalten und Handlungen seiner Bürger und vor allem seiner Herrscher ab. Für einen Kaiser war es außerordentlich wichtig, zu wissen, welche Mächte das Universum beherrschten, und das zu tun, was sie von ihm erwarteten. Und er hatte die Pflicht, dafür zu sorgen, daß auch seine Untertanen den launischen höheren Mächten durch nichts mißfielen.

Diese Einstellung bewog Aurelian zu dem Versuch, sämtliche Religionen unter den Kult des *Sol Invictus* zu stellen und aus ihm die offizielle römische Staatsreligion zu machen. Sie blieb es in der Theorie – vermutlich trotz unterschiedlicher Interpretationen – bis nach Diokletians Tod. In diesem neuen religiösen Klima bildeten die Christen eine ärgerliche Ausnahme. Sie wollten sich nicht unter den synkretistischen Schutzschirm des *Sol Invictus* drängen lassen, sondern sie bestanden darauf, daß ihr Gott und nur ihr Gott das Universum beherrsche. Sie waren jetzt zu zahlreich und hatten schon zuviel Einfluß, um einfach übersehen zu werden. Ihre ständige Weigerung, den einen Gott mit seinen mannigfaltigen Ausprägungen, in dessen Schutz sich das Reich befand, anzuerkennen, konnte diesen Gott erzürnen. Sie konnten unerhörten Jammer über ihre Mitbürger bringen, wenn sie so verstockt auf ihren Sonderauffassungen bestanden. Der Kaiser hatte als Herrscher des unter Gott gestellten Staates die Pflicht, ihren schädlichen Einflüssen entgegenzuwirken, die Behörden des Staates konnten nicht länger ein Auge zudrücken und nur dann eingreifen, wenn örtliche Schwierigkeiten zu kommunaler Uneinigkeit zu führen schienen. Es war im Gegenteil ihre Aufgabe, von sich aus die Initiative zu ergreifen und die Christen mit aller Strenge des Gesetzes zu verfolgen.

So mag vielleicht die Theorie ausgesehen haben, aber in der Praxis blühte die Mehrzahl der christlichen Gemeinden meist unangefochten weiter. Doch es kam zu zwei Wellen der Verfolgung, die sich dadurch von früheren unterschieden, daß sie allgemein und nicht nur örtlich begrenzt durchgeführt wurden, und zwar auf Betreiben der Zentralregierung. Die erste fand unter Decius statt, einem pannonischen Senator, der gegen seinen Willen 249 zum Kaiser proklamiert wurde und 251 im Kampf gegen die Goten fiel. Decius war ein Verteidiger römischer Traditionen, in deren Vernachlässigung er die Hauptursache für die verworrenen Verhältnisse sah. Er verlangte von allen Bürgern, ein symbolisches Opfer zu bringen. Viele Christen weigerten sich und bezahlten es mit ihrem Leben. Decius wollte offenbar einer Bewegung ein Ende machen, die er für gefährlich, für eine das ganze Reich bedrohende Seuche hielt. Durch Verfolgung und Verurteilung vor allem der Geistlichen, die aus der Menge herausragten und mehr Gewicht hatten als die gewöhnlichen Laien, hoffte er die Organisation der Kirche zu zerschlagen und ihren Zusammenbruch zu erzwingen. Die gleiche Politik wurde, wenn auch mit weniger Nachdruck, unter Decius' Nachfolger Valerian fortgesetzt.

Die zweite Welle der Verfolgung kam unter Diokletian und seinen Nachfolgern nach einem halben Jahrhundert friedlicher Ausbreitung der christlichen Kirche. Sie dauerte von 303 bis 312 und wurde durch ein Orakel des Apolls von Delphi ausgelöst. Der Gott erklärte, wenn er schweige oder nicht mehr so genaue Voraussagen wie in früherer Zeit machen könne, sei das Schuld der Christen. Sie hätten die ganze Welt sozusagen verhext. Offensichtlich war die Antwort des Gottes vorbereitet worden, doch die Auffassung, die dahinterstand, wurde von den meisten Christen und Heiden der Zeit geteilt. Alle glaubten sie an Hexenkraft und an die Machenschaften dämonischer Wesen. Die Verfolgung der Christen war hart und dauerte lange, wenn ihre Intensität auch von einer Region zur anderen wechselte. Viele Christen wurden hingerichtet, noch mehr gebrandmarkt oder verstümmelt oder zu Zwangsarbeit in die Bergwerke geschickt. Doch die Christen waren bereits zu zahlreich und hatten zuviel Einfluß, um auf diese Weise ausgerottet zu werden. Diokletians Frau und Tochter standen ihnen zumindest wohlwollend gegenüber, einer seiner wichtigsten Mitarbeiter wurde zum Märtyrer. Die Christen bildeten nicht mehr eine Art Geheimbund, und ihre Mitbürger waren ihnen im allgemeinen nicht feindselig gesonnen. Nur wenige Heiden werden noch an das Märchen von der Blutschande und dem Kannibalismus geglaubt haben. Die Kirche kam wahrscheinlich gestärkt aus der Großen Verfolgung hervor.

Doch wie eine Art Zeitbombe entwickelte sich jetzt die Gegnerschaft zwischen denen, die dem Druck nachgegeben hatten – die vielleicht den Behörden Kirchenbücher ausgehändigt oder rituellen Weihrauch auf einem Altar niedergelegt hatten –, und den anderen, die standhaft geblieben waren und oft gelitten hatten. Beide Gruppen setzten zuweilen rivalisierende Bischöfe und Geistliche in einer Stadt ein und verwendeten schließlich mehr Kraft an gegenseitige Beschuldigungen als an die Bekehrung der Heiden. Es war schon früher zu Spaltungen in der Kirche gekommen, aber dabei hatte es sich vor allem um verschiedene Lehrmeinungen gehandelt. Jetzt waren die christlichen Gemeinden zum erstenmal durch Auseinandersetzungen über die Organisation der Kirche zerstritten. Und es stand mehr auf dem Spiel als vorher. Die Kirche war zu Wohlstand gekommen, sie besaß nicht nur ihre Kirchenbauten, sondern Güter aller Art, die beträchliche Gewinne abwarfen. Es handelte sich nicht mehr um eine einfache Gemeinde von um ihr Seelenheil besorgten Gläubigen, sondern um eine immer bedeutendere wirtschaftliche Organisation. In den verschiedenen Regionen waren die Streitigkeiten unterschiedlich heftig. Wo sich die Kluft am tiefsten auftat, wie etwa in Afrika, wurde der religiöse Fanatismus zum Ventil für soziale und wirtschaftliche Unzufriedenheit. Pächter ohne eigenen Besitz zogen in Banden plündernd durchs Land, prangerten die Kirche der Kollaborateure an und setzten die Scheunen der Reichen in Brand.

Die Tetrarchie überlebte ihren Gründer Diokletian nicht lange. Als er 305 abdankte, zwang er seinen Mitherrscher Maximian, es ihm gleichzutun. Eine förmliche Übertragung der Macht nach der neuen Verfassung fand statt: Die beiden Caesaren, Konstantius und Galerius, wurden zu Augusti, zwei neue Caesaren wurden gewählt, Severus für den Westen und Maximinus Daja für den Osten. Konstantius starb im Juli 306 im englischen York, und die Truppen riefen sofort seinen jungen Sohn Konstantin zum Kaiser aus.

Galerius, zweitausend Meilen entfernt in Nikomedia, hatte keine Wahl – er mußte die vollendete Tatsache und die Legitimität Konstantins anerkennen. Trotzdem bestand er darauf, daß Konstantin seinen Platz als zweiter Caesar einzunehmen habe, während die anderen noch lebenden Männer der zweiten Tetrarchie um je einen Grad befördert werden sollten. Doch der Einbruch war schon geschehen. Was die Soldaten in Britannien erreicht hatten, erstrebten jetzt auch andere Truppen in anderen Gebieten. Maxentius, der Sohn von Diokletians Mitkaiser Maximian, fühlte sich übergangen und veranlaßte seine Garnison und die Bevölkerung von Rom, ihn im Oktober 306 zum Kaiser auszurufen. Maximian, der nur widerwillig abgedankt hatte, stellte sich sofort neben seinen Sohn, womit es also sechs rivalisierende Kaiser gab. Maximian und Maxentius schlugen die Heere von Galerius und Severus und errangen damit die Herrschaft über Italien, Afrika und Spanien. Dann verständigten sie sich mit Konstantin, der Gallien und Britannien in der Hand hatte. Das Bündnis wurde gefestigt durch Konstantins Heirat mit Fausta, der Tochter des Maximian und Schwester von Maxentius.

Tief bekümmert über die Verwirrung im Reich, forderte Galerius Diokletian, der in seinem Alterssitz in Salona lebte, auf, die Dinge wieder zu ordnen. In Carnuntum an der Donau wurde im November 308 eine Konferenz abgehalten. Maximian, den niemand wollte, dankte zum zweiten und letzten Mal ab. Severus, von Maxentius gefangengenommen, wurde gezwungen, sich in der Gefangenschaft das Leben zu nehmen. Eine dritte Tetrarchie, zusammengeflickt mit Galerius und Licinius als Augusti und Konstantin und Maximinus Daja als Caesaren, stand nur auf dem Papier. Maxentius nahm sie nicht zur Kenntnis und behielt nach wie vor die Kontrolle über Italien und Afrika, während sein Vater Maximian, der ausdrücklich verzichtet hatte, Aufstände in Gallien gegen Konstantin anzettelte, bis er 310 starb. Nun verlangten Konstantin und Maximinus Daja denselben Rang, den Galerius und Licinius innehatten. Als

Galerius im Mai 311 starb, lag Diokletians Ordnungssystem, das die Machtübertragungen vereinfachen und Bürgerkriege verhindern sollte, bereits in Trümmern.

Konstantin in Trier, Licinius in Sardica (Sofia) und Maximinus Daja in Nikomedia regierten wie selbständige Herrscher, wenn sie auch formell die Legitimität der anderen anerkannten. Maxentius herrschte in Rom, von den anderen aber nicht anerkannt. Das System der Delegierung von Macht, wie es Diokletian entworfen hatte, um die Einheit des Reiches zu wahren, schien jetzt eher zu seiner Zerstückkelung zu führen. Wir wissen nicht, wie die drei anderen Kaiser das politische Problem beurteilten, doch es steht ohne jeden Zweifel fest, daß Konstantin von Anfang an wußte, eine wirksame Einheit sei nur durch die Herrschaft *eines* Mannes zu erreichen, und sämtliche Entscheidungen müßten einer einzigen Quelle entspringen. Die Lobeshymne, die ihm der Rhetoriker Nazarius in Trier widmete, erwähnt keinerlei Beziehung zu den Gründern der Tetrarchie – von denen übrigens einer gerade in Konstantins eigenem Territorium als Aufrührer gestorben war –, sondern bezieht sich nur auf seinen Vater Konstantius und seine angebliche Abstammung – durch eine gefälschte Genealogie – von Kaiser Claudius Gothicus, der im dritten Jahrhundert geherrscht hatte: Konstantin war, wie Nazarius betont, von Geburt an für die Macht ausersehen.

Konstantin ging sofort daran, seine Bestimmung nachzuweisen: 311 nahm er ohne eine Schlacht Spanien ein, 312 schlug und tötete er Maxentius in einem Blitzkrieg an der Milvischen Brücke von Rom. So machte er sich zum alleinigen Herrscher der westlichen Reichshälfte. Aus Furcht, Maximinus Daja könnte Konstantins Beispiel folgen, beeilte sich Licinius, Konstantins neue Stellung anzuerkennen; wieder sollte eine Heirat, diesmal zwischen Licinius und Konstantins Schwester Konstantia, das Bündnis festigen. Maximinus Daja indessen, der sich durch die neue Machtgruppe bedroht fühlte, griff Licinius' Armee in Thrakien an, und ein neuer Bürgerkrieg schien unvermeidlich. Doch

Maximinus' Tod im Jahre 313 – ein Tod aus natürlichen Ursachen – verhinderte ihn schließlich doch.

Der Friede zwischen Konstantin und Licinius war heikel genug. Jeder von beiden wußte, daß er nur überleben konnte, wenn der andere verschwand, doch im Augenblick wünschte keiner den Anfang zu machen. 316 begannen die offenen Feindseligkeiten, ohne daß man sagen könnte, wer sie eröffnete. Sie wurden erst durch Verhandlungen beendet, nachdem Konstantin Licinius aus Pannonien und Thrakien verjagt und die Kontrolle über den gesamten europäischen Teil des Reiches erlangt hatte. Wieder wurde eine Tetrarchie mit zwei Augusti und zwei Caesaren gebildet, doch diesmal waren die Caesaren leibliche Söhne der Augusti. Konstantin ernannte seine beiden Söhne Crispus und Konstantin II., Licinius seinen Sohn Licinianus. Die beiden letztgenannten waren noch Säuglinge, Crispus vierzehn Jahre alt – zwar mutmaßliche Erben ihrer Väter, aber alles andere als Mitherrscher.

Der neue Friede war so vergänglich wie der alte. Nach dem Jahre 320 verschlechterten sich die Beziehungen zwischen den Herrschern des Westens und des Ostens wieder, und 324, nach einem kurzen, durch die entscheidende Schlacht bei Chrysopolis auf der asiatischen Seite des Bosporus beendeten Krieg, stürzte Konstantin Licinius und dessen kleinen Sohn, beide starben kurz darauf in der Gefangenschaft.

Zum erstenmal seit vierzig Jahren war das römische Reich wieder unter einem einzigen Herrscher vereinigt und blieb es bis zu Konstantins Tod im Jahre 337. Crispus, sein ältester Sohn, wurde auf Befehl des Vaters 326 hingerichtet, einige Monate darauf dessen Stiefmutter Fausta, Konstantins Frau. Die eigentlichen Gründe für Konstantins ungewöhnliche Strenge sind nicht bekannt, werden aber eher in politischen Motiven zu suchen sein als in einem ehebrecherischen Verhältnis. Zu dem jungen Konstantin II. gesellten sich 324 sein Bruder Konstantius als Caesar, 333 sein Bruder Konstans und 335 sein Vetter Dalmatius, ein Sohn von

31

Konstantins Halbbruder Flavius Dalmatius. Doch diese Prinzen waren natürlich keine Mitregenten des Kaisers, sondern im besten Falle seine Stellvertreter bei bestimmten Anlässen. Ihre Hauptrolle spielten sie als mögliche Nachfolger. Konstantin war eindeutig zur dynastischen Thronfolge entschlossen und lehnte das System von Wahl und Adoption ab, auf das sich die Tetrarchie gegründet hatte.

Konstantins Weg zur Macht könnte ein Buch vom Umfang des vorliegenden füllen, aber unser Thema heißt Julian und nicht Konstantin. Doch eine kurze Beschreibung seines Charakters und der Veränderung, die er im Regierungssystem und an der Organisation der Gesellschaft vornahm, ist notwendig, um die weitere Entwicklung verständlich werden zu lassen.

Konstantin, der um 280 in Naissus (Niš) geboren wurde, hatte einen großen Teil seiner Jugend am Hofe von Galerius als Garant für das Wohlverhalten seines Vaters verbracht. Seine Mutter Helena, eine ehemalige Schankwirtin, die Konstantius zu Beginn seiner Laufbahn geheiratet hatte – wenn sie überhaupt jemals wirklich verheiratet waren –, mußte abgeschoben werden, als Diokletian Konstantius zum Caesar ernannte. Ihre Nachfolgerin wurde Theodora, die Tochter des Kaisers Maximian.

So kam es, daß der junge Konstantin keine enge Bindung zu seinen Eltern hatte und auch wenig formale Bildung genoß: Sein Zuhause waren das Lager und das kaiserliche Hauptquartier, nicht die Stadt. Trotzdem war er alles andere als ein Ignorant. Er schätzte Bildung bei anderen sehr und versuchte ständig, die eigenen Lücken aufzufüllen. In seinem späteren Leben wurde er ein Meister jener schwülstigen und verschachtelten Sprache, die damals als guter Stil galt. Doch seine spontanen Äußerungen waren viel eindringlicher und überzeugender als die verwickelten Übungen in Rhetorik, auf die er anscheinend sehr stolz war. Theoretische Betrachtungen langweilten ihn, der rasch das Wesentliche einer praktischen Frage begriff und zu impulsiven Entschlüssen neigte. Sein Geschmack in

Literatur und Kunst war anspruchslos und oberflächlich, nicht anders in Fragen der Moral und der Religion. Familienleben und persönliche Lebensführung waren bis zur Prüderie anständig. Auch wenn sein Temperament und die Forderungen der Politik ihn dazu veranlaßten, seinen Sohn und seine zweite Frau umbringen zu lassen, konnten ihm nicht einmal seine Feinde sexuelle Verirrungen vorwerfen.

In gewisser Hinsicht gehörte er durchaus zur Oberschicht der nördlichen Provinzen, die eine solide, ernsthafte Lebenshaltung mit dem vergeblichen Streben nach verfeinerter mediterraner Kultur verbanden. Was ihn von ihnen unterschied, war seine unermüdliche Tatkraft, seine Fähigkeit, sich die Treue auch geistig überlegener Männer zu erwerben und zu erhalten, und schließlich sein Urteilsvermögen und seine überlegene militärische Taktik. Jeder General kann einmal eine Schlacht gewinnen, doch nur ein hervorragender Befehlshaber gewinnt alle seine Schlachten. Gleichzeitig war er wie die meisten seiner Zeitgenossen ein durch und durch religiöser Mensch, glaubte wie sie an ein ständiges Eingreifen übernatürlicher Mächte und teilte ihr Bedürfnis nach Schutz und Erlösung. Aufgrund seines starken politischen Ehrgeizes war er besonders darauf bedacht, eine persönliche Beziehung zu diesen höheren Mächten zu unterhalten. Er brauchte einen ›heißen Draht‹ zu Gott.

Die offiziellen Bildnisse der Antike waren nicht wirklichkeitsgetreuer als die Köpfe von Repräsentanten des Staates auf Münzen und Briefmarken unserer Zeit. Doch immerhin zeigen die Bilder von Konstantin so viele gemeinsame Züge, daß sie einen Eindruck von seinem Aussehen vermitteln. Der erwähnte große Kopf im Museo dei Conservatori zu Rom ist zweifellos idealisiert, doch man erkennt darin durchaus den Mann wieder, der auf früheren Münzporträts erscheint. Seine Gestalt muß imponierend und anziehend gewesen sein. Später nahm er an Gewicht zu, und manche Münzporträts deuten ein Doppelkinn an. Er trug später auch längeres Haar. Niemals machte er jedoch den Eindruck eines Mannes, der die Dinge leichtnimmt. Er verstand sich auf die Macht und genoß sie.

Seine lange Regierungszeit setzte in gewisser Weise die Tetrarchie fort. Auch unter seiner Regentschaft wurde die Zentralverwaltung gestärkt, die sich mehr und mehr in das einmischte, was bislang der lokalen Entscheidung überlassen gewesen war. Das Heer wuchs weiter, die Trennung zwischen den Grenzgarnisonen und den beweglichen Einsatztruppen wurde systematischer durchgeführt. Gleichzeitig wuchsen Zahl und Macht der Regierungsbeamten. Nach wie vor versuchte man, eine größere Mobilität der Gesellschaftsstruktur zu verhindern: Das neue Steuersystem wurde durch weitere Abgaben ergänzt, die bisher von der Steuer verschonte Schichten jetzt zahlen mußten. Und es blieb auch der sehr autoritäre Regierungsstil, den Diokletian eingeführt hatte.

Doch in wichtigeren Bereichen fällte Konstantin bahnbrechende Entscheidungen, und das vorliegende Kapitel soll mit einem kurzen Überblick über diese Entscheidungen schließen. Seine Wirtschaftspolitik war viel erfolgreicher als die Diokletians. Statt die Preise durch Verwaltungsmaßnahmen einzufrieren, erhöhte er den Umlauf an Goldmünzen und konnte so ein ausgewogenes Verhältnis zwischen Goldmünzen und wertloseren Metallen herstellen. Ein einziges Währungssystem ersetzte also das doppelte der Tetrarchie. Es gibt auch Beweise dafür, daß die Goldmünzen tatsächlich im Umlauf blieben und für den allgemeinen Handel benutzt wurden. Diese Stabilisierung des Währungssystems durch Konstantin war eine Vorbedingung für das Wirtschaftswachstum, das offenbar im späten vierten Jahrhundert stattgefunden hat. Wie er die Inflation bekämpfte, bleibt uns allerdings weitgehend ein Rätsel. Nachdem die Mittel des Reiches wieder einmal zusammengehäuft worden waren, muß er über sehr viel mehr Goldbarren als jeder seiner Vorgänger verfügt haben. Sein neuer goldener *solidus*, von denen zweiundsiebzig ein Pfund ausmachten, wurde in großen Mengen geprägt und diente fast acht Jahrhunderte lang dem byzantinischen Münzwesen als Vorbild. Doch entscheidend muß auch das neue politische Vertrauen gewesen sein, das seine nie unterbrochene Reihe von Siegen und die erneute Einheit des Reichs hervorgerufen hatten.

Diokletians Macht hatte sich fest auf die Armee gestützt, und die Männer, denen er Schlüsselstellungen anvertraute, waren fast ausschließlich Soldaten aus den Rhein- und Donau-Provinzen gewesen. Er hatte die alte herrschende Klasse, besonders den Senat von Rom, konsequent von der Macht ausgeschlossen. Konstantin verließ sich ebenso auf seine Armee, erkannte aber, daß eine breitere Grundlage nötig sei, wenn er nicht die Abneigung einer gesellschaftlichen Klasse herausfordern wollte, deren Reichtum, Macht und Ansehen immer noch sehr groß waren. So begann er zunächst vorsichtig, dann offener Ämter mit Männern zu besetzen, deren Familien lange davon ausgeschlossen gewesen waren, Männer aus den Senatsfamilien, die nie hohe Posten innegehabt hatten. Die strenge Trennung von Zivil- und Militärdienst wurde aber nach wie vor aufrechterhalten, Kommandos immer noch in der Regel den neuen Männern aus den Grenzprovinzen anvertraut. Doch der Anfang zur Verschmelzung beider Gruppen war gemacht. Außerdem holte man Leute, die in ihrer Stadt oder Provinz Macht und Einfluß besaßen, in die Zentralregierung. Den Senatoren, denen Konstantin eine neue Steuer auferlegt hatte, bot man damit einen gewissen Ausgleich. Aber es ging nicht nur darum. Konstantin war von Haus aus konservativ, und er hoffte vermutlich, wenigstens zum Teil die Verhältnisse wiederherzustellen, die vor der großen Krise des dritten Jahrhunderts bestanden hatten – wie schwierig es auch sein mochte, ein solches Ziel mit seiner sonstigen Politik in Einklang zu bringen. Und schließlich spielte wohl auch der Wunsch eine Rolle, sich die Unterstützung einer einflußreichen Gruppe in der weströmischen Gesellschaft zu sichern, die er sich zunächst durch seine neue Religionspolitik entfremdet hatte.

Konstantin war in der offiziellen Religion des spätrömischen Staates erzogen worden, in der Verehrung des *Sol Invictus*, und als Mensch seiner Zeit fühlte er sich dem Übernatürlichen verbunden, überzeugt, daß sein eigenes Schicksal und das des von ihm beherrschten Reiches davon abhingen, daß er eine angemessene Verbindung zu den unsichtbaren Mächten des Universums herstellte. Mit dem Christentum war er so vertraut, wie es Außenseiter eben waren. Vermutlich gab es schon Christen unter seinen Familienangehörigen, wie ja auch seine Mutter Helena nicht nur später eine fromme Christin wurde, sondern vielleicht schon seit ihrer Kindheit Beziehungen zur christlichen Kirche hatte. Diese Fragen lassen sich kaum mehr klären, weil alle Quellen durch die späteren Ereignisse hindurch gesehen und deshalb getrübt sind. Konstantin hatte sicherlich von Anfang an Christen unter seinen Höflingen und Freunden. Die diokletianische Christenverfolgung hatte sein Vater Konstantius in den von ihm verwalteten Gebieten niemals durchgeführt. Konstantin suchte wie so viele Menschen seiner Zeit nach religiösen Erlebnissen und fand sie auch. Schon in Gallien hatte er eine Vision von Apoll gehabt, der nach Auffassung der damaligen Theologie eine Verkörperung des höchsten, des Sonnengottes bedeutete.

Bei seinem Gewaltmarsch nach Rom im Jahre 312 erschien ihm Christus im Traum: Wenn Konstantins Soldaten das Christusmonogramm – das griechische *chi* und *rho* – auf ihren Schilden trügen, würde er den Sieg über Maxentius erringen. Konstantin ließ eilig zumindest einigen Soldaten das Zeichen auf den Schild pinseln – und am 28. Oktober 312 schlug er Maxentius' Streitmacht an der Milvischen Brücke, tötete den Feldherrn und wurde mit einem Schlag Herr des halben Imperiums. Eine andere Version, weniger gut belegt und ziemlich sicher erst später erfunden, erzählt, er und seine Soldaten hätten am Vorabend der Schlacht am Himmel ein Kreuz gesehen, umgeben von den Worten *In hoc signo vinces*, »In diesem Zeichen wirst du siegen«. Wie es auch gewesen sein mag: Konstantin hatte sich vor seinem entscheidenden Kampf um Hilfe an den Gott der Christen gewandt und war nicht enttäuscht worden. Seine Einstellung zur Religion war pragmatisch: Wenn sie half, war sie echt. Das, was er für einen frommen Brauch der Christen hielt, hatte gewirkt, also war der christliche Gott mächtig und imstande, ihn zu schützen. Darum verdiente die christliche Kirche seine Gunst, und es lag in seiner Pflicht wie in seinem Interesse, sie zu schützen.

Als er im Februar 313 mit Licinius in Mailand zusammentraf, gaben die beiden Kaiser gemeinsame Anweisungen für die Behandlung der Christen in den ihnen unterstehenden Gebieten, das sogenannte Toleranzedikt von Mailand. Dieses Dokument beseitigte die diskriminierende Gesetzgebung, die seit 303 bestand, und ordnete nicht nur eine rückhaltlose Duldung des christlichen Glaubens und Kults an, sondern auch die Rückgabe aller Güter, die der Kirche seit der Großen Verfolgung genommen worden waren. Die theologischen Aussagen des Edikts sind – zweifellos mit Absicht – verschwommen und allgemein gehalten: Formulierungen wie ›Gottheit‹, ›höchste Gottheit‹, ›was immer an Göttlichem und Himmlischem dort ist‹, kommen überreichlich vor, aber nicht die eigentlich christlichen Begriffe. Es war ein Text, der von verschiedenen Leuten unterschiedlich interpretiert werden konnte, und die Begründung der neuen Verordnung gleicht aufs Haar der Argumentation für die Christenverfolgung, daß nämlich die Wirren des Imperiums aus der Vernachlässigung des richtigen Gottesdienstes entstanden seien. Der einzige Unterschied: Konstantin legte den ›richtigen Gottesdienst‹ in einem für die Christen günstigen Sinne aus. Bemerkenswert ist, daß einige der 313 in seinem Namen geprägten Münzen den Kaiser mit dem Sonnenwagen auf seinem Schild und dem Profil des Sonnengottes, Sol Invictus, hinter sich zeigen, während andere ihn mit Romulus, Remus und der Wölfin als Schildzier darstellen, dazu mit einem winzigen Chi-Rho-Monogramm auf dem Helm.

Manche Historiker haben die Ereignisse von 312/13 als Konstantins Bekehrung bezeichnet, doch das Wort ›Bekehrung‹ hat verschiedene Bedeutungen. Konstantin änderte damals jedenfalls seine Einstellung und die des römischen Staates zu den Christen. Doch seine wahre Bekehrung war ein langer Prozeß, der erst mit der Taufe auf dem Sterbebett abgeschlossen wurde, ein Prozeß, in dem Konstantin nicht nur sein Verständnis für die neue Religion und seine Hingabe an sie vertiefte, sondern sich auch nicht scheute, sich von der christlichen Kirche mit Beschlag belegen zu lassen; Christen beherrschten nach und nach seinen Hof, stellten seine engsten Mitarbeiter, erzogen seinen Sohn und machten ihn zum Richter in ihren Streitigkeiten und zu ihrem wichtigsten Propagandisten. Die Bekehrung betraf nicht Konstantin allein, es war eine Konversion des gesamten römischen Staates. Hier können nur die Umrisse dieser komplexen Vorgänge nachgezeichnet werden.

Für die christliche Kirche war das plötzliche Ende der Verfolgung und die neue Gunst, in der sie jetzt stand, natürlich eine willkommene Erleichterung. Doch die neue Lage brachte auch viele Schwierigkeiten mit sich. Die Christen hatten mit Ausnahme einiger weniger kleiner Sektierergruppen seit langem die Existenz des römischen Staates als eine Tatsache hingenommen und in ihm jeweils die Rolle gespielt, die ihre Lage erforderte. Sie waren an seine Neutralität gewöhnt und darauf eingestellt, seine Feindseligkeit zu ertragen. Der Staat war wie das Wetter, unberechenbar, allgegenwärtig und ohne große Bedeutung. Kein christlicher Denker hatte sich in seinen kühnsten Träumen einen römischen Staat vorgestellt, der ständig die Christen begünstigte, noch weniger einen christlichen Kaiser, wie es Konstantin wurde. Viele alte Auffassungen mußten sich ändern, viele neue Fragen eine Antwort finden. Das Haupt der christlichen Gemeinschaft waren ihre Bischöfe. Doch wie, wenn der Kaiser, Haupt des Staates, Mitglied der Gemeinschaft wurde? Wie sollten dann die Bereiche von Bischof und Kaiser gegeneinander abgegrenzt werden? Und was war mit dem römischen Reich selbst, das die Heiden als eine besondere Schöpfung der Vorsehung betrachteten, die Christen aber als eine zufällige politische Organisation? War das Konzept eines christlichen Imperiums denkbar, und was hatte es für Konsequenzen? Wenn es zu Auseinandersetzungen innerhalb der christlichen Gemeinschaft kam, wie würde sich der Staat dann gegenüber den rivalisierenden Gruppen verhalten, von denen jede behauptete, die einzig wahren Christen zu vertreten? Und wie hatten die christlichen Gemeinden das kaiserliche Eingreifen in eine solche Auseinandersetzung aufzunehmen?

Allmählich arbeiteten die Christen eine theologische Rechtfertigung für die Existenz eines christlichen Kaisers und eines christlichen Reiches aus. Die einzelnen Stufen können in den Schriften des Eusebius von Caesarea nachgelesen werden, der Kirchenhistoriker war und zu Konstantins wichtigsten Beratern für religiöse Fragen gehörte. Seine Vorstellungen kommen in der Rede zum Ausdruck, die er 336 hielt, als man die dreißigjährige Herrschaft Konstantins feierte:

»Der göttliche Logos, der oben, überall und in allem ist, sichtbar und unsichtbar zugleich, ist der Herr des Universums. Durch den Logos und in ihm empfängt und trägt der Kaiser, der von Gott Geliebte, das Symbol des höchsten Königtums, und er leitet und steuert in der Nachahmung seines Herrn alle Angelegenheiten dieser Welt... Konstantin, wie das Licht der Sonne,... erhellt auch die am weitesten von ihm Entfernten mit seinen Strahlen... und spannt die vier Caesaren unter das eine Geschirr der königlichen Quadriga, er lenkt sie zur Harmonie mit den Zügeln der Vernunft und Einigkeit, er leitet sein Gespann wie ein Pferdelenker, beherrscht es von oben her und steht hoch über der ganzen Oberfläche der von der Sonne erleuchteten Erde, und zur selben Zeit ist er gegenwärtig mitten unter allen Menschen und wacht über ihren Angelegenheiten... Gott ist das Urbild der königlichen Macht, und Er ist es, der für die ganze Menschheit nur eine einzige Autorität bestimmt hat... So wie es nur einen Gott gibt und nicht zwei oder drei oder noch mehr – denn Vielgötterei ist eigentlich

Gottlosigkeit – so gibt es nur einen Kaiser... Er allein hat eine Vorstellung vom himmlischen Königtum, und mit erhobenem Blick verwaltet er die Angelegenheiten dieser Welt im Einklang mit den Ideen seines Urbilds und gestärkt durch die Nachahmung der Souveränität des himmlischen Königs.«
(Eusebius, *Rede zum 30. Jahrestag von Konstantins Regierung*, 3.4–5, 5.1–4)

Die Verehrung des *Sol Invictus* muß für den zeitgenössischen Hörer oder Leser noch viel klarer als für uns aus dieser sonderbaren Lobrede herausgeklungen haben.

Der christliche Kaiser war also nicht einfach ein Kirchenmitglied unter anderen: Er war der besondere Träger der Vorsehung, er verkörperte vollständiger als seine Mitchristen das Bild Gottes, und ihm zu gehorchen, gehörte zu den Pflichten eines christlichen Staatsbürgers. Jedenfalls Gehorsam in weltlichen Dingen. Die Abgrenzung zwischen dem Amt des Bischofs und dem des Königs war noch immer klar. Konstantin bezeichnete sich gern als »Bischof für die außerhalb der Kirche Stehenden«, womit er eine Art bischöflicher Funktion und eine besondere Verantwortung für das geistige Heil jener Mitbürger andeutete, die dem Christentum noch nicht beigetreten waren. Er nannte sich auch – oder wurde von Schmeichlern so genannt – »der den Aposteln Gleiche«, oder »der dreizehnte Apostel«. Auch diese Titel deuteten auf die höchste Stufe der kirchlichen Hierarchie, die ihre Autorität aus der apostolischen Nachfolge bezog. Doch was diese Titel dem Kaiser an Pflichten oder Möglichkeiten auferlegten, wurde niemals festgelegt. Er war ein Mann der Praxis und kein Theologe. Und die leitenden Männer der christlichen Kirche wurden zum großen Teil durch eine Woge der Hochstimmung mitgerissen und mit immer mehr Verantwortung belastet durch eine rasch an Mitgliedern und Reichtum wachsende Kirche.

Allerdings gab es auch Kirchenführer, die sich solcher Euphorie nicht überließen. Sofort nach dem Edikt von Mailand sahen sie sich gezwungen, zwischen gegensätzlichen Ansprüchen, die christliche Kirche zu vertreten, zu entscheiden. Gab es zwei rivalisierende Gruppen, wie es in vielen Städten und Provinzen nach der Großen Verfolgung der Fall war, dann erhob sich sofort auch die Frage, welcher von ihnen der beschlagnahmte christliche Besitz zurückgegeben, welche von der Steuer befreit und welcher die immer zahlreicheren Vorrechte der christlichen Kirche zuteil werden sollten.

Schon 316 entschied Konstantin zugunsten des Bischofs Caecilian von Karthago, dessen Legitimität von den strenggläubigen Donatisten angefochten wurde. Und wie jede römische Behörde handelte er auch nach seinem Beschluß. Von 316 bis 320 wurde die donatistische Gegenkirche in Afrika von den kaiserlichen Behörden systematisch verfolgt.

Als Konstantin Licinius besiegt und damit die Herrschaft über die östlichen Provinzen erlangt hatte, fand er die christlichen Gemeinden tief zerstritten durch eine unterschiedliche Auslegung des Wesens von Christi Geburt: War Christus, und damit auch der Heilige Geist, von Gott Vater erschaffen und ihm nachgeordnet oder waren sie ihm wesensgleich? Diese grundsätzliche theologische Auseinandersetzung, die zur Einsetzung von mehreren um den Vorrang kämpfenden Bischöfen und Kirchen in vielen Städten des Reiches führte, war ein spätes Ergebnis der Übernahme von Vorstellungen und Denkweisen aus der klassischen griechischen Philosophie, die in der Generation von Klemens von Alexandria und Origines stattgefunden hatte.

Dieses Problem durfte man nicht auf sich beruhen lassen. Hier ging es um mehr als die gewohnten Schwierigkeiten, wem die inzwischen sehr ansehnlich gewordenen Vorrechte der christlichen Kirche zustehen sollten. Konstantin selbst hatte seit 312 sein Verständnis und sein Eintreten für das Christentum verstärkt. Ihm war seine besondere Pflicht bewußt geworden, dafür zu sorgen, daß Gott auf die Weise verehrt wurde, die Ihm am besten gefiel, und die Irrenden zur Erkenntnis der Wahrheit zu bringen. Er genügte dieser

Pflicht, indem er von sich aus ein Konzil der gesamten Kirche aus dem ganzen Imperium berief und bei den meisten Sitzungen der 381 anwesenden Bischöfe den Vorsitz führte. Das Konzil entschied sich für die Wesensgleichheit von Vater und Sohn und schloß die Gegenpartei – nach einem ihrer führenden Mitglieder, dem Bischof Arius von Alexandria, die ›arianische‹ genannt – von allen Vorteilen und Vorrechten der christlichen Kirche aus, ebenso von der Verwaltung des Kirchenbesitzes; die führenden Männer wurden von den staatlichen Behörden verfolgt, verhaftet und ausgewiesen.

Doch religiöse Gemeinschaften blühen in gewissem Maße auf, wenn sie verfolgt werden. Die Arianer weigerten sich, ihre Auffassung zu verleugnen, sie antworteten auf die Verfolgung mit Polemik und Beschuldigungen ihrer Gegner und versuchten, sich in den oberen Schichten Unterstützung zu sichern. Der Tag mußte kommen, wo sie die Oberhand haben und die aktive Unterstützung der staatlichen Stellen genießen würden. Als sich Konstantin dazu bewegen ließ, als Schiedsrichter kirchlicher Streitfälle aufzutreten, begann eine neue Phase der Beziehungen zwischen Staat und Kirche, und sie war von Grausamkeit, Heuchelei und Frömmelei auf beiden Seiten gekennzeichnet. So bot sich den immer noch sehr großen und einflußreichen heidnischen Kreisen ein wenig erfreuliches Bild auf seiten der Christen.

Während sich Konstantins Hingabe an das Christentum vertiefte und immer mehr Christen Schlüsselpositionen an seinem Hof innehatten, wurde die Freiheit der heidnischen Kultausübung durch eine Reihe staatlicher Eingriffe eingeschränkt. Im Jahre 318 verbot man Opfer und magische Beschwörungen in Privathäusern. Diese Maßnahme war ebenso gegen die Hexerei gerichtet, an die Heiden wie Christen mit der gleichen Unbeirrbarkeit glaubten, wie unmittelbar gegen die überlieferten heidnischen Zeremonien. Doch die Zuordnung von heidnischer Religion und Zauberei erwies sich als verhängnisvoll. In vielen Städten des Imperiums zerstörte oder beraubte man die Tempel, weil irgend etwas an dem dort geübten Kult verboten war. Im übrigen ließ man jedoch den öffentlichen heidnischen Gottesdienst im allgemeinen in Frieden. Zwei Jahre später wurde der Sonntag zum allgemeinen Feiertag erklärt, den alle Bürger einhalten mußten. Eine öffentliche Bekanntmachung nach dem Sieg über Licinius bestätigte die Freiheit zu heidnischer Götterverehrung, enthielt aber auch herabsetzende Bemerkungen über den heidnischen Glauben und Kult. Niemand konnte sich über den weiteren Gang der Dinge täuschen.

Gleichzeitig überhäufte Konstantin die christliche Kirche mit Gunstbeweisen. Seit 313 waren verschiedene Gemeinden von der Steuer befreit und erhielten außerdem beträchtliche Geschenke. Ab 318 konnten Prozeßführende ihren Fall vor den jeweiligen Bischof bringen, dessen Spruch so viel galt wie der eines normalen Gerichtshofs. Bis dahin waren die christlichen Kirchengebäude bescheiden und unauffällig gewesen, oft nur für religiöse Zwecke umgewandelte Privathäuser. Konstantin setzte den Beginn für die Tradition der großen Kirchen, die den Stil der öffentlichen Bauten übernahmen und aufgrund der kaiserlichen Freigebigkeit prächtig ausgestattet wurden. Eine solche Basilika wurde am Lateranpalast in Rom erbaut, der Konstantins Frau Fausta gehört hatte und nun dem Bischof von Rom zur Verfügung gestellt wurde. Jenseits des Tibers erhob sich auf dem vatikanischen Hügel eine zweite große Basilika, dort, wo der Überlieferung nach Petrus und Paulus begraben worden waren. Außerhalb der Mauern, an der Straße nach Ostia, entstand eine Basilika zu Ehren des heiligen Paulus; wenn sie auch im Laufe der Jahrhunderte vielfach umgebaut worden ist, so zeigt doch ihre beeindruckende Weiträumigkeit immer noch jene kalte Pracht, die nach Konstantins Ansicht zu einer Kirche gehörte. In Palästina wurden in Jersualem und Bethlehem große Kirchengebäude errichtet, und ebenso in anderen Provinzstädten des Römischen Reiches. Man finanzierte sie mit dem der Kirche überschriebenen kaiserlichen Landbesitz, der sich im Laufe von Jahrhunderten immer mehr vergrößert hatte und dessen Einkünfte nun Bau und Erhaltung der kostspieligen Gebäude möglich machte. Doch die Kirche erhielt nicht nur Grundbesitz. Allein der Kirche von Rom schenkte Konstantin über eine Tonne Gold und fast zehn Tonnen Silber. Die christliche Kirche, vorher eine ausgesprochen arme Gemeinschaft, wurde vermögend und reich. Und als solche übernahm sie nach und nach die Aufgaben, die eigentlich der Stadt und der Klasse der Grundbesitzer zugefallen wären, nämlich die Sorge für das soziale Wohl der Bürger. Kranken- und Waisenhäuser, Fürsorge für Witwen und alte Leute blühten auf unter der Kontrolle der Kirche und aus ihren Mitteln finanziert.

Lange vor Konstantin hatte sich die Kirche schon ihren Zugang zu den Oberschichten der Städte und des Imperiums gebahnt. Doch die Unterstützung des Kaisers beschleunigte das Tempo, in dem das Christentum die herrschenden Klassen durchdrang. Manche bekehrten sich wegen des sichtbaren Erfolgs des Christentums, andere waren längst schon aufrichtig Gläubige gewesen, die sich nur wegen der sozialen Diskriminierung des Christentums bisher nicht dazu bekannt hatten, wiederum andere hielten es für richtig, es sich mit keiner Seite zu verderben. Zu ihnen gehörte der Bischof, den Julian in Troas antraf und der öffentlich auch Apoll diente. Zwischen den frommen und aufgeklärten Christen auf der einen Seite und den vom Gefühl oder Verstand geleiteten Heiden auf der anderen lag eine große Grauzone; hier befanden sich die Zweifler, Leute, denen im Grund an keiner Religion etwas lag.

Im allgemeinen zog Konstantin die Christen den Heiden vor, wenn er öffentliche Ämter besetzte, und insbesondere sein Hofstaat war überwiegend christlich. Seine Kinder erhielten eine strenge, ja fast frömmelnde Erziehung. Doch das Heidentum wurde keineswegs aus dem öffentlichen Leben verbannt. Seite an Seite mit christlichen Konsuln, Präfekten und Prätorianer-Präfekten berief Konstantin Heiden in die gleichen Ämter. Immer noch bewachten die Vestalinnen das ewige Feuer im Herzen des Forums. Der Senat begann nach wie vor seine Versammlungen mit einem formellen Opfer auf dem Siegesaltar im Senatsgebäude. Der Kaiser selbst behielt das alte priesterliche Amt des Pontifex Maximus. Konstantin bekämpfte das Heidentum, indem er dessen wirtschaftliche Macht auf die Christen übergehen ließ, und durch soziale Diskriminierung, nicht aber durch politische Unterdrückung. Die kam erst später und begann unter seinen Söhnen.

Konstantins letzte, aber keineswegs unwichtigste Neuerung war die Wahl einer neuen Hauptstadt – Konstantinopel. Wir dürfen diese Entscheidung nicht von der Warte unserer heutigen Kenntnisse aus beurteilen. Wir wissen, daß Konstantinopel elfhundert Jahre lang die Hauptstadt des oströmischen oder byzantinischen Reiches blieb, was Konstantin und seine Zeitgenossen natürlich nicht ahnen konnten. Rom hatte seit langem seine Rolle als beherrschender Mittelpunkt des Imperiums verloren. Im verworrenen dritten Jahrhundert war die Hauptstadt dort gewesen, wo sich der Kaiser aufhielt, und er war meistens bei seiner Armee in den Grenzgebieten und zog kaum bis zur Mitte der Halbinsel Italien hinunter. Mit dem Kaiser reisten Hof und hohe Staatsbeamte. Rom wurde eine tote Stadt, sein Senat verlor die Macht und den Einfluß, die er im frühen Kaiserreich gehabt hatte; die reichen Senatorfamilien taten, als sei alles noch beim alten, und gaben sich dem *dolce far niente* hin. Die Tetrarchen brachten das neue Verwaltungssystem in seine organisatorische Form, aber keiner setzte einen Fuß nach Rom, außer für einen kurzen Besuch. Ihre Höfe und Verwaltungszentren reihten sich an der neuen Lebenslinie des Imperiums aneinander, vom Niederrhein bis zur arabischen Wüste. Trier, Mailand, Sirmium (Sremska Mitrovica), Serdica (Sofia), Nikomedia und Antiochia waren die neuen Brennpunkte der Macht, hier ließen sich die beweglichen Hauptquartiere der Kaiser für Monate oder Jahre nieder. Als Konstantin sein eigenes

Verwaltungszentrum an einem Punkt dieser Linie gründete, tat er nur, was seine Vorgänger seit drei Generationen getan hatten und was die militärische und politische Situation verlangte.

Die Stadt, am Platz der alten megarischen Kolonie Byzantium gegründet, sollte Konstantins Sieg über Licinius am 18. September 324 feiern, das Ereignis, das ihn zum Herrn des römischen Reiches gemacht hatte. Er zögerte, bis er seine Wahl traf: Sardica, Ilium, Chalcedon am Bosporus, vielleicht auch Thessaloniki (Saloniki) kamen in Betracht. Schließlich entschied sich der Kaiser für Byzantium. Seine Lage an der Kreuzung des Seewegs vom Mittelmeer ins Schwarze Meer mit den Landstraßen, die Europa und Asien verbanden, dazu ein hervorragender Tiefwasserhafen, gaben den Ausschlag. Und Konstantin mag auch durchaus von der atemberaubenden Schönheit der Lage dieser Stadt ergriffen worden sein. Die Umrisse der Stadt wurden in der ersten Novemberhälfte des Jahres 324 entworfen. Bevor das Jahr noch vorüber war, gab die Münze schon Geldstücke aus, und die ersten kaiserlichen Dekrete aus Konstantinopel stammen aus dem Jahr 325. Fünf Jahre später war die neue Stadt, deren Paläste, Plätze und Säulengänge die alte Stadt Byzantium verschlungen hatten, fertiggestellt und wurde am 11. Mai 330 durch Konstantin feierlich eingeweiht; dieses Datum ist dann Jahrhunderte hindurch als »Geburtstag« Konstantinopels gefeiert worden.

Bis jetzt hatte Konstantin nichts anderes getan, als was den üblichen kaiserlichen Gepflogenheiten entsprach. Die hellenistischen Könige hatten ihre Städte gegründet – entweder am Ort früherer Gründungen oder *de novo*, um ihre Siege zu feiern, und sie hatten ihnen ihre eigenen Namen gegeben. Augustus gründete Nikopolis – ›Stadt des Sieges‹ – am Eingang des Golfes von Ambrakia (heute Arta), um seinen Sieg über die Flotte von Antiochia zu feiern. Seitdem wurde das römische Reich übersät mit kaiserlichen Gründungen oder Wiedergründungen, Claudiopolis, Trajanopolis, Hadrianopolis, die Liste nimmt kein Ende. Konstantin entsprach nur seiner Rolle, als er Konstantinopel gründete. Doch wichtig ist die Feststellung, wann und wie die Stadt zu etwas anderem als einer gewöhnlichen kaiserlichen Gründung zu werden begann. Dazu muß sich der Historiker allerdings seinen Weg durch das Gestrüpp der Legenden schlagen, von denen die zeitgenössischen Quellen überwuchert sind. Hier ist nicht der Platz für die Einzelheiten dieser komplizierten Übung in historischer Quellenkritik, die vor kurzem auf bewundernswerte Weise durch Gilbert Dragon geleistet worden ist: *Naissance d'une capitale: Constantinople et ses institutions de 330 à 451* (Paris 1974). Hier muß deshalb eine kurze Zusammenfassung genügen.

Von Anfang an war Konstantinopel eine ausgesprochen christliche Stadt. Hier fehlten die Tempel, Altäre und sonstigen Kultstätten, die oft die auffälligsten Merkmale antiker Städte bildeten. Statt dessen hatte sie eine Reihe von Kirchen, manche in einem neuen, großartigen Maßstab, vom Kaiser selbst gebaut oder gefördert. Das änderte allerdings nichts daran, daß die Einweihungsfeiern – 324 und 330 – nach Inhalt und Form noch weitgehend heidnisch waren; es gab keine christliche Tradition für die Gründung einer Stadt, und die alten Feierlichkeiten sprachen immer noch Geist und Sinne der Menschen an. So ließ Konstantin auf dem Hauptplatz die Statue Apollos mit einer Strahlenkrone auf einer Säule errichten, er schritt durch die Straßen mit einer Kugel in den Händen, die eine Siegesgöttin trug (das Sinnbild seiner kaiserlichen Macht), und er begrub neben einer Triumphsäule eine archaische Statue von Pallas Athene, das Palladium, in dem, wie es hieß, Roms Gedeihen gründete. Alles wurde begleitet vom Psalmodieren und Beten der Christen. Die religiöse Vieldeutigkeit der Zeit könnte gar nicht besser illustriert werden.

Die Erwähnung des Palladiums erinnert daran, daß Konstantinopel von Anfang an eine Art zweites Rom war. Sogar schon während der Bauzeit wurde ihr Bischof als »Bischof des neuen Rom« bezeichnet, und ein Hofpoet sprach von Konstantinopel als *altera Roma*.

Konstantin veranlaßte eine Reihe von Senatorfamilien, sich in der neuen Stadt niederzulassen. Sie wurde wie Rom in vierzehn Bezirke geteilt, und mit etwas Vorstellungskraft fanden sich auch sieben Hügel innerhalb der Stadtmauern. Konstantins Absicht ist völlig klar: Er wollte eine neue, christliche, nach ihm benannte Stadt gründen, die Roms Rang und Autorität innehaben und eine zweite nationale Hauptstadt, aber auch das eigentliche Verwaltungszentrum sein sollte. Die Verwirklichung seiner Absicht erforderte allerdings eine lange Reihe von Maßnahmen, die zum großen Teil erst von Konstantins Nachfolgern durchgeführt wurden und die im 28. kirchlichen Kanon auf dem Vierten Allgemeinen Kirchenkonzil in Chalcedon ihren Höhepunkt fanden: Konstantinopel sei Rom gleich.

Erst allmählich wurde das Territorium der Stadt aus der Provinzialverwaltung herausgenommen und einem Stadtpräfekten unterstellt, der wie der Präfekt von Rom vom Kaiser ernannt wurde. Und ebenso allmählich wurde, vor allem unter Konstantius II., der städtische Rat zu einem zweiten Senat umgewandelt, dem imperiale und nicht nur regionale Aufgaben zufielen. Seine Mitglieder wählte man unter den ranghöchsten Staatsbeamten aus, und er repräsentierte eine gesellschaftliche Klasse, zu der ein Mann durch Geburt oder Berufung gehören konnte. Langsam wuchs die mittelgroße Provinzstadt Konstantinopel zur Megalopolis heran, einem riesigen städtischen Gemeinwesen, das sich nicht mehr von seinem Hinterland ernähren konnte, sondern Weizen aus Ägypten, Vieh aus Thrakien und Schweine aus Kleinasien für die Ernährung seiner ständig wachsenden Bevölkerung einführen mußte.

Diese ganze Entwicklung, die sich erst in mehr als zwei Generationen vollendete und deren wichtigste Phasen zum großen Teil unter Konstantius II. und nicht unter seinem Vater erreicht wurden, ist von den Historikern des folgenden Jahrhunderts zu einem einzigen Augenblick zusammengepreßt worden, als sie schrieben, Konstantin habe eine neue Hauptstadt nach dem Bilde Roms gegründet. Es war übrigens eine Entwicklung, die jederzeit abbrechen konnte, die Frucht konnte noch am Baum verwelken. Konstantin hat nur wenig Zeit von den sieben Jahren, die ihm nach 330 noch blieben, in seiner neuen Stadt verbracht. Der Vormarsch eines neuen persischen Königs lenkte seine Aufmerksamkeit auf die Ostgrenzen. Am 22. Mai 337 ereilte ihn in Nikomedia der Tod.

Von seinen drei Söhnen befand sich Konstantin II. bei seinem Tod in Trier und Konstantius II. in Antiochia. Wo sich der siebzehnjährige Konstans, der jüngste Bruder, aufhielt, ist nicht bekannt. Als die drei sich trafen, um ihre Herrschaftsgebiete gegeneinander abzugrenzen, geschah das nicht in Konstantinopel, sondern in Viminacium (heute Kostolac bei Belgrad).

Konstantius, zu dessen Gebiet die neue Stadt gehörte und der bald Alleinherrscher wurde, hat die vierundzwanzig Jahre seiner Macht unterwegs zwischen der persischen Grenze und dem Rhein an der Spitze seiner Armee verbracht. Er kam oft durch Konstantinopel, blieb dort aber niemals längere Zeit. Julian, der erste in der neuen Hauptstadt geborene Kaiser, hat nur wenige Monate seiner kurzen Regierungszeit dort zugebracht. Sie alle trugen zu ihrer Größe und Entwicklung bei, aber für keinen von ihnen war sie besonders wichtig. Die Tatsache, daß in noch nicht einem Jahrhundert nach ihrer Gründung Konstantinopel zur echten, dauernden Hauptstadt geworden war, zu einer Metropole, die sich in rechtlicher, politischer, wirtschaftlicher und bevölkerungspolitischer Hinsicht von den anderen Städten des Imperiums deutlich unterschied, zeigt, mit welch unfehlbarer Intuition der praktisch veranlagte Konstantin die Bedürfnisse seiner Zeit erfaßt hatte.

Während die Stadt seit 330 heranwuchs, veränderte sie immer stärker das alte politische und soziale Gleichgewicht des Reiches. Sie war eine lateinische Stadt, mitten im griechischen Osten. Nicht etwa, daß alle oder auch nur die meisten Einwohner von Haus aus lateinisch sprachen – obwohl es solche Leute gab –, aber Konstantinopel war ein Mittelpunkt imperialer Macht, nicht der lokalen Verwaltung. Und Latein war die Sprache der kaiserlichen Regierung. Der Kaiser erließ seine Gesetze in Latein, die Kommandosprache im Heer war Latein, die hohen Staatsrepräsentanten und die gehobenen zivilen Beamten erledigten ihre Arbeiten in lateinischer Sprache.

Gewiß hatten auch schon früher Männer aus den herrschenden Klassen der griechischen Städte auf der großen Bühne des Imperiums eine Rolle gespielt; ein Beispiel dafür bietet der Historiker Cassius Dio, der dreimal Konsul war und eine Reihe hoher Ämter innehatte. Doch solche Fälle waren die Ausnahme. Im allgemeinen blieb die Welt der griechischen Städte kulturell wie politisch auf sich selbst bezogen. Ihre Regierungsbeamten überließen die Verwaltung des Imperiums den lateinischsprechenden Politikern aus dem Westen, währen sie sich um die Angelegenheiten ihrer eigenen Städte und Provinzen kümmerten.

Doch jetzt stand die kaiserliche Macht auf ihrer Türschwelle, jetzt boten sich Aussichten auf eine Laufbahn, die nicht mehr nur auf die Stadt, sondern auf das Reich zielte, und zwar nicht nur für die wohlhabendsten und einflußreichsten Leute, die nach den Würden eines Gouverneurs oder Präfekten strebten, sondern auch für die Tausende bescheidener Leute, die einen Posten in der anschwellenden Bürokratie der Hauptstadt fanden.

Bessere Aussichten hatten aber auch die Intellektuellen wie etwa der Rhetoriker und Philosoph Themistios, der die Unterrichtsräume und Theater der alten Kulturzentren verließ und Ratgeber und Freund von nacheinander sechs Kaisern wurde.

Das alles brachte es mit sich, daß diese Männer ihre alte Kultur und Lebensweise unter neuen Gesichtspunkten prüften, und es war verständlich, daß es zu einer scharfen Gegenüberstellung zwischen denen kam, die mit der neuen Gestaltung der Dinge einverstanden waren, und den ande-

50

ren. Die Schriften von Libanios (314 bis etwa 393) sind angefüllt mit Klagen über junge Männer aus guten Familien, die ihrer Väter Kultur verachteten und aufgaben, um Latein oder römisches Recht oder – schlimmstes aller Greuel! – römische Kurzschrift zu lernen. Das tiefe Unbehagen einer seit langem etablierten Herrschaftsschicht kommt hier klar zum Ausdruck.

Auch für die Wirtschaft hatte Konstantinopels Wachstum tiefgreifende Konsequenzen. Wir können keine Zahlen nennen, aber das ständige Murren über die Art und Weise, wie die neue Stadt Erzeugnisse aus der ganzen östlichen Welt bei sich konzentrierte, spricht für die Zerstörung alter Handelsgepflogenheiten. Es ging dabei gar nicht nur um Nahrungsmittel oder Konsumgüter überhaupt: Das gewaltige Bauprogramm entzog den östlichen Provinzen die Baumeister und Handwerker, wahrscheinlich auch ungelernte Arbeitskräfte. Kaiserliche Beauftragte fahndeten in Tempeln und öffentlichen Bauten der östlichen Provinzen nach Statuen und Säulen zum Schmuck der neuen Stadt, die von ihren Feinden schon als ›Hure‹ bezeichnet wurde. Viele Leute begrüßten die wirtschaftlichen Möglichkeiten, die ihnen der ungeheure Bedarf der neuen Hauptpstadt bot, aber andere erlitten dadurch persönlich ihren Ruin.

Man kann kaum das Ausmaß der sozialen Veränderungen übertreiben, das die Gründung Konstantinopels für die traditionsgebundene Gesellschaft des griechischen Ostens mit sich brachte. Die zeitgenössischen Erzählungen sind voll von Geschichten ihrer Männer, die aus dem Nichts kamen und zu Positionen von nie erträumter Macht und Wohlhabenheit gelangten, aber auch von anderen, die bisher als große Fische im kleinen Teich geschwommen waren und sich nun als sehr kleine, schwache Fische in einem Gewässer wiederfanden, dessen Küsten sie nicht einmal erkennen konnten. Es war eine Zeit großer Unruhe und Unsicherheit in der östlichen Welt.

Die Auswirkungen der neuen Hauptstadt waren im Westen nicht so rasch spürbar. Doch auch hier gab es unmittelbare wirtschaftliche Folgen, wenn etwa der ägyptische Getreideüberschuß nicht mehr nach Rom, sondern nach Konstantinopel geleitet wurde. In politischer Hinsicht sah sich die alte Senatorenklasse, obwohl immer noch sehr reich und angesehen, herausgefordert durch einen neuen östlichen Senat von Emporkömmlingen, die ihre Karriere über den Verwaltungsdienst gemacht hatten. Sie reagierte damit, sich mehr und mehr von der aktiven Teilnahme an den Angelegenheiten des Reiches fernzuhalten.

Das waren einige wesentliche Züge der Zeit, die Julians Geburt vorausging und die Welt, in der er aufwuchs und regierte, gestaltete.

2

Kindheit und Jugend

Während Konstantins Baumeister seine neue Hauptstadt am Goldenen Horn errichteten und sie mit Statuen und Kunstwerken aus allen Gegenden der griechischen Welt schmückten, wurde seinem Halbbruder Julius Konstantius ein Sohn geboren; er kam in einem der neuen Paläste an der Küste des Marmarameers zur Welt und erhielt den Namen Flavius Claudius Julianus.

Konstantin gehörte nicht zu den Männern, die ihren Familienmitgliedern einflußreiche Positionen verschaffen. Das lag einmal an seinem Wesen: Er liebte es, die ganze Macht in Händen zu halten, und suchte eher nach Untergebenen als nach Mitarbeitern. Aber es gab auch andere Gründe: Das Erbe von Entzweiung und Haß in der Familie, das sein Vater Konstantius Chlorus hinterlassen hatte, machte es ihm unmöglich, irgendeinem seiner nahen Verwandten zu trauen.

Als Konstantius Chlorus 293 von Diokletian zum Caesar erhoben wurde, mußte er das einstige Schankmädchen Helena aus Kleinasien verstoßen, mit der er zweifellos durch den *concubinatus*, die römische Form morganatischer Ehen, verbunden gewesen war. Nun heiratete er die Tochter von Diokletians Mitregenten Maximian, Flavia Maxima Theodora. Aus dieser Ehe gingen die beiden Söhne Dalmatius und Julius Konstantius hervor. Helena verwand es nie, verstoßen worden zu sein, und sie erzog ihren Sohn Konstantin im Haß auf seine Halbbrüder. Als dann Konstantin beim Tode seines Vaters 306 zur kaiserlichen Macht gelangte, gehörte es zu seinen ersten Handlungen, seine

Mutter an den Hof zu holen und Helena zur ersten Dame des Reiches zu machen.

In Helenas ausgeprägtem Charakter vereinigten sich Leidenschaft und Willensstärke; ihr Einfluß auf den Sohn war sehr groß. Dalmatius und Julius Konstantius wurden zu einer Art Hausarrest in die Provinz verbannt, mit Spionen umgeben und von allen öffentlichen Ämtern oder militärischen Befehlsposten ferngehalten.

Vorübergehend lebte Julius Konstantius in Toulouse, das damals Universitätsstadt war, so daß er sicherlich die Lehren der führenden Rhetoren und Philosophen kennenlernte. Nach Jahren milderte sich Helenas Haß auf die Kinder der Rivalin ein wenig. Sie verfügte jetzt über das Auftreten und die Würde einer Augusta; Münzen trugen ihren Namen neben dem ihres Sohnes. Mitte der zwanziger Jahre – wir sind im vierten Jahrhundert – erhielt Julius Konstantius die Erlaubnis, sich in Italien niederzulassen, wo er in der Toskana ein großes Haus führte. Er hatte inzwischen Galla, die Tochter einer wohlhabenden italienischen, seit Generationen mit hohen Ämtern bedachten Familie, geheiratet; zwei ihrer Brüder wurden 347 bzw. 358 zum Konsul ernannt. Aus der Ehe stammten zwei Söhne und eine Tochter. Aus irgendeinem Grunde, der uns heute nicht recht deutlich ist, geriet Julius Konstantius erneut in Mißkredit, wurde aus Italien vertrieben und gezwungen, immer unter den wachsamen Augen von Konstantins Agenten, von einer Stadt in die andere zu ziehen. Eine Zeitlang fand er Zuflucht in Korinth und konnte von dort nach Konstantinopel ziehen, als die Stadt zur Hauptstadt geworden war. Helena war im Jahr vorher gestorben, und Konstantin wußte, daß er nichts mehr von einem Halbbruder zu fürchten hatte, der sein Leben im *dolce far niente* vertan hatte. Julius Konstantius erhielt einen hohen Rang, doch kein Amt.

Kurz bevor er nach Konstantinopel kam, war Galla gestorben, und er hatte rasch wieder geheiratet, diesmal Basilina, die Tochter des Julius Julianus, der das angesehene Amt eines Prätorianer-Präfekten inngehabt hatte und als solcher das eigentliche Haupt der Verwaltung unter Konstantins Mitregent und Rivalen Licinius gewesen war. Konstantin selbst hatte seine Verwaltung als Vorbild für seine eigenen Beamten gepriesen und ihn 325 zum Konsul ernannt. Seine Frau, Basilinas Mutter, war von Haus aus reich und besaß große Güter in Kleinasien. Im Mai oder Juni 332 wurde dann Basilinas einziges Kind geboren, der spätere Kaiser Julian. Es gibt keinerlei Anzeichen dafür, daß Konstantin, der sich damals in seiner Hauptstadt aufhielt, diesen Zuwachs seiner Familie zur Kenntnis nahm – und das war vielleicht gut so, denn der impulsive Mann tat so manches, was er später bereute. Erst sechs Jahre zuvor hatte er seinen Sohn Crispus, seinen Sohn aus erster Ehe, zum Tode verurteilt und wenige Monate darauf seine zweite Frau Fausta, die Mutter von drei Söhnen und zwei Töchtern, im Bad ersticken lassen. Die Hintergründe dieser Familientragödie sind uns nicht bekannt; manchmal wird vermutet, daß Crispus von Fausta zu Unrecht beschuldigt worden sei, ihr sexuell zu nahe getreten zu sein – das altbekannte Motiv also von Phaedra und Hippolyt. Wahrscheinlicher ist jedoch, daß Konstantins Mißtrauen und Besorgnisse durch Crispus' militärische Erfolge geweckt worden waren, ein Mißtrauen, das Fausta ausspielte, um die Interessen ihrer eigenen Söhne zu fördern. Was auch immer gewesen sein mag: Ein milder, gütiger Onkel ist Konstantin kaum gewesen.

Julians Mutter starb wenige Monate nach seiner Geburt, und das Kind wurde unter Aufsicht des Vaters von Ammen aufgezogen. Die drei älteren Kinder aus der ersten Ehe des Vaters – der jüngste, Gallus, war etwa sechs Jahre älter als Julian – gehörten mit zum Haushalt. Vielleicht wurde der kleine Julian als Jüngster der Familie verzogen, aber ihm fehlte doch die Sicherheit, die aus der stetigen persönlichen Zuwendung einer zärtlichen Mutter kommt. Statt dessen gab es nur allzu viele Eunuchen und Sklaven im Palast des Julius Konstantius. Die Großmutter mütterlicherseits tat, was sie konnte. Julian wird sicherlich oft den Sommer bei ihr am Südufer des Marmarameeres verbracht und vielleicht auch andere kleinasiatische Güter kennengelernt haben.

So wuchs das Kind heran, von Luxus umgeben, aber arm an Zuneigung. Doch wir wollen nicht übertreiben, denn sein Schicksal unterschied sich wohl kaum sehr von dem anderer Kinder der Oberschicht, auch wenn deren Mütter noch lebten. Vielleicht vereinsamte er ein wenig, als die älteren Brüder in die Schule kamen – oder besser, von einem Erzieher im Palast unterrichtet wurden. Als er sechs Jahre alt wurde, ging auch er ins Schulzimmer und lernte Lesen und Schreiben nach Methoden, die sich in einem Jahrtausend nicht geändert hatten: Man lernte erst das Alphabet, Buchstabe für Buchstabe, setzte sie dann zu Silben zusammen, zuerst zu offenen wie BA, BE, BI, BO und BU, dann zu geschlossenen – BAB, BAC, BAD und so fort. Nur wer jede Silbe auf Anhieb sofort erkannte, schritt zu ganzen Wörtern und schließlich zu kurzen Kernsprüchen fort. Verwunderlich, daß so viele Jungen – und Mädchen – sich bei dieser trockenen Einführung ihre Begeisterung für die Literatur bewahren konnten! Es fragt sich, in welcher Sprache Julian Lesen und Schreiben lernte: Konstantins Familie stammte aus dem lateinischsprechenden Teil des Balkans, und Konstantin selbst hat das Griechische nie völlig beherrscht. Basilinas Familie, die zweifellos als offizielle Sprache Latein benutzte, stammte aus Kleinasien, wo man Griechisch sprach. In der neuen Hauptstadt herrschte Griechisch vor, obwohl auch viele Einheimische bei Latein geblieben waren.

Doch wir geraten auf falsche Gleise, wenn wir hier von einheimischer Sprache reden. In spätrömischer Zeit konnte die Muttersprache eines Menschen Latein oder Griechisch, Syrisch oder Koptisch oder eine der vielen anderen Sprachen sein, die überlebt hatten – doch Griechisch war die Sprache, in der sich das Leben der Städte im Osten des Reiches vollzog, die Sprache der wissenschaftlichen und technischen Kommunikation, die Sprache der Kultur. Latein verwendete man in der kaiserlichen Verwaltung, in der Armee, der Beamtenschaft, bei den oberen Gerichtshöfen und so fort. In welcher Sprache sich jemand ausdrückte, hing von der Rolle ab, die er spielte, nicht von seiner Muttersprache. Sicherlich konnte Julian Latein, doch in der griechischen Sprache fühlte er sich zu Hause: Er wurde ja nicht für das Amt eines Kaisers erzogen, sondern für ein Dasein kultivierter Muße.

Aber plötzlich ging alles drunter und drüber. Konstantin hatte das Osterfest am 3. April 337 in Konstantinopel verbracht und brach auf, um den Krieg gegen die Perser wiederaufzunehmen. Sein zweiter Sohn Konstantius war schon unterwegs und traf in Antiochia seine Vorbereitungen. Doch bald nachdem Konstantin die Hauptstadt verlassen hatte, erkrankte er. Besuche von Bädern und Pilgerreisen zu den Reliquien der Märtyrer nützten nichts. Nach einer Woche mit hohem Fieber starb der etwa sechzigjährige Kaiser am 22. Mai nahe Nikomedia. Konstantius, den man sofort rief, als die Krankheit seines Vaters bedrohlich zu werden begann, kam zu spät.

Der alte Kaiser hatte offenbar ungern an einen Nachfolger gedacht und nur zögernd und unentschlossen Bestimmungen über seine Nachfolge ins Auge gefaßt. Die Armee vergötterte ihn, aber seine drei noch lebenden Söhne Konstantin, Konstantius und Konstans kannte sie kaum – auf jeden Fall mißtrauten sie einander. Dann war noch Konstantins Bruder zu bedenken, nicht der Müßiggänger Julius Konstantius, aber Dalmatius, der hohe Ämter geleitet und bereits zwei erwachsene Söhne hatte. Es gab also keinen Mangel an Thronanwärtern. Doch Konstantius war auf dem Posten. Er begleitete die Leiche seines Vaters nach Konstantinopel und sorgte für ihre feierliche Aufbahrung und das Begräbnis in der Basilika der Heiligen Apostel. Julians Vater muß zur Ehrenwache gehört und an den feierlichen Audienzen teilgenommen haben, bei denen der einbalsamierte Körper des Kaisers auf einem mit Juwelen besetzten Katafalk lag – wochenlang. Denn noch war kein Nachfolger proklamiert worden, und Konstantius gab noch Monate nach dem Tode seines Vaters Erlasse in dessen Namen heraus. Unterdessen verhandelte er mit seinen Brüdern und hörte sich nach der Stimmung der Offiziere um.

Die Verhandlungen dürften nicht einfach gewesen sein. Offenbar war der älteste Bruder, Konstantin, etwas voreiliger gewesen und hatte schon im Juni Proklamationen in seinem eigenen Namen erlassen. Für Julians Vater wird es eine Zeit großer Sorgen gewesen sein, denn er mußte deutlich zeigen, daß er selbst nicht an der Macht interessiert war – er durfte aber auch nicht den falschen Kandidaten unterstützen. Am 9. September waren dann endlich alle Angelegenheiten zwischen den Brüdern geregelt. Am selben Tag ließen sie sich gemeinsam zu Kaisern ausrufen; das Reich hatten sie in drei Verwaltungsbezirke eingeteilt. Dalmatius und seine Söhne, die sich mit dem niedrigeren Rang von Caesaren begnügen mußten, wurden mit geringen Apanagen abgespeist.

Aber mit dieser Regelung war der verschlagene Konstantius nicht einverstanden. Bald verbreitete sich in Konstantinopel das Gerücht, man habe in der Hand des verstorbenen Kaisers ein Testament gefunden, das der Bischof, der ihm am Sterbebett beigestanden hatte, unter dem Totenhemd verborgen gehabt hätte. In diesem angeblichen Testament beschuldigte er seine beiden Halbbrüder Dalmatius und Julius Konstantius, ihn vergiftet zu haben, setzte gleichzeitig seine drei Söhne zu Mitkaisern ein und trug ihnen auf, die Mörder zu bestrafen.

Ohne jeden Zweifel hatte Konstantius diese Gerüchte in die Welt gesetzt; Bischof Eusebios von Nikomedia sollte ihm das Testament übergeben haben. Vielleicht beabsichtigte Konstantius nur, die Stellung von Dalmatius und seinen Söhnen zu erschüttern, doch dann wäre er reichlich naiv vorgegangen. Denn sofort zeigte sich, wie die Gerüchte auf die Garnison in Konstantinopel wirkten: Die Soldaten stürmten in die Paläste der Beschuldigten, rasten durch Hallen und Gärten, suchten und fanden die Opfer und massakrierten sie auf der Stelle. Dalmatius und seine beiden Söhne kamen um – Julians Vater und sein ältester Bruder erlitten dasselbe Schicksal. Der zweite Sohn, Gallus, blieb verschont, weil er so krank war, daß man ohnehin mit seinem Tod rechnete. Mit Julian, so heißt es, hatten die Soldaten Erbarmen, weil er erst fünf Jahre alt war; nach anderen Berichten soll ein Priester das Kind ergriffen haben und mit ihm durch einen Geheimgang in den Schutz der nahe gelegenen Kirche geflüchtet sein.

Ob Julian dabei war, als Vater und Bruder ermordet wurden, wissen wir nicht, aber die Erinnerung an das schreckliche Ereignis hat ihn sein Leben lang nicht in Ruhe gelassen. Als kleines Kind konnte er nichts von den politischen Spannungen nach dem Tode Konstantins wissen – aber nun wurde ihm plötzlich das Problem der Macht in aller Brutalität und Sinnlosigkeit vor Augen geführt. Er wußte nicht, wer dafür verantwortlich gewesen war, und versuchte es zunächst auch nicht zu erfahren, doch als er heranwuchs, erkannte er, daß der Mann, der den Mord hätte verhindern können, es aber nicht getan hatte, sein Vetter, der Kaiser Konstantius, gewesen war.

Mit dem Knaben mußte etwas geschehen. In den ersten Tagen nach dem Mord kümmerte sich wahrscheinlich irgend jemand aus dem Haushalt seines Vaters um ihn; vielleicht wußte auch seine Großmutter, daß ihre Familie mächtig genug war, um ihr das Wagnis zu erlauben, sich des Kindes anzunehmen. Doch nach einigen Wochen hatte Konstantius seinen Entschluß gefaßt: Wenn auch der Besitz des Vaters beschlagnahmt wurde, durfte der Sohn am Leben bleiben, sollte aber unter ständiger Bewachung und fern von der Hauptstadt leben. Als Exil wählte der Kaiser für seinen Vetter Nikomedia (heute Izmit), das etwa neunzig Kilometer von Konstantinopel entfernt am Ende eines Meeresarms lag. Unter Diokletian war die Stadt eine Residenz gewesen, und die vielen Paläste und Villen empfahlen sie für den hochgeborenen Verbannten. Außerdem war sie durch Denkmäler und öffentliche Bauten zu einer der schönsten Städte im Osten geworden. Hier also wurde der Sechsjährige untergebracht, mit standesgemäßem Aufwand an Kinderfrauen, Dienerschaft und Leibwachen. Konstantius setzte Bischof Eusebios von Nikomedia als Vormund ein, der seinerseits die Erzieher aussuchte, über Julians geistiges Wohl wachte – und dem Kaiser vertrauliche Berichte über ihn schickte. Doch binnen Jahresfrist wurde Eusebios Bischof von Konstantinopel, und sein Einfluß auf den Schutzbefohlenen verringerte sich. Die Großmutter des Prinzen besaß in der Nähe von Nikomedia große Güter, auf denen sie sich meistens aufhielt. Die freundliche, warmherzige Frau ließ dem kleinen Waisenjungen viel Fürsorge und Zärtlichkeit zukommen, vor allem aber übergab sie ihm eine Villa in der Nähe der Stadt. Hier lernte Julian das Landleben kennen und faßte eine Liebe zur Natur, die ihn sein Leben hindurch begleitete. Wahrscheinlich lernte er in dieser Zeit auch den Bruder seiner Mutter, Julianus, kennen, der später einer seiner engsten Freunde wurde.

Niemals werden wir erfahren, in welcher Weise Großmutter oder Vormund dem entsetzten Kind erklärten, was seinem Vater und seinem ältesten Bruder zugestoßen war. Gab es eine Verschwörung des Schweigens, in der die Geschehnisse nie erwähnt wurden? Welche Antwort erhielt der Junge auf seine unvermeidlichen Fragen? Wie konnten sie ihm glaubhaft versichern, daß sein Bruder Gallus, der in ähnlich erzwungener Residenz etwa 300 Kilometer entfernt in Ephesus lebte, nicht ebenfalls tot war? Was sagten sie, wenn er in die Stadt heimkehren wollte, in der er geboren und aufgezogen worden war? Wie auch immer die Antworten gelautet haben mögen, die Fragen allein legen es nahe, daß unter der Oberfläche von Luxus und Wohlwollen, die den kleinen Julian in Nikomedia umgaben, ein unheilvoller Unterton blieb – im besten Fall eine Art Unsicherheit, im schlimmsten ein Alptraum. Und doch erinnerte sich Julian später gern an die Tage in Nikomedia und weinte, als er Jahre später im fernen Gallien erfuhr, daß ein Erdbeben die Stadt in Trümmer gelegt hatte.

Vielleicht verdankte er seine angenehmen Erinnerungen vor allem seinem Erzieher Mardonios, einem Skythen. Er stammte aus der Gegend der heutigen Dobrudscha, wo die Küstenstädte damals griechisch waren, und war vielleicht gotischer Herkunft. In seiner Kindheit hatte man ihn zum Eunuchen gemacht – er war zweifellos ein Sklave – und ihm eine gründliche literarische Bildung gegeben. So wurde er Vorleser von Basilina; vieleicht war er auch ihr Lehrer gewesen und hatte von ihrem Vater seine Freiheit erhalten. Jedenfalls blieb er in ihrem Gefolge, als sie heiratete, kehrte aber nach ihrem Tod zu seinem früheren Herrn zurück. Zweifellos wurde er dank dem Einfluß von Julians Großmutter von Bischof Eusebios zum Privatlehrer des Jungen ernannt, bald nach dessen Ankunft in Nikomedia. Für Julian, der seine Mutter nicht gekannt hatte, aber sich danach sehnte, mehr von ihr zu erfahren, stellte Mardonios ein willkommenes Bindeglied dar, und dieser Erwachsene, mit dem Julian gerade in seinem bildungsfähigsten Alter täglich am meisten zusammen war, wurde auf eine etwas sonderbare Weise zum Mutter-Ersatz. Jedenfalls waren die Beziehungen zwischen Lehrer und Schüler herzlich und vertrauensvoll. Julian bezeichnete ihn später als den »Erzieher, der mich aufgezogen hat«, und gebrauchte damit eine Bezeichnung, die man meistens auf die Eltern anwendet.

Mardonios, ein hochgebildeter Mann, hatte besonderes Verständnis für die griechische Literatur und konnte dies mit Erfolg auch seinem kleinen Schüler vermitteln, zugleich mit einer tiefen Achtung vor dem Schönen und für gesicherte, etwas altmodische Moralbegriffe. Die Literatur, die sie lasen, war natürlich die des klassischen Griechenland, in erster Linie Homer, die Tragödiendichter und Aristophanes. Die hellenistische Kultur wurde von den Menschen des vierten Jahrhunderts hochgeschätzt. Daß die Dichter der eigenen Zeit ebensogute Darstellungen von Tugend und Laster, Schönheit und Häßlichkeit bieten könnten, kam den meisten Zeitgenossen gar nicht in den Sinn. Die Männer der Vergangenheit hatten einen Gipfelpunkt erreicht; man konnte sie nur würdigen und, soweit es menschenmöglich war, nachahmen. Originalität war verpönt. Ein solches Wertsystem hätte natürlich zu einer starren, unproduktiven Erziehung führen können, bei der die Quellen des menschlichen Geistes schon an ihrem Ursprung erstickt wurden. Doch Mardonios scheint ein guter Lehrer und ein einfacher, aufrechter Mann gewesen zu sein, der die Achtung seines Schülers erwarb und ihm seine eigene echte Begeisterung für die Literatur einflößen konnte, die sie zusammen lasen. Julian, der niemals Schulkameraden hatte, scheint weit über die recht engen Grenzen der Unterrichtspläne in der Spätantike hinaus geschult worden zu sein. Er hätte durchaus verdorben werden können durch das tägliche, ständige Beisammensein mit einem Lehrer, der auf der gesellschaftlichen Leiter so unermeßlich tief unter ihm stand. Doch Mardonios machte keine Zugeständnisse. Jahre später erinnerte sich der Kaiser noch an seine strengen, schulmeisterlichen Unterweisungen:

»Oft pflegte mir mein Erzieher zu sagen, als ich noch ein Knabe war, ›laß dich nicht von all diesen Jungen, die in die Theater rennen, zu dem Fehler verleiten, jemals nach solchen Veranstaltungen zu verlangen. Bist du versessen auf Pferderennen? Hier ist eines bei Homer, sehr klug geschildert. Nimmt das Buch, lies es. Hörst du, wie sie von den Tänzerinnen in den Pantomimen erzählen? Laß sie. Bei den Phäaken tanzen die Jungen einen viel männlicheren Tanz. Einen Lyraspieler hast du an Phemius, einen Sänger an Demodocus.‹«

Julian muß ein recht einsamer Junge gewesen sein – die meisten Prinzen sind es –, darauf fixiert, das Leben nur durch den Spiegel der Literatur zu betrachten, in mancher Beziehung über seine Jahre hinaus gereift, in anderer ein Kind ohne Erfahrungen. Er lebte ein fast selbstgenügsames, gedankenerfülltes Dasein – aber es entsprach eigentlich nicht seinem Naturell, denn später zeigte er eine eifrige und reizbare Neigung zur Geselligkeit.

Natürlich wurde er als Christ erzogen, denn Vater und Mutter waren Christen gewesen, und Konstantius und seine Brüder traten geradezu als fanatische Anhänger des neuen Glaubens auf. Mit Bibel und Liturgie war er seit früher Kindheit vertraut. Doch man darf nicht vergessen, daß die Erziehung in der ersten Hälfte des vierten Jahrhunderts noch keineswegs »christlich« war. Studiert wurde die klassische, die heidnische Literatur, nicht die Evangelien. Die ganze Erziehung des Gebildeten war hellenistisch und heidnisch, und der christliche Glaube – falls er ein Christ war – kam zusätzlich und von außen hinzu. Die Verschmelzung zwischen beiden Kulturen hatte zwar begonnen, war aber noch nicht weit gediehen. Mardonios muß zumindest nach außen hin Christ gewesen sein, aber was er seinen Schüler lehrte, war Homer. Seine feste moralische Haltung verdankte der christlichen Offenbarung nichts.

Julian war nachdenklich, belesen, empfindsam und ernsthaft. Sicherlich hat er in seiner Jugend viel über die christliche Religion nachgedacht, aber auch andere und ältere Traditionen erweckten in seinem Herzen Widerhall. Er spricht selbst davon, wie die Kraft der Sonne in ihm eine Art mystischer Gotteserfahrung erzeugte. (Hymnen an den Sonnengott, 168.10ff)

Als Julian etwa zehn Jahre alt geworden war, war es selbstverständlich, daß er eine weitere Stufe der Erziehung zu durchlaufen hatte, in welcher er nicht nur die Literatur zu lesen hatte, sondern sie auch interpretieren und analysieren mußte. Der Lehrer, der diesen Unterricht erteilen mußte, wurde *grammaticus* genannt, und sein Unterrichtsziel war seit Jahrhunderten festgelegt: »Fließend, mit Beachtung des Silbenwerts lesen, die poetischen Wendungen erklären, schnell seltene Wörter und Anspielungen verstehen, die Herkunft der Wörter ableiten, die Sprachregeln herausarbeiten und Dichtung kritisieren, was die höchste Aufgabe der Kunst ist.« Der Schüler sollte zur gleichen Zeit mit dem Studium der Rhetorik beginnen, der Kunst, sich in Sprache und Schrift auszudrücken.

Was mit Julian geschah, ist nicht geklärt. Offenbar ist er um 342 nach Konstantinopel zurückgebracht worden, um bei dem Grammatiker Nikokles zu studieren, einem Mann, den er später, als Kaiser, an seinen Hof berief und der nach seinem Tod ständig sein Andenken verteidigte. Vielleicht hat Julian auch begonnen, unter Hekebolios Rhetorik zu studieren, einem damals hochgeschätzten Lehrer, aber all diese Kontakte können auch in einer späteren Lebenszeit geschlossen worden sein.

Wenn er wirklich als Zehnjähriger nach Konstantinopel zurückgekehrt ist, war ihm die Sympathie vieler Bürger gewiß. So mancher haßte Konstantius aus unterschiedlichen Gründen, zu denen auch sein Glaube gehörte, andere erinnerten sich daran, auf welche Weise Julian zum Waisen geworden war. Die anspruchslose Art, wie der Junge durch die Straßen zur Schule von Nikoles wanderte, wurde beifällig aufgenommen, und vielleicht kam es sogar zu Ovationen für ihn. Jedenfalls änderte Konstantius, der immer zwischen gegensätzlichen Gefühlen hin und her gerissen wurde, seine frühere Entscheidung und schickte den jungen Vetter nach einigen Jahren zurück nach Nikomedia, möglicherweise in Begleitung eines seiner Lehrer.

Doch auch in Nikomedia durfte er nicht lange bleiben. Sein offizieller Vormund, der Bischof Eusebios, war gestorben, und wir wissen nicht, wer an seine Stelle trat, jedenfalls ein Mann, der den Jungen nicht vor dem Mißtrauen und der Unentschlossenheit von Konstantius schützen konnte.

Die Teilung des Reichs unter die drei Brüder hatte wenig Gutes gebracht. Der älteste, Konstantin II., wahrscheinlich von illegitimer Herkunft, fürchtete, daß seine Brüder seinen Tod planten; er versuchte ihnen zuvorzukommen, und wurde 340 in der Schlacht von Aquileja besiegt und getötet. Daraufhin erhielt der dritte Bruder, Konstans, das ganze Reich von Britannien bis zum westlichen Balkan. Konstans unternahm nichts gegen Konstantius, unterstützte aber Athanasius und die Führer der nicäischen Gruppe in der

Kirche, deren Haß auf den arianischen Kaiser keine Grenzen kannte. Konstantius fürchtete sich weniger vor einem direkten kriegerischen Angriff als vor einem Staatsstreich in der Hauptstadt selbst. Wenn Julian und sein Bruder in einer der großen städtischen Metropolen lebten, konnten sie nur allzu leicht für einen solchen Versuch mißbraucht werden. Außerdem standen die Dinge an der persischen Front nicht gut, wo die langen Friedensjahre 341 zu Ende gegangen war.

Konstantius beschloß vermutlich im Herbst 344, Julian und seinen Bruder unter strengste Bewachung zu stellen, schon fast unter Hausarrest. Ein Bote aus der Hauptstadt erschien in Nikomedia und erklärte dem Jungen, er müsse umziehen. Daß er Mardonios zurücklassen mußte, war ein böser Schlag; seine Großmutter hat er nie wiedergesehen. Diese plötzliche, unerwartete Trennung von den Menschen, die ihm am nächsten standen, hat Julian nie ganz verwunden. Ein paar Tage später war er schon unterwegs auf den staubigen Straßen Kleinasiens mit einem Zug von Maultierkarren der kaiserlichen Post.

Bestimmungsort war der kaiserliche Landsitz Macellum (in Anatolien), nördlich vom Berg Argaios, dessen meist schneebedeckter Gipfel auf über viertausend Meter steigt. An seinen drei anderen Seiten breitete sich die dürre Hochebene von Kappadokien aus, deren Oberfläche hier und da von fantastischen Auswüchsen weicher Gesteine wie von toten Städten unterbrochen wurde. Es waren tatsächlich Städte, denn das trockene Kappadokien hatte eine dichte Bevölkerung, und wer konnte, grub sich lieber seine Wohnung in die Felsen, statt ein Haus zu bauen. Es war einfacher – das Eindringen in das Gestein machte keine Schwierigkeiten –, und die Höhlenwohnungen blieben im Sommer kühler und im Winter wärmer als jedes Haus. Freilich brachte man Julian nicht in eine Höhle, sondern in einen prächtigen Palast, eine Art kaiserliches Jagdschloß. Wahrscheinlich war er ursprünglich von den Königen von Kappadokien erbaut worden, bevor das Land, dreihundert

Jahre zuvor, von Tiberius annektiert wurde. Hier lebte Julian in dem ihm zukommenden Stil. Tüchtige Lehrer wurden geschickt, um seine Bildung zu ergänzen, und jeder Luxus, den Reichtum bieten konnte, stand ihm zur Verfügung. Doch die Verbindungen zur Außenwelt waren selten und wurden streng kontrolliert. Und er erhielt keinen gleichaltrigen Gefährten.

Wie es seinem Alter zukam, wurde er jetzt gründlicher in der christlichen Religion unterwiesen. Ein regelrechter katechetischer Kursus ging der Taufe voraus, die er irgendwann hier in Kappadokien erhielt. Wir wissen nicht, wer seine religiöse Erziehung in die Hand nahm, doch verantwortlich war Bischof Georg von Caesarea, der nahe gelegenen Provinzhauptstadt. Julian kam oft mit Georg zusammen, denn später berichtete er, daß der Bischof eine ausgezeichnete Bibliothek besessen habe, die nicht nur christliche Theologie umfaßte, sondern auch Werke der heidnischen Rhetoriker und Philosophen, darunter viele neuplatonische Kommentatoren von Plato und Aristoteles. Julian konnte sich hier Bücher leihen und von denen, die ihn am meisten interessierten, Abschriften anfertigen lassen.

Zum erstenmal kam der junge Prinz in unmittelbare Berührung mit der griechischen Philosophie. Sie war im dritten und vierten nachchristlichen Jahrhundert neu belebt worden durch Männer wie Plotin, Porphyrios und Jamblichos, Denker, die Plato im Licht der neupythagoräischen Philosophie des zweiten Jahrhunderts interpretierten und wahrscheinlich auch gnostische und andere orientalische Elemente aufgenommen hatten. Sie entwarfen ein Bild des Universums als eines hierarchisch aufgebauten Ganzen, in dem jedes Ding seinen Platz hatte, in dem die Welt der Bedeutung die Welt der Wirklichkeit durchdrang und in dem die materielle Welt unserer sinnlichen Wahrnehmung – wenn auch tief unten in der kosmischen Ordnung – durch Bindeglieder des Geistigen mit jenem Einen verbunden war, zu dem sich alles verhielt wie die Lichtstrahlen zur Sonne. Es war im besten Fall ein eindrucksvolles, für manchen auch befriedigendes Bild der Welt, im schlimmsten aber eine billige Rechtfertigung für Magie und volkstümlichen Aberglauben. In dieser Philosophie fand Julian allmählich Verständnis für die tiefe Empfindung, die ihn als Kind beseelt hatte, wenn er über die Sonne und ihren Einfluß auf das Lebendige nachdachte. Die Sonne, sagten die Neuplatoniker – oder einige von ihnen, denn hier gab es keine allgemeinverbindliche Lehrmeinung –, ist eine Art Widerschein oder ein Abbild des Einen, der das Universum in Gang hält wie die Sonne die sichtbare Welt. Immer tiefer drang Julian denkend und lesend in diese neue Gedankenwelt ein, zunächst mit dem Staunen des Kindes, dann mit der Leidenschaft des jungen Mannes.

Solche Gedankengänge brauchten nicht unbedingt den Bruch mit dem Christentum herbeizuführen, denn Christen und Heiden dachten gleicherweise in neuplatonischen Begriffen –, Fische, die im selben Wasser schwammen. Julian ist vielleicht durch eine Periode christlicher Frömmigkeit gegangen, an der auch die neuplatonische Philosophie ihren Anteil hatte. Jedenfalls geht aus – ungefähr – zeitgenössischen Berichten hervor, daß Julian und sein Bruder Gallus jeder eine Kirche in Caesarea stifteten. Während die des Gallus stehenblieb (so heißt es in der zeitgenössischen Überlieferung, die in der uns vorliegenden Form Jahre nach Julians Tod entstanden ist), brach die von Julian zusammen.

Es ist möglich, daß Julian in diesen Jahren in Macellum für den niedrigsten christlichen Klerus geweiht wurde, nämlich zum Vorleser, der die Aufgabe hatte, während der Eucharistie Texte aus dem Alten und dem Neuen Testament vorzulesen oder zu singen. In der Antike wurde das Amt oft sehr jungen Männern, manchmal sogar Kindern, anvertraut. Die Absicht, zu höheren Weihen fortzuschreiten, war nicht damit verbunden; viele Vorleser blieben Laien. Andererseits war das Amt des Lektors wichtig als Vorstufe für Diakonat und Priestertum. Wir wissen sehr wenig darüber, wie und wo Julian geweiht wurde – leider, denn wenn auch keine höhere Berufung mit dem Lektorenamt einsetzen mußte, so konnte es doch kaum einem Mann gegen seinen Willen, ja gegen seine bessere Einsicht aufgezwungen werden. Als Julian Vorleser war, kann er das Christentum noch nicht abgelehnt haben, selbst wenn er manche Teile der christlichen Offenbarung auf seine eigene Weise auslegte.

In diesen Jahren der Isolierung wurden ihm nicht nur für die Philosophie die Augen geöffnet, sondern auch für andere Dinge. Jetzt endlich erfaßte er wirklich, was seinem Vater, seinem ältesten Bruder, seinem Onkel und seinen Vettern angetan worden war. Er war alt genug, die Zusammenhänge zu verstehen, und da er keine anderen Auskünfte erhalten konnte, hat er sie sich zweifellos bei seinen Dienern verschafft. Falls er versucht haben sollte, mit Bischof Georg oder dessen Geistlichen darüber zu sprechen, wird er nicht weit gekommen sein, denn Konstantius trug ja das Diadem des Kaisers. Er war zwar kein Gesalbter des Herrn – der Brauch der Krönung durch die Kirche hatte sich noch nicht eingebürgert –, aber man sah ja, daß die Gunst des Allmächtigen mit ihm war. Und zugleich mit einem bitteren Haß auf Konstantius – der zu dieser Zeit die Tochter des von ihm ermordeten Onkels, Julians Halbschwester, heiratete – setzte sich in der Seele des jungen Julian die Überzeugung fest, daß manche führenden Christen nicht gerade aufrichtig waren.

Während der Reise nach Macellum hatte sich Julian vermutlich auf das Zusammensein mit seinem älteren Bruder Gallus gefreut, den er seit Jahren nicht gesehen hatte. Aber dann wird die Enttäuschung herb gewesen sein: Gallus, jetzt achtzehn oder neunzehn Jahre alt, teilte weder Julians geistige Interessen noch sein Interesse für das Schöne, und wahrscheinlich zeigte sein Wesen schon Spuren der Brutalität, die später bei ihm vorherrschen sollte. Zwar waren beide auf die Gesellschaft des anderen angewiesen, aber keiner kann daraus eine tiefere oder dauernde Befriedigung gewonnen haben.

Julian verbrachte etwa sechs Jahre in Macellum, von 344 bis 350. Er kam als Elf- oder Zwölfjähriger und verließ es mit achtzehn Jahren. Es war also die Entwicklungstufe im Leben eines jungen Mannes, in der sich viel ereignet. Er erlebt die Pubertät, er versucht seine Identität zu bestimmen, er ordnet allmählich sein Bild von der Welt, die er zu verstehen beginnt. In einer Gesellschaft, in der die Religion einen hohen Stellenwert einnimmt, geht der junge Mann oft durch eine Krise des Glaubens oder der Metaphysik. Julian entwickelte sich wie viele seines Alters. Doch wir können uns nur ein sehr unvollkommenes Bild von seiner Entwicklung aus den gelegentlichen Hinweisen seiner späteren Schriften und aus nicht unbedingt zuverlässigen Berichten anderer zusammensetzen.

Die Versuchung ist groß, Julian in die eine oder andere psychologische Schablone zu pressen, die uns heute so geläufig sind. Doch wir müssen nicht nur die Unzulänglichkeit der Angaben bedenken, sondern uns auch fragen, ob diese Schablonen für eine Gesellschaft gelten können, die von der unseren so verschieden ist. Gehen wir lieber davon aus, daß uns vieles unbekannt bleibt, was wir über Julian wissen möchten. Einiges kann allerdings mit Sicherheit behauptet werden: Julian wuchs allein zum Mann heran. Nicht nur, daß er außer Gallus keine Angehörigen hatte, sondern es fehlten ihm auch die Altersgenossen, mit denen man in den Jugendjahren so intensive und wechselnde Freundschaften schließt.

»Kein Fremder kam in unsere Nähe«, schrieb er später über diese Zeit, »keiner unserer alten Freunde durfte uns besuchen. Wir waren von allem ernsthaften Studium und jeder Beziehung zu freien Menschen ausgeschlossen; mitten in einer prachtvollen Umgebung hatten wir keine anderen Gefährten als unsere Sklaven. Keiner unserer gleichaltrigen Freunde besuchte uns, niemand wurde zu uns gelassen.« Mardonios, der ihm Vater und Mutter zugleich ersetzt hatte, war nicht mehr bei ihm, und kein anderer Erwachsener besaß die Autorität oder die Zuneigung des Prinzen, um sein Heranwachsen leiten zu können. Gewiß gab es Geistliche, die ihn in der christlichen Religion unterwiesen, aber sie scheinen ihre Aufgabe ziemlich nachlässig versehen zu haben, ohne echte innere Beteiligung, und sicherlich haben sie Julian in den moralischen und religiösen Auseinandersetzungen, die er mit sich abzumachen hatte, nicht geholfen. Bischof Georg war ein Abenteurer, der schließlich von seinen eigenen Schäflein gelyncht wurde, kein Vorbild für einen ernsthaften jungen Mann. Doch immerhin besaß er eine Bibliothek und lieh Julian Bücher. Wenn sich der Prinz sogar Lesestoff vom Bischof der nächst liegenden Stadt borgen mußte, wird er selbst wenig eigene Bücher besessen haben. Ob absichtlich oder gedankenlos, Konstantius hatte seinen Vetter von allem geistigen Austausch abgeschnitten, an dem Julian so viel gelegen war.

Zur Einsamkeit kamen Mißtrauen und sogar Furcht. »Wir waren wie Gefangene in einer persischen Festung«, schrieb er später. War er zuerst wohl nur verwirrt über die plötzliche Abreise aus Nikomedia, so merkte er doch bald, daß er und sein Bruder praktisch unter Arrest standen. Jeder Schritt wurde überwacht und Konstantius gemeldet. Sogar die jungen Sklaven, mit denen sie Sport trieben, konnten sich ein unbedachtes Wort merken. Geheimnisvolle Boten kamen und gingen zwischen Macellum und der Hauptstadt hin und her. Die Atmosphäre war im besten Fall unheimlich und beunruhigend, und als Julian die volle Wahrheit über das Schicksal der Seinen erfahren hatte, wurde sie bedrohlich. Er wird nicht daran gezweifelt haben, daß sein Vetter Konstantius in einem Augenblick der Panik auch ihn ermorden würde. Da es keine zuverlässigen Auskünfte gab, wucherten Gerüchte und Vermutungen, und es muß Augenblicke gegeben haben, in denen Julian zweifelte, ob er den nächsten Tag noch erleben werde. Ob diese Augenblicke angespannter Emotionen schlimmer waren als die langen Monate unentrinnbarer Langeweile, könnte uns nur Julian selbst sagen, und er hat es nicht getan.

Vor diesem Hintergrund wuchs Julian in seine körperliche, emotionale und geistige Reife hinein. Wenn er Vorbilder suchte – denen er nacheifern oder die er ablehnen wollte –, mußte er es in der Literatur tun, nicht im Leben. Das aber betonte noch die nach rückwärts gerichtete Einstellung, die ihm durch seine hellenistische Erziehung aufgeprägt worden war, mitsamt ihrer Unterbewertung der Gegenwart. Wenn er Antworten auf die Probleme suchte, die im Geiste junger Menschen auftauchen, Probleme des Verhaltens, Fragen nach dem Wesen des Universums – so fand er sie in Büchern, ohne Anleitung eines freundlichen Lehrers oder eines Freundes. Die unerschöpfliche Quelle von Informationen, auch Fehlinformationen, die ein Jugendlicher bei Gleichaltrigen findet, war ihm versperrt. Und der Abgrund zwischen dem, was Erwachsene predigen, und dem, was sie tun – worüber jeder junge Mensch von Zeit zu Zeit unglücklich ist –, muß Julian mit besonderer Schärfe und sehr schmerzlich zum Bewußtsein gekommen sein.

Offenbar war er in der ersten Zeit in Macellum ein recht frommer Christ gewesen, als er zum Vorleser geweiht wurde und in der Kirche die Texte sang. Seine Kenntnisse der Bibel und der frühchristlichen Literatur waren genau und gingen ins einzelne. Er kann sie nur in Macellum erworben haben, denn die späteren Jahre waren mit anderen Dingen ausgefüllt. Die Bibel ist, wie ein katholischer Schriftsteller bemerkt, ein Buch voller Fallen für den Gläubigen. Julian hatte einen scharfen Blick für Widersprüche und Unvereinbares, doch niemandem konnte er seine Schwierigkeiten anvertrauen. Auf sich allein gestellt, mußte er eigene Antworten auf alle Fragen finden, unzufrieden mit den oberflächlichen Erklärungen, die ihm seine Umgebung anbot, ein von Haus aus religiöser Mensch, interessiert an Metaphysik – aber nicht fähig zu blinder Gläubigkeit. Sein Verstand lehnte sich gegen die Doktrin auf, sein Empfinden sträubte sich gegen die Gemeinheit und Heuchelei so vieler Christen, die ihn umgaben – vor allem aber wohl gegen den frömmelnden und gefährlichen Vetter und Kaiser; sein philosophisch geschulter Geist konnte sich nicht mit einem Weltbild begnügen, in dem das Problem des Bösen offenbar unter den Teppich gekehrt wurde. Er las in dieser Zeit eifrig die Werke der neuplatonischen Philosophen und fand in ihnen eine annehmbare Erklärung für seine mystischen Erfahrungen und die Rolle des Bösen in der Welt. Und diese Erklärungen wurden in Begriffen gegeben, die ihm aus seinem Unterricht durch Mardonios geläufig waren, sie nahmen ihre Symbole und Bilder aus der klassischen Literatur, die er kannte und liebte.

In den Jahren in Macellum muß Julian eine religiöse Krise durchlebt haben. Wir wissen wenig über diese Zeit, doch am Ergebnis gibt es keinen Zweifel: Julian verwarf das Christentum mit allen Konsequenzen und allen Institutionen, und er bekannte sich zum heidnischen Monotheismus der hellenistischen Intellektuellen im Imperium, einem Monotheismus, der sich gegen den neuen Glauben wandte und der auch dem Pantheon der alten Götter – als Allegorien Manifestationen oder Widerspiegelungen des wahren Einen – Raum bot. Im November 362 schrieb er, daß er den Weg des Irrtums zwanzig Jahre lang gegangen sei, nun aber mit Hilfe der Götter seit mehr als elf Jahren den wahren Weg verfolge. Das verlegt den Zeitpunkt seiner Bekehrung in das letzte in Macellum verbrachte Jahr. Sicherlich ist sie nicht schlagartig erfolgt, denn Julian war kein Saulus auf dem Weg nach Damaskus; sie wird eher der Höhepunkt eines monate-, vielleicht sogar jahrelangen geistigen Kampfes gewesen sein, den er in der düsteren Einsamkeit seines Palastes im Herzen Kleinasiens ausfocht.

Einige Punkte könnten dem Leser von heute befremdlich erscheinen: Julians Neigung zu einem platonischen Idealismus bedeutete noch nicht den Bruch mit dem Christentum, in dem er erzogen worden war. Diese Philosophie gehörte zum geistigen Klima der Zeit, und jeder Christ, der seinen neuen Glauben intellektuell zu begründen versuchte – nach Augustin *fides quaerens intellectum* –, wandte sich diesen

Vorstellungen und Gedankengängen zu. Auch die großen kappadokischen Kirchenväter, die Julians Zeitgenossen waren, Basilius, Gregor von Nyssa und Gregor von Nazianz, waren in diesem Sinne Neuplatoniker. Außerdem brachte Julians Bekehrung nicht die Annahme von Glaubenssätzen und religiöser Praxis einer anderen organisierten Religion mit sich.

Das Heidentum des vierten Jahrhunderts war recht vage. Der alte Kult der olympischen Götter und ihrer römischen Entsprechungen wurde seit langem nicht mehr ausgeübt, es sei denn als altertümliche Veranstaltung. Unter den neuen Religionen, die sich über die alten gelegt hatten und die alle von vornherein monotheistisch waren, kannten nur noch drei eine weitverbreitete kultische Praxis: der Kult der Isis, der Kult der Kybele oder *Magna Mater* und schließlich der Kult um Mithras, die unbesiegbare Sonne, *Sol Invictus*. Keine dieser Religionen hatte eine Basis von Lehrmeinungen, die von den Anhängern geglaubt werden mußten, keine eine starre Organisation. Die öffentlichen Zeremonien waren inzwischen zu Verbrechen gestempelt worden, und auch die private Feier der Riten innerhalb der eigenen vier Wände konnte zu Anzeigen und zu Erpressungen führen.

Julian wird in dieser Zeit die Praxis heidnischer Religionen nicht gekannt haben, aber wahrscheinlich mit der Magie in Berührung gekommen sein. Die Grenze zwischen Magie und Religion war damals ohnehin unscharf. Im Grunde sucht der Magier höhere Mächte – oder die höchste Macht – durch okkulte Zeremonien zu zwingen, ihm zu Willen zu sein, während der Gläubige versucht, den Willen Gottes zu erfüllen und ihm so nahe wie nur möglich zu kommen. Doch in der Spätantike griff die Magie – wie E. R. Dodds ausgeführt hat – oft Elemente irgendwelcher Religionen auf. Es ist durchaus wahrscheinlich, daß Julian zwischen den Sklaven und Dienern, mit denen er sein Leben verbrachte, auch so manchen traf, der halbverstandene Gesten heidnischer Riten mit christlichen und jüdischen Bruchstücken vermengte, um seine belanglosen Wünsche zu erzwingen. Abgesehen davon waren Julians Kenntnisse von den noch vorhandenen heidnischen Kulten völlig theoretisch.

Gäste kamen selten nach Macellum. Doch eines Tages erhielten der junge Julian und sein Bruder einen unerwarteten Besuch: Konstantius selbst verbrachte ein paar Tage in seinem Jagdhaus, um zu jagen und die Vettern zu besuchen. Wir kennen den Zeitpunkt nicht genau. Es könnte der April des Jahres 347 gewesen sein, als Konstantius im März in Ankyra (Ankara) und Anfang Mai in Hierapolis war (nicht in der bekannteren phrygischen Stadt, dem heutigen Pamukkale, sondern an einem Übergang über den Euphrat, nahe dem heutigen Membidj); er war unterwegs, um den Befehl über seine Streitkräfte gegen die Perser in Mesopotamien zu übernehmen, und es wäre kein großer Umweg für ihn gewesen, Macellum aufzusuchen. Aber auch andere Daten sind möglich, etwa der Sommer 349, als Konstantius von Antiochia nach Konstantinopel zurückkehrte, oder 350, als er von Mesopotamien nach Ankyra reiste.

Auf jeden Fall kann man sich vorstellen, welchen Wirbel sein Besuch im stillen Macellum aufrührte. Ein Kaiser reiste mit gewaltigem Gefolge und von hohen Staatsbeamten begleitet, die alle ihr eigenes Gefolge hatten, dazu mit einem beträchtlichen Aufgebot an Soldaten. Der Palast wird vollständig belegt worden sein, und Zelte und Lagerfeuer werden die Hochebene bedeckt haben, so weit das Auge reichte.

Es war Julians erste Begegnung mit dem Mörder seines Vaters. Sicherlich gingen sie zusammen auf die Jagd; Konstantius war ein begeisterter Sportsmann, während Julian keinen Geschmack an solchem Zeitvertreib fand. Es wird Bankette gegeben haben, bei denen sich die Tische unter dem Gewicht des Wildes bogen und der Wein wie Wasser floß; Julian hatte wenig für Tafelfreuden übrig. Sicherlich haben sie auch zusammen Gottesdienste besucht. Es wird zu ruhigen Gesprächen am Abend gekommen sein, wobei der zurückhaltende, schuldbeladene, mißtrauische und unentschlossene Mann, auf dessen Schultern die Last des Reiches lag, versuchte, eine Verbindung zu dem in sich gekehrten, intellektuellen Sohn des Mannes zu finden, den er ermordet hatte. Von welcher Seite auch eine Annäherung gesucht wurde – sie konnte nur in eisiger Höflichkeit und verwirrtem Schweigen enden. Denn bei allen auffallenden Charaktergegensätzen hatten die beiden Männer eine gemeinsame Eigenschaft: eine gute Meinung von sich selbst. Jedem von ihnen fiel das Zugeständnis schwer, daß er sich gelegentlich ein wenig irren könnte.

Ob Konstantius' Besuch Einfluß auf Julians Bruch mit dem Christentum gehabt hat, wissen wir nicht, aber er bezeichnet sicherlich einen wichtigen Schritt zu der Einsicht, daß Menschen heucheln – auch er selbst. Seinem Widerwillen gegen Konstantius entsprach wahrscheinlich die Verachtung für die Rolle, die er zu spielen versucht hatte. Jedenfalls wird Konstantius' Besuch Julian noch lange beschäftigt haben, nachdem der letzte Gefolgsmann des Kaisers im Staub der Hochebene verschwunden war.

Viele junge Leute in Julians Lage hätten wohl durch allerhand sexuelle Erfahrung Ablenkung von ihren Problemen gesucht; Partner waren unter den Sklaven und anderen demütigen Gestalten in der Umgebung des Prinzen unschwer zu finden. Doch in einem Punkt waren sich Julian und seine Feinde einig: Keuschheit gehörte zum Leben. Teilweise lag es schon an der Erziehung, denn Konstantin, der nur zu gut wußte, welche Schwierigkeiten die ungeregelten sexuellen Verbindungen in seiner Familie verursacht hatten – und der zweifellos von wachsendem Schuldgefühl bedrängt wurde –, bestand darauf, daß bei der Erziehung seiner Kinder größter Wert auf den christlichen Begriff der Keuschheit gelegt wurde. Das kann natürlich auch dazu beigetragen haben, sie zu den neurotischen Geschöpfen zu machen, die sie offenbar waren, obwohl der jüngste Sohn, Konstans, trotz allem eine Vorliebe für Knaben entwickelte. Sicherlich ist auch der kleine Julian zur Keuschheit erzogen worden, und mit Erfolg. Er scheint kein bewußtes Bedürfnis nach sexuellen Beziehungen empfunden zu haben und schildert sich selbst als *anaphroditos*, womit er wahrscheinlich sagen wollte, »unempfindlich für sinnliche Vergnügungen«. Er hat immer seinen Grundsatz befolgt, sich sexuell nur zum Zweck der Kinderzeugung zu betätigen, aber im Gegensatz zu vielen unsinnlichen Menschen scheint er die Schwächen anderer nicht getadelt zu haben.

Seine Zurückhaltung, der Eindruck von Versunkenheit in eine innere Welt, den Beobachter von ihm hatten, war nur eine Seite seines Wesens und durch die Isolierung, in der er die Jahre seiner Jugend verbracht hatte, ungewöhnlich betont worden. In anderer Beziehung war er nämlich ein durchaus geselliger Mensch. Ihm fiel später der Umgang mit den erwählten Gefährten nicht schwer, und er war das Idol der Soldaten, die er befehligte. ›Befehligte‹ ist ein Schlüsselwort, denn er teilte sich gern mit, hörte aber weniger gern zu. Sein Bestes gab er in Situationen, die er fest in der Hand hatte, wenn er auch furchtlos andere meisterte, in denen er weniger sicher sein konnte. Die sozialen Unterschiede einer hierarchischen Welt interessierten ihn wenig, er beleidigte oft die Empfindlichkeit sogar seiner Freunde durch die Selbstverständlichkeit, mit der er sich über soziale Schranken hinwegsetzte. Diese Seite seines Wesens muß durch die Jahre in Macellum fast unnatürlich bestärkt worden sein, weil seine einzigen Gefährten Menschen waren, die durch eine so breite soziale Kluft von ihm getrennt waren, wie sie in der Außenwelt kaum je zu überbrücken gewesen wären.

351 wurden die Jahre der Verbannung plötzlich beendet, und Julian – ein belesener, nachdenklicher, nüchterner junger Mann, ein wenig selbstgefällig, mehr als nur ein wenig mit sich zufrieden, von Grund auf und unabänderlich gegen die um sich greifende Christianisierung der Oberschicht und des römischen Staates eingestellt – wurde so unvermittelt in die Welt zurückgeholt, wie er sechs Jahre zuvor aus ihr ausgestoßen worden war.

3

Mannesalter und Freiheit

Nach dem Tode Konstantins II. zu Aquileja im März 340 war das römische Reich zwar dem Namen nach noch ein einziger Staat, in der Tat aber in zwei Reiche zwischen den Brüdern Konstantius und Konstans aufgeteilt. Konstans regierte im lateinsprachigen Westen, Konstantius im griechischen Osten. So fiel Konstantius die ganze Last des langen Krieges mit den Persern zu, der in den letzten Tagen von seines Vaters Herrschaft ausgebrochen war, ein Zermürbungskrieg, teuer an Menschen und Material. Keiner hatte die Absicht, den Gegner zu vernichten – auch nicht die Kraft dazu –, und keinem lag an großen territorialen Gewinnen. Es ging um das Ansehen in diesem Teil der Welt, es ging darum, die Bewohner des Fruchtbaren Halbmondes von der eigenen Größe und Macht zu überzeugen und ihre Achtung und Anhänglichkeit zu gewinnen.

Denn unmittelbar über die Grenze der beiden großen Reiche hinweg erstreckte sich eine Zone von verhältnismäßig einheitlicher Kultur, deren Sprache das Aramäische war. Ein ostaramäischer Dialekt bildete die Diplomatensprache des persischen Sassanidenreiches, ein westlicher entwickelte eine literarische Form, Ausdrucksmittel einer reichen christlichen Literatur in der römischen Stadt Edessa und anderswo. Über diese aramäische Kultur lagerte sich im Westen eine hellenistische. Griechisch war die Sprache der Oberschicht, in griechischer Sprache verhandelten die Städte miteinander, griechisch predigten die christlichen Bischöfe in ihren Bischofskirchen – aber sie konnten auch den Einwohnern der ländlichen Umgebung in Altsyrisch predigen (›Altsyrisch‹ ist die Bezeichnung, die man dem westlichen, literarischen aramäischen Sprachzweig gegeben hat). Antiochia, die zweite große Stadt des römischen Ostens, war seit jeher eine griechische Stadt, im vierten vorchristlichen Jahrhundert von Alexanders General Seleukos gegründet, aber wir wissen, daß die Bauern, die ihren ausgedehnten Landbesitz bestellten, zum größten Teil altsyrisch sprachen und daß viele Städter, mochten sie in der Öffentlichkeit Griechisch verwenden, das Altsyrische beherrschten und vielleicht auch in ihren Häusern sprachen. Die Menschen konnten in dieser volkreichen Zone bequem von einem Ende zum anderen reisen, ohne sich viel um die Grenzen zwischen dem römischen und dem persischen Reich zu kümmern.

Diese Landschaft des Wohlstandes und der hochentwickelten Technik war für die Wirtschaft beider Reiche wichtig und wegen dieses Reichtums eine hochgeschätzte Quelle der staatlichen Einkünfte. Daher auch die Notwendigkeit, seinen Bewohnern Eindruck zu machen – den Menschen auf beiden Seiten der Grenze, denn dieser Streifen Land bot den Schlüssel zur Beherrschung des Nahen Ostens.

Der persische Krieg zog sich hin. Die Römer wurden durch die persischen Angriffe mehr geschwächt als umgekehrt, weil mehr und größere Städte in Reichweite persischer Kommandos lagen. Die Zeit arbeitete also für die Perser, und Konstantius war sehr darauf bedacht, die Feindseligkeiten durch Verhandlungen zu beenden, mußte dazu aber zuvor einen größeren Sieg erringen.

In der westlichen Reichshälfte hatte sich der untüchtige und vergnügungssüchtige Konstans bei der Armee höchst unbeliebt gemacht. Obgleich man hier mit keiner fremden Macht im Krieg lag, hing das Leben der Römer in den westlichen Provinzen von der Verteidigung der Grenzen an Rhein und oberer Donau gegen den ständigen Druck germanischer Stammesverbände ab; die Germanen wiederum wurden selbst von Osten her gegen die Grenzen getrieben und waren außerdem begierig auf Beute und

Siedlungsland. Konstans vernachlässigte die Legionen, von denen die Sicherheit der Grenze abhing, er verwarf den Rat seiner erfahrenen Offiziere und wurde immer abhängiger von seinen Günstlingen – oft *arrivistes* bescheidener Herkunft, die seine Leidenschaften anstachelten. Die unterschwellige Unzufriedenheit brauchte nur noch eine Art Organisation, um als Aufstand offen auszubrechen.

Diese Organisation schuf Marcellinus, Konstans' Schatzmeister (*comes rerum privatarum*). Als er am 18. Januar 350 in Augustodunum (Autun) ein Bankett anläßlich der Geburt seines Sohnes gab, waren alle führenden Offiziere Galliens anwesend; Konstans befand sich auf einem Jagdausflug. Während des Banketts trat einer von ihnen plötzlich in der Purpurrobe vor sie hin – Magnentius, ein Mann von eindrucksvollem Auftreten, wahrscheinlich Sohn eines britischen Vaters und einer fränkischen Mutter, jedenfalls ein Heide. Die Anwesenden riefen ihn auf der Stelle zum Kaiser aus. Wenige Tage danach wurde Konstans gefangen und hingerichtet. Nach einigen Monaten ließen sich zwei Gegenkaiser ausrufen, einer in Rom, der andere an der Donaugrenze. Aber sie sollten keinen Erfolg haben. Der Kandidat an der Donau, ein älterer General namens Vetranio, wurde auf Veranlassung von Konstantius' Schwester proklamiert, damit seine Truppen nicht zu Magnentius übergingen. Vetranio schloß bald Frieden mit Konstantius und durfte seine Tage auf einem Staatsgut in Kleinasien beschließen.

Konstantius, der vollauf im Osten beschäftigt war, versuchte zunächst, mit Magnentius zu verhandeln, merkte aber rasch, daß er ihn bekämpfen mußte – eine beängstigende Aussicht, denn die Entfernungen waren groß, logistische Probleme fast nicht zu lösen, und es stand unendlich viel auf dem Spiel.

Die Verhältnisse verwirrten sich um so mehr, als die christliche Kirche in Ost und West in sich zerfallen war. Es ging, wie schon auf Seite 41 erwähnt, um die zweite Person der Dreieinigkeit: War der Sohn dem Vater wesensgleich oder nur wesensähnlich und auf irgendeine Weise ihm untergeordnet? Das Konzil von Nicäa, das Konstantin im Jahre 325 abhielt, hatte sich für die Wesensgleichheit entschieden und sie zur offiziellen Doktrin der Kirche gemacht. Sie wurde trotzdem Gegenstand philosophischer und theologischer Einwände, die vor allem von vielen hochgebildeten Kirchenvertretern im Osten offen geäußert wurden. Man ging so weit, den Bischof von Alexandria, den heftigen und unbeugsamen Nicäer Athanasius, aus seinem Amt zu entfernen und in die Verbannung zu schicken. Es gelang ihm nach einiger Zeit, in den Westen zu fliehen, wo er von Konstans und dann von Magnentius beschützt wurde. Von Rom aus schleuderte er seine Angriffe gegen die Gegner und organisierte Intrigen und Verschwörungen.

Die Arianer im Osten antworteten entsprechend. Zwar suchte die Mehrheit des östlichen Klerus nach einem Kompromiß, aber da die Geistlichen nicht bereit waren, das Dogma von Nicäa uneingeschränkt anzunehmen, waren sie in den Augen von Athanasius und seinen Freunden schlicht Arianer. Eine Streitschrift folgte der anderen, keine Seite wurde von Gewissensbedenken gehindert, mit den gröbsten Methoden, Mord nicht ausgenommen, gegen die andere vorzugehen. In einem solchen Streit können auch diejenigen, die nichts davon verstehen, alte Rechnungen begleichen und die eigene Unzufriedenheit abreagieren; es war jedenfalls kein erbauliches Schauspiel. Und es barg politische Gefahren, weil es in Ost und West gleicherweise Abneigungen hervorrief, die sich zur Zusammenarbeit mit den Feinden steigern konnten.

In dieser Lage entschloß sich Konstantius zu einem jüngeren Mitregenten, der die Aufgaben im Osten wahrzunehmen hatte, während er selbst gegen Magnentius zog. Diese Art administrativer Machtübertragung, bei der die höchste politische Instanz beim Kaiser blieb, war ja in den voraufgegangenen zwei Generationen mehrmals erprobt worden. Sie bot sich als Lösung für die schwierige Verwaltung in einer Gesellschaft an, in der die Kommunikation langsam, und in einem Staat, in dem die ministerielle Organisation schwach war. Ihr Fehler: Sie war keine Lösung. Seit Diokletian hatte sich die Mitregentschaft nach wenigen Jahren immer in einen Bürgerkrieg verwandelt.

Doch Konstantius blieb kaum eine Wahl – nur die der Person. Ein Außenseiter wäre vermutlich zum Mitbewerber um die Macht geworden, soviel hatte Konstantius der jüngsten Geschichte entnommen; die ganze Angelegenheit war nur durchführbar mit einem Familienmitglied. Sein Vater, der starken Familiensinn mit mörderischer Rachsucht gegen jeden verdächtigen Verwandten verband, hatte es ihm vorgemacht. Konstantius hatte aber selbst die Reihe der Kandidaten eingeengt, als er 337 den Mord an seinen Onkeln und deren Nachkommen nicht verhindert hatte. Ihm waren noch zwei Schwestern geblieben, die im Augenblick beide nicht verheiratet waren. Die nächsten männlichen Verwandten waren die Brüder Gallus und Julian, und die Tatsache, daß er mindestens mitverantwortlich für die Ermordung ihres Vaters war, mag sie für Konstantius sogar zu besonders geeigneten Kandidaten gemacht haben: Wenn er sie förderte, konnte er sich einbilden, für das alte Verbrechen zu sühnen. Gallus, jetzt fünf- oder sechsundzwanzig Jahre alt, wurde gewählt.

So erschien denn plötzlich im Winter 351 ein Bote im prinzlichen Exil zu Macellum und ersuchte Gallus, sofort aufzubrechen und in das Hauptquartier des Kaisers in Sirmium (Sremska Mitrovica bei Belgrad) zu reisen. Trotz der ungünstigen Jahreszeit beeilte sich Gallus so sehr, daß er bereits am 15. März in Sirmium zum Caesar proklamiert und mit der Verwaltung des Reichs im Osten betraut wurde. Beide Herrscher leisteten sich feierliche Treueeide im Beisein einer Versammlung von Bischöfen und Staatsbeamten. Um die neue Verbindung zu festigen, wurde Gallus mit Konstantius' älterer Schwester Konstantia verheiratet. Sie war beträchtlich älter als Gallus und hatte vor sechzehn Jahren schon Hannibalianus, den Neffen von Konstantius, geheiratet; ihr Mann war 337 bei dem von Konstantius gesteuerten Familienmassaker getötet worden. Magnentius hatte bei seinen Verhandlungen mit Konstantius um sie angehalten, war aber vom Kaiser abgewiesen worden. Nun endlich, nach dreizehnjähriger Witwenschaft, wurde sie wieder mit einem Ehemann versorgt. Sie war von Haus aus grausam – vielleicht auch nur durch die Erlebnisse verdüstert. Jedenfalls schrieb ein Historiker, dem wir trauen dürfen, wenn wir auch nicht immer mit seinem Urteil übereinstimmen, sie sei »eine Furie in Menschengestalt, ständig bemüht, ihres Mannes Wut anzufachen, nicht weniger gierig nach Menschenblut als er«. (Ammianus Marcellinus 14.1.2.)

Dieses ungewöhnliche Herrscherpaar, in dem Wohlwollende vielleicht eher Opfer der Verhältnisse als von Haus aus bösartige Naturen sehen werden, begab sich nun nach Antiochia, begleitet von einem ihrem Stand entsprechenden Gefolge und einer Gruppe von Offizieren und Beamten, die ihnen Konstantius zugewiesen hatte und von denen ihm einige zweifellos Geheimberichte schickten. Julian schien inzwischen vergessen worden zu sein, aber Gallus brachte es fertig, ihn auf dem Weg von Sirmium nach Antiochia in Nikomedia zu treffen; die Begegnung fand noch im Frühjahr 351 statt. Mit Hilfe seines Bruders und seiner Schwägerin erhielt Julian jetzt die Erlaubnis, sein Exil zu verlassen und seine Studien fortzusetzen. Außerdem überließ man ihm das Gut seiner Großmutter mütterlicherseits, die inzwischen gestorben war. Er war jetzt neunzehn oder zwanzig Jahre alt, ein sehr reicher Mann und zum erstenmal im Leben so frei, daß er hingehen konnte, wohin er wollte, Freundschaften schließen, mit wem er wollte, und treffen, wen er wollte.

Ein schwacher Mensch hätte den Verlockungen der Freiheit vielleicht nicht standgehalten und sich blindlings ins Vergnügen gestürzt. Julians puritanischer Wesenszug hinderte ihn jedoch daran. Er wußte nur zu gut, daß seine Freiheit begrenzt war. Von allen staatlichen Angelegenheiten hatte er sich fernzuhalten – Armee, Rechtsprechung, Außenpolitik, Finanzgebaren der Zentralregierung, alles, was ihn mit der Macht vertraut machen konnte, blieb ihm verschlossen. Er sollte keine öffentliche Laufbahn, wie Konstantius sie seinem Halbbruder Dalmatius zugestanden hatte, einschlagen, er sollte sich auf ein Stadtleben beschränken, auf ein Dasein im griechischsprachigen Raum, nicht im lateinischen. In den kühlen, höflichen Schreiben von Kontantius und Julian ist dies wahrscheinlich nicht ausgesprochen worden, aber es verstand sich auch so.

Julians größter Wunsch war es, die Jahre der Isolierung in Macellum zu überwinden und seine Bildung zu vervollständigen. Wahrscheinlich hörte er wieder die Vorlesungen von Hekebolios in Nikomedia. Damals lehrte dort aber auch Libanios Rhetorik, ein Mann, dessen Ruf sich schon durch die ganze griechischsprechende Welt verbreitete. Wir besitzen noch viele Reden von ihm; sie zeichnen sich aus durch unfehlbar guten Geschmack, Archaismen und eine Art pedantischer Verfeinerung; hier gab es keine vulgären Appelle an die Gefühle der Zuhörer, keine blumige Ausschmückung, keine Poesie in der Prosa. Für die Menschen seiner Zeit verkörperte Libanios die klassische Reinheit, mit der viele Intellektuelle der griechischen Städte auf das Eindringen der souveränen Staatsmacht in ihre Welt antworteten.

Denn seit Kontantin seine neue Hauptstadt am Bosporus gegründet hatte, war die zentrale Macht des Reichs nicht mehr nur eine ferne schützende Hand, die den Städten im griechischen Osten ihre eigenen Angelegenheiten überließ, solange sie nur die Steuern abführten: Jetzt stand die Macht vor ihrer Tür und mischte sich mehr und mehr in die täglichen Belange, holte die Reichsten aus dem Rat der Stadt in ihren eigenen Dienst und deren Söhne eilig nach Rom und Berytos (Beirut), damit sie für eine Beamtenlaufbahn ausgebildet werden konnten, statt sich der vornehmen Kunst hinzugeben, die Vorbilder der großen hellenistischen Vergangenheit nachzuahmen.

Doch Libanios war Heide, er verachtete die neue kaiserliche Religion. Er muß gerade damals für Julians Entwicklung sehr wichtig gewesen sein, doch eine angeborene Vorsicht warnte Julian vor zu engen Beziehungen mit Libanios, die von dem frömmelnden und mißtrauischen Konstantius falsch verstanden werden konnten. Vielleicht war er auch zu vorsichtig. Nach sechs Jahren der Isolierung war es nicht leicht zu beurteilen, was man sich erlauben durfte. Auf jeden Fall vermied er die unmittelbare Verbindung mit Libanios, ließ sich aber Abschriften seiner Reden geben.

Bald fühlte Julian sich unbefriedigt von der Leere der literarischen Rhetorik in seiner Zeit. Ihm war die Liebe zum Unmittelbaren angeboren, er fand keinen Geschmack an purer Wortgewandtheit. Die Fragen, über denen er in den Jahren der Verbannung gebrütet hatte, brannten noch in ihm. Er hatte viel Philosophie gelesen und die christliche Weltanschauung verworfen, doch Philosophie ist nichts, was man lernt, sondern was man lebt. Er mußte sich in der Praxis der Philosophie ausbilden lassen, und er sehnte sich danach, in die religiösen Glaubensrichtungen und Riten der heidnischen Philosophie eingeführt zu werden, in Dogmen und Riten, von denen er bisher nur flüchtige Eindrücke durch seine Lektüre erhalten hatte. Deshalb wandte er sich von den Rhetorikern ab und den Philosophen zu.

In dem einen Jahrhundert seit Plotin (205–269/70) hatte sich das neuplatonische Denken mehrfach entwickelt. Plotin hatte nach unmittelbarem, wenn auch nur flüchtigem Einswerden des menschlichen Geistes mit der Quelle des Seins gestrebt, das er aber nur mit Hilfe intellektueller Mittel erreichen wollte. Er war der typische introvertierte Mystiker, aber auch etwas wie ein intellektueller Snob, der alles verachtete, was nach Magie oder populärer religiöser Praxis schmeckte. Zwar kannte er sich im Christentum aus, das noch nicht Staatsreligion war, aber als wirkende Kraft in der Gesellschaft nicht übersehen werden konnte, doch er lehnte es ab, sich damit zu befassen. Es war unter seinem Niveau.

Sein bedeutendster Schüler und Nachfolger wurde Porphyrios (232/3 bis etwa 305), ein großartiger Philosoph, aber von ganz anderer Art als sein Lehrer. Er zeigte sich als textkritischer Gelehrter, der die Werke seiner Vorgänger interpretierte, ihre offensichtlichen Widersprüche aufspürte und durch Erklärungen aus der Welt schaffen wollte. Seine Vorliebe galt dem, was sich klar schwarz auf weiß ausdrücken ließ. An die Stelle von Plotins zuweilen etwas vagem Stufensystem der Seinsformen, in dem die Emanationen des Einen nach unten ausstrahlen, während sich die Seele aufwärts um die Vereinigung mit dem Einen bemüht, setzt Porphyrios ein kompliziertes Gebäude, in dem jede Stufe benannt und geschildert, in der für jede Gottheit des heidnischen Pantheons ein Platz gefunden werden kann. Schließlich erkannte er, wie stark sich das Christentum bei den oberen Schichten durchgesetzt hatte, und beschloß, dem einen Riegel vorzuschieben. Er kannte die Bibel und andere frühchristliche Texte sehr genau, war aber wohl weniger mit dem täglichen Leben und der religiösen Praxis der christlichen Gemeinden vertraut. Doch er war ein gut unterrichteter und aufrichtiger Gegner mit scharfem Blick für Widersprüche und Ungereimtheiten und mit einem sicheren eigenen Standpunkt. Sein Werk *Gegen die Christen* ist uns nicht überliefert – die Abschreiber waren schnell Christen geworden, und wir können seine Argumente nur teilweise aus Zitaten und Anspielungen rekonstruieren, die meistens von Gegnern stammen. Doch es war die bei weitem systematischste und radikalste Kritik des Christentums, die das Altertum kannte, und bis ins neunzehnte Jahrhundert hinein ist historische Kritik an grundlegenden christlichen Texten nie wieder so gründlich geleistet worden. Schließlich hinterließ Porphyrios eine Philosophie, die sich mehr auf die Interpretation der Texte von Autoritäten als auf Plotin bezog und in der sich der Glaube Seite an Seite mit vernunftbedingten Folgerungen fand. Er schrieb:

»Vier Dinge sind wichtig für das, was Gott betrifft: Glaube, Wahrheit, Liebe und Hoffnung. Man muß glauben, weil die einzige Erlösung in der Hinwendung zu Gott liegt; wer glaubt, muß sein Äußerstes tun, um die Wahrheit über ihn zu erkennen, und wenn man sie erkannt hat, muß man das lieben, was man nun weiß, und wenn man liebt, nährt es die Seele mit guten Hoffnungen das Leben lang.«

Für Porphyrios begannen die Grenzen zwischen Philosophie und Religion zu fallen.

Sein Schüler und Nachfolger war Jamblichos (etwa 250 bis etwa 325). Von seinen Schriften ist wenig erhalten geblieben, und lange Zeit war es Mode, ihn als Mirakelhändler und halben Scharlatan lächerlich zu machen. Aber er war der Vater der Scholastik innerhalb der Athenischen Schule des fünften und sechsten Jahrhunderts und Vater der Theosophie für manche seiner unmittelbaren Schüler. In Wirklichkeit ist er wohl ein höchst achtbarer Philosoph gewesen, der seinem Wesen nach oder auch in bewußtem Entschluß versuchte, in seiner Philosophie Raum für allerlei Geisterglauben und Magie des volkstümlichen Aberglaubens zu schaffen. Viele Erscheinungen, mit denen er sich beschäftigte, würde man heute einem Psychologen zur Untersuchung vorlegen, aber im vierten Jahrhundert gab es keine Psychologen.

Jamblichos versuchte, alle angeblichen Beispiele von Hellseherei, Prophetie, Telekinese und so weiter von seinen eigenen philosophischen Voraussetzungen her zu erklären: Wenn das Ganze des Universums als Emanation aus der einen bewegenden Kraft floß, dann enthielten auch die bescheidensten materiellen Dinge in sich einen Funken des Göttlichen, waren eine blasse Spiegelung des reinen Seins, so daß sie manchmal imstande waren, die Grenzen ihrer beschränkten Natur zu überschreiten. Diese Lehre erlaubte eine vernunftgemäße Erklärung von vielem, was unerklärlich schien, und erlaubte dem Philosophen, jede Art von religiöser und halbwegs religiöser Praxis einzubeziehen, von der Astrologie bis zum Zoroastrianismus. Aber natürlich öffnete sie auch weit die Türen für jede Art von Scharlatanerie; sie schuf sozusagen eine atemlose Erwartung des Unerwarteten – ein schlechter Ersatz für philosophische Gelassenheit. Die Philosophie war von der Religion überdeckt worden, in einer seltsamen Mischung von starrer Dialektik und Begeisterung für das Ritual. Die Welt des Philosophen hatte sich jetzt mit Dämonen und Geistern bevölkert, die dem menschlichen Willen unterworfen werden konnten. In dieser Hinsicht unterschied sie sich allerdings nicht von der Welt der Christen – die Kirchenväter standen Jamblichos an Dämonologie in nichts nach.

Inzwischen begann sich Julian nach einem Führer durch die Philosophie umzusehen; Jamblichos lebte nicht mehr, wohl aber einige seiner Schüler. Ihr Anführer war Aidesios, ein Kappadokier, der jahrelang in Pergamon – im nordwestlichen Kleinasien – gelebt und gelehrt hatte. Der Verfasser gelehrter Artikel über Aristoteles glaubte selbst fest an Orakel und Prophezeihungen und an eine mögliche Annäherung an die Götter – oder an Gott – durch geheime Riten. Einmal hatte er, einem Orakel gehorchend, die Stadt verlassen und sich einen kleinen Bauernhof tief im Landesinnern gekauft. Dieses untypische ›Ausscheren‹ spricht wohl für eine persönliche Krise. Doch nun war er ein alter, hinfälliger Mann.

Als Julian nach Pergamon kam, ihn verschwenderisch beschenkte und bat, sein Schüler werden zu dürfen, entschuldigte sich Aidesios, er sei zu alt und schwach dazu. Vielleicht hat er es auch für unvorsichtig gehalten, einen Schüler anzunehmen, über dessen Tun und Treiben der Kaiser vermutlich immer genau unterrichtet war, und immerhin lagen manche Praktiken des Philosophen in der Grauzone zwischen dem Zugelassenen und dem Verbotenen. »Wenn du in unsere Mysterien eingeweiht bist«, fuhr er fort, »wirst du dich schämen, daß du als Mensch geboren bist und den Namen Mensch trägst. Ich wollte, Maximus wäre hier, aber er ist nach Ephesus geschickt worden. Ich wünschte auch, daß Priscus hier wäre, aber er ist nach

Griechenland gesegelt. Von meinen engsten Freunden sind nur Eusebios und Chrysanthios hier. Suche Belehrung bei ihnen.« Julian tat es.

Eusebios lehrte eine fast schon veraltete Richtung des Neuplatonismus. Nur durch geistige Anstrengung konnte die Seele aufwärts zu ihrem Ursprung gelangen. Zauber und Mysterien waren zwecklos. Er pflegte sämtliche Vorlesungen mit der Mahnung zu beschließen, daß magisches Geschehen nur eine Täuschung der Sinne sei, ein mit Hilfe von materiellen Gegenständen ausgeführtes Kunststück von Scharlatanen. Diese wiederholte Mahnung machte Julian aufmerksam; irgend etwas mußte dahinterstecken, was seinen Blicken verborgen blieb. Er fragte eines Tages Chrysanthios danach, der aber nicht mit der Sprache herauswollte. »Es wäre besser, du würdest Eusebios selbst um eine Erklärung bitten.« Julian faßte Mut, ging nach einer Vorlesung zu Eusebios und fragte ihn nach dem Sinn seiner Worte. Der Philosoph antwortete ausführlich:

»Einer der älteren und fortgeschrittenen Gelehrten ist Maximus. Seine Charakterstärke verleitete ihn, logische Schlüsse zu verachten und ungestüm einen Weg des Irrsinns einzuschlagen. Vor nicht langer Zeit lud er uns in den Tempel der Hekate, wo wir seine Zeugen sein sollten. Wir kamen und verneigten uns vor der Göttin. ›Setzt euch, Freunde‹, sagte Maximus, ›seht, was nun geschehen wird und wie sehr ich den meisten unter euch überlegen bin.‹ Wir setzten uns, er verbrannte ein Weihrauchkorn und stimmte eine Art Hymnus an. Seine Veranstaltung war so erfolgreich, daß die Statue zuerst lächelte und dann laut zu lachen schien. Wir waren verstört durch das, was wir gesehen hatten. ›Macht euch keine Sorgen‹, sagte er, ›denn gleich werdet ihr sehen, wie die Fackeln der Göttin in ihren Händen aufleuchten.‹ Kaum hatte er gesprochen, als schon die Fackeln aufflammten. In diesem Augenblick bewunderten wir alle den theatralischen Zauberer. Aber du solltest dich nicht darüber wundern – ich tue es nicht –, sondern gewiß sein, daß die Reinigung der Seele durch die Vernunft das Wichtigste ist.«

Julian befolgte seinen Rat nicht. »Bleib bei deinen Büchern«, sagte er, »du hast mir den Mann genannt, den ich brauche.« Und schon brach er nach Ephesus auf, um Maximus kennenzulernen. (Eunapios, *Leben der Sophisten* 7.2.5–12.) Maximus war ein seltsamer Mann, in gewisser Weise aber typisch für seine Zeit. Er stammte aus Ephesus und war entfernt verwandt mit Aidesios, bei dem er studiert hatte. Als Philosoph unbedeutend, machte er jede Art von Theurgie, Hellseherei und Zauberwerk zu seiner Spezialität. Er scheint zu den Scharlatanen gehört zu haben, die erst sich selbst und dann die anderen täuschten. Seine machtvolle Persönlichkeit und sein eindrucksvolles Auftreten brachten jede Kritik zum Schweigen. Ein Schriftsteller, der ihn viele Jahre später sah, als Maximus wegen seiner Verbindung mit Julian Demütigung und Folter ertragen hatte, sagte, seine Stimme gleiche der von Athene und Apoll bei Homer.

»Sogar die Pupillen seiner Augen schienen beflügelt zu sein... sein Bart war lang und grau, seine Augen spiegelten jede Regung der Seele. Seine Person gefiel Auge und Ohr durch Harmonie. Wer ihm begegnete, wurde durch beide Sinne von ihm entzückt, überwältigt von der raschen Bewegung seiner Augen und dem schnellen Fluß seiner Rede. Nicht einmal die Klügsten wagten, ihm in der Diskussion zu widersprechen. Sie ergaben sich schweigend, als sei er ein Orakel, so groß war der Zauber seiner Rede.« (Eunapios, *Leben der Sophisten* 7.1.1–3.)

Wenn Maximus noch im hinfälligen Alter solchen Eindruck machte, kann man sich vorstellen, wie überwältigend er in seiner besten Zeit gewirkt haben mußte, als Julian ihm zuerst begegnete.

Der Prinz wurde ein regelmäßiger Besucher von Maximus' Vorlesungen und hatte sicherlich auch ›Privatstunden‹ bei dem großen Mann, in denen die neuplatonische Lebensanschauung, wie Jamblichos sie interpretiert hatte, erläutert wurde. Vieles von dem, was Julian in der Bibliothek von Bischof Georg gelesen hatte, wurde ihm jetzt klar. Und neue, erregende Aussichten auf eine Vereinigung mit dem Einen – oder doch einer seiner höheren Manifestationen – eröffneten sich; sie waren durch geheime Riten zu erreichen, die der Mann auf der Straße nicht kannte, die streng von der herrschenden christlichen Kirche verurteilt wurden und wahrscheinlich eindeutig verboten waren. Ganz gewiß waren sie gefährlich für einen nahen Verwandten des Kaisers.

Die späten Neuplatoniker, oder eine Gruppe von ihnen, hatten eine esoterische Religion, die sie nur dann enthüllten, wenn sie den Einzuweihenden für würdig hielten. Dadurch bestärkte sich ein Gemeinschaftsgefühl, das Wissen, zu einer Gruppe zu gehören, die der Masse der Menschen überlegen war. Ihre Bibel nannte sich *Chaldäische Orakel* und war von einem gewissen Julian verfaßt, einem Babylonier, der zu Anfang des zweiten nachchristlichen Jahrhunderts nach Rom gekommen war; der Kommentar stammte von Jamblichos.

Die Babylonier genossen zu Recht oder Unrecht in der alten Welt einen guten Ruf als Astrologen und Hellseher. Viele von ihnen fanden am Rande der Gesellschaft ein bescheidenes Auskommen als Wahrsager. Der Babylonier Julian, der aus einer Familie von Magiern stammte, befriedigte ein echtes Bedürfnis mit seiner unkritischen Zusammenstellung von jämmerlichen Trümmern der alten Religionen seines Volkes; wahrscheinlich mischten sich auch Einflüsse des dualistischen, das Feuer anbetenden Irans hinein. Jamblichos gab dem Mischmasch pseudophilosophische Erklärungen mit auf den Weg, fügte noch viele Elemente der alten griechischen Religion hinzu und verschaffte dem Ganzen eine gewisse systematische Struktur.

Die *Chaldäischen Orakel* und Jamblichos' Buch darüber sind uns nur in gelegentlichen Zitaten anderer Schriftsteller erhalten – vermutlich rochen sie den mittelalterlichen Schreibern zu sehr nach Höllenschwefel. Deshalb können wir diese überwucherte Theologie und das theatralische Ritual für die Eingeweihten nicht mehr vollständig rekonstruieren. Ihre Hauptgöttin war Hekate, in der griechischen Mythologie noch eine ziemlich finstere Göttin der Unterwelt. Die Babylonier und Jamblichos hatten sie mit Kybele, der Großen Muttergöttin, verschmolzen. Feuer war ihr eigentliches Attribut – sie hielt brennende Fackeln in den Händen, ihr Haar züngelte wie Flammen. Sie war das materielle Abbild einer Wirklichkeit auf einer höheren Stufe in der Ordnung der Dinge, und das Feuer, das sie begleitete, war Abbild des göttlichen Feuers, von dem sich ein Funke in jeder menschlichen Seele befindet. Zu ihrem Gottesdienst gehörten Hymnen und geheime Sprüche, das Anzünden von Fackeln und Abbrennen von Weihrauch, plötzliches Aufflammen von Licht, verzaubernde Musik und theatralische Effekte: Statuen bewegten, Türen öffneten sich von selbst, und meistens vollzog sich alles in unterirdischen Kammern. Wenn es auch banal klingt: Dem Ganzen haftete etwas von Rummelplatzatmosphäre an. Aber das läßt sich fast von jeder Religion sagen, wenn man sie nur von außen kennt. Für diejenigen, die den tieferen Sinn kannten und deren Erwartung hochgepeitscht worden war, können die Riten tief bewegend und befriedigend gewesen sein, mögen sich Spannungen in ihnen entladen, können sie ein Gefühl von Wohlbefinden hervorgerufen haben.

Julian wünschte sehnlich die Initiation. Hier endlich war das, wonach er suchte, eine faßliche, lebendige Verkörperung seiner in Macellum erfolgten Bekehrung. Nun brauchte er nicht nur an das, was er für die Religion seiner Vorfahren hielt, zu glauben, er konnte es auch leben. Maximus war frei von den Bedenken, die Aidesios zurückgehalten hatten. Als er merkte, daß sein Schüler genügend vorbereitet war, nahm er ihn mit in die Krypta, wo die Geheimriten stattfanden und dem neu Initiierten ihre Bedeutung offenbart wurde. Diese Initiation mit ihren Worten und Tönen, mit Weihrauch und Licht, die alle Sinne erfüllten und die Empfindungen bedrängten, war ein entscheidendes Erlebnis in Julians Leben. Er gehörte jetzt zu den Auserwählten, von denen mehr als von gewöhnlichen Sterblichen gefordert wurde und deren Seelen Wiedergeburt auf einer höheren Stufe des Seins versprochen war:

Julian hatte die Brücke überschritten, über die man nicht zurückgehen kann.

Da er religiös war wie viele seines Alters, war es fast unvermeidlich, daß er eine neue Religion annehmen würde, als er die alte aufgegeben hatte. Doch vielleicht lag noch mehr in diesem Schritt. Ihm hatte es in seiner Jugend so sehr an Zuneigung gefehlt, er war so lange Jahre isoliert gewesen, daß er sich danach sehnte, akzeptiert zu werden und irgendeiner Gruppe anzugehören. In den Neuplatonikern, in ihrem Interesse an der griechischen Vergangenheit, in ihrer intellektuellen Strenge, ihrem Widerstand gegen die Entwicklung auf religiösem Gebiet, in der Äußerung ihrer tiefsten Gefühle durch die geheimen Riten fand er eine solche Gruppe. Und er wurde von Männern, die er achten konnte, als Gleicher unter Gleichen anerkannt. Zweifellos hatten die Eingeweihten in der gefährlichen Welt, die sie umgab, ihre geheimen Erkennungszeichen. Julian gehörte nun zu ihnen, teilte ihr geheimes Wissen, teilte ihr Bewußtsein von Überlegenheit und Gefährdung. Auf seine erste Einweihung folgte schon bald die zweite, diesmal in den Mithraskult, den Kult des Sonnengottes. Der Ort der Initiation wird wieder unterirdisch gewesen sein. Vor kurzem entdeckte Mithrastempel in der Innenstadt von London und bei Aquincum, in der Nähe von Budapest, vermitteln uns einen Eindruck von der Einrichtung dieser Kultstätten. Die zweite Einweihung war eine natürliche Folge der ersten, denn diese Neuplatoniker sahen in allen traditionellen Religionen nur Wege, die Wahrheit zu erlangen. Der Mithraskult bewahrte seine weitverbreitete Anhängerschaft trotz der Stellung des Christentums als der offiziellen Religion von Kaiser und Staat.

Julian wußte, daß er von Spionen umgeben war und nur unter Wahrung größter Vorsicht und Umsicht an den verbotenen Riten teilnehmen konnte. Es war nicht verboten, Heide zu sein – verboten waren aber die öffentlichen Gottesdienste, vor allem die nachts abgehaltenen. Wenn ein enger Verwandter des geradezu krankhaft mißtrauischen Kaisers dabei entdeckt wurde, war er doppelt gefährdet. Niemand außer den anderen Eingeweihten und seinen engsten persönlichen Bedienten können davon gewußt haben. Nach außen hin blieb Julian der fügsame Christ, besuchte sonn- und feiertags den Gottesdienst und trug vielleicht auch gelegentlich Texte vor. Er führte ein Doppelleben, was sicherlich eine Zeitlang aufregend und anregend gewesen sein mag, aber auf die Dauer die Fähigkeit des Menschen, zwischen Illusion und Wirklichkeit zu unterscheiden, abstumpft.

Drei Jahre lang setzte Julian seine philosophischen Studien und die berauschenden Experimene mit heidnischer Theosophie und Theurgie fort. Sein Bruder Gallus hielt sich indessen mit Rang und Titel eines Caesars in Antiochia auf. Gallus' Taten sind uns ziemlich eingehend von dem Historiker Ammianus Marcellinus geschildert, der aus Antiochia stammte und sich damals in seiner Vaterstadt aufhielt. Er hat es fertiggebracht, Gallus als eine Art Teufel in Menschengestalt zu schildern, der sich an der Grausamkeit erbaute. Ammianus häuft einen anschaulichen Beinamen auf den anderen, um Gallus unehrenhafte Motive zu unterstellen, und vergleicht ihn mit einem Löwen, der Menschenfleisch gekostet hat. Neue Studien haben aber gezeigt, daß Ammianus Gallus nicht gerecht wurde; immerhin hatte Gallus Maßnahmen gegen die Oberschicht von Antiochia, zu der Ammianus gehörte, getroffen. Man hat vermutet, daß Gallus beim breiten Volk beliebt und vielleicht sogar ein Sozialreformer war. Doch auch dafür gibt es keine überzeugenden Beweise. Und daß Gallus hitzig, reizbar und oft sehr heftig war, steht fest. Es geht hier aber im Grunde gar nicht um einen persönlichen Charakter, sondern um Probleme der politischen Macht, mit denen sich ein paar Jahre später auch Julian herumzuschlagen hatte. Deshalb lohnt es sich, sie näher anzusehen.

Zunächst: Gallus wurde ins tiefe Wasser geworfen, ohne daß man wußte, ob er schwimmen konnte: Er hatte nicht die geringste Erfahrung oder Ausbildung in öffentlichen Angelegenheiten. Beamte umgaben ihn, die von Konstantius ausgewählt und ihm verantwortlich waren. Man wird nicht erwartet haben, daß er sofort selbständige politische Entscheidungen traf, er hatte vielmehr die Person des Kaisers zu vertreten – nicht als dessen Delegierter, der Macht im Namen des Kaisers ausübte, sondern sozusagen als Spiegel seiner charismatischen Persönlichkeit; damit sollte die Moral gehoben, die Treue bestärkt werden. Doch da die Verständigung über weite Entfernungen hin damals so schwierig war, mußte er natürlich doch Entscheidungen treffen, und darunter solche, die höhere Beamte als *ultra vires* nicht hinnehmen wollten. In solchen Fällen mußte Gallus nachgeben oder eine Autorität durchsetzen, die er, strenggenommen, gar nicht besaß. Einige seiner angeblichen Akte rücksichtsloser Grausamkeit sind sicherlich aus diesem unhaltbaren Zwiespalt entstanden.

Zweitens: Seit Diokletian waren im römischen Reich militärischer und ziviler Machtbereich streng getrennt worden und vereinigten sich nur in der Spitze, in der Person des Kaisers. Soweit Gallus' Aufgaben nicht nur im Repräsentieren bestanden, bezogen sie sich ausschließlich auf das Militär. Zeitgenossen berichten uns, daß er die Verhältnisse an der Ostfront unter Kontrolle halten sollte, während Konstantius gegen Magnentius marschierte. Es gelang Gallus auch – wir hören, daß er Aufstände der Bergvölker aus dem Taurusgebirge und Aufstände der Juden unterdrückte, wir hören auch von kleinen Erfolgen gegen die Perser, denen niemals ein Schlag gegen ihn gelang. Magnentius hielt Gallus jedenfalls für wichtig genug, um zu versuchen, ihn loszuwerden.

In seiner Stellung lag aber eine unvermeidliche Schwierigkeit, die durch seine Erfolge eher noch vergrößert wurde: Obwohl er den Befehl über die militärischen Operationen hatte, war die Versorgung der Truppe – Nahrungsmittel, Futter, Sold, Ausrüstung und so fort – nicht seine Sache, sondern die eines Zivilbeamten, des Prätorianer-Präfekten.

Auf dem ganzen Gebiet der Versorgung hatte Gallus nichts zu befehlen. Sogar ein wohlwollender Prätorianer-Präfekt hätte nicht alles beschaffen können, was ein Befehlshaber von ihm wünschte, wenn er aber nicht gutwillig war, konnte er jedes Unternehmen von vornherein vereiteln.

Diese sonderbare Situation war nicht etwa eine Entartungserscheinung oder durch mangelnde Umsicht entstanden, sondern lag in der Natur der Verhältnisse: Jede Armee mußte aus den Abgaben – Geld, Waren und Arbeitsleistung – der jeweils einheimischen Bevölkerung versorgt werden. Es war damals nicht möglich, sämtliche ›Betriebsmittel‹ aus allen Ecken des Reichs an einem Punkte zu sammeln und sie dorthin zu schicken, wo sie gebraucht wurden. Deshalb war die Versorgung der Armee unweigerlich die Aufgabe des Beamten, der für Schätzung und Erhebung der Steuern verantwortlich war. Zog der Kaiser selbst ins Feld, gab es keine Schwierigkeiten, führte aber ein Untergebener den Befehl, mußte er für den Fall, daß Konflikte zwischen Autorität und Gesetzgebung entstanden, von oben mit genauen Instruktionen versehen worden sein oder in langen Jahren Erfahrung und Verständnis erworben haben.

Gallus war unerfahren. Und die Instruktionen, die er und die Zivilbeamten von Konstantius erhielten, scheinen unklar und mehrdeutig gewesen zu sein – Konstantius' angeborenes Mißtrauen und sein Verhalten sprechen dafür. Wir hören von einer ganzen Reihe von Streitigkeiten zwischen Gallus und den Beamten, und nicht nur über die Fragen der militärischen Versorgung, sondern auch über die Angelegenheiten der Zivilbevölkerung im Rücken der Armee.

Ein typischer Fall ereignete sich vor Gallus' Aufbruch an die Front, wo die Perser ins Land eingefallen waren. Er sprach vor einer öffentlichen Versammlung in Antiochia. Aus der Menge drangen Rufe, er möge sie vor einer drohenden Hungersnot retten. Gallus zeigte – korrekt, aber unklug – auf den Gouverneur von Syrien, einen Unterbeamten des Präfekten, der neben ihm stand, und sagte, es werde nicht an Nahrung fehlen, wenn es der Gouverneur nicht wünsche. Das wurde, vielleicht zu Recht, so verstanden, als ob der Gouverneur mit den wohlhabenden Bürgern von Antiochia unter einer Decke steckte, denn sie horteten Getreide in diesem Augenblick, wo der militärische Bedarf die Preise steigen ließ. Die Situation verschärfte sich; ein paar Tage später, als die Preise weiter stiegen, brannte eine aufgeregte Menge das Haus eines führenden Bürgers nieder und lynchte den Gouverneur. Gallus kehrte von seiner Reise an die Front zurück, befahl den Hamsterern, die Verkaufspreise zu senken, und verurteilte, als sie sich weigerten, sämtliche Führer der Stadt zum Tode. Das war vermutlich illegal, eine Einmischung in zivile Angelegenheiten; vielleicht handelte es sich auch nur um einen Bluff, der seine Wirkung tat; unklug war es in jedem Fall, denn Gallus hatte Krieg zu führen und konnte nicht abwarten. Solche Handlungsweisen entfremdeten ihm nicht nur die hohen Zivilbeamten, sondern auch die wohlhabenden Bürger in den östlichen Provinzen, die ja zur gleichen Schicht gehörten wie die hohe Beamtenschaft. Es kam zu einer geheimnisvollen Verschwörung gegen Gallus, ihre Anführer wurden verfolgt und mit äußerster Strenge bestraft.

Wir wissen nicht, welche Berichte Konstantius von den Vorgängen erhielt, aber sicherlich waren sie tendenziös und verleumderisch, denn sie stammten von eben den Leuten, in deren Machtbereich – und, nicht zu vergessen, in deren Möglichkeiten zur Bereicherung – Gallus eingebrochen war. Konstantius sah jedenfalls in den Zusammenstößen eine Herausforderung seiner eigenen Autorität. Er hatte inzwischen – im September 351 – Magnentius in Mursa (heute Sisak in Jugoslawien) entscheidend geschlagen, übrigens unter hohen Verlusten. Magnentius lebte aber noch und sah sich erst im August 353 so in die Enge getrieben, daß er Selbstmord beging. In der ganzen Zeit und auch später, als die letzten Überbleibsel von Magnentius' Streitkräften eingefangen und in Konstantius' Armee eingereiht worden waren, fürchtete der Kaiser einen Aufstand in den östlichen Provinzen. Es scheint auch einige höhere Militärbefehlshaber gegeben zu haben, die den Abfall planten. Gallus war in ihre Verschwörung zwar nicht einbezogen worden, hätte aber eine nützliche Galionsfigur für das Unternehmen abgegeben.

Das alles schürte Konstantius' Mißtrauen, und 354 entschied er, daß Gallus abberufen werden müsse und könne, da ja Magnentius inzwischen ausgeschaltet worden war. Der Prätorianer-Präfekt Domitianus wurde aus dem kaiserlichen Hauptquartier Mailand nach Antiochia geschickt mit der Anweisung, Gallus »höflich und offen« zu überreden, ihn nach Mailand zu begleiten. Statt dessen nahm Domitianus Verbindung zu Gallus' Gegnern auf, zu denen auch sein Schwiegersohn gehörte, und sammelte, vielleicht auf geheimen Befehl, Beweise für Gallus' Unzuverlässigkeit. Schließlich stellte er den Caesar vor ein Ultimatum: »Komm mit mir nach Mailand, oder der Nachschub bleibt aus.« Gallus ließ ihn verhaften. Ein anderer Beamter erklärte Gallus, er habe kein Recht, einen Zivilbeamten abzusetzen, schon gar nicht einen Prätorianer-Präfekten. Gallus appellierte um Schutz an seine Soldaten, die dann auch sofort über Domitianus und seine Kollegen herfielen und sie umbrachten.

Konstantius sah seine schlimmsten Befürchtungen bestätigt und hat sich wahrscheinlich in diesem Augenblick entschlossen, Gallus zu vernichten. Andere Beamte wurden geschickt, um ihn nach Mailand zu holen. Schließlich gab Gallus ohne Einwände nach, wahrscheinlich mehr in dem Bewußtsein, daß er keine zuverlässige Unterstützung habe, als in dem hochherzigen Entschluß, dem Reich einen neuen Bürgerkrieg zu ersparen. Er scheint jedenfalls angenommen zu haben, daß die Angelegenheiten geklärt, alle Mißverständnisse ausgeräumt und Fehler vergeben werden könnten. Auf seinem Weg nach Italien machte er Halt in Konstantinopel, wo er bei einem Wagenrennen im Hippodrom den Ehrenvorsitz übernahm. Das aber erzürnte Konstantius »über jedes menschliche Maß hinaus«. Offensichtlich nahm er an, Gallus wolle damit ein Vorrecht des Kaisers an sich reißen und versuchen, das Volk der Hauptstadt für sich zu gewinnen – wahrscheinlich hatte Gallus jedoch nichts davon beabsichtigt.

Die Ereignisse brauchen hier nicht in jeder Einzelheit nacherzählt zu werden. Jedenfalls wurde Gallus in Pola sofort verhaftet. Konstantius, zwischen Schuldgefühl und Furcht hin- und hergerissen, wußte nicht, was er mit seinem Vetter anfangen sollte, gab den Befehl zu seiner Hinrichtung und hob ihn wieder auf – zu spät: Im November 354 wurde der Caesar enthauptet.

Julian hat sicherlich von den Schwierigkeiten seines Bruders gewußt, denn wenn die beiden auch sehr verschieden waren, verstanden sie sich doch leidlich. Sie hatten sich auf Gallus' Reise von Antiochia nach Italien getroffen. Die Nachricht von der Verhaftung und der Hinrichtung seines Bruders kann Julian zwar nicht unerwartet getroffen haben, aber sie muß ihm einen furchtbaren Schlag versetzt haben, gerade jetzt, wo sein Leben in Ephesus so gesichert erschien. Die ganze düstere Geschichte seiner Familie und die Rolle, die Konstantius darin spielte, ging ihm nicht aus dem Kopf. Und es kam noch schlimmer. Alle wahren oder angeblichen Freunde von Gallus wurden nacheinander vor Gericht gestellt, und Spione wetteiferten, verheerende Beweise gegen sie vorzubringen.

Die Reihe kam auch an Julian, er wurde nach Mailand beordert. Auf dieser Reise hatte er ein seltsames Erlebnis, über das er später in einem Brief berichtet hat. Das Schiff, das ihn und seine militärische Begleitung trug, lief den kleinen Hafen Alexandria unweit von Troja an, und Julian ergriff die Gelegenheit, Ilion, damals eine blühende kleine Stadt, aufzusuchen. Der dort amtierende Bischof Pegasios bot ihm höflich an, ihm die Sehenswürdigkeiten zu zeigen. Sie gingen zuerst zum Ehrenmal für Hektor, wo zu Julians Verwunderung immer noch ein Feuer auf dem Altar glühte und das Standbild des Helden von Öl tropfte. »Was bedeutet das?« fragte er, um die Gedanken des Bischofs zu

prüfen, »bringt das Volk Ilion immer noch Opfer dar?« –
»Ist es denn verwunderlich«, antwortete sein Führer, »daß
sie ihren heldenhaften Mitbürgern ihre Achtung bezeugen,
wie wir es ja auch für unsere Märtyrer tun?« Julian erkannte, daß er es nicht mit einem gewöhnlichen Bischof zu tun
hatte. Sie gingen zum Tempel der Athene von Troja, der
ebenfalls gut erhalten war und vor dem der Bischof weder
ein Kreuz schlug noch durch die Zähne pfiff, wie es
Christen zu tun pflegten, um die bösen Geister fernzuhalten, die immer noch die heidnischen Kultstätten umlauer-
ten. Auch das Grab von Achill, das von dem Bischof
entweiht worden sein sollte, war völlig in Ordnung. Als die
beiden Männer durch die alte Stadt wanderten und über
ihre Altertümer sprachen, wurde jedem von ihnen klar, daß
der andere in einen heidnischen Kult eingeweiht war. Kein
Wort fiel darüber, doch als Julian abends zu seinem Schiff
zurückkehrte, war er zutiefst erleichtert: Die Götter, die er
in seinem Herzen verehrte, hatten ihn zu einem Freund
gebracht. Auch später vergaß er nie den höflichen, kultivierten heidnischen Bischof.

In Mailand wurde er beschuldigt, Macellum ohne Genehmigung des Kaisers verlassen und sich mit seinem Bruder
in Konstantinopel getroffen zu haben. Daß er nachweisen
konnte, nichts davon sei gegen einen kaiserlichen Befehl
geschehen, nützte ihm nichts, denn die eigentliche Anklage warf ihm vor, er habe an einer Verschwörung zum Sturz
von Konstantius teilgenommen. Nun aber fand er eine
unerwartete Verbündete in Konstantius' zweiter Gattin
Eusebia, einer Frau von großer Bildung und warmer Herzlichkeit. Sie machte allen Einfluß auf ihren Mann geltend,
der hoffte, endlich durch sie einen Erben zu bekommen,
und veranlaßte Konstantius, Julian eine Audienz zu gewähren, bei der sich die beiden Männer versöhnten.

Trotzdem durfte Julian nicht zu seinem Studium in
Kleinasien zurückkehren. Eine verwickelte Affäre mit gefälschten Dokumenten hatte Konstantius zu der Annahme
gebracht – völlig zu Unrecht –, daß sein Oberbefehlshaber

in Gallien, Silvanus, einen Aufstand plane. Deshalb wurde Julian eine Weile unter Hausarrest in Como gestellt. Wieder griff Eusebia zu seinen Gunsten ein, so daß er schließlich zu seinen Studien zurückkehren durfte, aber nicht nach Kleinasien, sondern nach Athen, wo er weit entfernt von jeder Garnison lebte und kaum Verbindung mit aufrührerischen Generälen aufnehmen konnte. Nichts konnte ihm lieber sein. Der Beschluß erschien ihm als deutlicher Beweis, daß die Götter die Ihren schützten.

Athen, die Stadt von Plato und Aristoteles, war damals eine stille Stadt in einer entlegenen Provinz, aber interessant als Mittelpunkt für Gelehrsamkeit und Studium. Es hatte das Ansehen und auch etwas von der Atmosphäre von Universitätsstädten wie Oxford, Göttingen, Leyden oder Salamanca. In Athen zu lehren, krönte die Laufbahn des Rhetorikers und Philosophen. Junge Männer aus der ganzen griechischen Welt und von noch weiter her kamen, um zu den Füßen der großen Lehrer zu sitzen und ihren Vorteil aus dem Netz von Korrespondenzen und Empfehlungen zu ziehen, mit dem die Lehrer ihre Schüler fördern konnten. Julian hatte immer davon geträumt, in Athen zu studieren, und plötzlich war der Traum Wirklichkeit geworden.

Wir sind ganz gut unterrichtet über das studentische Leben im Athen des vierten Jahrhunderts. Die Schüler jedes Lehrers hielten leidenschaftlich zusammen und zu ihrem Meister. Es gab Kämpfe zwischen verschiedenen Gruppen, bei denen sie sich manchmal die Köpfe einschlugen. Studenten wurden von anderen Gruppen entführt, Neulinge am Hafen abgefangen von Vertretern der einzelnen Gruppen, die sie zu ›keilen‹ versuchten. Es gab wunderliche Einführungszeremonien, Klamauk und Prozessionen aller Art. Julian war nicht nur älter als die meisten Studenten, sondern auch der nächste noch lebende Verwandte des Kaisers, so daß wir annehmen dürfen, ihm seien diese Ausbrüche jugendlichen Übermuts erspart geblieben. Er wurde, als er im Sommer 355 in Pallas Athenes Stadt ankam, als geehrter Gast empfangen.

Führende Lehrer der Rhetorik waren damals Prohairesios von Armenien, ein Christ, und Himerios von Prusa, ein Heide. Julian scheint ihre Vorlesungen nicht regelmäßig besucht zu haben, denn die leeren Formeln der Rhetoriker interessierten ihn wenig, und der gezierte Stil von Himerios' Reden, die uns erhalten sind, war auch kaum nach seinem Geschmack. Was er suchte, war ein tieferes Eindringen in die neuplatonische Philosophie und neue Initiationen in die mehr oder weniger geheimen Kulte der Philosophen. Er fand beides. Priscus, der Schüler von Aidesios, dessen Abwesenheit der alte Mann bedauert hatte, als Julian sich ihm vorstellte, lehrte jetzt in Athen, und ihm schloß sich der Prinz an. Die beiden Männer wurden enge Freunde und erkundeten gemeinsam die Geheimnisse der Theurgie.

Julian verbrachte einige Zeit mit dem Besuch der alten Gedenkstätten Athens, wandelte in den Gärten der Akademie, ging auf Aristoteles' Spuren durch den Peripatos, die Wandelhalle. Dieser Sommer und dieser Herbst müssen in Julian ein tieferes Empfinden für die Kontinuität des Hellenismus geweckt haben, als er es jemals in Pergamon oder Ephesus erlebt hätte. Hier in Athen wurde er in den alten Mysterienkult der Demeter im Tempel zu Eleusis eingeweiht, einen Kult, der geduldet wurde, weil er so alt und ehrwürdig war. Für viele Besucher Athens in der Spätantike handelte es sich nur um eine touristische Sehenswürdigkeit. Für Julian, der die symbolischen Gegenstände im heiligen Korb betrachtete, der an dem heiligen Mahl teilnahm, den Hierophanten die uralten Worte rezitieren hörte, die den Eingeweihten Wiedergeburt versprachen – für Julian war es ein Abbild der Reise, die eine Menschenseele zur Vereinigung mit dem Einen zurücklegen muß. Er fühlte sich mehr denn je als ein Mann, der sich von den Zeitgenossen unterschied, den die alten Götter beschützten, und die alten Götter waren wiederum Spiegelungen oder Diener des Reinen Seins, aus dem ewig das Universum strömte und in das es ewig zurückkehrte.

Andere Leute in Athen sahen allerdings die Dinge ganz anders an. Gregor von Nazianz, der spätere Bischof von Konstantinopel, den die Kirche nach seinem Tode heiligsprach, gehörte zu Julians Mitstudenten. Wahrscheinlich kannte der Prinz ihn nicht, denn sie bewegten sich in ganz verschiedenen Kreisen. Doch er kannte Julian. Nach Jahren, nach Julians Tod, schrieb er – mit dem Urteil des Rückblickenden – eine bittere Kritik und schilderte Julian in seinen Studententagen: »Für mich lag nichts Gesundes in seinem unruhig bewegten Hals, seinen sich windenden und hochgezogenen Schultern, den unsteten Augen mit ihrem irren Blick, seinem unsicheren, schwankenden Gang, seiner stolzen, hochmütigen Nase, dem lächerlichen Ausdruck, den sein Gesicht annahm, seinem unbeherrschten und hysterischen Gelächter, der Art, wie er ohne Anlaß den Kopf hochwarf und wieder senkte, seiner stockenden und schnaufenden Sprechweise.« (Gregor von Nazianz, Reden 5.23.)

Das dürfte kaum eine sachliche Schilderung sein, und es ziemt sich, hier die Worte des Historikers Ammianus Marcellinus hinzuzusetzen, der Julian ein paar Jahre danach oft sah: »Er war mittelgroß und trug einen Bart, der in eine Spitze auslief (in Athen ging er noch glattrasiert, wie es die Etikette am Hofe von Konstantius forderte); er hatte helle Augen von erstaunlicher Schönheit. Die Augenbrauen waren elegant, die Nase vollkommen gerade, er hatte einen ziemlich großen Mund mit hängender Unterlippe, trug den Nacken leicht gesenkt und hatte starke, breite Schultern.« An anderer Stelle erwähnt Ammianus seine langen Schritte, mit denen er durch Antiochia hastete. Beide Beschreibungen gelten Julian, sind aber mit sehr unterschiedlichen Augen gesehen. Andere Beobachter überliefern uns, daß Julian nicht ganz mittelgroß war.

Wenn Julian später zurückblickte, sah er die Monate in Athen als die glücklichste Zeit seines Lebens an. Aber sie dauerte nicht lange. Im Oktober erschien plötzlich ein Kurier mit dem Befehl, Julian habe sich ohne Verzug an den Hof von Mailand zu begeben. Die Botschaft brachte rauhes Erwachen und kalte Furcht. Julian betete zu den Göttern Griechenlands und zu dem Einen, in dessen Dienst sie Kraft und Führung verliehen. In seinen Träumen sah er den enthaupteten Leichnam seines Bruders. Er betete, wie er später erzählt, zu Athene, sie möge ihn jetzt sterben lasssen und nicht dieser Reise aussetzen. Sein Aufbruch vollzog sich gewiß mit dem üblichen Pomp, und wir dürfen annehmen, daß er seine Rolle nach besten Kräften spielte. Doch mit Furcht und bösen Vorahnungen sah er die Akropolis, auf der sich noch das große Standbild der Göttin erhob, im Herbstnebel entschwinden.

4

Ein Schritt zur Macht

Konstantius war in letzter Zeit von vielen Ängsten geplagt worden. Silvanus, sein Oberbefehlshaber in Gallien, war, wie erwähnt, Opfer einer ausgekochten Intrige geworden. Der Mann, der in seinem Namen Briefe gefälscht hatte, so daß sie auf eine geplante Rebellion deuteten, war ein untergeordneter Troßoffizier namens Dynamius. Es hieß, daß hinter der ganzen Sache der Prätorianer-Präfekt Lampadius und andere höhere Offiziere gestanden hätten, die auf Silvanus eifersüchtig waren.

Sobald Konstantius die gefälschten Briefe gesehen hatte, verlor er den Kopf und ließ alle verhaften, deren Namen in den Briefen erwähnt worden waren. Einige seiner Berater hielten die ganze Sache für höchst unwahrscheinlich und rieten zur Vorsicht, wurden aber erst gehört, als sie nachweisen konnten, daß der ursprüngliche Text weggekratzt und durch einen anderen ersetzt worden war, ein sicherer Beweis für eine Fälschung. Konstantius ließ sich überzeugen, doch der Präfekt Lampadius, an dessen Schuld nicht zu zweifeln war, ging frei aus, weil er zu viele mächtige Freunde hatte und nicht angetastet werden konnte.

Indessen hatte Silvanus in seinem Hauptquartier zu Köln von den Verleumdungen gehört. Er kannte Konstantius und hatte wenig Hoffnung, ihn von seiner Unschuld überzeugen zu können. Zunächst wollte er über die Grenze gehen und bei den Franken im heutigen Holland oder in Nordwestgermanien Zuflucht suchen. Sein Vater Bonitus war Söldnerführer im römischen Dienst gewesen und hatte sich in Konstantins Krieg gegen Licinius ausgezeichnet, und der Sohn, römisch und christlich erzogen, hatte des Vaters Beruf gewählt. In der entscheidenden Schlacht von Mursa im Jahre 351 war Silvanus mit den von ihm befehligten Truppen zu Konstantius übergegangen, womit er wesentlich zur verheerenden Niederlage des Usurpators beigetragen hatte. Als Belohnung war er zum Oberbefehlshaber in Gallien ernannt worden. Jetzt, nach einem als Römer verbrachtem Leben, erinnerte er sich seiner fränkischen Herkunft; sicherlich hatte er überall noch unter den Franken mächtige Verwandte, deren eigene Stellung in ihren Stammesverbänden durch die Laufbahn von Bonitus und Silvanus und durch deren Geschenke an die Verwandtschaft im freien Germanien gestiegen war. Silvanus hatte also Grund, auf Schutz zu hoffen, wenn er über die Grenze ging. Doch ein anderer fränkischer Offizier in Köln, den Silvanus beauftragt hatte, seine Situation zu klären, versicherte ihm, daß er bei seiner Rückkehr in die Heimat getötet oder den Römern ausgeliefert werden würde. Nun konnte sich Silvanus nur noch auf seine Beliebtheit bei den Soldaten verlassen. Von Fahnen und Standarten wurde Purpurtuch abgerissen und eilig zu einer behelfsmäßigen kaiserlichen Robe zusammengenäht. Am 11. August 355 ließ sich Silvanus unter der Akklamation der versammelten Soldaten in Köln zum Kaiser ausrufen.

Die Nachricht erreichte eines Abends, ungefähr eine Woche danach, Mailand. Konstantius war wie vom Donner gerührt: Das Verbrechen, das Silvanus zu Unrecht angelastet worden war, hatte er jetzt begangen! Wem konnte der Kaiser noch trauen? Die ganze Nacht hindurch wurde beraten. Schließlich besann man sich auf Ursicinus, den einzigen Mann, der imstande schien, mit der Situation fertig zu werden. Ursicinus, ein erfahrener und ausgezeichneter General, war in Ungnade gefallen, als sein Name – durchaus nicht überzeugend – mit einem vergeblichen Anschlag auf den Kaiser in Verbindung gebracht worden war. Konstantius mißtraute ihm, hatte aber keine Wahl.

Ursicinus wurde in den Palast befohlen und über die Ereignisse unterrichtet. Man beschloß, so zu tun, als habe Konstantius nichts von Silvanus' Proklamation gehört; Ursicinus sollte nach Gallien geschickt werden, scheinbar als völlig normale Ablösung für Silvanus. Sobald er in Köln war, mußte er auf eigene Faust handeln.

Ursicinus machte sich mit wenigen Stabsoffizieren auf den Weg – der Historiker Ammianus Marcellinus war dabei – und legte die lange Strecke in Eilmärschen zurück, um Köln zu erreichen, ehe Silvanus wußte, daß die Nachricht von seiner Proklamation in Mailand bereits bekannt war. Doch das Gerücht war rascher als der schnellste Reiter. Als Ursicinus nach Köln kam, war es sinnlos geworden, sich als Nachfolger des Oberbefehlshabers aufzuführen. Ihm blieb nur übrig, nach außen hin Silvanus als Herrscher anzuerkennen und insgeheim eine Verschwörung gegen ihn unter den Offizieren anzuzetteln, die Ursicinus kannte. Eine heikle Sache. Ein Wink an die falsche Adresse – und Ursicinus und sein Stab hatten keine Gnade zu erwarten. Doch man mußte in aller Eile handeln. Das Spiel glückte. Es bildete sich ein ›harter Kern‹ von Offizieren und Soldaten, die Konstantius treu geblieben waren. In der Morgendämmerung des 8. September drang eine Schar Bewaffneter in Silvanus' Hauptquartier ein und schlug ihn tot, als er in einer christlichen Kapelle Zuflucht suchte.

Konstantius war überglücklich über die Meldungen aus Köln – und begann sofort, alle ehemaligen Freunde und Mitarbeiter von Silvanus verhaften und foltern zu lassen. Schließlich überzeugte er sich, daß hier keine tiefverwurzelte Verschwörung vorlag, sondern nur eine Reihe von Mißverständnissen und falschen Nachrichten. Doch diese Erkenntnis beruhigte ihn nicht: Was einmal geschehen war, konnte immer wieder geschehen.

Inzwischen hatten die verschiedenen germanischen Völker am rechten Rheinufer das Durcheinander der führerlosen römischen Armee aufs beste genutzt. Franken, Alemannen und Sachsen hatten viele Forts am linken Rheinufer erobert und waren mit ihren Überfällen tief ins römische Territorium eingedrungen. Weiter ostwärts führten die Meldungen über die Schwäche Roms zu gewaltsamen Angriffen an der Donaugrenze; hier waren die germanischen Quaden und die iranischen Sarmaten beteiligt. Gleichzeitig trafen beunruhigende Berichte aus dem Osten ein, wo der persische König Schapur II. in den armenischen Bergen und den öden Weiten Mesopotamiens über die Grenze gedrungen war. Konstantius fühlte sich nicht imstande, irgendeinem seiner Generäle eine größere Streitmacht anzuvertrauen, aber er konnte auch nicht untätig in Mailand bleiben, ohne einen Aufstand an der einen oder anderen Front herauszufordern.

Die Hofkamarilla aus Eunuchen und Beamten, die täglich Zugang zu ihm hatte, riet ihm, die Macht in eigenen Händen zu behalten. Seine übermenschlichen Fähigkeiten, so sagten sie, genügten, um jede Situation zu meistern. Was sie dazu bewog, war weniger Anhänglichkeit an Konstantius als die Furcht, daß ein Mitkaiser den einträglichen Handel mit Posten und den Einfluß durchschauen könnte, den sie seit langem ausübten. Andere Beamte und die Militärführer drängten den noch immer kinderlosen Konstantius, einen Mitregenten zu beurfen, der ihm einen Teil der Last abnehmen konnte. Unvermeidlich tauchte dabei Julians Name auf. Er hatte sich zwar völlig auf sein Studium konzentriert und keinerlei Erfahrung im Regieren, doch er war Konstantius' nächster männlicher Verwandter und deshalb besser als jeder Fremde in der Lage, den Kaiser zu vertreten. Sein Charakter und bisheriges Verhalten machten es außerdem unwahrscheinlich, daß Macht für ihn eine starke Verführung bedeutete.

An diesem Punkt der Beratungen schaltete sich Kaiserin Eusebia zu Julians Gunsten ein. Sie überredete ihren Mann, Julian wenigstens vorzuladen – und schon wurden die Boten Hals über Kopf abgeschickt, um ihn zu holen. Man ließ aber kein Sterbenswörtchen über den Sinn dieser Vorladung verlauten, weil noch nichts fest beschlossen war; Konstantius schätzte es, sich alle Möglichkeiten bis zum letzten Augenblick offenzuhalten.

Als Julian schon in Mailand war, wurde er eine ganze Weile nicht an den Hof geladen, sondern auf einem Gut außerhalb der Stadt streng bewacht. Der Kaiser schwankte zwischen den widersprüchlichen Ratschlägen. Diejenigen, die gern alle Dinge unverändert lassen wollten, erinnerten ihn an die Gefahren, einen Caesar zu berufen, der die Macht mit ihm teilte, und wiesen auf Gallus hin. Schließlich siegte Eusebia: Blut sei dicker als Wasser, meinte sie. Und Julians gelehrte Neigungen sprächen dafür, daß er nicht versuchen werde, Konstantius' Stellung zu untergraben: Philosophen suchen nicht die Macht. Auf jeden Fall hatte Julian ja auch keine politische Stütze, kein Netz von Freunden und Anhängern, keine ihm ergebene Armee!

Julian war nicht ganz unvorbereitet, als ihn sein Vetter plötzlich an den Hof befahl und ihm erklärte, er solle sein jüngerer Mitverwalter der kaiserlichen Macht sein: Eusebia hatte ihm durch einen Eunuchen ihres Gefolges ermuternde Botschaften zugeschickt. Trotzdem reagierte der Prinz zunächst mit Angst und Niedergeschlagenheit. Hätte die Kaiserin doch nur Kinder geboren, dann hätte er nach Athen und zu seinen Studien zurückkehren dürfen! Dann aber überlegte er, daß er sich vielleicht dem Willen der Götter widersetzte. Wenn sie ihn nun erwählt hatten, die höchste Verantwortung auf sich zu nehmen – wer war er, daß er ihren Beschluß verwarf! Und er tröstete sich mit Nachdenken über die berühmte Stelle aus Platos *Phaidon*, wo Sokrates beweist, daß der Mensch sein Schicksal annehmen muß. Bei aller Weltferne besaß Julian schließlich die Beweglichkeit eines Vierundzwanzigjährigen und eine sehr hohe Überzeugung von seinen eigenen Fähigkeiten.

Er trug noch Zivilkleidung, den rauhen Mantel der Philosophen, und hatte begonnen, sich einen Bart wachsen zu lassen. Nun scherten ihn die Hofbarbiere, nun schniederten ihm die Hofschneider eine Unifrom, die seidene Tunika des höheren Offiziers. Er sah, wie er selbst berichtet, als Soldat ziemlich sonderbar aus, mit seinem gesenkten Blick und dem unmilitärischen Gang. Während die hastigen Vorbereitungen für seine Amtseinführung weitergingen, hatte er selbst aber andere Dinge zu bedenken als soldatisches Auftreten. Zum erstenmal mußte er es auf sich nehmen, unter einem Dach mit dem Mörder seiner Familie zu leben, der durchaus versuchen konnte, sich auch von Julian zu befreien. Wieder einmal überkam ihn das Gefühl, von allen Menschen abgesondert zu sein, Gegenstand besonderer Fürsorge der Götter, ein Gefühl, das ihn befähigte, das Unannehmbare anzunehmen.

Konstantius hatte es eilig. Am 6. November fand die Amtseinführung statt. Ammianus Marcellinus, der an der Feier teilnahm, hat uns darüber berichtet. Alle in Mailand stationierten Truppen waren versammelt. Auf einem hohen Podest standen zischen den Adlern der Legionen und den Standarten, vor sämtlichen hohen Staatsbeamten, Konstantius und Julian in soldatischer Kleidung. Konstantius ergriff Julians Rechte und begann:

»Wir stehen vor euch, ihr kühnen Verteidiger des Staates, um eine Sache zu führen, die ihr alle, wie ihr da seid, als eure eigene anseht. Ich weiß, daß ich meine Sache vor gerechten Richtern führe, und kann mich deshalb kurz fassen. Nach der Vernichtung der rebellischen Thronräuber, die von Wahnsinn und Verblendung getrieben wurden, sind die Barbaren, als wollten sie den gottlosen Schatten römisches Blut opfern, über die Grenzen eingebrochen und toben durch Gallien. Sie sind sicher, daß uns dringende Geschäfte in der Ferne festhalten. Wenn dieses Unheil, das sich bereits in den Grenzgebieten ausbreitet, rechtzeitig durch unsere und eure Entschlossenheit gebannt wird, werden diese stolzen Völker ihren Nacken beugen müssen, und die Grenzen des Reiches werden unangetastet bleiben. An euch ist es, mit Hilfe eurer Zustimmung die Hoffnung zu stärken, die ich auf die Zukunft setze. Hier ist mein Vetter von Vaterseite, Julian, mir ebenso lieb durch seine Bescheidenheit wie durch seine Verwandtschaft mit mir. Er wird zu Recht geachtet und ist ein junger Mann von bemerkenswerten Fähigkeiten. Ich möchte ihn in den Rang des Caesars erheben. Wenn ihr das für gut befindet, unterstützt meinen Schritt mit eurer Zustimmung.«

An diesem Punkt unterbrachen die versammelten Soldaten den Redner mit zustimmendem Gemurmel. Konstantius wartete, bis wieder Stille eingetreten war, und fuhr fort:

»Da ihr eure Zustimmung durch eure Freude ausgedrückt habt, soll dieser junge Mann, dessen ruhige Stärke und dessen ausgeglichener Charakter lieber nachgeahmt als geschildert werden sollten, zu der Ehre emporsteigen, die er bereits erwartet. Seine bemerkenswerten Fähigkeiten sind durch seinen Fleiß gesteigert worden. Und so lege ich mit Gottes Willen auf seine Schultern den Mantel des Reichs.« (Ammianus Marcellinus, 15.8.3–10.)

Bei diesen Worten hängte er Julian den Purpur um, den schon dessen Großvater und Onkel getragen hatten, während die Soldaten laut Beifall riefen. Dann wandte sich Konstantius an den gedankenverlorenen und ein wenig traurigen Julian:

»Mein teuerster Bruder, du hast in deiner Jugend die Ehre erhalten, die dir durch deine Geburt bestimmt ist. Mein eigener Ruhm, ich gestehe es ein, wird dadurch erhöht, denn ich glaube, daß ich meine herausragende Stellung eher verdiene, wenn ich meinem edlen Verwandten fast die gleiche Macht gebe, als wenn ich sie allein ausübe. Steh mir nun bei, teile Mühe und Gefahr mit mir. Übernimm die Sorge für Gallien und heile seine Wunden durch deine Freigebigkeit. Und sollte es dir bestimmt sein, dem Feind entgegenzutreten, steh fest bei den Standartenträgern, ermutige nach gebührender Erwägung die Kühnheit deiner Männer im rechten Augenblick, sporne sie im Kampf durch umsichtige Führung an, unterstütze sie mit Verstärkungen, wenn ihre Reihen sich lichten, tadle vorsichtig die Mutlosen, und merke dir genau die Taten der Kühnen und die der Feigen. Groß ist die Not des Augenblicks. Geh nun, ein Held, der Helden führt. Wir werden einander mit starker, unerschütterlicher Zuneigung beistehen, wir werden Seite an Seite kämpfen, und wir werden herrschen mit gleicher Mäßigung und mit dem Gefühl der Verantwortung für eine Welt, der wir – möge Gott unser Gebet erhören! – Frieden gebracht haben. Überall werde ich dich vor Augen haben, und was immer du beginnst, ich werde dich nicht im Stich lassen. Geh eilig, nimm unser aller Gebete mit auf den Weg und verteidige mit nie erlahmender Wachsamkeit den Posten, den der Staat selbst dir zugewiesen hat.« (Ammianus Marcellinus, 15.8.11–14.)

Bei diesen Worten rasselten die Soldaten mit ihren Schilden gegen die Knie und schmetterten ihrem neuen Caesar Zustimmung entgegen. Als Julian, der noch niemals vor einer solchen Menschenmenge gestanden hatte, regungslos, den Purpurmantel über den Schultern, auf der Tribüne stand, starrten tausend Augen in sein Gesicht und versuchten, aus den schönen, aber angstvollen Augen, den hübschen Zügen des bald errötenden, bald erblassenden Gesichtes das Geheimnis des Mannes zu ergründen, der sie nun führen sollte. Als er sich selbst im Mittelpunkt der Aufmerksamkeit sah, verdrängte ein flüchtiges Gefühl von Kraft den inneren Aufruhr und den Ekel, mit dem er seine Erhöhung entgegengenommen hatte. Die Götter hatten ihn so weit gebracht und erwarteten sicher große Taten von ihm. Doch das Gefühl schwand wieder. Er stieg neben Konstantius in den kaiserlichen Wagen und fuhr zum Palast durch Straßen, die von jubelnden Menschen gesäumt waren. Nur die unmittelbar neben ihm standen, hörten ihn vor sich hin murmeln, einen Vers aus Homer über den Tod eines Helden: »Aber die Augen übermannte der purpurne Tod und das mächtige Schicksal.«

Er hatte allen Grund, mißtrauisch in die Zukunft zu blicken. Konstantius war nur so lange wohlwollend, wie es um seine eigenen Interessen ging, und hatte aus der Affäre Gallus die Lehre gezogen, daß ein Caesar nur repräsentieren durfte, sonst aber nichts. Ihm mußten nicht nur die Aufgaben der zivilen Verwaltung versagt werden, sondern auch ein echtes militärisches Kommando. Auf diese Weise hoffte er, Julian zu zügeln und die eigene Autorität nicht zu schmälern. Aber er erkannte nicht, daß er es mit einem viel intelligenteren Mann und einem sehr viel stärkeren Charakter als bei dem aufbrausenden Gallus zu tun hatte – er konnte ebensowenig in die Zukunft blicken wie die meisten Menschen und weniger weit als manche von ihnen.

Theoretisch vertrat Julian Konstantius in Gallien, Britannien und Spanien. Die eigentliche zivile Autorität – darunter auch die Versorgung der Truppe – lag in den Händen des Prätorianer-Präfekten Honoratus, der zu der Zeit, als Gallus Caesar war, Gouverneur von Syrien und später Gouverneur aller östlichen Provinzen gewesen war, und es ist bezeichnend für Konstantius' Mangel an Takt, daß er diesen Mann berief, dessen Pflicht es gewesen war, Gallus zu überwachen. Er und Julian scheinen einander stillschweigend aus dem Weg gegangen zu sein. Militärischer Befehlshaber war zuerst der vorsichtige und erfahrene Ursicinus, der ja erst vor kurzem Silvanus gestürzt hatte. Er wurde nach einigen Monaten von Marcellus ersetzt, einem mittelmäßigen Offizier, der sich beharrlich weigerte, mit Julian zusammenzuarbeiten, und der gefährliche Geheimberichte über ihn an den Kaiser schickte. Konstantius hielt ihn für einen ›sicheren‹ Mann, weil er als Pannonier wohl kaum von den meist germanischen Soldaten Galliens zum Kaiser proklamiert worden wäre. Später kam mit neuen Truppen Barbatio hinzu, der schon bei Gallus im Osten gewesen war. Es stellte sich heraus, daß er ganz und gar gegen Zusammenarbeit war. Ammianus Marcellinus, der ihn kannte, schildert ihn als einen Mann von flegelhafter Anmaßung, überall unbeliebt, weil er stets Skandale anzettelte. Diese Männer waren alle unmittelbar nur Konstantius unterstellt, und Julian fühlte sich durch die Situation, in die man ihn gebracht hatte, gekränkt. Seine Aufgabe, so sagte er, war es, in der ganzen Provinz mit der Purpurrobe als Abbild kaiserlicher Würde zu repräsentieren. Ein Leser von heute wird es vielleicht für vernünftig halten, daß erfahrene Männer das Heft in der Hand behielten und daß nicht ein Unerfahrener von vierundzwanzig Jahren die absolute Macht erhielt. Doch es bestand zwischen Konstantius' Worten und Taten ein Widerspruch, der die Zeitgenossen empörte: Sie fanden, daß Julian unnötig gedemütigt wurde.

Und das traf zu. Konstantius entließ fast die ganze Dienerschaft Julians und ersetzte sie durch eigene Diener, von denen er Berichte über ihren neuen Herrn erwarten konnte. Nur vier der alten Sklaven durften Julian nach Gallien begleiten. Darunter war der Afrikaner Euhemeros, ein Eingeweihter der heidnischen Kulte, der mit Julian das Geheimnis des wahren Glaubens teilte. Der Leibarzt, Oreibasios von Pergamon, ein Heide von universeller Bildung, der nicht nur auf Julians Verlangen ein ungeheures Kompendium der Medizin verfaßte – das uns erhalten ist –, sondern auch ein Tagebuch seines Lebens mit Julian führte – das verlorengegangen ist –, wurde bald sein Vertrauter und Freund, dem Julian seine persönlichen Aufzeichnungen anvertraute. Unter den Bergen von Oreibasios' medizinischen Papieren waren sie vor den Augen von Konstantius' Spionen sicher.

Daneben erhielt Julian aber noch unerwartete Begleitung auf die Reise: Einen oder zwei Tage nach seiner Amtseinführung vermählte man ihn mit Konstantius' Schwester Helena, wie einstmals Gallus mit Konstantina. Helena, noch Jungfrau, soll sehr fromm und muß mindestens sechs Jahre älter als Julian gewesen sein. Vielleicht war der Altersunterschied noch größer. Julian erwähnt Helena selten und völlig gleichgültig. Er erfüllte seine ehelichen Pflichten, und sie bekamen einen Sohn, der bei der Geburt starb. Wahrscheinlich war Julian auf seine Weise ein rücksichtsvoller Ehemann, aber Helena machte keinen Eindruck auf ihn und konnte ihn nicht beeinflussen. Seine Gönnerin am Hof, Eusebia, tat wiederum alles, was in ihrer Macht lag, um die Gemeinheit ihres Mannes auszugleichen. So gab sie Julian ein Abschiedsgeschenk, das er noch Jahre danach mit warmer Herzlichkeit erwähnt. Er hatte nur wenige seiner Bücher aus Athen nach Italien mitgenommen und sollte nun in eine vom Krieg verwüstete Provinz aufbrechen, in der Latein gesprochen wurde und griechische Literatur kaum zu erhalten war. Eusebia beschenkte ihn mit einer Bibliothek griechischer Dichter, Geschichtsschreiber, Redner und Philosophen, die er auf die Reise mitnehmen konnte. Sie scheint als einziger Mensch am Hofe von Konstantius geahnt zu haben, was für ein Mensch Julian war. Konstantius' Abschiedsgeschenk: Ein Katalog, von seiner Hand geschrieben, mit genauen

Instruktionen für Julians Verhalten, bis hin zu dem Geld, das er für bestimmte Zwecke ausgeben durfte – und bis zu einer Anzahl vorgeschriebener Mahlzeiten.

Die beiden frühesten Werke Julians, die wir noch besitzen, stammen aus dieser Zeit. Kurz bevor er aus Mailand aufbrach, verfaßte er einen Panegyrikus, eine Lobrede auf Konstantius. Vielleicht ist sie niemals gehalten worden, doch Abschriften wurden den hohen Staatsbeamten zugestellt und bei feierlichen Anlässen vorgelesen. Lobreden gehörten in der antiken Welt zu den üblichen Mitteln, die öffentliche Meinung zu steuern, jedenfalls die der Oberschicht. In einem unabhängigen Stadtstaat war kein Platz für solche Prosaübungen gewesen, doch als Alexander der Große und seine Nachfolger den ›Superstaat‹ aufbauten, der außerhalb und über den alten politischen Einheiten Griechenlands stand, erkannten die neuen Herrscher die Notwendigkeit, ihre Persönlichkeit der Öffentlichkeit vorzustellen; die neuen Lehrer der Rhetorik entwickelten die entsprechenden Regeln. Seit Beginn des zweiten nachchristlichen Jahrhunderts hielten die römischen Konsuln formelle Lobreden auf den Kaiser an dem Tag, an dem sie ihr Amt antraten. Viele der kunstvollen Reden sind uns erhalten.

Die Handbücher der Rhetorik brachten Vorlagen für Reden zum Preise eines Herrschers, nannten die Themen und die Reihenfolge, in der sie bedacht werden mußten, die Sprach- und Stilfiguren, die jeweils zu ihnen gehörten. Ein guter Redner, der an das glaubte, was er vortrug, konnte einem Panegyrikus durchaus Leben einhauchen, aber die meisten sind bloße Übungen in formaler Rhetorik.

Julians Lobrede auf Konstantius hielt sich streng an die von Menander, einem Rhetoriker des dritten Jahrhunderts, niedergelegten Regeln; Menanders Lehrbücher beherrschten alle Schulen. Wir finden die traditionellen Themen: Das Heimatland des Kaisers und seine Vorfahren, seine erste Ausbildung und sein Aufstieg zur Macht, seine Erfolge in

Krieg und Frieden – gewaltig übertrieben und ausgeschmückt durch die gewohnten Vergleiche mit den Heroen der Vergangenheit – und eine Analyse seiner Vorzüge im Rahmen der Eigenschaften, die Plato für den idealen Philosophen-König entworfen hatte; ferner das vorgeschriebene Kapitel über den glücklichen Zustand des Reichs unter der wohltätigen Herrschaft des Kaisers, schließlich ein Gebet, Konstantius möge noch ein langes Leben beschieden sein.

Julian war ja ein begabter Student der Rhetorik gewesen, und die Technik seiner Lobrede ist tadellos und glatt. Doch der Leser hat nicht den Eindruck, hier auf einen kraftvollen, eigenständigen Schriftsteller zu stoßen: Julian versuchte offensichtlich, seine Gedanken über den Vetter eher zu verbergen als darzulegen. Vielleicht gibt die Schilderung des idealen Herrschers, die hier auf Konstantius angewandt wird, Auskunft darüber, wie Julian das Problem der Macht sah, als er Caesar wurde. Doch man kann in diesem Stück stereotyper Rhetorik nur schwer etwas Originelles und Persönliches entdecken.

Ungefähr zur gleichen Zeit verfaßte er auch einen Panegyrikus auf die Kaiserin Eusebia. Sie war ihm in Mailand freundlich begegnet, als er noch nicht wußte, ob er den Hof lebend verlassen würde, und sie hat sicherlich Kontantius' Beschluß, Julian zum Caesar zu erheben, beeinflußt. Jedenfalls war sie das einzige Mitglied der kaiserlichen Familie, in dem Julian Wärme und menschliches Mitgefühl fand, und er blieb ihr dankbar für ihre Freundlichkeit. Die Handbücher der Rhetorik enthielten keine Vorschriften für Lobreden auf Frauen, die ja keine kriegerischen Tugenden entfalten und also auch nicht auf ›Erfolge‹ pochen konnten. Das platonische Schema von den Eigenschaften des idealen Herrschers, unter denen die ›Männlichkeit‹ (ἀνδρεία) eine große Rolle spielte, war kaum geeignet, die vom weiblichen Geschlecht verlangten stilleren Tugenden zu würdigen. Julian tat sein Bestes, um das Schema einem so schwierigen Gegenstand anzupassen, aber es wurde doch nur eine *tour de force* der rednerischen Technik. Hier und da erkühnte er sich, ein persönliches Motiv einzuflechten, wie in der verschleierten Anspielung auf Eusebias Eingreifen beim Kaiser, als die Hofkamarilla Julian angriff (die Stelle ist in eine lange, konventionelle Lobpreisung von Konstantius eingefügt!), oder auch seine Dankbarkeit für die griechische Bibliothek, die sie ihm geschenkt hatte. Es ist interessant, daß die Lobrede ihrem ganzen Charakter nach völlig griechisch ist. Der einzige Hinweis auf irgendeine römische Institution findet sich in einer flüchtigen Erwähnung des Konsulats, das Eusebias Vater Flavus innegehabt hatte. Julian war daheim in der Welt der Philosophie und der Gelehrsamkeit, und diese Welt war griechisch. Die römische Welt der politischen Macht war ihm noch fremd.

Am 1. Dezember 355, drei Wochen nach seiner Proklamation zum Caesar, brach Julian mit seinem Gefolge und einem langen Zug von Wagen und Gepäckkarren auf, begleitet von 360 Soldaten – »der einzigen Armee«, bemerkte er bitter, »die ich kommandieren durfte«. Konstantius begleitete ihn bis zu einem Ort zwischen Mailand und Pavia.

Bei Augusta Taurinorum (Turin) hörte Julian, daß die starke Festung Köln von dem fränkische Stamm der Chamaven erobert und geplündert worden war. Konstantius hatte davon gewußt, es aber seinem jungen Mitregenten verhehlt. Die Nachricht rief tiefe Niedergeschlagenheit bei Julian hervor – nicht wegen der militärischen Folgen, die schlimm genug waren, sondern weil der Vorfall zeigte, wie wenig Konstantius ihm traute. Schon fiel der erste Schnee in den Alpen, als Julian über den Mont Genèvre ging und ins Rhônetal hinabstieg. Während er durch die blühende Landschaft zog, die der Winter noch nicht berührt hatte, hob sich seine Stimmung. Der Alptraum des Mailänder Hofs lag hinter ihm. Er hatte zwar eine demütigende Rolle zu spielen, aber er konnte sie wenigstens allein spielen. Als er die alte Stadt Vienne erreichte, in der noch der Tempel für Augustus und Livia die Unverwüstlichkeit des Römischen Reiches bezeugte, fand er die Straßen voller Fahnen, das Volk zu seiner Begrüßung auf den Straßen. Sie riefen ihm, dem Vertreter der legitimen Macht und der kaiserlichen Milde, ihre Freude entgegen, ihrem Retter vor dem Unheil, das Gallien befallen hatte. Julian, der sich gern geliebt wußte, war immer anfällig für die Demonstrationen der Volksgunst. Wieder fühlte er, daß die Götter mit ihm waren und ihn erwählt hatten, damit er irgendein großes Werk vollbringe. Während er durch die Straßen der Stadt zog, fragte eine blinde alte Frau, wer gekommen sei. Als man ihr sagte, es sei der Caesar Julian, rief sie aus, dann sei er der Mann, der die Tempel der Götter wiedererrichten werde. Seine Freude über dieses gute Vorzeichen konnte Julian nur mit wenigen teilen, vielleicht nur mit seinem Sklaven Euhemeros und dem Arzt Oreibasios. Aber es war ihm ein sicheres Zeichen, daß er nun auf dem rechten Wege sei.

Während er seinen Palast am Ufer der Rhône für den Winter einrichtete, verschaffte er sich einen Überblick über die Situation. Freilich kannte er sich in öffentlichen Angelegenheiten nicht aus, war aber sehr belesen und wußte, wie man sich informierte: seine Jugend und seine im Studium erworbene Arbeitsweise machten es ihm leicht, ein großes neues Wissensgebiet rasch in sich aufzunehmen. Man darf annehmen, daß er die Geschichte des römischen Imperiums aus der Lektüre kannte. Nun begann er, sich über Gallien alle Kenntnisse zu verschaffen, die ihm erreichbar waren – über die Völker, die Städte, die Festungen. Obwohl er vorerst nur seine Leibgarde kommandieren durfte, nahm er sich auch Organisation und Ausbildung der römischen Soldaten vor. Er ging regelmäßig zu den Paraden, er beteiligte sich am soldatischen Drill, wobei er niemals seinen hohen Rang vorschob, um sich die harte Ausbildung der Kameraden zu ersparen. Gründe dafür waren einmal seine Jugend und die starke Neugier, die er zeitlebens besaß; andererseits war auch seine puritanische Lebensauffassung beteiligt, und schließlich Berechnung: Wenn er die nächsten Jahre überleben und nicht wie sein Bruder Gallus enden wollte, mußte er sich einen Rückhalt politischer Macht verschaffen und die sichere Unterstützung einer Machtgruppe gewinnen. Dafür bot sich die Armee geradezu an.

Der Zusammenbruch der Grenzverteidigung hatte dazu geführt, daß die Einheiten der Grenzarmeen nun überall im Inneren des Landes stationiert worden waren – oft eine schlimmere Plage für die Bevölkerung, als es barbarische Eindringlinge hätten sein können. In der unmittelbaren Umgebung von Vienne lagen Einheiten vieler verschiedener Legionen. Wenn sie ihn oft bei sich sahen, wenn er ihre Probleme kennenlernte, sich mit Männern und Offizieren anfreundete, konnte Julian beginnen, das Netz von Ergebenheit in der Truppe zu knüpfen, das ihn vielleicht später einmal auffangen mußte.

Unter den Beamten, die Konstantius mit Julian nach Gallien schickte, war ein gewisser Saturninius Secundus Salutius, den alte und neue Historiker oft mit verschiedenen Zeitgenossen namens Sallustius verwechselt haben. Die genaue Stellung von Salutius im Jahre 356 ist nicht klar. Vielleicht war er Julians erster Rechtsberater. Er war in Gallien geboren, schon über die mittleren Lebensjahre hinaus und lange unter Konstans tätig gewesen, zeitweise als Gouverneur von Aquitanien (südwestliches Gallien) und Afrika. Wahrscheinlich hatte seine Laufbahn schon unter Konstantin begonnen. Im Gegensatz zu den meisten Männern in Julians gallischer Umgebung war er ein höchst kultivierter Mann, der Latein wie Griechisch beherrschte, mit dem Neuplatonismus gründlich vertraut und mit vielen griechischen Gelehrten befreundet war: Libanios' Korrespondenz enthält viele an Salutius gerichtete Briefe; Himerios widmete ihm eine seiner Dithyramben; Themistios, der heidnische Rhetoriker und Philosoph, Ratgeber einer Reihe von christlichen Kaisern in Konstantinopel, kannte ihn gut. Hier war ein Mann, der Julians Sprache sprach, ob er nun in die halbgeheimen Mysterienkulte eingeweiht war oder nicht. Das Band, das sich schnell zwischen den beiden Männern knüpfte, wurde erst durch Julians Tod zerrissen. Julian spricht von Salutius in demselben Ton wie früher von Mardonios, seinem Erzieher in Nikomedia. Sicherlich empfand er eine starke gefühlsmäßige Bindung an den alten Mann, der ihm in seinem neuen Lebensabschnitt, wo er mit neuen Problemen fertig werden mußte, die Vaterfigur bot, die er brauchte. Julian hatte großes Glück, denn Salutius scheint ein völlig einwandfreier Charakter in einer Welt gewesen zu sein, in der dies selten war. Sogar Gregor von Nazianz, der ihn wegen seines Heidentums tadelt, lobt seine Gerechtigkeit gegen die Christen. Eine gewisse verzerrte Kritik der populären zeitgenössischen Vorstellungen läßt sich vielleicht in der Geschichte entdecken, daß er später Heiden gefoltert haben soll, um festzustellen, ob sie stärker glaubten als die Christen.

Unter dem wachsenden Einfluß von Salutius bereitete sich Julian im Winter und Frühjahr 356 auf seine neuen Aufgaben vor. Die Vorsicht und Erfahrung des Älteren hat Julian vor manchen Fehlern bewahrt, zu denen ihn sein Ungestüm sonst verleitet hätte, und zweifellos ist sein Eintritt in die seltsame und gefährliche Welt der kaiserlichen Politik dadurch erleichtert worden.

5

Julian in Gallien

Wir wissen nicht, was im ersten Halbjahr 356 in Julian
vorging, denn wir haben aus dieser Zeit keine schriftlichen
Äußerungen von ihm. Er lebte in seinem Palast zu Vienne,
studierte Geschichte und staatliche Dokumente, nahm an
der militärischen Ausbildung teil und sorgte dafür, daß
man es auch bemerkte, unterhielt sich täglich vertrauens-
voller mit Salutius und erübrigte vielleicht etwas Zeit für die
frisch angetraute Ehefrau. Nach und nach muß er die
Tatsachen seines neuen Daseins in den Griff bekommen
haben. Seit dem 1. Januar 356 war er gemeinsam mit
Konstantius Konsul – ein pures Ehrenamt. Gallus war 352,
353 und 354 gemeinsam mit dem Vetter Konsul gewesen,
Gesetze waren im Namen von Konstantius und Gallus
erlassen worden, wie sie nun im Namen von Konstantius
und Julian erlassen wurden. Es lag also in dieser herausge-
hobenen Stellung kein Trost für Julian. Ihm muß klar
gewesen sein, daß er als nächster Verwandter und jüngerer
Mitregent des Kaisers durchaus zur Herrschaft über das
Römische Reich berufen werden konnte, doch Konstantius
war erst achtunddreißig Jahre alt, und die fünf Männer, die
bereits neben ihm regiert hatten, waren alle vorzeitig ums
Leben gekommen. Wenn sich Julian gelegentlich vom
Gefühl göttlichen Schutzes tragen ließ, tauchte er doch
ebensooft in die Tiefen der Verzweiflung, wenn er über die
Gefahren seines Amtes nachdachte.

Macht konnte später kommen – jetzt ging es um das
Überleben. Um zu überleben, durfte er nichts tun, was

Konstantius beleidigen oder sein Mißtrauen wecken konnte, und er mußte andererseits mit der Gewißheit rechnen, daß andere Leute aus privaten Gründen versuchen würden, ihn bei Konstantius anzuschwärzen. Er mußte jederzeit bereit sein, sich kühl und sachlich zu verteidigen; es konnte tödlich werden, die Beherrschung zu verlieren. Die Beschränkungen, die ihm Konstantius auferlegt hatte, waren nicht einzuhalten, und er wußte, daß sogar einige von Konstantius' eigenen Beamten darauf eingestellt waren, Verstöße nicht zur Kenntnis zu nehmen. Doch er mußte höchst vorsichtig bleiben und durfte die Grenzen jeweils nur um den kleinen Schritt überschreiten, den er jederzeit zurücknehmen konnte.

Auf diese Weise konnte er Gallus' Fehler vermeiden, oder doch einige von ihnen. Denn Gallus' Fehler waren teilweise nur Versäumnisse gewesen, während Julian wußte, daß er sich allmählich unter den Soldaten und Beamten und beim einfachen Volk der Westprovinzen einen politischen Rückhalt aufbauen mußte. Wenn es eines Tages zu einer Auseinandersetzung mit dem Kaiser kommen sollte, durfte Konstantius sich nicht sicher sein, wer im Westen seinen Befehlen noch gehorchen werde – er würde zögern, überhaupt Anordnungen zu geben. Wie sich Julians Stimmung auch von Tag zu Tag ändern mochte, eines stand fest: Er hatte sich durch echte oder vorgetäuschte Unterordnung auf guten Fuß mit Konstantius zu stellen – mußte aber gleichzeitig die Unterstützung der einflußreichen Kreise in der weströmischen Gesellschaft suchen, um eines Tages ebenso mächtig wie Konstantius zu sein.

So gewissenhaft Julian seine miltiärischen Pflichten auch erfüllte: Die strategischen Entscheidungen traf Konstantius, die taktische Ausführung war Sache der Befehlshaber in Gallien.

Zwei Aufgaben waren zu lösen: Zunächst mußten die Alemannen geschlagen und möglichst vernichtet werden, ein gut organisierter Stammesverband im heutigen Baden und Württemberg. Sie hatten die oberrheinische Grenzbefestigung an verschiedenen Stellen niedergefegt und drangen immer tiefer ins Land ein. Der Fall von Köln hatte ihre Macht noch gesteigert. Damals waren die Alemannen nur auf Beute und Sklaven aus, nicht auf Siedlungsland. Die zweite Aufgabe: einen anderen germanischen Stamm, die Franken, zu vertreiben, die als loser Verband im heutigen Belgien und Holland lebten, seit zwei Generationen Söldner für Rom gestellt hatten und nun auf der Suche nach Siedlungsland über den Niederrhein und die Maas drängten. Sie konnten nicht vernichtet werden, sie waren kein wanderndes Volk wie die Alemannen, sondern Siedler, die den Boden bestellten und hinter ihren Marschen und Meeresbuchten fast unangreifbar waren.

Für den Krieg im Jahre 356 plante Konstantius, daß er selbst durch die Schweiz in den Schwarzwald marschieren wollte, während die Armee in Gallien an den Rhein ziehen sollte, ein Plan, der den höheren Offizieren in Gallien zweifellos bekannt war. Doch Julian scheint er erst mitgeteilt worden zu sein, als man mit der Ausführung begann. Das Gros der Armee in Gallien sollte Anfang Juli in Remi (Reims) sein. Ein Feldzug zu einem früheren Zeitpunkt war nicht ratsam, weil der Versorgungsbedarf der Armee aus den Abgaben des südlichen Gallien gedeckt werden mußte. Marcellus, Oberbefehlshaber und Nachfolger von Ursicinus, hatte das Kommando.

Es klang wie ein nachträglicher Einfall, als Julian befohlen wurde, mit seiner ›privaten Armee‹ von ein paar hundert Reitern, die durch eine Abteilung *balistarii* ergänzt wurden, nach Reims zu marschieren. Die *balistarii*, eine technische Truppe, die Schleudern und andere Artilleriewaffen der Armeen bediente, konnten in einem Kampf nicht viel nützen, wenn sie ihre schwerfälligen Geschütze nicht bei sich hatten.

Im zentralen Gallien konnte man 356 unter Umständen auf eine schnelle Kolonne germanischer Plünderer stoßen. Die Reise von Vienne nach Reims war verhältnismäßig sicher, doch kurz vor seinem Aufbruch erfuhr Julian in

Vienne von einem Überfall auf Augustodunum (Autun, nordwestlich von Lyon), der nicht etwa von der kleinen Garnison der ummauerten Stadt zurückgeschlagen worden war, sondern von den Veteranen, die ringsum auf dem Lande angesiedelt waren und sich spontan zusammengeschart und die Germanen vertrieben hatten.

Der Vorfall hat vermutlich Julians Phantasie angeregt, denn er scheint den ihm erteilten Befehl so ausgeführt zu haben, daß er auf jeden Fall den Weg der Plünderer kreuzen mußte. Zunächst gelangte er im Eilmarsch nach Autun, wo er am 24. Juni ankam; die militärischen und zivilen Autoritäten zerbrachen sich nun die Köpfe, welches der sicherste Weg zur nächsten größeren Stadt, Autessiodurum (Auxerre), sei, doch Julian entschied sich für eine Strecke, die Silvanus einige Jahre zuvor zurückgelegt hatte, eine schwierige Route quer durchs Land, teilweise durch dichte Wälder; zwei andere Wege, die man ihm vorschlug, wären sicherer gewesen, und man hat den Eindruck, daß er die Begegnung mit dem Feind suchte.

Es kam nicht sofort dazu, sondern erst auf dem nächsten Marschabschnitt nach Tricasini (Troyes), den er nach kurzer Rast in Angriff nahm. Germanen fielen seine Marschkolonne von beiden Seiten an, und Julian mußte eine Weile fürchten, einer Übermacht zu erliegen. Doch die gut ausgebildeten Römer verstärkten die Flanken, und die Germanen, die keine heftige Schlacht gesucht hatten, blieben zurück und hinterließen ein paar Gefangene. Julian marschierte eilig weiter nach Troyes, wo man über seine Ankunft so verwundert war, daß die kleine Römerschar – zu der viele Soldaten germanischer Herkunft gehörten – für Feinde gehalten wurden. Es dauerte eine ganze Weile, bis man Julian die Tore öffnete. Wieder eine kurze Ruhepause für die Soldaten, dann weiter im Eilmarsch, um zu Marcellus und dem Gros der Armee in Reims zu stoßen.

Dieses Scharmützel, das strategisch ohne jede Bedeutung war, änderte einiges. Zunächst: Julian hatte seine erste Kampferfahrung gemacht, und vielleicht war es das, was er gesucht hatte; junge Männer haben ja oft den Wunsch, sich auf solche Weise zu bestätigen. Später hat Julian immer großen persönlichen Mut im Kampf gezeigt, vielleicht, weil ihm die engen menschlichen Bindungen fehlten, die den Menschen so oft den Tod fürchten lassen. Oder hatte er sich selbst zu einer undurchdringlichen Miene erzogen, die nichts von seinen Gefühlen verriet? Vielleicht riß ihn im Kampfgetümmel ein Gefühlsüberschwang hin, der ihn ohne seine gewohnte Umsicht handeln ließ? Wir wissen es nicht. Auf jeden Fall bezeichnet das Scharmützel auf dem Weg von Auxerre nach Troyes einen wesentlichen Punkt in Julians Charakterentwicklung. Zweitens: Er kam nach bereits siegreicher Auseinandersetzung und mit einer Gruppe von Gefangenen in Reims an, als Marcellus und die Hauptarmee noch keine kriegerische Handlung unternommen hatten. Julians psychologischer Erfolg läßt sich leicht vorstellen. Wie auch immer Konstantius' Instruktionen gelautet haben mögen: Marcellus konnte Julian nicht länger im Kriegsrat übergehen. Drittens, und das war vielleicht am wichtigsten, war der Sieg von einem Mann im kaiserlichen Purpur errungen worden. Die Nachricht verbreitete sich mit Windeseile unter den Truppen, hob die Hoffnung der Soldaten und konzentrierte sie auf den unbekannten jungen Mitkaiser, der unter ihnen war. Julian fühlte neue Zuversicht: Die Götter hatten ihr Versprechen nicht vergessen.

Während des Feldzugs, der nun begann, spielte Julian nicht mehr nur die Rolle eines Repräsentanten. Beim Vorrücken von Reims nach Osten war er bei der Nachhut, die schwer angegriffen und fast abgeschnitten wurde. Als sich die Armee dem Rhein näherte, hatte er den Befehl über die Streitkräfte, die Brotomagum (Brumath) angriffen, sein erstes Erlebnis einer blutigen, wenn auch kurzen Schlacht. Die Armee setzte ihren Weg am linken Rheinufer fort, trieb die Germanen über den Strom zurück und nahm eine Festung nach der anderen wieder ein, bis sie im Spätsommer auch Köln zurückeroberte. Welche Rolle Julian dabei spielte, ist uns nicht klar. Ammianus, der an dem Feldzug teilnahm und ihn in allen Einzelheiten schilderte, stellt Julian als den eigentlichen Oberbefehlshaber dar. Aber das war er nicht. Sicherlich hat er jedoch eine wichtigere Rolle gespielt, als sie ihm ursprünglich von Konstantius zugedacht worden war. Als die Germanen im Herbst in Köln erschienen, um Frieden zu erbitten, war es Julian, der als Repräsentant des Staatsoberhaupts vor den Augen von Armee und Zivilbevölkerung die Siege dieses Jahres weithin sichtbar machte, indem er den Besiegten seine Bedingungen diktierte.

Mit dem herannahenden Winter wurde die Armee von der Landesgrenze ins Innere zurückgezogen, denn es wäre unmöglich gewesen, so viele Menschen und Tiere in den verwüsteten Grenzgebieten zu versorgen. Julian ließ sich in Senonae (Sens) nieder und beschäftigte sich mit Verwaltungsaufgaben. Plötzlich griffen die Alemannen – zur Winterzeit ungewöhnlich und völlig unerwartet – die ummauerte Stadt an. Es ging ihnen natürlich um Beute, aber sie brannten auch darauf, den Römern einen moralischen Schlag zu versetzen, indem sie den Caesar gefangennahmen oder töteten. Einen Monat lang belagerten sie Sens, während Julian und seine Soldaten – zu denen keine Eliteeinheiten gehörten, die sonst die kaiserliche Leibgarde stellten – die Mauern bewachten, Schäden ausbesserten und Sturmangriffe abwehrten. In dieser Zeit war Julian tatsächlich der Befehlshaber, und seine grenzenlose Tatkraft, sein impulsiver Eifer, von der passiven Verteidigung zum Angriff überzugehen, erwarb ihm die Bewunderung der Soldaten. Der weltfremde Gelehrte entwickelte nicht nur Geschmack am Kampf – das geschieht oft genug –, sondern wurde von den Männern, die ihr ganzes Leben in der Armee zugebracht hatten, auch ernstgenommen.

Als sich die Germanen endlich zurückzogen, weil ihnen der Nachschub fehlte, waren einige peinliche Fragen zu stellen. Warum hatte Marcellus, der mit der Hauptstreitmacht in der Nähe lagerte, nichts zum Entsatz von Sens getan? Wollte er tatsächlich Julians Ansehen durch eine Niederlage untergraben? Wollte er, daß der Caesar gefangengenommen oder getötet wurde? Julian hielt es offenbar für geschickter, sich nicht selbst beim Kaiser zu beklagen, sondern dafür zu sorgen, daß andere Offiziere es taten. Das Ergebnis war ein herrischer Befehl von Konstantius, daß Marcellus sein Kommando abgeben und sich nach Sardica (Sofia), seinem Wohnort, zurückziehen sollte.

Wenn Julian nun auch in einem Punkt gewonnen hatte, so wußte er doch, daß Marcellus das Ende seiner Laufbahn und sein zerstörtes Ansehen nicht einfach hinnehmen, sondern versuchen würde, den Spieß umzudrehen, Julian anzuschwärzen und zu behaupten, der Caesar strebe zur Macht. Deshalb schickte Julian einen eigenen Abgesandten nach Mailand, der die mutmaßlichen Beschuldigungen von Marcellus entkräften, besser noch, ihnen zuvorkommen sollte.

Der Mann, den er für diese heikle Aufgabe aussuchte, war der Eunuch Eutherius, ein Armenier, der in den Stammeskämpfen seiner Heimat als Kind gefangen, entmannt und schließlich als Sklave ins Römische Reich verkauft worden war. Hier reihte man ihn schließlich in den privaten Haushalt Konstantins ein, denn sein gutes Urteil, seine Intelligenz, Bildung und Unbestechlichkeit erwarben ihm die Aufmerksamkeit des Kaisers, der ihn rasch beförderte. Nach Konstantins Tod wurde er Kämmerer von dessen Sohn Konstans. Mit seiner inzwischen erworbenen großen Autorität versuchte er, den schwächlichen und vergnügungssüchtigen Kaiser an seine Pflichten zu erinnern. Was mit Eutherius nach der Ermordung von Konstans durch Magnentius geschah, wissen wir nicht, aber 356 gehörte er jedenfalls zu Julians Haushalt. Die Tatsache, daß er Heide war, empfahl ihn zusätzlich seinem neuen Herrn. Eutherius, den Konstantius seit Kindheitstagen gekannt haben muß, führte seine Mission taktvoll und geschickt durch, so daß er Konstantius nicht nur davon überzeugte, daß Julian ein Opfer von Marcellus' Verleumdungen geworden war, sondern daß der Caesar auch zeitlebens niemals in seiner Treue zu seinem Kaiser wankend werden würde.

Gegen Ende des Jahres 356 muß Julians Frau einen Sohn geboren haben, der fast sofort starb. Die Geburt wird irgendwo im südlichen Gallien stattgefunden haben, denn Helena hat ihren Mann sicherlich nicht auf die Kriegsschauplätze begleitet. Gerüchte besagen, daß eine von Kaiserin Eusebia gedungene Hebamme an dem Tod des Kindes schuld gewesen sei; die kinderlose Kaiserin habe es nicht verwinden können, daß ihre Schwägerin einen Erben erhielt. Diese Geschichte ist heute nicht mehr nachprüfbar, aber sie kennzeichnet die Art, wie der Mann auf der Straße von der kaiserlichen Familie dachte. Julian erwähnt nirgends weder Geburt noch Tod des Sohnes; ihm scheint die Sache wenig nachgegangen zu sein.

An Marcellus' Stelle trat Severus, ein sehr erfahrener, zu Intrigen wenig aufgelegter Offizier, der unvermeidlich Julian gegenüber eine schwächere Stellung als Marcellus einnahm, denn er traf in ihm auf den eigentlichen Oberbefehlshaber, als er Anfang 357 in Gallien anlangte. Die beiden Männer haben offenbar gut und wirkungsvoll zusammengearbeitet. Als die Jahreszeit der Feldzüge wieder begann, eilte Julian nach Reims, wo er mit Severus das Eintreffen einer Streitmacht von 25 000 Mann unter dem Befehl von Barbatio erwartete, die Konstantius aus Italien schickte. Diese Armee marschierte durch die Alpen nach Augusta Rauriacum (Augst bei Basel) und dann zwischen Jura und Vogesen bis Vesontio (Besançon). Der Plan sah vor, die Alemannen mit einer Zange – deren Enden sich aber nie auf weniger als hundert Meilen näher kamen – zu umfassen, und die Germanen gerieten tatsächlich in Verwirrung. Ihre Hauptstreitmacht zog nach Westen und bedrängte Gallien härter denn je.

Eine andere germanische Gruppe, die Laeten, schlüpfte – wie schon andere vor ihnen – zwischen den beiden römischen Armeen hindurch und führte einen Blitzangriff auf

Lugdunum (Lyon), die größte Stadt in Gallien. Sie konnten sie nicht einnehmen, weil die starke Befestigung standhielt. Doch über die ländliche Umgebung mit ihren reichen Landhäusern fielen sie sengend und plündernd her. Julian schickte sofort eine Reitereinheit, die den Eindringlingen den Rückweg abschnitt und ihnen den größten Teil der Beute wieder abnahm; er verlangte von Barbatio das gleiche. Doch ob es an der mangelhaften Verständigung oder einer bewußt mangelhaften Zusammenarbeit lag: Die Plünderer, die sich durch Barbatios Befehlsbereich zurückzogen, blieben unbehelligt. Barbatio gab einigen untergebenen Offizieren die Schuld daran, und sie wurden später aus der Armee entlassen.

Unterdessen liefen die Vorbereitungen für den eigentlichen Feldzug, den Marsch zum Rhein. Als sich die beiden Armeen am Strom trafen, entstanden neue Mißverständnisse – wenn nicht Schlimmeres – über die Benutzung der Flußschiffe zur Vertreibung des Feindes, der die Inseln besetzt hielt. Verstärkungstruppen, die aus Italien durch das von Barbatio kontrollierte Gebiet heranzogen, erreichten niemals Julian und Severus. In der Armee verbreitete sich das Gerücht, Julian sei nur nach Gallien gesandt worden, weil man ihn loswerden wolle, und Barbatio habe geheime Anweisungen, nicht mit ihm zusammenzuarbeiten. All das stärkte aber nur Julians Ansehen unter seinen Soldaten, wie auch ein oder zwei Scharmützel, an denen er beteiligt war. Als Barbatios Armee später im Sommer von den Germanen angegriffen wurde und Hals über Kopf zurück bis Augst flüchtete, standen Julian und Severus allein im Feld. Barbatio wurde von Konstantius, der taktische Notwendigkeiten stets erkannte und die Niederlage nicht noch verhängnisvoller machen wollte, nach Italien zurückbeordert.

Nun glaubten die Alemannen, die Römer gründlich in die Flucht geschlagen zu haben, und vereinigten ihre Streitkräfte zu einer einzigen Armee, die unter dem Befehl von Chnodomar und sechs anderen Führern stand und bei

Argentoratum (Straßburg) eine Schlacht anbot. Die Situation war schwierig für die Römer, aber sie konnte eine Entscheidung bringen. Den 13 000 kampffähigen Römern stand eine mehrfache Übermacht von schon siegreichen Alemannen gegenüber, in Erwartung einer blutigen Schlacht. Die Schlappe der Armee Barbatios hatte die Kampfmoral der Römer untergraben, und Julian wußte nicht, wieweit er sich auf seine Leute verlassen konnte. Severus scheint – wahrscheinlich auf Anweisung von Konstantius – das taktische Kommando mehr und mehr an Julian abgetreten zu haben, der entschlossen war, nicht zu weichen und die Feinde nicht in Gallien einfallen zu lassen, was sicher richtig war. Seine Bereitschaft, im Kampf die Gefahr für sein eigenes Leben auf sich zu nehmen, wurde zu einem Grundsatz seiner Strategie, doch er behielt dabei einen kühlen Kopf.

Als die Legionen aus dem Lager dem Feind entgegenmarschierten, ließ er sie antreten und sprach zu ihnen. Er pries ihre Tapferkeit, erinnerte aber daran, daß man das Ungestüm der Jugend manchmal an die Kandare der Vorsicht nehmen müsse, und stellte sie vor die Wahl: Wollten sie die Nacht ruhig abwarten oder sofort durch schwieriges Gelände hindurch dem Feind entgegenziehen? Sie schlugen mit den Speeren gegen die Schilde und baten so den Caesar, sie gegen den Feind zu führen, der bereits in Sichtweite war. Kämpften sie nicht unter einem General, der ein Günstling des Glücks war? Sollte er sie zum Sieg führen!

Es war, soviel wir wissen, zum erstenmal, daß Julian vor der Armee sprach, und sicherlich handelte es sich nicht um einen Zufall, daß er damit so lange gewartet hatte. Ein General, der seine versammelte Truppe anspricht, befindet sich in einer Ausnahmesituation. Er kann die Stimmung der Stunde ausnützen und sie zu Dingen bewegen, die sie sonst nicht tun würden. Doch er kann auch unter dem Druck der Soldaten sagen, was er gar nicht sagen will: Der unglückliche Silvanus war, als er zu seinen Soldaten sprach, mehr oder weniger gegen seinen Willen zum Kaiser proklamiert worden. Wahrscheinlich hatte Konstantius dem Caesar ausdrücklich verboten, Reden an die Soldaten zu halten. Daß er es nun dennoch tat, spricht für das Gefühl der Selbständigkeit, das ihn jetzt beseelte, und für seine sichere Überzeugung, daß er sich auf Unterstützung durch die Truppe verlassen konnte. Gleichzeitig war die Sache so sorgfältig inszeniert worden, daß sie nicht als offizielle Ansprache an das Heer wirkte: Die Soldaten marschierten in Marschsäulen aus ihrem Lager ins Kampfgebiet und begegneten ihrem Befehlshaber. Was lag näher, als sie in Formationen antreten zu lassen und ihnen ein paar Worte auf den Weg mitzugeben! Falls diese Rede jemals gerechtfertigt werden mußte, konnte sie als unvorbereitet dargestellt werden. Übrigens sprach dieser Aufruf an die Soldaten für Julians fließendes Latein, an dem viel gezweifelt worden ist: In einem solchen Augenblick der Spannung konnte ein leichter griechischer Akzent hingenommen werden, nicht aber die Unfähigkeit, korrekte lateinische Sätze zu formulieren.

Man entschloß sich zum Angriff. Er wurde, wie uns überliefert ist, vom Prätorianer-Präfekten Florentius unterstützt, doch der war Beamter und kein Soldat. Man darf aus alldem folgern, daß Julian ohne Zustimmung von Severus in die Schlacht zog. Das muß nicht bedeuten, daß die beiden sich nicht einig waren, denn vielleicht war Severus zu weit entfernt, um schnell unterrichtet zu werden, vielleicht auch übersah er die strategische Lage nicht. Immerhin nahm Julian eine schwere Verantwortung auf sich, die ihm Konstantius sicher nicht zugedacht hatte, als er ihn nach Gallien schickte.

Die Römer rückten auf eine Höhe über dem Rhein vor und sahen das germanische Heer: Es stand in einer günstigen Position auf dem linken Rheinufer, Kavallerie auf der linken Flanke, leichte Truppen versteckt auf der rechten, die Hauptmasse der Infanterie in der Mitte. Den Befehl teilte der gewaltige König Chnodomar mit seinem Neffen

Serapion, der diesen Namen – vorher hieß er Agenario – angenommen hatte, als er einem ägyptischen Mysterienkult beitrat. Er teilte Julians Vorliebe für die neuplatonische Verschmelzung heidnischer Religionen.

Auf römischer Seite kommandierte Julian auf der linken, Severus auf der rechten Flanke. Die Schlacht begann, als Severus mit wenigen Leuten voranritt, um die Alemannen zu veranlassen, ihre Verstecke preiszugeben, und Julian seinerseits 200 Reiter gegen die feindliche Kavallerie führte, um sie in Verwirrung zu bringen, bevor sie angreifen konnten. Bald kam es zu allgemeinem Getümmel. Julian war überall im heftigsten Kampf, schrie Befehle, ermutigte die Ängstlichen, hielt die Tollkühnen zurück und vergaß offenbar die Gefahr für sein eigenes Leben. Auf germanischer Seite stiegen Chnodomar und die anderen Führer vom Pferd, um Seite an Seite mit ihren Leuten zu fechten. Es war eine wilde Schlacht, die Gegner einander so nahe, daß kaum Raum für taktische Manöver blieb. Einmal geriet die römische Kavallerie auf der rechten Flanke ins Wanken und wandte sich zur Flucht, kam aber nicht weit und konnte nicht die Linien der eigenen Infanterie durchbrechen. Beim Anblick Julians, der durch die purpurne Drachenstandarte an der Spitze seiner langen Lanze weit kenntlich war, schämten sich einige Offiziere, sich von der Flucht ihrer Leute mitreißen zu lassen, und schon wirbelte die Kavallerie herum und stürzte sich wieder in die Schlacht, so daß größeres Unheil um Haaresbreite vermieden wurde. Die Infanterieschlacht ging weiter, wobei jede Seite abwechselnd an Boden gewann. Es war ein Kampf zwischen Gleichstarken, wie Ammianus, der daran teilnahm, berichtete; die Alemannen waren größer und schwerer als die Römer, die aber mehr Disziplin hatten; Gewalt und Ungestüm der Germanen wurden durch römische Umsicht und kühles Blut aufgewogen.

Das sind natürlich Klischees, aber sie müssen deshalb noch nicht falsch sein. Die Verluste werden auf beiden Seiten groß gewesen sein, aber die Germanen hatten ja eine weit größere Streitmacht. Schließlich brachte römische Disziplin sie doch ins Wanken, denn auch für den Tapfersten ist es eine schwere Überwindung, gegen eine Mauer von Schilden anzurennen. Erst einer, dann der nächste wichen zurück, und schließlich geriet das ganze germanische Heer in kopflose Flucht, und die verfolgenden Römer hieben die Letzten nieder. Das Schlachtfeld war mit toten Germanen übersät. Die Römer verfolgten die Geschlagenen bis zum Rhein, in dem viele Germanen ertranken, während es einigen gelang, schwimmend das andere Ufer zu erreichen. Der Strom war rot von Blut. König Chnodomar und sein Gefolge entkamen zu Pferde auf dem linken Rheinufer, wurden aber schließlich im Wald von einer römischen Patrouille umzingelt. Die Römer verhielten sich still, weil sie einen Hinterhalt vermuteten. Plötzlich tauchte hinter den Bäumen eine hohe Gestalt hervor, allein und unbewaffnet – Chnodomar. Seine Gefährten ergaben sich gleich darauf.

Es war ein gewaltiger Sieg, wie man ihn seit Generationen am Rhein nicht mehr erlebt hatte. Die Römer verloren 243 Mann und vier höhere Offiziere, doch 6000 Alemannen lagen auf dem Schlachtfeld, und niemand konnte sagen, wie viele der Rhein noch gefordert hatte. Die Alemannen waren als Militärmacht vernichtet, ihr Anführer gefangen. Als Julian, gelassen nach der Hitze der Kampfes, die Situation voll übersah, erfüllte ihn ruhige Zuversicht. Er ließ Chnodomar vor sich bringen. Der alte König, vor Tagen noch der Schrecken Galliens, warf sich vor Julian auf die Knie und bat in seiner heimischen Sprache um Vergebung. Julian riet ihm kühl, sich keine Sorgen zu machen, und schickte ihn nach Mailand zu Konstantius. Chnodomar starb später an einer schleichenden Krankheit in Rom, wo man ihn im Castra Peregrina auf dem Hügel Caelius gefangenhielt.

Nach altem römischen Brauch schickte Konstantius mit Lorbeerblättern gebundene Briefe an jede Provinz, um zu verkünden, daß er die Armee einberufen, den Kampf geführt und die Unterwerfung Chnodomars angenommen habe. In diesen offiziellen Eilbotschaften wurde Julians Name nicht erwähnt, aber sein Ruhm verbreitete sich durch das ganze Imperium. Am Hof, wo mancher ihm gern Ärger bereitet hätte, kam der Spitzname Victorinus für ihn auf, einmal, weil er in seinen Berichten seine Siege erwähnte, aber auch in Anspielung auf den Rebellen Victorinus, der ein Jahrhundert zuvor in Gallien zum Kaiser ausgerufen worden war. Doch es wäre jetzt gefährlich gewesen, Julian ernstliche Schwierigkeiten zu bereiten, denn er war das Idol der Rheinarmee, der Heros der gallischen Bevölkerung, und seine Erfolge wurden von einem Ende des Reichs bis zum anderen gerühmt. Die Schlacht von Straßburg hatte ein für allemal die Beziehungen zwischen Julian und Konstantius geändert.

Julian war entschlossen, den Sieg auszunutzen, die Alemannen von weiteren Einfällen abzuschrecken und die Moral seiner eigenen Truppen zu festigen, die allzu lange an Niederlagen oder bedeutungslose Erfolge gewöhnt gewesen waren. Nachdem die Toten beerdigt worden waren, zog er sich nach Tres Tabernae (Zabern) zurück, um seinen Truppen Ruhe zu gönnen. Bald aber kündigte er eine Strafexpedition über den Rhein und tief hinein in germanisches Gebiet an. Die Soldaten murrten und protestierten, weil sie sich fürchteten, in das Land des Feindes einzudringen. Doch Julian wanderte unermüdlich von einer Einheit zur anderen, redete die zusammengeströmten Soldaten an, diskutierte auch mit einzelnen, die er kannte, und überzeugte sie, daß jetzt der Augenblick zum Gegenstoß gekommen sei.

Man schlug eine Brücke über den Rhein, römische Legionen setzten nach vielen Jahren zum erstenmal wieder den Fuß auf das germanische Stromufer. Beim ersten Zeichen von Widerstand wurden Gruppen römischer Soldaten in Booten rheinauf- und -abwärts geschickt mit dem Befehl, an Land zu gehen und jedes Haus, auf das sie stießen, in Brand zu stecken. Als die Sonne aufging, warnten Rauchsäulen im Süden und im Norden die Germanen vor den römischen Absichten. Das Heer marschierte ins Land ein, plünderte und zerstörte planmäßig die armseligen Hütten der Bauern und die prachtvollen Landhäuser römischen Stils, die sich die Stammesführer selbst gebaut hatten. Es war ein bewußtes Schreckensregiment, das die Alemannen von der Nutzlosigkeit des Widerstandes überzeugen sollte. Julian empfand keine Bedenken, Staatspolitik mit Gewalt gegen Fremde durchzusetzen, und es ist unwahrscheinlich, daß er jemals Tacitus' Charakterisierung der römischen Expansion gelesen hat: »Sie schufen eine Wüste und nannten es Frieden.«

Während die Römer vordrangen, wurden das Land wilder, die Wälder dichter, und die großen Baumstümpfe, mit denen die Germanen ihre Wege blockierten, waren immer schwerer zu entfernen. Und es wurde kälter, während der September kam und ging. Schon lag der erste Schnee. Natürlich ist das Klima auf beiden Seiten des Rheins ziemlich gleich, doch die harten germanischen Winter, wie man sie sich seit Jahrhunderten am Mittelmeer ausmalte, lähmten die Römer, ehe noch Arme und Beine froren. Selbst eine aus romanisierten Franken bestehende Einheit aus dem nördlichen Gallien fühlte sich bei Wintereinbruch unbehaglich.

Doch Julian war nicht in der Laune, jetzt haltzumachen. Er drängte vorwärts bis zu den Trümmern eines Kastells, das Trajan 250 Jahre zuvor mitten im Herzen Germaniens errichtet hatte. Nun ließ er es instand setzen und aus dem Hauptquartier Artillerie und schwere Ausrüstung kommen, um die Festung bemannen zu können; Nahrung und Tierfutter waren leicht zu beschaffen, man nahm es den Germanen. Als die Stammesführer der Umgebung eines Tages die römischen Standarten vom Turm des neuerbauten Kastells flattern sahen, erkannten sie, daß sich das alte Gleichgewicht der Kräfte gründlich geändert hatte. Drei von ihnen kamen, um Unterwerfung anzubieten, und erhielten einen zehnmonatigen Waffenstillstand unter der

Bedingung, daß sie die Garnison von Trajans Kastell belieferten.

Das Gros des Heeres kehrte nach Gallien in die verschiedenen Winterquartiere zurück. Eine Schar von 600 Franken hatte die Abwesenheit der römischen Armee genutzt, um plündernd über Rhein und Maas in das nördliche Gallien einzufallen. Als Julian und seine Streitkräfte aus Germanien zurückkehrten, zogen sich die erschrockenen Franken in zwei verlassene römische Kastelle am Ufer der Maas zurück und sahen sich sogleich belagert. Die Kastelle konnten nicht im Angriff erobert werden, denn den Franken fehlte es nicht an Verpflegung. Der Winter war noch lang, der Februar folgte dem Januar, und nun spitzte sich die Situation der Belagerten zu. Allerdings begann die Maas zuzufrieren, und die Franken konnten leicht bei Nacht übers Eis flüchten, was manchen Römern als beste Lösung erschien. Doch Julian war entschlossen, sie nicht entkommen zu lassen. Nacht für Nacht mußten Boote von der Abend- bis zur Morgendämmerung auf der Maas rudern, damit sich die Eisdecke nicht schloß. Endlich ergaben sich beide Kastelle, und die Gefangenen wurden zum Kaiser nach Mailand geschickt. Der Kaiser war entzückt über die 600 kräftigen Soldaten, die er auf der Stelle in seine Truppen einreihte.

Julian bezog nun endlich sein Winterquartier in Lutetia (Paris), das nur noch in der Ile de la Cité bestand, denn das alte Zentrum auf dem linken Ufer war in den Wirren des dritten Jahrhunderts aufgegeben worden. Das war Ende Januar 358.

In den langen Feldzügen hatte Julian unermüdliche Tatkraft gezeigt, marschierend, kämpfend, redend, planend und immer bemüht, etwas von seiner eigenen Begeisterung auf andere zu übertragen. Beobachter hatten den Eindruck, er sei geradezu besessen und nicht imstande, sich ruhig zu verhalten. Andere meinten, er habe sich dafür entschieden, lieber ehrenvoll in der Schlacht zu fallen, als das elende Schicksal seines Bruders Gallus zu erleiden. Vielleicht hatten sie recht. Wir haben kein unmittelbares Zeugnis für Julians innere Verfassung aus dieser Zeit. Aber wenn er auch mutig und tapfer war, so stürzte er sich doch nie töricht in die Gefahr, und weder seine Strategie noch seine Taktik sprechen für den Wunsch, zu sterben. Wie es auch immer gewesen sein mag: Gelegentliche Anfälle von fast übermenschlicher Betriebsamkeit gehörten zu Julians Auftreten – sie scheinen nichts mit einer Trübung seiner Besonnenheit zu tun zu haben.

Das Paris, das Julian kennenlernte, war ein Schatten dessen, was es einmal gewesen war. Die alte Stadt des Stammes der Parisier hatte unter römischer Herrschaft geblüht und war zu einer der größten Städte im nördlichen Gallien geworden. Von der Insel in der Seine, auf der die Parisier im dritten vorchristlichen Jahrhundert zuerst ein befestigtes Lager gegründet hatten, war das Zentrum auf das linke Seine-Ufer verlegt worden und nahm fast den ganzen Raum des heutigen Quartier Latin ein. In der heutigen Rue Soufflot befand sich das Forum. Es gab ein Theater an der Ecke vom Boulevard Saint-Michel und der Rue Racine, ein Amphitheater für Gladiatoren- und Tierkämpfe in der Rue Monge, Bäder fand man in Cluny, in der Rue des Ecoles, wo sich heute das Collège de France befindet, und etwas südlicher in der Rue Gay-Lussac. Nördlich vom Fluß beherrschte ein Merkurtempel die Höhe des Montmartre, nahe dem Platz der heutigen Kirche Sacré Cœur. Diese Stadt war ein angenehmer Wohnort für ihre Bürger – oder doch manche von ihnen – und gleichzeitig ein wichtiger Binnenhafen mit vielen Kais an der Seine.

Doch das alles war in den Bürgerkriegen und den darauffolgenden Bauernaufständen des dritten Jahrhunderts verlorengegangen, die Stadt war geplündert und in Brand gesteckt und die meisten Einwohner waren vertrieben worden. Was Julian ein Jahrhundert später vorfand, war ein viel kleinerer Ort, fast ausschließlich auf die Ile de la Cité und die benachbarte Ile Saint Louis begrenzt, durch Brükken verbunden mit den Ufern, auf denen die Ruinen der monumentalen Stadt, mit Gras und Gestrüpp überwachsen, als Baumaterial für die bescheideneren Gebäude späterer Zeiten herumlagen. Auf der Insel gab es einen Palast und sicherlich auch Häuser für die höheren Beamten. Die Zivilbevölkerung muß gering und weitgehend damit beschäftigt gewesen sein, für den Bedarf der Soldaten und Verwaltungsbeamten zu sorgen. Von der städtischen Organisation mit ihren von den Grundbesitzern im Stadtbezirk eingesetzten oder gewählten Räten oder Richtern war vermutlich nichts mehr übrig. Paris war zu einer reinen Garnisonsstadt herabgesunken – ganz anders als Vienne. Trotzdem lebte es sich hier recht angenehm. Die Gegend war malerisch, und die reizvolle Landschaft des Seinebekkens, noch nicht durch ausgedehnten Landbau umgewandelt, begann schon ein paar hundert Schritt vor den Toren des Palastes. Julian stand einer nur kleinen Gesellschaft vor, er hatte viele Freunde und war ihr Anführer. Seine Schriften zeigen deutlich, daß er die Winterquartiere auf der Insel genoß und sich später danach zurücksehnte.

Die Alemannen waren besiegt, die Besten ihrer Leute gefallen, ihre Führer in den Augen des Volkes gedemütigt. Doch die Franken am Niederrhein und an der Maas, die längst nicht so straff organisiert waren, hatten bisher nur einzelne Schläge hinnehmen müssen. Noch lag das nördliche Gallien ungeschützt vor ihren Einfällen. Es war notwendig, hier die römische Macht so zu demonstrieren, daß sie die fränkischen Stammesführer von Feindseligkeiten abhielt, und es war wichtig, die Kette der Kastelle von der Kanalküste bis Köln wiederherzurichten, die einst die Franken in Schach gehalten hatte. Damit mußten nicht nur die fränkischen Angriffe ein Ende haben, sondern es würde auch die Alemannen, wenn sie ihre alte Kraft wiedergewonnen hatten, davon abhalten, die Flanke der römischen Befestigungen am Oberrhein zu umgehen und durch Belgien hindurch in Gallien einzufallen; eine Strategie, die ja in der Neuzeit mehr als einmal angewendet worden ist.

Doch hier ging es um mehr als Strategie. Das von Julian vollauf bejahte Ziel von Konstantius und seinem Stab war es, im nördlichen Gallien wieder ein friedliches Leben möglich zu machen, das sich um die Städte und deren engere Umgebung konzentrierte. Gallien war während der Invasionen und der Bürgerkriege des dritten Jahrhunderts entsetzlich verwüstet worden, viele Bürger vertrieben, die Landbevölkerung geflohen, die schönen Landhäuser und die Weinberge verlassen und längst von Gebüsch und Wald überwachsen. Seit der Regierungszeit von Konstantin hatte eine zaghafte Rückwanderung in das Gebiet eingesetzt, doch die Ereignisse der letzten Jahre trieben die Neusiedler in die zweifelhafte Sicherheit von Lyon oder Vienne, falls sie nicht von den Germanen gefangen und zu Sklaven gemacht worden waren. Ein großer Teil des Landes war verwüstet und würde es bleiben, bis die Grenzen wieder gesichert waren. Dann allerdings mußten neue Probleme gelöst, neue Siedler geholt werden, die den Boden wieder unter den Pflug nahmen. Aber einstweilen ging es nur um Sicherheit.

Konstantius, Julian und alle anderen, die sich um die Richtung der römischen Politik kümmerten, strebten das gemeinsame Ziel aus unterschiedlichen Gründen an. Teilweise hingen sie noch an dem Traum, das Rad der Geschichte zurückzudrehen und das mächtige römische Reich der Antoninen und der Sewererdynastie wiederaufzurichten. Dieser Traum geisterte durch die ganze Spätantike und bestimmte auch die Behandlung von Problemen, die oft ganz andere waren als die des vergangenen römischen Imperiums. Es dämmerte den Menschen erst nach und nach, daß es sich nur um einen Traum handelte, selbst wenn es ihnen gelang, verhältnismäßig dauerhafte Gesellschaftsordnungen zu gründen, die sich jedoch gründlich von denen des zweiten nachchristlichen Jahrhunderts unterschieden. Julians Hingabe an die hellenistische Vergangenheit und sein Gefühl, ein Fremdling in der Welt um ihn her zu sein, mögen ihn aufgeschlossener für den Traum gemacht haben, als es ein nüchterner Mensch gewesen wäre.

Ein Motiv auf ganz anderer Ebene bildeten die Staatseinkünfte. Unbestellter Boden und unbewohnte Städte brachten keine Abgaben, weder in Geld noch in Naturalien. Die immer steigenden Kosten für die Verwaltung des zentralisierten Staates in der Spätantike, der immer mehr Menschen aus der Produktion herauszog und mit Dienstleistungen beschäftigte, deren wirtschaftlicher und sozialer Wert mindestens zweifelhaft war, verlangte eine entsprechende Erhöhung der Staatseinnahmen. Unkultiviertes Land bedeutete, daß irgendwo irgend jemand um so höhere Steuern zahlen mußte, deren Einziehen wiederum mehr Leute der unmittelbaren Produktion entzog. Die Schlange biß sich in den Schwanz. Wie immer eine echte wirtschaftliche Analyse ausgefallen wäre – man erkannte damals jedenfalls, daß es an Steuerzahlern fehlte. Auffallend war auch der Mangel an Soldaten, obwohl immer mehr halbromanisierte Fremde von jenseits der Grenzen – Leute mit geringer technischer Erfahrung und zweifelhafter Treue – die Reihen auffüllten. Die Besiedlung des nördlichen und östlichen Gallien sollte Landstriche gesunden lassen, aus denen lange Zeit die Rekruten der römischen Legionen geholt worden waren. Schließlich spielten aber auch schlichte humanitäre Überlegungen eine Rolle, zumindest für Julian. Die Zahl heimat- und landloser, hoffnungsloser Menschen war groß, ihr Elend forderte ständig die *philanthropia* heraus, die zum Erbe der antiken Ethik gehörte.

Es ist unmöglich, einem dieser Gedankengänge oder ihrer praktischen Verwirklichung zu folgen, ohne auf die entscheidenden Probleme von Julians Stellung zu stoßen. Obwohl er seit der Abberufung von Marcellus militärischer Oberbefehlshaber war, hatte er in zivilen Fragen nicht die geringste Autorität. Die Schätzung und Einziehung von Steuern, die Versorgung des Heeres nicht nur mit Nahrungsmitteln, Futter und Munition, sondern auch mit Sold lagen in der Hand des Prätorianer-Präfekten, der Konstantius Rechenschaft abzulegen hatte und Julian nicht einmal über das informierte, was er unternahm. Nun war Florentius ein vernünftiger Mann und scheint Julian nicht absichtlich Schwierigkeiten bereitet zu haben. Doch er hatte auch seine eigenen Interessen und die seiner Verwaltung zu wahren und die Befehle auszuführen, die er vom Kaiser erhielt. Julian hielt sich auf schwankendem Seil, an der einen Seite bedroht von militärischen Fehlschlägen, die unvermeidlich waren, wenn er einen Feldzug mit zu geringen Mitteln durchzuführen versuchte, an der anderen gefährdet durch die Vorwürfe, er mische sich in Konstantius' Angelegenheiten. Es ging nicht nur um militärische Versorgung. Julian wußte, daß kein Heer gut kämpft, wenn in seinem Rücken eine grollende, verdrossene Bevölkerung steht, schon gar nicht dann, wenn zu dieser Zivilbevölkerung die Familien der Soldaten selbst gehören.

Zwei besondere Schwierigkeiten stellten sich einem Feldzug gegen die Franken entgegen. Zunächst einmal waren die meisten Soldaten in den gallischen Legionen selber Franken oder von fränkischer Herkunft und wurden schon deshalb zwischen zwei Treuepflichten hin und her gerissen. Der einzige Weg, diese Schwierigkeit zu überwinden, lag darin, das Leben im römischen Reich für die Soldaten und ihre Familien so angenehm wie nur möglich zu machen – und Schlachten zu gewinnen. Die zweite Schwierigkeit: Nahrung und Tierfutter mußten von den Abgaben des südwestlichen Gallien bestritten werden, doch bis die Naturalien in Reims anlangten, war die Jahreszeit zu weit fortgeschritten, als daß man noch einen langen Feldzug beginnen konnte, denn der Winter brach früh ein, und Herbstregen überfluteten das flache Land. Um das Problem zu lösen, mußte man das Heer aus Britannien versorgen, mußte man Korn und Futter über Maas und Schelde bis an die Vorposten des Heeres heranschaffen. Florentius, der auch dafür verantwortlich war, willigte gern ein, schlug aber vor, die Franken, die jetzt die Wasserwege beherrschten, zu bestechen, damit sie die Schiffe passieren ließen.

Doch diese auf jeden Fall nur kurzfristige Lösung gefiel Julian ganz und gar nicht. Er wollte die Franken mit Gewalt aus diesem Gebiet vertreiben und sie durch eine Kette von Befestigungen auch künftig fernhalten. Ein Anlaß zum Streit.

Schließlich setzte sich Julian durch. Er ließ seine Soldaten eine Dreiwochenration Zwieback einpacken und wandte sich im Frühsommer 358 gegen die salischen Franken, die über die ehemalige Grenze eingedrungen waren und nun Toxandria (Hainault und Brabant, die Landschaft zwischen Maas und Schelde) besetzt hielten. Sie waren auf Julians Angriffe nicht vorbereitet, wurden durch eine Reihe kleiner Kämpfe besiegt und gezwungen, einen Vertrag zu unterschreiben, in dem sie die römische Oberhoheit anerkannten und sich verpflichteten, Männer für das römische Heer zu stellen. Dann zog Julian ostwärts, um den fränkischen Stamm der Chamaven anzugreifen, der sich bei der Eroberung Kölns hervorgetan hatte. Auch die Chamaven unterlagen, und außer Gefangenen führten die Römer Angehörige der führenden Familien als Geiseln mit sich fort. Eine Reihe von Kastellen wurde gebaut oder wiederhergestellt, um das Gebiet der besiegten Franken im Griff zu behalten.

Dann kehrte Julian, sehr zufrieden mit den Erfolgen dieses Sommers, in sein Winterquartier in Paris zurück. Während des Winters richtete man an beiden Kanalküsten Hafenanlagen ein und machte eine Flotte von einigen hundert Schiffen, die zum großen Teil in britischen Häfen lagen, wieder seetüchtig.

Im Frühsommer 359 führte Julian sein Heer ins Feld, zuversichtlich, daß ihn bald die Versorgungsschiffe aus Britannien erreichen würden. Es ging wieder gegen die Alemannen, und zwar gegen die Stämme, die von der Strafexpedition des Jahres 357 nicht betroffen worden waren. Alles lief glatt, bis man sich dem Rhein näherte – da meuterte die Truppe plötzlich und weigerte sich, weiterzuziehen. Der unmittelbare Anlaß war Mangel an Versorgung, denn man hatte alles verbraucht, was aus den

Winterquartieren mitgeführt worden war, und die Schiffe aus Britannien waren nicht gekommen; auf den Feldern ringsum stand nur unreifes Getreide. Doch es gab noch tieferliegende Gründe. Der römische Soldat erhielt einen festgesetzten Sold, der seinem Rang entsprach, aber er wurde in unregelmäßigen Abständen, zuweilen erst nach Jahren ausgezahlt. Außerdem erwartete er Geschenke von seinem Befehlshaber, natürlich besonders nach einem Sieg. Diese Geschenke, ein Rest der alten Ansprüche auf einen Teil der Kriegsbeute, konnten ein wirkungsvolles Mittel sein, die Treue der Legionen zu stärken. Sie durften aber nur auf Anordnung des Kaisers und in seinem Namen verteilt werden. Konstantius hatte für Julians Heer weder Geschenke vorgesehen noch den Sold geschickt, und die Soldaten fühlten sich betrogen. Und das war noch nicht alles. Julian hatte keine Finanzbefugnisse. Wenn er Geld brauchte, mußte er es vom *praepositus thesaurorum* Galliens erbitten, der es ihm mit Einverständnis seines Vorgesetzten am kaiserlichen Hof auszahlte. Aber das Geld war nicht immer verfügbar, wenn es gebraucht wurde, und mancher Soldat war weit im Rückstand mit seinem Sold.

Bestürzt mußte Julian erleben, wie rasch das Idol der Truppe zum Gespött werden konnte. Wenn er durch die Reihen ritt, rief man ihm nach ›Asiat‹, ›kleiner Grieche‹, ›Betrüger‹, ›Narr, zum Philosophen erzogen‹. Wozu denn den Feind besiegen, hieß es, wenn sie selbst verhungern sollten? War das der Lohn für alle Gefahr und das harte Leben, das sie hatten?

Doch Julian verlor nicht die Nerven. Er überzeugte seine Soldaten, daß er nicht schuld daran sei, wenn sie nicht bezahlt wurden, er versicherte ihnen, daß Verpflegung unterwegs war, und mit einer Mischung aus aufrichtigen Erklärungen, Versprechungen und Schmeicheleien gelang es ihm, im Keim zu ersticken, was leicht ein allgemeiner Soldatenaufstand hätte werden können. Eine Brücke aus Booten wurde über den Rhein gelegt, und wieder betraten die Heere germanischen Boden.

Die Verhältnisse verschlechterten sich, als plötzlich Severus ausfiel. Er hatte Julian zwei Jahre lang treu unterstützt, doch er war ein alter Mann und wahrscheinlich schon von seiner letzten Krankheit gezeichnet. Jedenfalls hatte Julian jetzt die Last des Kommandos allein zu tragen.

Der alemannische Anführer Suomar unterwarf sich aus eigenem Antrieb; ein anderer, Hortar, mußte erst durch Sengen und Plündern in seinem Stammesgebiet zur Einsicht gebracht werden. Schließlich waren beide bereit, einen Nichtangriffspakt zu unterzeichnen und alle römischen Zivilisten auszuliefern, die als Sklaven bei ihnen festgehalten wurden. Durch sorgfältiges Nachfragen bei den Überlebenden in jeder Stadt und in jedem Dorf war es den Römern möglich gewesen, eine Liste aller gefangenen römischen Untertanen samt Namen und Heimatort aufzustellen. Daß es solche Listen geben konnte, war den Germanen wahrscheinlich nie in den Sinn gekommen; sie lebten noch in einer Gesellschaft, in der Lesen und Schreiben keine Rolle spielten. Zunächst brachten sie nur ein paar Gefangene an und behaupteten, mehr gäbe es nicht. Julian fuhr zornig auf – ob gespielt oder wirklich empört – und erklärte, er werde die germanischen Geiseln erst freilassen, wenn der letzte Gefangene zurückgekehrt sei. Und schon strömten sie aus jedem germanischen Dorf und Weiler. Ihre Namen wurden mit den Listen verglichen, die Julians Offiziere in der Hand hielten. Die Alemannen mußten außerdem Holz und anderes Baumaterial für den Wiederaufbau der von ihnen zerstörten Städte und schließlich noch Nachschub für Julians Heer liefern. Im Herbst ließ der Caesar seine Leute wieder in die Winterquartiere rücken und begab sich selbst in sein Hauptquartier zu Paris.

Am Hofe von Konstantius setzten viele Leute alles daran, Julians Erfolge herunterzuspielen, ob nun aus Schmeichelei für Konstantius, oder weil sie fürchteten, daß ein einflußreicher Julian ihren eigenen einträglichen Übergriffen ein Ende machen werde. »Der Ziegenbock wird zur Plage«, hieß es mit Anspielung auf Julians unmodischen Bart.

Andere nannten ihn ›geschwätziger Maulwurf‹ (die Pointe des Witzes verstehen wir nicht mehr), ›Affe in Purpur‹ oder, unter Bezug auf die antigriechische Einstellung an Konstantius' westlich orientiertem Hof, einen ›griechischen Bücherwurm‹. Julian sei ein Feigling, behaupteten sie, ein Theoretiker aus dem Elfenbeinturm, der seine mittelmäßigen Taten mit eleganter Sprache herausputze. Andere deuteten an, daß Julian die Macht mit Konstantius zu teilen wünsche; die Unterstellung wog um so schwerer, als sie nicht ganz unrichtig war. Immerhin ließ sich Konstantius nicht allzu sehr vom Gewäsch und den Intrigen von Julians Feinden am Hof beeinflussen, denn im großen und ganzen hatte sich der Caesar an die Grenzen gehalten, die ihm gesetzt worden waren. Und nach wie vor trat Kaiserin Eusebia bei ihrem Mann für Julian ein. Sein Name stand auch weiterhin neben dem von Konstantius auf offiziellen Dokumenten und Inschriften. So liest man an einem wahrscheinlich 359 wiederhergestellten Kastell in der kleinasiatischen Landschaft Kilikien:

»Iussu dd. nn. Constantii triumphatoris Augusti et Iuliani nob. Caesaris castellum diu ante a latronibus possessum et provinciis perniciosum Bassidius Lauricus v. c. com. et praeses occupavit atque ad perpetuam quietis firmitatem militum praesidio munitum antiochiam nuncupavit«

(Auf Befehl unserer Herren Konstantius, des triumphalen Augustus, und Julian, des hochedlen Caesar, eroberte Bassidius Lauricus, Comes und Gouverneur, dieses lange Zeit von Räubern besetzte und für die Provinzen bedrohliche Kastell, belegte es mit einer militärischen Garnison zur dauerhaften Festigung des Friedens und nannte es Antiochia.)

Hier hätte es sich um den Einfall eines Provinzgouverneurs handeln können, der wenig Berührung mit dem kaiserlichen Hof hatte, doch etwa zur gleichen Zeit wurde eine Inschrift an den wiederhergestellten Bädern von Spoleto angebracht, die Julians Namen huldvoll erwähnt und die sicherlich vom Kaiser genehmigt worden war:

Aber es kam auch zu Spannungen zwischen den Vettern. Florentius, der Prätorianer-Präfekt von Gallien, war in Bestechungsaffären verwickelt. Als es bekannt wurde, kritisierte man ihn offen. Etwas mußte geschehen. Florentius bat Julian, sich die Anklage gegen ihn selbst vorzunehmen, in der Annahme, Julian werde bereitwillig seine Unrechtmäßigkeiten decken. Doch Julian weigerte sich. Er wollte den Fall nicht übernehmen, berief sich auf unzureichende Rechtskenntnisse. Die Sache kam vor den Kronrat.

»Reparatores orbis atque urbium restitutores dd. nn. Fl. Iul. Constantius p. f. semper Aug. et Julianus nobilissimus ac victoriosissimus Caes. ad aeternam divini nominis propagationem thermas Spoletinas in praeteritum igne consumptas sua largitate restituerunt«

(Die Erneuerer der Welt und Wiederaufbauer von Städten, unsere Herrscher Flavius Julius Konstantius, fromm, glücklich und ewig Augustus, und Julian, der hochedle und siegreiche Caesar, haben durch ihre Freigebigkeit die einst vom Feuer zerstörten Bäder Spoletos wiederhergestellt, zum ewigen Ruhm des göttlichen Namens.)

Wir haben einen Brief, den Julian damals an einen Freund schrieb; darin fragt er, ob ein Schüler von Plato und Aristoteles es dulden könne, daß die Unglücklichen Opfer der Diebe werden. Es wäre schändlich, heißt es weiter, Offiziere, die vor dem Feind geflohen seien, zum Tode zu verurteilen und selbst in einem Fall wie diesem feige zu handeln. Gott, der ihn in sein hohes Amt gebracht hätte, würde dadurch entehrt.

Als Florentius erkannte, daß Julian ihm nicht helfen wollte, ging er zum Angriff über und beklagte sich beim Kaiser, daß Salutius, Julians engster Freund unter den Staatsbeamten, ein Unruhestifter sei, der Streit zwischen dem Caesar und seinem Präfekten herbeiführe. Julians Feinde bei Hofe bauschten die Sache gehörig auf, und Salutius wurde gebieterisch abberufen. Für Julian war es ein harter Schlag, den Ratgeber zu verlieren, dessen Urteil er am meisten vertraute und der das gleiche Ideal von

Gerechtigkeit und dazu noch den heidnischen Glauben teilte.

Aber in der Abberufung erkannte Julian auch ein Signal für drohende Gefahren: Der lange Arm seiner Feinde konnte sich ausstrecken und die ihm am nächsten Stehenden erreichen. Er äußerte etwas von seinem Kummer über den Verlust von Salutius in einer fiktiven Abschiedsrede an den Freund. Wahrscheinlich schrieb er gleichzeitig eine zweite Lobrede auf Konstantius, womit er vielleicht zu verhindern suchte, daß sich die Kluft zwischen ihnen beiden verbreitete. Es ist ein kühles, technisch einwandfreies Werk. Konstantius hatte sich keine neuen Lorbeeren erworben, seit Julian den ersten Panegyrikus verfaßt hatte. Was also war zu sagen, das nicht schon erwähnt worden war? Julian fand einen Weg, er zog eine Reihe von Vergleichen zwischen dem Kaiser und homerischen Helden, wobei Konstantius natürlich gut abschnitt.

359 starb Kaiserin Eusebia. Sie hatte Julian immer geschätzt und ihren Einfluß für Vernunft und Menschlichkeit in diesem von Intrigen unterwühlten Treibhaus, Konstantius' Hof, eingesetzt. Von nun an scheinen Julians Feinde freies Spiel beim Kaiser gehabt zu haben. Julian selbst wird erkannt haben, daß sein Spielraum für Schachzüge und Kompromisse erschreckend eingeengt worden war und daß er sich auf eine Kraftprobe mit dem Vetter vorbereiten mußte. Er hatte lange gehofft, die Auseinandersetzung vermeiden zu können, doch als er sich seiner Fähigkeiten sicher war und den Erfolg seiner Politik in Gallien absah, begann er sich immer mehr auf die Konfrontation einzustellen und begrüßte sie schließlich sogar. Vielleicht war es das, wozu ihn die Götter bestimmt hatten! In einem Brief an den Arzt Oreibasios, seinen heidnischen Vertrauten, berichtete er von einem Traum, in dem er eine große Eiche stürzen sah, während daneben ein Schößling stehenblieb, fest verwurzelt und grünend. »Der Himmel weiß, was es zu bedeuten hat«, schreibt er und beklagt sich dann über die schmutzigen Intrigen des Eunuchen Eusebios, des Kaisers

Kämmerer. Julian und Oreibasios zweifelten nicht daran, daß die mächtige Eiche das Haus des Konstantius bedeutete, der Schößling aber er selbst sein sollte. In diese Richtung gingen also seine Gedanken im Jahre 359.

Er hatte aber auch vieles andere zu bedenken. Kastelle und Depots in der Grenzzone, die wieder fest in römischer Hand waren, mußten wiederhergestellt, für die Lieferungen aus Britannien genaue Regeln getroffen werden. Sieben Städte, die man dem Feind abgenommen hatte, mußten verteidigungsbereit gemacht werden: Castra herculis (irgendwo auf der Straße von Leyden nach Nimwegen), Quadriburgium (Qualburg), Tricensima bei Xanten, Novaesium (Neuß), Bonna (Bonn), Antennacum (Andernach) und Vingo (Bingen). Nach ihrer Lage zu schließen war Julian darauf bedacht, den Niederrhein für die Schiffahrt, vor allem für die Transporte aus Britannien, zu sichern. Als ein zweisprachiger Offizier ausgekundschaftet hatte, daß sich die germanischen Führer über die Bedingungen der Römer ärgerten, ging Julian nach einem geschickten nächtlichen Angriff noch einmal über den Rhein. Seine Strafexpedition führte ihm rasch die germanischen Anführer zu, die um Frieden baten und ihn zu den üblichen Bedingungen erhielten.

Ende 359 kam es zu Schwierigkeiten in Britannien. Die Skoten (die Nordirland, Schottland und die Inseln im Westen bewohnten) und die Pikten hatten ihre Einfälle in die nördlichen Gebiete der römischen Provinz wiederaufgenommen und beunruhigten sogar den Süden, weil sie Schiffe besaßen und weit hinter der Grenze zuschlagen konnten. Julian wollte Gallien nur ungern verlassen, denn er hatte vollauf mit der Grenzsicherung zu tun und fürchtete, daß die Alemannen seine Abwesenheit benutzen würden, um die Friedensbedingungen zu mißachten und seine ganze Arbeit der letzten Jahre zu vernichten. Außerdem wäre es unvorsichtig gewesen, bei der wachsenden Spannung zwischen ihm und Konstantius, Gallien, seinen starken Rückhalt, zu verlassen. Es wurde beschlossen, mehrere

Einheiten leichter Infanterie, die sich besonders für Operationen in zerklüftetem Gelände eigneten, zu entsenden.
Das Kommando übernahm Lupicinus, der als Julians militärischer Vertreter an Severus' Stelle getreten war. Er war
Christ, ein tüchtiger Soldat, aber anmaßend und hochmütig. Leute, die ihn gut kannten, stritten sich, was stärker sei
– seine Gier oder seine Grausamkeit. Die Expedition erreichte vor Ende des Winters Bononia (Boulogne), segelte
nach Richborough und begann den langen Marsch durch
London nach Norden. Wahrscheinlich war Julian froh,
Lupicinus nicht in der Nähe zu haben.

Im Jahre 358 hatte Julian die Beziehungen zu seinen Freunden im griechischen Osten wiederaufgenommen und gefördert. Wir besitzen noch eine Anzahl Briefe, die er in
dieser Zeit an seine Freunde im Osten schrieb. Viele Philosophen und Gelehrte suchten ihn auf, und er hörte von
ihnen, daß der Ruhm seiner Taten und das Gerücht, daß er
der heidnischen Religion wohlwollend gegenüberstehe,
ihm viele Anhänger in den griechischen Ländern verschaffte! Man fragte sich, ob der ›junge Caesar‹, der Gallien vor
den Germanen gerettet hatte, auch den Hellenismus vor
dem Christentúm retten könne, eine Art Flüsterkampagne,
die sich in den geheimen Zirkeln der eingeweihten Neuplatoniker verbreitete.

Dagegen klangen die Nachrichten aus der kaiserlichen
Hauptstadt wenig beruhigend; zum Hohn der Hofkamarilla kamen die Drohungen der Leute, die Konstantius dringend darauf hinwiesen, daß er Julians wachsende Macht
und seinen Einfluß beschneiden müsse.

Inzwischen wuchs der persische Druck auf den Osten,
und schließlich entschloß sich Konstantius, selbst den
Befehl über größere Unternehmungen gegen die Perser zu
übernehmen. Seit dem Spätsommer 357 war er wieder mit
der Sicherheit der Donaugrenze beschäftigt und hatte seine
Hofhaltung nach Sirmium (Sremska Mitrovica) verlegt,
dann, im Herbst 359, nach Konstantinopel. Er wollte nach

Mesopotamien aufbrechen, sobald die Wege durch Kleinasien wieder passierbar waren.

Für Julian ergaben sich aus dieser Entwicklung mehrere
Folgen. Einmal entstand ein Machtvakuum im Westen
durch die Verlagerung der zentralen Verwaltung des
Reichs nach Syrien, was allerdings nicht heißen soll, daß
der Verwaltungsapparat dadurch ins Stocken geriet. Aber
jeder im Westen wußte, daß in einem Notfall der Caesar
Julian und das Heer in Gallien näher waren als Kaiser
Konstantius und das Heer im Osten. Zweitens wird in
Julians Vorstellung auch die Möglichkeit aufgetaucht sein,
daß Konstantius vernichtend geschlagen oder sogar in
einer Schlacht gefangen oder getötet werden könnte; dann
mußte der Caesar rasch die Macht ergreifen und die Einheit
des Imperiums wahren können. Drittens konnte er von
Konstantius aufgefordert werden, einen Teil seiner gallischen Truppen an die Front im Osten zu schicken, womit
nicht nur sein eigenes Werk der Rückeroberung und Neu-
besiedelung gefährdet wurde, sondern auch die Treue und
der Rückhalt, den er bei seinen Soldaten und den Beamten
in Gallien gewonnen hatte. Was also sollte er tun, wenn ein
solcher Befehl an ihn erging? Julian war gewohnt, sein
Gewissen zu befragen.

Wir dürfen sicher sein, daß er diese und ähnliche Fragen
gründlich überlegte und sich bereits zurechtgelegt hatte,
was er in den verschiedenen Situationen tun wollte. Der
Historiker Eunapios, dem man allerdings in solchen Dingen nicht immer trauen kann, berichtet, daß Julian mit
seinen heidnischen Freunden Oreibasios und Euhemeros
Geheimriten vollzog und sich daraufhin entschloß, die
›Tyrannei‹ von Konstantius zu stürzen. Das mag dahingestellt sein. Julian kann jedenfalls Ende 360 nicht im Zweifel
darüber gewesen sein, daß die Entscheidung nahe war.
Wann er sie allerdings treffen mußte, wußten nur die
Götter.

Er brauchte nicht lange zu warten. Im Januar 360 erschien
der Tribun Decentius in Paris mit dem Auftrag, vier von

Julians besten Regimentern und 300 Mann aus jeder anderen Einheit abzuziehen und sofort in den Osten zu schicken. Die Befehle waren an Lupicinus und den General Sintula gerichtet – Julian erhielt von seinem Vetter nur einen Brief mit dem Befehl, sich nicht einzumischen. Julian selbst behauptet in einem Schreiben, das er ein Jahr danach verfaßte, daß diese Befehle nur auf Drängen seiner Feinde am Hofe entstanden seien, die ihn vernichten wollten. Ihre Feindseligkeit gegen den Caesar ist nicht anzuzweifeln, doch darf man nicht vergessen, daß Konstantius gerade sechs Legionen bei Amida (Diarbekir) verloren hatte, als die Perser die Stadt nach einer Belagerung von 37 Tagen eingenommen hatten. Der Kaiser brauchte tatsächlich Verstärkung, wenn er den Krieg im Osten fortsetzen wollte. Doch die beleidigende Art, in der die Befehle erteilt wurden, läßt vermuten, daß Konstantius entschlossen war, Julian zu demütigen. Er hoffte ohne Zweifel, die ganze Sache könnte erledigt werden, bevor Julian irgend etwas unternehmen könne.

Tatsächlich ging der Caesar zunächst auf die Forderungen ein. Doch er wies zugleich darauf hin, daß Lupicinus eine Operation irgendwo an der schottischen Grenze auszuführen hatte und kaum so schnell Konstantius' Forderungen nachkommen könne und daß der Prätorianer-Präfekt Florentius, von dem die gesamte Versorgung der Truppe abhing, sich in Vienne aufhielt.

Julian schickte sofort eine Eilbotschaft an Florentius, um ihn zu ersuchen – befehlen konnte er ihm nicht –, nach Paris zu kommen. Florentius aber, der argwöhnte, der Caesar könne ihn selbst für mitverantwortlich an Konstantius' Befehlen halten, weigerte sich rundweg. Julian schickte ihm eine zweite Botschaft und ließ durchblicken, daß der Präfekt seine Pflicht gröblich versäumt hatte, als er in einem so heiklen Augenblick seinen Posten verließ; falls Florentius nicht nach Paris komme, werde er, Julian, von sich aus die Insignien der Caesarenwürde niederlegen, denn er ziehe einen ehrenvollen Tod der Verantwortung für den

Untergang Galliens vor. Die Botschaft bestärkte Florentius nur in seinem Entschluß, im Süden zu bleiben und sich möglichst aus dem Spiel zu halten – und vielleicht hatte Julian diese Reaktion gewollt.

Julian hatte Zeit gewonnen, um zu überlegen, was nun zu tun sei. Sintula traf bereits Anordnungen für den Aufbruch einiger Einheiten, und Julian ermahnte die anderen Einheiten, sich zum Abmarsch bereitzumachen. Natürlich darf man annehmen, daß er die Gelegenheit ergriff, sich von den Offizieren, die Befehle zu überbringen hatten, Berichte über die Moral der Truppe geben zu lassen.

Die Befehle zum Aufbruch lösten tatsächlich ganze Kettenreaktionen unter den Soldaten aus, denn die meisten Männer des gallischen Heeres waren an Ort und Stelle ausgehoben worden, waren oft germanischer Herkunft und stammten aus dem Gebiet unmittelbar diesseits und jenseits der Grenze. Sie hatten einheimische Frauen geheiratet, und ihre Frauen und Familien lebten in den Städten und Dörfern des nördlichen und östlichen Galliens. Einige von ihnen, besonders die Germanen von jenseits der Grenze, konnten sich auf eine Bedingung ihrer Stammesführer berufen, daß sie auf keinen Fall jenseits der Alpen dienen müßten. Aufbruch ins ferne Mesopotamien konnte nur heißen, daß wenige von ihnen ihre Familien jemals wiedersehen würden, Familien, die in Gallien im Elend zurückblieben; die Männer, die bisher in enger Verbindung mit einer großen Sippe gelebt hatten, würden sich im fremden Land vereinsamt fühlen. Schon gingen Flugzettel von Hand zu Hand. Einer wurde Julian gebracht: Die Männer beklagten sich bitter, daß sie wie verurteilte Verbrecher ans Ende der Welt geschickt würden; ihre Familien, eben in blutigen Kämpfen von der Knechtschaft befreit, würden nun wieder von den Alemannen versklavt werden.

Julian hielt ihre Klagen für berechtigt und ließ verkünden, daß die Familien ihre Soldaten in den Osten begleiten dürften und mit den kaiserlichen Postwagen befördert werden sollten.

Doch die Bitterkeit der Soldaten saß viel tiefer. Sie fühlten sich von Konstantius betrogen, der ihre hart erkämpften Siege nie belohnt hatte und sie jetzt in neue Schlachten gegen einen Feind schickte, mit dem seine eigenen Truppen nicht fertig werden konnten. Unzufriedenheit begann sich wie eine Seuche unter ihnen auszubreiten.

Da sich Lupicinus in Britannien aufhielt und Florentius schmollend in Vienne saß, Sintula aber bereits mit den ersten Truppenkontingenten nach Osten aufgebrochen war, mußte Julian eine Sache in die Hand nehmen, in der ihm der Kaiser brüsk jede Einmischung untersagt hatte: Der Marschweg mußte festgelegt, die Lagerplätze vorausbestimmt, das Gelände erkundet werden. Ein Ausschuß bildete sich, dem außer Julian der Etrusker Nebridius, Julians Quästor, der Tribun Decentius, der die kaiserlichen Befehle überbracht hatte, und Pentadius angehörten; Pentadius, *magister officiorum*, also etwa Kabinettssekretär Julians, war schon in den Sturz und die Hinrichtung von Gallus verwickelt gewesen, und Julian verabscheute ihn.

Von den vieren hatte nur Julian militärische Erfahrung. Er bestand darauf, die Ankunft von Lupicinus und Florentius abzuwarten, doch die anderen drängten und ließen durchblicken, Julian werde sich bei Konstantius zu verantworten haben, wenn ihr Vorschlag nicht befolgt würde. Sie zwangen ihn, dem Kaiser zu schreiben und zu versprechen, die Truppen sofort zu schicken.

Dann ging es um die Marschroute. Julian wollte die dicht besiedelten Orte vermeiden, weil er wußte, daß die Zivilbevölkerung die Gefühle der Soldaten teilte. Decentius aber, auf das unfehlbare Urteil des praxisfremden Verwaltungsbeamten pochend, schlug vor, die Truppen bei Paris zusammenzuziehen – das sei einfacher. Seinen Vorschlag unterstützte die Mehrheit, und Julian mußte sich fügen. Doch von diesem Augenblick an wußte er, daß er von Glück sagen konnte, wenn er nicht in einen Soldatenaufstand verwickelt werden würde. Welchen Lauf die Ereignisse nehmen würden, wußte er nicht, wohl aber – soweit es ihn und seine Entscheidung anging –, daß er den Punkt erreicht hatte, wo es keine Umkehr mehr gab.

Als alle Einheiten in der Umgebung von Paris eingetroffen waren, ging Julian zu ihnen, inspizierte die Truppen, sprach mit denen, die er persönlich von den Kämpfen her kannte, und forderte sie dringend auf, zu Konstantius an die Front im Osten zu ziehen, wo günstige Gelegenheiten und Belohnungen auf sie warteten. Aber der Anblick ihres jungen Befehlshabers, unter dem sie so viele Siege errungen hatten, vermehrte nur noch ihren Widerstand gegen den Abzug aus Gallien. Im Februar, als sämtliche Einheiten rund um die Stadt lagerten, lud Julian die Offiziere zu einem Bankett in den Palast ein und forderte sie auf, ihre Ansichten frei heraus zu äußern. Sie wiederholten, was er schon wußte, erklärten ausführlich, daß die Moral ihrer Truppen gar nicht schlechter sein könne, daß sie erbittert seien über den plötzlichen Befehl, die Heimat und einen Befehlshaber zu verlassen, den sie bewunderten und schätzten. Julian antwortete, er habe seine Befehle auszuführen und könne ihnen keinen Trost bieten. Als die Offiziere den Palast verließen, waren sie von einem neuen Gefühl der Solidarität und Entschlossenheit durchdrungen, weil sie jetzt wußten, daß jede andere Einheit wie die eigene dachte und fühlte.

Als sich die Offiziere zurückgezogen hatten, ging Julian in die Gemächer seiner Frau im oberen Stockwerk und legte sich zur Ruhe. Er war erregt. Später schrieb er, in diesem Augenblick habe er nicht gewußt, was die Soldaten planten, und das ist buchstäblich zu verstehen: Sie konnten ihn ebenso zum Kaiser ausrufen, wie ihn umbringen; doch eines war ihm klar: daß sie Konstantius' Befehl nicht gehorsam nachkommen würden.

Als die Sonne unterging, kamen entsetzte Höflinge mit der Nachricht, daß die Legionen zum Palast marschierten. Nach wenigen Minuten war das Gebäude umzingelt; drinnen hörte man die Rufe der Soldaten: *Iulianus Augustus!* – (Julian soll Kaiser sein!) klang es rhythmisch herauf.

Der Augenblick der Entscheidung war da, und Julian wußte nicht, wie er sich verhalten sollte. Verzweifelt betete er zu Zeus, ihm ein Zeichen zu geben – durch das offene Fenster strahlte am Abendhimmel der Jupiter. Ein Mensch, der ein Zeichen des Himmels braucht, wird es meistens auch erhalten – und Julian betete nicht umsonst, was immer er auch erlebt haben mag. In der Nacht zuvor, ehe er noch mit den versammelten Offizieren gesprochen hatte, war ihm der Geist des römischen Volkes im Traum erschienen und hatte ihn gewarnt: Wenn Julian die Gelegenheit zu seiner Erhöhung zurückweise, werde der Geist ihn für alle Zeiten verlassen. Das neue göttliche Zeichen gebot ihm, sich nicht dem Willen des Heeres zu widersetzen. Wer annimmt, daß die Götter uns meistens das raten, was wir selbst vor allem wünschen, wird sich sein Teil dabei denken.

Die Soldaten riefen, Julian solle sich zeigen, doch er blieb die Nacht über im Palast, unsicher, wie er die neue Lage meistern sollte. Sobald es hell wurde, erschien er auf den Stufen und wurde mit immer neuen Hochrufen und dem rhythmischen *Iulianus Augustus!* begrüßt. Seine ablehnenden und flehenden Gesten sah man wohl, konnte aber in dem Waffengeklirr nicht hören, wie er die Soldaten beschwor, ihren guten Ruf nicht zu verderben nach so vielen glorreichen Siegen und sich nicht von ihrer Begeisterung zum Bürgerkrieg hinreißen zu lassen. Schließlich trat Stille ein, und Julian sprach in der frischen Morgenluft auf die Soldaten ein:

»Beruhigt euren Zorn ein wenig, und was ihr erbittet, sollt ihr ohne Streit und Aufruhr haben. Die Liebe zum Vaterland und die Furcht vor den unbekannten fremden Ländern hält euch vom Aufbruch zurück. Gut, geht jetzt wieder in eure Quartiere. Ihr werdet keinen Fuß über die Alpen setzen, wenn das euer Wunsch nicht ist. Ich werde es dem Kaiser vortragen, der ein vernünftiger und weiser Mann ist, und ich bin sicher, daß ich ihn überzeugen kann.«

Julian und seine Soldaten waren sich darüber klar, daß sie jetzt nur noch einem Brauch gehorchten – daß es keinen

Weg zurück gab. Seine Worte wurden mit einem neuen Ausbruch von Geschrei beantwortet, mit dem Konstantius beschimpft und Julian wieder zum Kaiser ausgerufen wurde. Schließlich gab er nach. Einige Soldaten traten mit einem Schild hervor, stellten ihn darauf und hielten ihn in Schulterhöhe nach alter germanischer Sitte, die zur römischen Tradition geworden war. Ein Herold proklamierte ihn feierlich: »*Imperator Caesar dominus noster Flavius Claudius Iulianus pius felix victor ac triumphator semper Augustus.*« Der Jubel, der jetzt ausbrach, drang bis in die Stadt.

Dann schlug irgend jemand vor, Julian mit dem Diadem oder der Tiara zu krönen, wie es seit Diokletian Zeichen kaiserlicher Macht geworden war. Julian protestierte, er habe kein solches Ding. Ein Mann meinte, unter dem Schmuck seiner Frau werde sich ja eine Halskette oder eine Tiara finden – Julian antwortete, es sei ein schlechtes Vorzeichen, wenn ein Kaiser bei einer bedeutungsvollen Gelegenheit Weiberschmuck trage. Nun schickte man jemanden nach einer Schmuckkette aus Messing für die Pferde, aber auch das war für den Beginn einer Herrschaft nicht würdig genug. Momentan kam fast eine verspielte Stimmung auf, die Würfel waren ja gefallen. Schließlich nahm der Standartenträger Maurus den Messingkragen ab, den er als Rangabzeichen trug, und legte ihn Julian auf das Haar. Neue Akklamation der versammelten Truppe. Julian, der die römische Geschichte studiert hatte, wußte, was jetzt kommen mußte. Er stand im Purpurmantel vor dem Palast, den Messingkragen vorsichtig auf dem Kopf balancierend, und hielt eine kurze Ansprache, in der er jedem Soldaten ein Geschenk von fünf Goldstücken und ein Pfund Silber versprach. Dann, erschöpft von der Gefühlsbewegung, der schlaflosen Nacht und den Ereignissen des Morgens, zog er sich in den Palast zurück, versuchte, Ruhe zu finden, und durchdachte die Folgen der Geschehnisse.

Die Truppen waren noch unruhig, auch wenn sich die meisten in ihre Lager außerhalb der Stadtmauern begeben hatten. Doch nicht jeder war mit dem Gang der Ereignisse zufrieden, es gab immer noch Offiziere und Beamte, die treu zu Konstantius hielten. Einige versuchten, die Soldaten heimlich zu bestechen, um die Einigkeit der Armee aufzulösen und sie vielleicht sogar gegen Julian aufzuhetzen. Ein Offizier aus dem Gefolge von Julians Gattin erfuhr davon und berichtete es ihm sofort. Doch der neue Kaiser tat die Meldung mit einer Handbewegung ab. Bald aber hieß es unter den Soldaten, Verschwörer seien unterwegs, um Julian zu töten – und andere behaupteten, er sei schon tot. Wieder strömten die Soldaten in die Stadt, umzingelten den Palast, bedrohten die Wachen und die Türhüter und verlangten Julian zu sehen. Als sie merkten, daß im Palast alles ruhig war, blieben sie unsicher und verwirrt stehen. Dann riefen sie von neuem, Julian solle erscheinen. Statt dessen wurden sie in das Audienzzimmer des Palastes geführt, wo Julian sie erwartete, prächtig in kaiserlichem Gewand, ruhig und gesammelt. Überströmend vor Freude hoben sie ihn auf die Schultern und trugen ihn im Triumph durch die Straßen von Paris, und Soldaten und Bürger wünschten dem neuen Kaiser jubelnd langes Leben und Sieg.

6

Vom Rebell zum Kaiser

Nach der berauschenden Erregung der ersten Tage drängten sich unabweislich die Probleme auf. Obwohl Julians Stellung in Gallien stark genug war, wußte er nicht, ob er Konstantius zu einer Schlacht um die Macht des ganzen Imperiums herausfordern konnte. Konstantius hatte schon ein halbes Dutzend rivialisierender Kaiser besiegt, unter denen manche, etwa Magnentius, mächtige Männer gewesen waren. Konstantius verstand sich auf die Kriegführung, und seine sonstige Unentschlossenheit fiel auf dem Schlachtfeld von ihm ab. Julian konnte außerhalb Galliens kaum mit Unterstützung rechnen, und drei Viertel der gesamten Militärmacht des Reiches waren in Konstantius' Hand, so daß er bei einem Kampf ums Ganze sicherlich gesiegt haben würde.

Das alles sprach dafür, daß Julian mit seinem Vetter um eine Teilung der Macht verhandeln und den militärischen Zusammenstoß vermeiden mußte. Andererseits war zu bedenken, daß Konstantius bereits in den Krieg mit Persien verwickelt war und seine Truppen nicht aus dem Osten abziehen konnte, ohne sein Gesicht zu verlieren und Terrain preiszugeben. So war es eigentlich der richtige Augenblick für Julian, loszuschlagen, solange seinem Gegner die Hände gebunden waren. Warum warten, bis sich Konstantius mit den Persern geeinigt hatte und dann mit seinen überlegenen Kräften nach Westen marschieren konnte? Eine klare Entscheidung zwischen bedingungsloser Auseinandersetzung und zögerndem Verhandeln war schwer zu treffen.

Andererseits konnte Julian vesuchen, die Basis seiner Macht zu erweitern. Italien war unwichtig und kaum mit Legionen belegt, doch die Donauprovinzen, von Noricum (ungefähr das heutige Österreich) bis zum Schwarzen Meer, hatten große Garnisonen, und wer über sie verfügte, konnte die kaiserliche Hauptstadt Konstantinopel bedrängen. Sollte Julian also donauabwärts marschieren, solange Konstantius im Osten festgehalten wurde?

Wenn er die Provinzen für sich gewann, hatte er eine sehr viel günstigere Verhandlungsposition, aber wenn die Legionen an der Donau zu Konstantius hielten und Julian Widerstand leisteten, würde er in den Bürgerkrieg hineingezogen, den er doch vermeiden wolllte.

Ein weitere Schwierigkeit ergab sich dadurch, daß man Lupicinus' Einstellung nicht kannte. Wenn er sich für Konstantius erklärte, was durchaus möglich war, weil er keineswegs immer mit Julian übereinstimmte, konnte er Pikten und Skoten sich selbst überlassen und mit der Armee aus Britannien Julian in den Rücken fallen. Was sollte Julian tun? Lupicinus Angebote machen? Jedenfalls konnte er sich militärisch nicht rühren, ehe er nicht wußte, was Lupicinus vorhatte.

Julian entschloß sich, einem Konflikt mit Konstantius aus dem Wege zu gehen. Im Hafen von Bononia (Boulogne) hatte ein Offizier darauf zu achten, daß keine Person ohne Erlaubnis nach Britannien segelte, um Lupicinus über die Ereignisse in Gallien zu unterrichten. Die Sperre wirkte seltsamerweise, und in Britannien ahnte man nichts davon, daß Julian inzwischen zum Kaiser ausgerufen worden war. Als Lupicinus im Sommer 360 auf den Kontinent zurückkehrte, wurde er bei der Landung verhaftet, ein anderer, von Julian bestimmter Offizier übernahm seine Truppe.

Julian schickte zwei Boten mit Briefen an den Vetter. Der eine war sein ›Kabinettssekretär‹ Pentadius, Konstantius' Vertrauensmann an Julians Hof; ihm konnte niemand vorwerfen, daß er für Julian Partei genommen habe – und der junge Kaiser war froh, ihn wegschicken zu können. Der andere Unterhändler war der Eunuch Eutherios, Julians Kämmerer, dem er ja schon früher einen heiklen Auftrag anvertraut hatte. Sein diplomatisches Geschick und der Ruf seiner Unbestechlichkeit machten ihn zum idealen Unterhändler.

Von den beiden Briefen war einer für die Öffentlichkeit bestimmt. Julian erklärte darin, daß er immer seinen Verpflichtungen gegenüber Konstantius nachgekommen wäre, daß aber seine Truppe nie die ihr für ihre Siege zustehenden Belohnungen erhalten habe, sondern völlig mißachtet worden sei; er selbst, Julian, sei vor vollendete Tatsachen gestellt worden: Er habe den Zorn der Soldaten nicht, wie gehofft, besänftigen können und sich nur zum Kaiser ausrufen lassen, damit kein schlechterer Mann proklamiert werde. Konstantius wurde beschworen, nicht auf müßiges Geschwätz und auf die Interpretation durch die Unruhestifter zu hören. Dann stellte Julian seine Bedingungen. Er sei bereit, Pferde aus Spanien und Verstärkung aus dem Stamm der Laeten zu schicken, Einheiten, die er aus germanischen, in römischem Gebiet angesiedelten Gemeinwesen ausheben wolle, um Konstantius' Streitmacht zu verstärken. Er sei weiter bereit, einen von Konstantius ernannten Präfekten anzuerkennen, der damit die – theoretische – Oberhoheit in zivilen Angelegenheiten vertreten würde, aber alle Beamten und Offiziere wolle er, Julian, selbst ernennen. Er wiederholte, der Versuch, gallische Truppen und jenseits der Grenze ausgehobene Germanen zum Kriegführen in den Osten zu schicken, sei nicht ratsam, zumal die Sicherheit Galliens keineswegs gewährleistet sei. Der Brief endete mit dem Hinweis, daß die Teilung der kaiserlichen Macht schon mehrmals mit Erfolg von Angehörigen ihrer eigenen Familie durchgeführt worden sei.

Der zweite, nur für Konstantius selbst bestimmte Brief war vermutlich viel schärfer im Ton und zählte bis ins einzelne Julians Anklagen gegen den Vetter und Kollegen auf.

Julian kann kaum erwartet haben, daß Konstantius auf seine Bedingungen eingehen würde, die schließlich auf Gleichstellung nach Rang und Machtbefugnis hinausliefen. Doch die Briefe zeigten Konstantius, daß Julian einstweilen nicht versuchen würde, Konstantius mit Gewalt zu stürzen. Sie konnten eher als Eröffnung von Verhandlungen gelten, und Julian vertraute darauf, daß der unentschlossene Konstantius, der schon genug mit Schwierigkeiten zu kämpfen hatte, in zögernder Unsicherheit verharren werde, so daß die Initiative bei Julian läge.

Die Boten reisten unter größten Schwierigkeiten durch Italien und Illyrien, denn keine öffentliche Behörde war bereit, die Gefahr auf sich zu nehmen, als Parteigänger eines Rebellen zu gelten. Schließlich erreichten sie Konstantinopel und reisten von dort aus in Konstantius' Hauptquartier im Kappadokischen Caesarea, in dessen Nähe Julian die sechs Jahre seiner erzwungenen Isolierung verbracht hatte.

Konstantius war bereits durch Finanzbeamte, die aus dem Westen gekommen waren, unterrichtet, vielleicht auch durch den unglückseligen Florentius, der sofort von Vienne angereist kam, als er von der Proklamation Julians zum Kaiser gehört hatte. Doch Julians Absichten waren Konstantius noch unbekannt. Als die Unterhändler zu ihm gebracht worden waren und ihre Schreiben vorlegten, geriet er in solche Wut, daß die beiden einen Augenblick lang für ihr Leben fürchteten, bis er sie wortlos entließ. Doch wie Julian vermutet hatte, entschloß er sich nach einigem Zögern, den Feldzug gegen die Perser fortzusetzen, und schickte Leonas, einen höheren Beamten, nach Paris mit dem Befehl, Julian habe gefälligst seine alte Stellung wieder einzunehmen. Um seine Autorität zu betonen, ernannte er an Stelle von Florentius Julians bisherigen Quästor Nebridius zum Präfekten in Gallien und nahm weitere Umbesetzungen in Julians Stab vor.

Julian war vorbereitet auf Leonas, der Anfang Mai in Paris ankam. Er hörte ihn zuerst in privater Audienz an.

Offenbar machte Leonas die taktlose Bemerkung, Konstantius habe in Julian einen mittellosen Waisenknaben in den zweithöchsten Rang des Reiches berufen. »Was!« rief Julian aus, »wirft mir der Mörder meines Vaters vor, daß ich Waise bin?« Am nächsten Tag ließ er Leonas das Schreiben vor einer Versammlung von Soldaten und Pariser Bürgern vorlesen. Als er an die Sätze kam, in denen Julian befohlen wurde, sich auf seine früheren Pflichten als Caesar zu beschränken, brach die Menge in Geschrei aus: *Iuliane Auguste!* Der Rest von Konstantius' Brief ging im Lärm unter. Leonas begriff nicht nur den Sinn der Veranstaltung, sondern auch, daß Julian nicht nur der Kandidat der Legionen war, sondern ebenfalls die volle Unterstützung der Zivilbevölkerung hatte. Wir wissen nicht genau, welche Antwort er Konstantius zurückbrachte, aber jedenfalls waren die Verhandlungen eröffnet, die ja durchaus mit einer Teilung der Macht enden konnten, wie sie den tatsächlichen Verhältnissen entsprach. Julian erkannte Nebridius als neuen Präfekten an, wie er es versprochen hatte, und nahm die übrigen Umbesetzungen stillschweigend nicht zur Kenntnis.

Der Briefwechsel zwischen den beiden Männern setzte sich das ganze Jahr 360 hindurch fort, ohne daß eine Übereinkunft in Aussicht war. Beide Seiten waren damit zufrieden, daß der Dialog nicht völlig abriß, denn beide hatten viel drängendere Aufgaben zu lösen. Im Osten marschierte Konstantius nach Edessa und von dort nach Amida, dessen Ruinen er besichtigte. Dann belagerte er vergebens die auf einer Insel im Tigris gelegene Stadt Bezabde und zog sich für den Winter nach Antiochia zurück, um den Feldzug des nächsten Jahres gegen die Perser vorzubereiten.

Julian ging in Gallien noch einmal über den Rhein und drang in das Gebiet der Attuarier ein, eines fränkischen Stammes in der Nähe von Xanten. Die Attuarier, die sich hinter Sümpfen und Wäldern sicher geglaubt hatten, machten immer wieder Überfälle auf gallisches Gebiet. Als Julian ihre Dörfer geplündert und in Brand gesteckt und viele Gefangene genommen hatte – die später in das römische Heer eingereiht wurden –, unternahm er eine Besichtigung der rheinischen Festungen, stromaufwärts bis Basel. Den Winter verbrachte er in Vienne. Die Übersiedlung von Paris nach Vienne legt die Vermutung nahe, daß ihm mehr an der Überwachung der Alpenpässe als an den Übergängen über Maas und Rhein lag: Trotz der weitergeführten Verhandlungen – oder vielleicht gerade ihretwegen – mißtraute Julian seinem Vetter Konstantius.

Der 6. November war der fünfte Jahrestag seiner Erhebung zum Caesar, seine *quinquennalia.* Der Tag wurde nach römischem Brauch mit einer Militärparade und der Verteilung von Geschenken an die Soldaten gefeiert, und zwar in Vienne. Bei dieser Gelegenheit demonstrierte Julian offen seine Macht. Beobachter berichten, daß er zum erstenmal ein mit kostbaren Steinen besetztes Diadem trug. Vielleicht hat er bei dieser Gelegenheit sein erstes Toleranzedikt erlassen. Die Einzelheiten sind uns nicht bekannt, doch offenbar hat er die Erlaubnis zum öffentlichen Gottesdienst für heidnische Religionen eingeführt, der christlichen Kirche aber nicht ihre beträchtliche staatliche Unterstützung entzogen, die Steuerfreiheit, das Vorrecht der Bischöfe, mit der öffentlichen Post zu reisen, und andere Rechte, die das Christentum faktisch zur Religion es römischen Staates machten. Julian nahm damals nicht selbst an öffentlichen heidnischen Feiern teil, sondern besuchte im Gegenteil weiter die christlichen Gottesdienste, zum Beispiel am 6. Januar 361 die Epiphaniasfreier in der Bischofskirche von Vienne.

Julian hatte längst mit dem Christentum gebrochen und war davon überzeugt, daß er von der das Universum regierenden höchsten Macht für eine besondere Aufgabe ausgewählt worden war. Worin sie bestand, war ihm noch nicht klar, doch die Ereignisse von 360 hatten viel dazu beigetragen, daß er sich eine deutlichere Vorstellung von seiner Zukunft machte: Sollte er Herrscher werden, hatte er den Lauf der Dinge umzudrehen, den sein Onkel Konstantin eingeschlagen hatte, als er dem Christentum eine bevorzugte Stellung einräumte.

Es ist sehr unwahrscheinlich, daß Julian schon 360 die Probleme völlig durchdacht oder sich eine klare Vorstellung darüber gebildet hatte, wie er sie anpacken wollte. Seine politische Macht erfaßte nur eine Gruppe westlicher Provinzen, in der die Christen dünn gesät waren. Julian wußte aber besser als seine letzten Vorgänger, daß der Schwerpunkt der griechisch-römischen Welt im Osten lag.

Wie so viele andere im vierten Jahrhundert hatte er eine Art Doppelleben geführt – nach außen hin Mitglied der christlichen Kirche, insgeheim aber Teilnehmer an den Riten der miteinander verschmolzenen heidnischen Mysterienkulte der Spätantike. Das aber hieß, daß er keinerlei Erfahrung in der öffentlichen Auseinandersetzung mit Christen hatte. Nach seiner Überzeugung kam es nur auf die richtige Darstellung an. Wenn die Wunderlichkeiten der christlichen Doktrin und die Doppelzüngigkeit und Heuchelei der Christen bloßgelegt werden konnten, mußten sich die Leute überzeugen lassen und zur Religion ihrer Väter in irgendeiner Form zurückkehren. Es war ohnehin nie die Rede davon, daß die breite Menge Zugang zu den Mysterienkulten haben sollte, denn sie setzten philosophische Ausbildung und breite Gelehrsamkeit voraus. Sie waren Sache einer Minderheit. Für die Masse des Volkes hatte Julian wahrscheinlich eine Art Verbindung der überkommenen lokalen Kulte mit einer einfachen monotheistischen Religion im Auge, etwa die Anbetung des *Sol Invictus* oder seiner Entsprechung, des Mithras. Auf jeden Fall gab es keine verbindliche Theologie und kein einheitliches Glaubensbekenntnis. Viele Wege führten zu dem großen Geheimnis.

Was einer objektiven Sichtung der Tatsachen entgegenstand, war die bevorzugte Stellung der christlichen Kirche. Sie besaß nicht nur materielle Güter und das Monopol auf öffentliche Verbreitung, sondern verfügte auch über die feste und zugleich anpassungsfähige Organisation, die den Heiden immer gefehlt hatte. Später versuchte Julian, diese Fragen zu lösen, einstweilen, auf Gallien allein angewiesen, konnte er sie nur zu erkennen versuchen.

Wer sich vom Himmel für eine besondere Sendung ausersehen glaubt, ist auch besonders anfällig für Fehlurteile. Julian hat vieles falsch beurteilt. Doch er verband das Gefühl des Berufenseins mit einer klaren Unterscheidung zwischen dem Möglichen und dem Unmöglichen in einer bestimmten Situation. Sein eigener scharfer Intellekt und die lange Erfahrung mit Situationen, die ihm kaum Handlungsspielraum ließen, hatten ihn das gelehrt. In dem Fragment eines verlorengegangenen Werkes schreibt er: »Die Unfähigkeit, zwischen dem Möglichen und dem Unmöglichen zu unterscheiden, ist ein Zeichen äußerster Dummheit.«

In der Situation, in der er sich 360 in Gallien befand, brauchte er dringend diesen Sinn für das Mögliche. So wußte er genau, daß die Soldaten, die ihn an die Macht gebracht hatten, ihn ebenso leicht wieder stürzen konnten. Und einige Soldaten waren Christen – nicht etwa theologisch gebildete Christen, die gern über schwierige dogmatische Fragen diskutierten, wie es sie in allen Schichten des griechischen Ostens gab, sondern einfache Menschen, die unkritisch und oft ohne volles Verständnis hinnahmen, was ihr Priester ihnen erzählte, und mit dem Eifer des Bekehrten daran festhielten; denn Bekehrte müssen die meisten von ihnen gewesen sein. Jeder öffentliche Hinweis auf eine Ablehnung der christlichen Religion, jede Geringschätzung der christlichen Kirche konnte die blinde Feindseligkeit der Soldaten gegen den Machthaber herausfordern.

Deshalb mußte sich Julian weiterhin nach außen hin anpassen, selbst als er schon zum Kaiser ausgerufen worden war. Wenn er es in dieser Zeit den Nichtchristen erleichterte, öffentliche Gottesdienste zu feiern – und es steht nicht fest, daß er es tat –, mußte er selbst doch weiterhin als frommer Christ auftreten.

Er scheint aber im Jahr 360 den Kreis derer erweitert zu haben, die zu seinen heidnischen Gottesdiensten zugelassen wurden. Es handelte sich nicht mehr um ein Geheimnis zwischen Oreibasios, Euhemeros und ihm selbst, denn viele seiner alten Freunde waren aus dem Osten gekommen, sogar Priscus, der Schüler von Aidesios, der ihn als erster in die Geheimriten der Neuplatoniker eingeweiht hatte. Und er hatte nach dem Oberpriester des Demetertempels in Eleusis geschickt. Seine Neigung zum Heidentum kann damals nicht mehr das einst so streng gehütete Geheimnis gewesen sein, aber die Masse der Soldaten und Bürger wird kaum davon gewußt haben. Daß sein Verhalten Heuchelei war, wie er sie den Christen vorwarf, wird ihm nicht entgangen sein und muß ihn auch belastet haben. Doch er war nun schon daran gewöhnt, auf zwei Ebenen zu leben, und es war ihm völlig klar, daß es Selbstmord bedeutete, wenn er sich einer offenen Auseinandersetzung mit der christlichen Kirche stellte, solange Konstantius lebte und den größeren Teil des Reiches beherrschte.

Während des Winters 360/61 wurde die Fassade der Verhandlungen zwischen Julian und Konstantius immer brüchiger, obwohl nach wie vor Unterhändler, darunter ein arianischer Bischof, zwischen Gallien und dem Osten hin- und herreisten. Es gab viele Gründe für die wachsende Spannung. Vor allem: im Sommer 360 war Helena, Julians Frau und Konstantius' Schwester, gestorben. Gerüchte liefen um, sie sei vergiftet worden, scheinen aber nicht weiter beachtet worden zu sein, denn schließlich vermutete man hinter jedem plötzlichen Tod Gift oder Zauberei. Julian sandte ihre sterbliche Hülle nach Rom, wo sie neben ihrer Schwester Konstantia – der Frau von Julians Bruder Gallus – beigesetzt wurde, und zwar in dem prachtvollen Grabmal, das Konstantin in der Via Nomentana errichtet hatte, der heutigen Kirche Santa Costanza.

Spannung erzeugte auch das hartnäckige Gerücht, daß Konstantius einige alemannische Stämme bestechen wolle, damit sie ihre Angriffe über den Rhein hinüber wieder aufnähmen. Wenn ihm das gelang, wäre nicht nur Julian in Gallien festgehalten, sondern vielleicht alles, was er in fünf Jahren als Caesar aufgebaut hatte, zerstört worden. Denn die Unterstützung, die Julian bei Soldaten und Zivilisten fand, hing sicherlich zum großen Teil von ihrer Zuversicht ab, daß er ihnen einen dauerhaften Frieden gesichert habe.

Tatsächlich unternahm eine alemannische Schar unter dem Häuptling Vadomar – der nicht an dem von Chnodomar angeführten Bündnis beteiligt gewesen war – neuerdings Einfälle in die Nachbarprovinz Rätien (Graubünden, Tirol und Südbayern). Und als Julian eine Strafexpedition gegen sie schickte, wurden die Römer geschlagen und ihr Befehlshaber, der Stabsoffizier Libino, getötet.

Etwas später fingen Julians Leute einen Boten ab, der einen Brief von Vadomar an Konstantius beförderte. In dem Schreiben nannte er Julian beleidigend »deinen ungehorsamen Caesar«, obwohl er ihn selbst immer peinlich genau als Augustus anredete. Das war natürlich noch kein überzeugender Beweis. Der Herrscher eines kleinen Landes, das zwischen zwei großen seine Freiheit behaupten will, muß immer versuchen, mit beiden Seiten auszukommen, und Vadomar scheint diese Regel befolgt zu haben. Doch vermutlich hatte Julian mehr und bessere Beweise, und Vadomar stand in dem Ruf, doppelzüngig zu sein. Jedenfalls schickte Julian einen Offizier mit einem versiegelten Befehl an die Grenze; er sollte das Papier nur dann öffnen, wenn er Vadomar auf dem römischen Ufer des Rheins antreffe. Vadomar, der wie viele alemannische Führer die römische Lebensweise angenommen hatte, kam unerwartet zu einem Essen bei dem Kommandeur eines römischen Grenzpostens. Darauf öffnete Julians Offizier das Siegel, las, daß er Vadomar unverzüglich verhaften solle, und führte den Befehl auch aus. Vadomar wurde vor Julian gebracht und vernahm, daß seine Korrespondenz mit Konstantius abgefangen worden war. Julian hielt es für unter seiner Würde, ihn zurechtzuweisen; er schickte ihn unter militärischer Bewachung nach Spanien. Seltsam genug beschloß Vadomar seine Tage als Befehlshaber römischer Truppen in Syrien. Dieser aufschlußreichen Anekdote über die römische Grenzpolizei fehlt ein Element: Sicherlich hatte der Befehlshaber des Grenzpostens die geheime Anweisung erhalten, Vadomar zu sich einzuladen.

Im Frühling 361 erhielt Julian Nachrichten über verdächtige Truppenbewegungen in Konstantius' Territorium. Alle Hinweise zusammen machten ihm deutlich, daß die Zeit, die er durch Verhandlungen gewonnen hatte, jetzt auslief. Der Zusammenprall konnte nicht vermieden werden, es war zu spät zur Unterwerfung, selbst wenn Julian dazu bereit gewesen wäre: Zu viele Menschen hatten sich seinetwegen bloßgestellt, er konnte sie nicht im Stich lassen. Für Julian hieß es nur, ob er abwarten und sich von Konstantius in Gallien angreifen lassen wollte, wo er den stärksten Rückhalt hatte, oder ob er ihm zuvorkommen und versuchen sollte, so weit wie nur möglich das Donaugebiet unter Kontrolle zu bringen.

Wie immer in solchen Augenblicken betete Julian auch jetzt zu Griechenlands Göttern – und durch sie zu jenem Einen – und flehte um ein Zeichen. Er erhielt mehrere. Vor allem erschien ihm eines Nachts eine lichtumflossene Gestalt, die ihm in homerischen Versen verkündete, wenn Jupiter in den Wassermann eintrete und Saturn den fünfundzwanzigsten Grad der Jungfrau erreiche, würde Konstantius in Asien sein Leben beenden. Eine so eindeutige Botschaft war im Umgang mit dem Jenseits höchst selten, und Julian fühlte sich zuversichtlicher. Seine Astrologen errechneten das angedeutete Datum für den Sommer 361.

Im Frühjahr klangen die Nachrichten aus dem Osten immer beunruhigender. Konstantius hob neue Truppen aus. Er richtete Nachschublager am Bodensee und an den Wegen zu den Pässen im westlichen Alpengebiet ein. Gaudentius, ein Offizier, den er Jahre zuvor als Spion zu

Julian geschickt hatte, sollte jetzt in Afrika sein mit dem besonderen Auftrag, die Küstenbefestigungen zu verstärken und dafür zu sorgen, daß nichts vom Getreideüberschuß dieser Gegend nach Gallien verschifft wurde. Im Mai erließ Konstantius ein Gesetz nur in seinem Namen, ein klarer Beweis für den Bruch mit Julian. Im Sommer hieß es dann, daß der persische König seine Streitkräfte von der Grenze zurückziehe und daß Konstantius vom Euphrat nach Antiochia zurückgekehrt sei. Man konnte nicht mehr daran zweifeln, daß Konstantius plante, Julian mit allen ihm zu Gebote stehenden Kräften anzugreifen.

Beruhigt durch die Vorzeichen, folgte Julian seiner Neigung zu raschem, entschlossenem Handeln und setzte sich sofort in Bewegung, ehe Konstantius seine schwerfällige Streitmacht quer durch Kleinasien nach Europa führen konnte. Bevor Julian seinen Beschluß bekanntgab, nahm er, wie uns berichtet wird, an einem Geheimritual für die römische Göttin Bellona teil, die Personifizierung des Krieges. Wahrscheinlich hat es sich dabei um ein *taurobolium* gehandelt, bei dem der Bittsteller in einer Mulde saß, während über ihm ein Stier geschlachtet wurde, so daß er im Blut badete. Der Ritus gehörte ursprünglich zum Kult der asiatischen Göttin Kybele, der Großen Mutter, war aber dann von der Mithras-Religion und von einem keltischen oder germanischen Kult für drei weibliche Gottheiten übernommen worden, einen Kult, der bei der Rheinarmee beliebt gewesen war, bevor das Christentum gesiegt hatte. Wir haben eine bis ins einzelne gehende, aber natürlich verächtliche Schilderung eines *taurobolium* von dem christlichen Dichter Prudentius. Die Zeremonie, der vermutlich eine Ritualwaschung vorausging, reinigte den Bittenden von allen früheren Befleckungen. Er wurde zu einem neuen Leben wiedergeboren, das vielleicht nie endete. In den ersten Tagen nach dem *taurobolium* wurde er wie ein Neugeborenes mit Milch ernährt. Einige Leute, die sich die Zeremonie leisteten – sie war nur etwas für die Reichen – bezeichneten sich selbst als *in aeternam renatus*, wiedergeboren zu ewigem Leben. Manche wollten allerdings ganz sichergehen und wiederholten die Zeremonie alle zwanzig Jahre. Wir wissen es nicht genau, aber es ist sehr wahrscheinlich, daß es dieses geheime Ritual war, an dem Julian am Vorabend seines Aufbruchs zu einer Schlacht teilnahm, bei der es um die Vorherrschaft im römischen Reich ging. Etwas von dem, was sich vorbereitete, war bis zu den Soldaten durchgesickert. Wir dürfen aber nach allem, was wir von Julian wissen, vermuten, daß er ihre Meinung schon auf mancherlei Weise erkundet hatte. Nach seiner rituellen Wiedergeburt versammelte er endlich die Truppe in Vienne. Er hielt eine Ansprache. Es mag dahingestellt sein, aber es heißt, daß er selbstsicherer als seit langem wirkte. Er sagte:

»Sicherlich habt ihr lange auf eine Erklärung von mir gewartet, damit ihr selbst das beurteilen könnt, was vor euch liegt und worauf ihr euch vorbereiten müßt. Kampfmüde Soldaten hören lieber zu, als daß sie reden, und ein Befehlshaber von erprobter Redlichkeit wagt nichts Unehrenhaftes zu sagen. Hört jetzt, was ich euch zu sagen habe. Der Wille des Himmels hat mich in meiner ersten Jugend zu euch geführt. Zusammen haben wir die Macht der Alemannen und Franken gebrochen und den Rhein überschritten, wann immer wir wollten. Gallien ist nach so viel Tod und Verderben im Frieden gesundet und wird ewig für eure Tapferkeit zeugen. Durch eure Ermächtigung wurde ich zur kaiserlichen Macht erhoben. Wenn Gott und ihr selbst bereit seid, strebe ich jetzt Höheres an, denn es ist mein Stolz, daß ein Heer, dessen Mut und Gerechtigkeitssinn berühmt sind, in mir immer einen gelassenen und vernünftigen Befehlshaber in den vielen Kriegen fand, die wir gemeinsam ausgefochten haben. Laßt uns den Plänen unseres Feindes in der gleichen inneren Gemeinsamkeit zuvorkommen. Folgt mir jetzt, wo unsere Handlungsfreiheit unserer Entschlossenheit entspricht. Solange noch keine größeren Truppenverbände in Illyricum sind, wollen wir in aller Eile vorwärtsdrängen bis an die fernsten Grenzen Dakiens. Sind wir erst dort, wird unser Erfolg darüber entscheiden, was wir dann zu tun haben. Wie es einem General zukommt, der seinen Männern vertraut, fordere ich euch auf, mir unverbrüchliche Treue zu schwören. Ich wiederum werde die äußerste Sorge dafür tragen, daß es weder zu Unbesonnenheit noch zu Trägheit kommen wird, und wenn ihr es wollt, bürge ich auch dafür, daß ich nichts versuchen werde, das nicht zu euer aller Bestem geschieht. Ich verlange von euch, daß keiner im Ungestüm des Angriffs den Bürgern ein Leid antut. Denn wir verdanken unseren Ruf nicht weniger der Sicherheit und dem Wohlstand unserer Provinz als den zahllosen Feinden, die wir geschlagen haben.« (Ammianus Marcellinus, 21.5.2–8.)

Die Rede wurde mit einem Ausbruch von Begeisterung beantwortet, die Soldaten schlugen gegen die Schilde und riefen ihrem Befehlshaber Applaus zu. Dann sprachen alle, das Schwert an den Hals gesetzt, ihren Offizieren den Eid nach, Julian die Treue zu halten – und wenn es bis in den Tod sein müsse. Die Beamten, die sich auf dem Paradeplatz versammelt hatten, schworen alle den gleichen Eid – alle außer dem Präfekten Nebridius, der mutig erklärte, er könne nichts gegen Konstantius, seinen Wohltäter und Kaiser, unternehmen. Sofort stürzten sich in der Nähe stehende Soldaten auf ihn, um ihn umzubringen, doch Julian warf Nebridius seinen Mantel über und brachte ihn in den Palast. Dort fiel ihm Nebridius zu Füßen und flehte, Julian möge ihm die Hand geben, um ihn zu beruhigen. »Wenn ich dir meine Hand gebe«, antwortete Julian, »was bleibt dann für meine Freunde? Geh in Frieden, wohin du willst.« Unbehelligt kehrte Nebridius in sein Haus in der Toskana zurück.

Im Vergleich zu den Streitkräften seines Vetters waren die von Julian unbedeutend. Eine regelrechte Schlacht wäre gefährlich und sogar vernichtend gewesen, wenn Konstantius ihren Zeitpunkt und den Ort bestimmt hätte. Julians einziger Vorteil lag in schneller Bewegung. Wenn er die Donauprovinzen und Italien in seiner Hand hatte, bevor Konstantius seine Armee aus Kleinasien herangeführt hatte, würde es seinem Vetter schwerer fallen, ihn anzugreifen. Und er selbst hätte eine gute Verhandlungsbasis, weil er dann über einige der wichtigsten Rekrutierungsgebiete verfügte. Doch dazu mußte er sehr schnell sein.

Es war eine der Situationen, die in Julian alle Kräfte weckten. Inzwischen war er ein erfahrener Heerführer geworden, er kannte vollauf die Gefährlichkeit seiner Lage, war aber sicher, daß Gott – oder die Götter – ihm beistand. Er wußte, daß er sofort handeln mußte, wenn es nicht zu spät sein sollte. Wie in seinem ersten Feldzug am Rhein oder in dem anderen, der in dem großen Sieg von Straßburg gipfelte, verband Julian eine fast dämonische Tatkraft mit kühler Umsicht.

Er konnte nur 23000 Mann der kämpfenden Truppe mitnehmen, denn eine Garnison mußte in Gallien bleiben, und er wollte auch nicht die Gefahr eingehen, Einheiten aus dem hartbedrängten Britannien abzuziehen. Seine Leute teilte er in drei Marschkolonnen ein, einmal, um die Gebiete, durch die sie ziehen mußten, nicht allzusehr mit der Versorgung der Truppe zu belasten, dann aber auch, damit seine Streitmacht stärker erschien. 10000 Mann sollten über die Alpen und durch Norditalien ziehen, und dann durch das Tal der Sawe an die Donau. Den Befehl erhielt sein *magister equitus* Jovinus, ein christlicher General, der später die Kirche St. Agricola in Reims bauen ließ. Eine zweite Streitmacht von gleicher Größe sollte durch Raetien und Noricum und dann zwischen Alpen und Donau entlangmarschieren. Julian selbst kommandierte eine kleine Truppe von 3000 Mann, die den südlichen Schwarzwald durchqueren und schließlich die Donau hinabfahren sollte. Alle drei Truppenteile hatten sich in Sirmium zu treffen, der großen Festung und kaiserlichen Residenz an der Sawe, die den Zugang zum Balkan beherrschte. Hier liegt jetzt die kleine Stadt Sremska Mitrovica, etwa 40 km nordwestlich von Belgrad.

Die ersten beiden Heere sollten sich beeilen, dabei aber alle Vorsichtsmaßnahmen beachten. Julian dagegen drängte ohne Rücksicht auf Gefahren in Eilmärschen mit seiner kleinen Truppe voran, durch schwierige gebirgige und bewaldete Landschaften, bis sie, wahrscheinlich bei Ulm, die Donau da erreichten, wo sie schiffbar wurde. Sie fanden

Boote vor, denn in jedem Jahr wurden hier zu Beginn der Jahreszeit, in der man Krieg führte, Donauschiffe stationiert. Daß sie aber in genügend großer Zahl zur Stelle waren, um 3000 Mann, wenn auch mit kleinem Gepäck, zu befördern, läßt vermuten, daß Julian sie längst dorthin beordert hatte, wenn auch Ammianus meint, sie seien ›zufällig‹ dort gewesen. Die Schiffe, die so rasch stromabwärts glitten, hatten selbst mit guten Steuerleuten große Mühe bei der Bergfahrt.

Julian muß also schon Wochen vorher eine Flotte dorthin geschickt haben – und das wiederum zeigt, daß der Entschluß, gegen Ende der Kriegssaison 361 gegen Konstantius zu marschieren, weniger plötzlich gefaßt wurde, als es die zeitgenössischen Quellen wahrhaben wollen. Bemerkenswert bleibt, daß die Truppen, die sich noch im Jahr zuvor geweigert hatten, Gallien zu verlassen, unter Julians Führung ohne weiteres bereit waren, nach Osten zu marschieren; wahrscheinlich hat Julian ihr damaliges Zögern übertrieben.

Da er – unter den begeisterten Zurufen der Menschen am Ufer – den Strom hinabfuhr und nur nachts zum Biwakieren haltmachen ließ, kam er sehr schnell voran. Etwa am 10. Oktober erreichte er Bononia, den Ort an der Donau, der Sirmium am nächsten lag, wahrscheinlich nahe beim heutigen Beocin, westlich von Novi Sad. Bisher war er noch nicht auf Widerstand gestoßen, doch der militärische Befehlshaber von Pannonien, Lucilianus, hatte auf beunruhigende Meldungen über Julians Betriebsamkeit in Gallien hin seine Truppen in der Festung Sirmium zusammengezogen und erwartete einen Angriff. Als erfahrener Offizier ging er dabei sicherlich von den modernsten Erkenntnissen und Erfahrungen seiner Zeit aus.

Julian erreichte Bononia am Abend und schickte sofort eine kleine Truppe unter dem Befehl seines *comes domesticorum* Dagalaifus auf den nächtlichen Marsch von 30 km über die Fruška Gora nach Sirmium mit dem Auftrag, Lucilianus gefangenzunehmen.

Ob nun die Festungstore geöffnet waren oder ob Dagalaifus und seine Männer die Wachen überrumpelten, werden wir nie erfahren. Lucilianus merkte erst, was geschehen war, als er unsanft geweckt wurde und sein Bett von unbekannten Männern umstellt sah. Er wurde sofort zu Julian gebracht, sah sich um und merkte, welch kleine Schar Julian mit sich führte. Darauf meinte er, es sei doch tollkühn, sich mit so wenigen Soldaten auf fremdes Gebiet zu wagen. »Behalte deinen Rat für Konstantius«, sagte Julian bitter lächelnd, »wenn ich dir erlaube, mir deine Achtung zu bezeugen, dann nicht, weil ich deinen Rat brauche, sondern um dir deine Angst zu nehmen.«

Am nächsten Morgen marschierte Julian mit seinen Leuten in Sirmium ein. Die nun führerlose Garnison, obwohl an Zahl weit überlegen, leistete keinen Widerstand, und Stadtbewohner wie Soldaten liefen auf die Straße, um Julian zu begrüßen, ihm Blumen zuzuwerfen und ihn als Augustus zu feiern. Man geleitete ihn in den Palast. Ohne Blutvergießen hatte Julian den Schlüssel zum Balkan in seine Hand bekommen. Am nächsten Tag nahm er an einem Wagenrennen im Hippodrom von Sirmium teil, saß mit Diadem und Purpurmantel in der kaiserlichen Loge und nahm die rhythmischen Huldigungsrufe der versammelten Bürger entgegen.

Doch für symbolische Machtentfaltung blieb keine Zeit. Am folgenden Morgen war er mit seinen 3000 Mann unterwegs auf der großen Heerstraße nach Konstantinopel, der heute ungefähr die Eisenbahnlinie von Belgrad nach Sofia und Istanbul entspricht. In Eilmärschen erreichte er Naissus (Niš), wo er auf die Ankunft der übrigen Streitmacht warten und den Winter verbringen wollte. Nevitta und seine Soldaten kamen bald darauf an, während die dritte Kolonne Schwierigkeiten zu überwinden hatte.

Als sie Norditalien erreichte, schien das Glück auf Julians Seite zu sein. Taurus, der Prätorianer-Präfekt und oberste Staatsbeamte, geriet in Panik und floh mit raschem Pferdewechsel über die Julischen Alpen auf Konstantinopel zu.

Mit seiner Panik steckte er seinen Kollegen Florentius von Illyricum an, der allerdings Grund hatte, Julian zu fürchten, denn schließlich war er ihm in Gallien desertiert. So stieß Julians Marschkolonne auf keinen Widerstand in Italien, das ihm offenbar ohne einen Schwertstreich zufiel.

Doch die bisherige Garnison von Sirmium, der Julian mißtraute, schickte er nach Gallien, und erbittert über die Demütigung und den Befehl, in eine ferne, unbekannte Provinz zu ziehen, meuterte sie unterwegs. Sie besetzte Aquileja, die Festung, die den Zugang von Nordosten nach Italien beherrschte. Die Bürger aus Aquileja schlossen sich den Meuterern an, wohl mehr aus Angst vor Konstantius als aus Anhänglichkeit. Doch viele italienische Städte folgten dem Beispiel und bekannten sich zu Konstantius. Damit hatte Julian nicht gerechnet. Wenn ihm auch daraus keine unmittelbare Gefahr drohte, so war es politisch doch sehr ungünstig, ein feindseliges Italien im Rücken zu haben, dessen Soldaten außerdem nach Afrika geschickt werden konnten. Jovinus, der jetzt ungefähr das heutige Ljubljana erreicht hatte, erhielt den Befehl, sofort umzukehren und Aquileja – das für uneinnehmbar galt – zu belagern; Julian schickte ihm sofort Verstärkung, schwächte damit aber natürlich seine eigene Streitmacht.

Inzwischen war es zu spät im Jahr, um nach Thrakien zu marschieren, der Versuch wäre tollkühn gewesen. Thrakien, das Hinterland der neuen Hauptstadt Konstantinopel, wurde gesichert durch die starken Festungen Philippopolis (Plovdiv) und Adrianopolis (Edirne). Konstantius, dessen Hauptstreitmacht noch in Syrien war, konnte in Thrakien mit starker Unterstützung rechnen, und falls Julian tatsächlich dorthin marschierte, stand ihm vermutlich eine schwere Schlacht bevor. Selbst wenn er sie nicht völlig verlor, hatte er kaum die Möglichkeit, sich aus Thrakien wieder zurückzuziehen, weil ihm die uneinnehmbare Festung den Rückzug verlegte. Außerdem waren die Pässe zwischen Thrakien und Illyrien ab Dezember durch Schnee unpassierbar. Julian faßte einen seiner schnellen

Entschlüsse, er schickte eine kleine Abteilung unter Nevitta zur Besetzung des wichtigsten Passes, zum Paß von Succi zwischen Sofia und Plovdiv.

Während des Winters beschäftigten ihn die Schwierigkeiten seiner Lage und das Übergewicht von Konstantius' Truppen. Er war so weit gekommen, wie ihn Schwung und durchdachte Logistik bringen konnten, und konnte sich verteidigen, falls Konstantius ihn angreifen wollte. Doch auf die Dauer war seine Stellung an der Flanke durch Italien gefährdet. Und sollte seine Reihe von Erfolgen für längere Zeit unterbrochen werden, drohte ihm der Abfall der Zivilbevölkerung und schließlich der seiner eigenen Soldaten.

Wie Moses stand er vor dem versprochenen Land, in das er vielleicht nie einen Fuß setzen würde. Die Ungewißheit seiner Lage trieb ihn dazu, unaufhörlich die Götter um ein Zeichen zu bitten.

Aber wenn er auch auf das Zeichen des Himmels wartete, so wußte er doch, was er zu tun hatte, und er tat es, so daß der ganze Herbst und der frühe Winter des Jahres 361 mit großer Betriebsamkeit ausgefüllt wurden. Er überschüttete die Behörden der verschiedenen Städte mit einer Fülle offener Briefe, in denen er seine Sache verteidigte und Konstantius' Verhalten so ungünstig wie möglich darstellte. Seine Propaganda wurde allerdings sehr unterschiedlich aufgenommen. Der an den Senat von Rom gerichtete Brief wurde wegen der heftigen Angriffe gegen Konstantius von dem erlauchten Gremium nicht angenommen. Angespannt und voller Befürchtungen, hatte sich Julian hier gründlich verrechnet.

Der einzige uns erhaltene Brief ist an die Athener gerichtet, denen sich Julian besonders verbunden fühlte. Es ist ein langes, geschickt abgefaßtes Dokument, in dem der Schreiber seine eigene Lebensgeschichte mit etwas getrübter Aufrichtigkeit darstellt; er behauptet, er habe alles in seiner Macht Stehende getan, um die Truppen von seiner Proklamation zum Kaiser abzuhalten, und schiebt die ganze

Schuld am Bruch zwischen den beiden Herrschern Konstantius allein zu. Da er außerdem auf Konstantius' Grausamkeit und Tücke hinweist, appelliert er nicht nur an den Gerechtigkeitssinn, sondern auch an das Mitgefühl der Athener. Er beruft sich hier übrigens offen auf die Götter der klassischen und nachklassischen griechischen Religion. Athen mag natürlich ein besonderer Fall gewesen sein als Universitätsstadt, die von den Traditionen der klassischen Vergangenheit lebte, so daß Anspielungen darauf in einem Brief an die Athener Bürger durchaus angebracht waren. Vielleicht hat Julian in den Schreiben an andere Städte weniger offen seinen heidnischen Standpunkt betont. Das einzige weitere Bruchstück dieser ausgedehnten Propaganda, das wir noch haben – ein oder zwei Sätze aus seinem Brief an die Korinther –, sagt wenig aus. Immerhin darf man nicht übersehen, daß der Brief an die Athener keine Angriffe gegen das Christentum enthält, sondern nur in heidnischen Begriffen abgefaßt ist und darlegt, daß der Verfasser die Welt mit den Augen eines Heiden ansah.

Julian ergänzte seine Propaganda durch allerhand Maßnahmen. Eine zusätzliche Steuer, die Konstantius Illyrien auferlegt hatte, machte er rückgängig. Der Preis, den die Regierung bei erzwungenen Ankäufen von Lebensmitteln und Tieren zahlte und der wie eine verschleierte Steuer zur Begrenzung der Produktion gewirkt hatte, wurde auf ein vernünftigeres Maß angehoben. Wahrscheinlich wurden auch schon Schritte angekündigt, die den städtischen Ratsgremien mehr Mitglieder und mehr wirkliche Macht in der Verwaltung der städtischen Angelegenheiten verschaffen sollten, obwohl dadurch kein unmittelbarer Erfolg erzielt werden konnte.

Julians ›hellenistisches‹ Bild des Reiches war das einer Zusammenfassung von Städten, die jede ihr eigenes, nur von ihr abhängiges landwirtschaftliches Gebiet haben und ihre eigenen inneren Angelegenheiten – Handel, Kunst und Wissenschaft eingeschlossen – selbst verwalten sollte, während die kaiserliche Regierung für Sicherheit nach außen und ein gewisses Mindestmaß an gemeinsamen Einrichtungen zu sorgen hatte. Diese Vorstellung teilten mit Julian viele Bewohner der östlichen Reichsteile, vor allem in den oberen städtischen Schichten. Wahrscheinlich fand sie weniger Verständnis im lateinischen Westen, wo die städtischen Institutionen längst nicht so tief verwurzelt waren und wo die Macht der Großgrundbesitzer mit den vielen von ihnen abhängigen Familien eine größere Rolle spielte.

Julians Konzept hatte niemals ganz für die Beziehung zwischen Stadt und Imperium gegolten, und sicherlich im vierten Jahrhundert noch weniger als, sagen wir, im zweiten. Julian selbst merkte, daß die Städte nicht fähig waren, ihre eigenen Angelegenheiten allein und autonom zu regeln, und begann mit Programmen für öffentliche Einrichtungen auf Kosten der kaiserlichen Regierung. Wahrscheinlich entstanden im Herbst 361 in Naissus die ersten Pläne für öffentliche Arbeiten in Athen, bei Eleusis, bei Nikopolis in Epirus und anderswo. Zerfallende öffentliche Gebäude wurden hergerichtet oder neu gebaut, Aquädukte angelegt und so fort.

Als Julian in Italien und Illyricum die Macht in Händen hatte, berief er eine Anzahl von Zivilbeamten für diese Diözesen, denn viele der bisherigen hingen Konstantius an und waren in den Osten geflohen. Obwohl er auch einige seiner eigenen Anhänger mit einem Amt belohnte, scheint Julian im großen und ganzen dafür gesorgt zu haben, daß Männer von Rang und Ansehen berufen wurden, Männer, die von den mittleren und oberen, den politisch wichtigen Schichten der Städte geachtet wurden. Claudius Mamertinus, vielleicht Rhetor von Beruf, vielleicht ein reicher gebildeter Mann, der in den intellektuellen Kreisen des lateinischen Westens eine Rolle spielte, wurde zum *comes sacrarum largitionum*, dem eigentlichen Finanzminister, und bald darauf zum Prätorianer-Präfekten von Illyricum ernannt. Zugleich mit Julians General Nevitta war er auch

Konsul für das Jahr 362. Sextus Aurelius Victor, dessen lateinische Geschichte des Römischen Reiches wahrscheinlich gerade erschienen war, gehörte zu denen, die Julian bei seinem kurzen Aufenthalt in Sirmium traf. Er berief ihn später nach Naissus, machte ihn zum Gouverneur von Pannonia Secunda und ließ ihm eine vergoldete Statue mit rühmender Inschrift in Rom errichten. Ein römischer Senator, Maximus, der auf der Rückreise von einem Auftrag bei Konstantius nach Naissus kam, wurde zum Präfekten der Stadt Rom ernannt. Es heißt, daß sich seine Amtsperiode durch billige Nahrungsmittel und friedliches Verhalten der Bürger auszeichnete.

All das spricht für Julians Versuch, sich in den ihm zugefallenen Provinzen einen starken Rückhalt zu verschaffen. Vielleicht hoffte er sogar noch auf Verhandlungen mit Konstantius. Er soll sogar vorgeschlagen haben, daß die versammelten Heere zwischen ihm und Konstantius wählen sollten. Doch falls er den Vorschlag gemacht hat, rechnete er nicht mit dessen Annahme: Die eigenen Streitkräfte nach Thrakien zu den überlegenen von Konstantius zu führen, wäre purer Selbstmord gewesen.

Seine Ängste und Sorgen äußerten sich auch darin, daß er ständig den Göttern in den Ohren lag, ihm ein Zeichen zu geben. Er glaubte immer noch fest daran, daß ihn der Himmel für eine große Aufgabe ausersehen habe, wußte aber nicht, für welche. Und ihm, dem Intellektuellen, war es unmöglich, länger zu warten. Im Abwarten lag seine Stärke nicht, vor allem dann nicht, wenn die Zeit offensichtlich gegen ihn arbeitete. Hatten ihn die Götter vergessen? Hatte er ihre Zeichen mißdeutet? Während die Wochen verstrichen, stieg seine innere Spannung.

Eines Tages gegen Ende November erreichte eine kleine Schar erschöpfter Reiter über den Paß von Succi die Stadt Naissus. Sie geleiteten zwei Offiziere von Kontantius, Theolaifos und Aligildus. Sie überbrachten die Nachricht, Konstantius sei tot und die Armeen im Osten und die asiatischen Provinzen hätten Julian ihre Ergebenheit geschworen. Als die reisemüden Boten vor Julian gebracht wurden und sich ihres Auftrags entledigten, versagte endlich Julians eiserne Selbstbeherrschung, er brach in Tränen aus. Die Götter hatten ihn nicht getäuscht, er hatte ihre Zeichen nicht falsch verstanden. Was geschehen war, hatte niemand voraussehen können: Konstantius war erst vierundvierzig Jahre alt, ein Mann von robuster Gesundheit. Der verachtete und mißtrauisch beobachtete Waisenknabe, der Bücherwurm und Philosoph, der Caesar, der nur ein leeres Symbol für die Macht eines anderen sein sollte, war nun der unbestrittene Herrscher der römischen Welt vom Forth bis zum Euphrat.

Als sich im Sommer 361 herausgestellt hatte, daß der persische König seine Hauptstreitmacht aus dem Grenzgebiet zurückzog, beschloß Konstantius, sich nun gegen Julian zu wenden. Er zog von Hierapolis am Euphrat nach Antiochia und begann, den Marsch nach Nordwesten vorzubereiten. Es war keine leichte Entscheidung, denn sein belastetes Gewissen hätte ihn gern von einer Auseinandersetzung mit dem Vetter abgehalten, falls nur seine persönliche Macht nicht darunter gelitten hätte. Selbst als er sich entschlossen hatte, blieb er unruhig, nervös, angespannt. Seinen engsten Gefährten vertraute er an, daß er nicht mehr die Gegenwart seines Schutzengels spüre, der so lange neben ihm gestanden habe. Er war zermürbt, vielleicht auch krank.

Mitte Oktober brach er von Antiochia auf nach Konstantinopel. Fünf Kilometer vor der Stadt sah er neben der Straße einen Leichnam ohne Kopf liegen, und entsetzt von diesem zweifellos bösen Vorzeichen, drängte er weiter nach Tarsos. Hier spürte er Fieber, aber da er kein Hypochonder war, hielt er die Fortsetzung der Reise für das beste Heilmittel. Umsonst. Als er Mopsucrene, die letzte Stadt Kilikiens, erreicht hatte, war das Fieber gestiegen, Konstantius kaum noch bei Bewußtsein. Der Zug machte halt. Das Fieber stieg, der Atem wurde flach, keine Medizin half. Die

Nähe des Todes erschreckte sein schuldbeladenes Gewissen, und nach langem Todeskampf starb er am 3. November 361. Später hieß es, er habe mit dem letzten Atemzug noch Julian zu seinem Nachfolger ernannt, aber das ist kaum glaubhaft, denn seine dritte Frau, Faustina, war schwanger und konnte einen Sohn zur Welt bringen. (Es wurde dann übrigens ein Mädchen.) Aber er hätte mit dieser letzten Empfehlung Julians Stellung ohnehin kaum gefestigt, weil die kaiserliche Macht nicht vererbt werden konnte. Hier haben wir es wahrscheinlich mit plumper Propaganda von Julians Anhängern zu tun.

Die Soldaten, die den lebenden Kaiser nach Mopsucrene eskortiert hatten, begleiteten nun seinen Leichnam auf dem langen Weg nach Konstantinopel. Als man durch die Engpässe des Taurus zog, wollten manche Männer himmlische Chöre gehört haben.

Unterdessen marschierte Julian in aller Eile die Heerstraße entlang durch Sardica, Philippopolis und Perinthus nach Konstantinopel, wo er am 11. Dezember eintraf und mit öffentlichem Beifall von Senat und Volk begrüßt wurde. Der Beifall war um so aufrichtiger, als er einem in ihrer Stadt geborenen Kaiser galt, an den sich manche noch als jungen Mann erinnerten. Es war, als wenn ein Traum zur Wirklichkeit wird, sagt Ammianus, wenn man diese jugendliche Gestalt durch die Straßen gehen sah, als sei sie vom Himmel gefallen. Mit welchen Gedanken und Gefühlen Julian in seine Vaterstadt zurückkehrte, können wir nur ahnen. Er hatte bei der Nachricht von Konstantius' Tod Trauer befohlen, trug selbst Trauerkleidung und zeigte keinerlei Freude darüber, daß der Vetter, den er so sehr gefürchtet hatte, eines natürlichen Todes gestorben war.

Als Konstantius' Leichnam den Bosporus erreichte, begab sich Julian selbst zum Kai und stand barhäuptig und weinend, als der Sarg aus dem Schiff gehoben wurde. Und er selbst führte den Trauerzug an, als Konstantius an der Seite seines Vaters Konstantin in der Kirche der Heiligen Apostel beigesetzt wurde.

Wahrscheinlich war Julian aufrichtig von der Feierlichkeit des Begräbnisses bewegt, aber sicherlich nahm er das Dekret nicht ernst, das der Senat von Konstantinopel mit seiner gnädigen Erlaubnis erlassen hatte und das in aller Form die Vergöttlichung des verstorbenen Kaisers verkündete, einem alten römischen Brauch entsprechend, den das Christentum nicht geändert hatte.

7

Konstantinopel

Julian, plötzlich einziger Herrscher der römischen Welt, sah sich vor Probleme gestellt, von denen ihn einige während seiner kurzen Regierungszeit nicht mehr verlassen haben. Zweifellos hatte er bereits in den Monaten in Naissus über die Aufgaben nachgedacht, die er zu lösen hatte, doch damals war alles unsicher gewesen, und zunächst ging es ja nur darum, ob es zu einer Verständigung oder zur bewaffneten Auseinandersetzung mit Konstantius kommen werde. Die Spannung war so groß, daß Julian eine Möglichkeit gegen die andere kaum kühlen Bluts abwägen konnte. Seine Briefe, die er unmittelbar nach der Meldung über den Tod von Konstantius geschrieben hat, sind erfüllt von Sorge um das Schicksal seiner Freunde, Erleichterung über die unerwartete Lösung seiner Probleme und der Überzeugung, daß ihm von den Göttern besonderer Schutz gewährt werde.

Nun mußte er sich zunächst entscheiden, wie er sich zu Konstantius und dessen Regierung äußern wollte. Aus der empörten Reaktion des Senats von Rom auf seinen Brief hatte Julian gelernt, daß er Konstantius nicht persönlich angreifen durfte. In Italien und im Osten hatte man seinem Vetter immer noch Anhänglichkeit bewahrt, und vor allem würden sich die Armeen im Osten, die unmittelbar unter Konstantius' Befehl gekämpft hatten, gedemütigt und beleidigt fühlen, wenn ihr toter Führer als Mörder und Verräter dargestellt würde. Die Truppen im Osten mißtrauten ohnehin Julians gallischem Heer, mußten also mit

Vorsicht behandelt werden. Deshalb gestattete Julian denn auch die Vergöttlichung des toten Vetters und nahm voller Ehrerbietung an den Begräbnisfeierlichkeiten teil. Weder in seinen eigenen Verlautbarungen noch in offiziellen Erklärungen – etwa einem Schreiben des Konsuls Claudius Mamertinus an Julian – fällt ein Wort der Kritik an dem Verstorbenen. Also mußte entsprechend auch Julians Proklamation zum Augustus und sein Entschluß, nach Osten zu marschieren, so dargestellt werden, als ob sie nicht gegen Konstantius gerichtet gewesen wären.

Man hatte schon einiges in dieser Richtung unternommen. Der Brief an die Athener behauptete ja bereits, daß Julian die Proklamation durch die Soldaten in Paris nur gegen seinen Willen und als letzten Ausweg hingenommen hatte; dieser Auslegung schlossen sich die meisten zeitgenössischen Darstellungen an. Der Entschluß, nach Osten zu marschieren, war nicht so leicht zu erklären. Julian schob ihn gern auf Konstantius' verräterische Verschwörung mit Vadomar und den Alemannen, wonach er sozusagen in Notwehr gehandelt habe; wie wir gesehen haben, ist das eine etwas brüchige Darstellung der Tatsachen. Eine andere Erklärung, die er selbst gab und die sich in unseren Quellen ebenfalls niedergeschlagen hat, war sein Vorschlag, daß die Versammlung der Truppen aus Osten und Westen selbst zwischen ihm und Konstantius wählen sollte – eine Version, die natürlich den Truppen im Osten besonders zusagen mußte. Es ist nicht wahrscheinlich, daß Julian diese Wahl ernsthaft in Erwägung gezogen hat, doch sie kann durchaus als diplomatischer Schachzug ins Spiel gebracht worden sein. Eine dritte Erklärung stammt von Julians Feind Gregor von Nazianz: Julian habe sich mit Konstantius treffen wollen, um sich gegen den Vorwurf der Usurpation zu verteidigen. Daß so viele verschiedene Deutungen umliefen, zeigt schon die Schwierigkeit, in der sich Julian und seine Berater befanden, als er Herrscher eines Reiches wurde, dessen größerer Teil treu zu Konstantius gehalten hatte.

Eine zweite Schwierigkeit bildeten die Minister des verstorbenen Kaisers, unter denen Julians erbittertste Feinde waren, Männer, die ständig das Verhältnis zwischen den Vettern vergiftet hatten. Julian hatte eine alte Rechnung mit ihnen zu begleichen, und außerdem waren sie viel zu gefährliche und erfahrene Intriganten, um in Machtstellungen zu bleiben. Zum Glück hatte die Hofkamarilla nicht nur Julian gegen sich, sondern auch die militärischen Führer der Armeen im Osten, die eifersüchtig auf ihren Einfluß gewesen und nun darauf bedacht waren, die Anführer zu demütigen und zu bestrafen.

Julian ergriff die günstige Gelegenheit. In den ersten Tagen nach seiner Ankunft berief er einen Gerichtshof mit der Vollmacht, Verhaftungen vorzunehmen und die Leute, die sich unter dem vorherigen Regime schuldig gemacht hatten, abzuurteilen. Im Grunde handelte es sich um ein Militärgericht, dem Julians Generäle Nevitta und Jovinus und die beiden Befehlshaber im Osten, Arbetio und Agilo, angehörten. Zivile Richter waren der Präfekt Mamertinus, der mit Julian aus Gallien gekommmen war, und Salutius, der den Vorsitz übernehmen sollte. Arbetio und Agilo, Konstantius' Generäle, konnten gewiß nicht verdächtigt werden, Julian nach dem Munde zu reden. Um den neuen Kaiser auch räumlich von dem Tribunal zu distanzieren, tagte es nicht in Konstantinopel, sondern jenseits des Bosporus in Chalcedon (Kadiköi). Die Offiziere der beiden Garderegimenter, die Joviani und Herculiani, wurden eingeladen, den Sitzungen beizuwohnen. Auf diese Weise gelang es Julian, sich das Wohlwollen der Ostarmee zu sichern, sich wenigstens einige Feinde vom Halse zu schaffen und zu beweisen, daß er nicht von Rachsucht getrieben wurde.

Wie immer die legale Autorität des Tribunals begründet wurde – die Anwälte haben es wahrscheinlich in die allgemeine Kategorie der *coercitio* eingereiht, des Rechts, das dem römischen Magistrat zustand, das zu tun, was für die lebenswichtigen Angelegenheiten des Staats notwendig war – im Grunde handelte es sich eben doch um ein Racheinstrument, wie es fast unvermeidlich auf einen Bürgerkrieg folgt. Das Tribunal ging mit militärischem Schwung an seine Aufgabe und scheint sich wenig Gedanken über Beweise oder Gerechtigkeit gemacht zu haben.

Die beiden ersten Verurteilten waren die Männer, die Konstantius' dichtes Spionagenetz aufgezogen hatten, ein Netz, in dem sich seine eigenen Beamten genau wie seine Feinde fangen sollten. Es waren Paulus Catena (›die Kette‹) und Apodemios. Beide wurden verurteilt, lebendig begraben zu werden. Der Eunuch Eusebios, Kämmerer von Konstantius und ein rotes Tuch nicht nur für Julian, sondern auch für Konstantius' Generäle, wurde ebenfalls zum Tode verurteilt. Alle drei waren übrigens tief in die Machenschaften um Gallus' Hinrichtung verstrickt gewesen. Florentius und Taurus, die früheren Prätorianer-Präfekten von Illyricum und Italien, wurden wegen Pflichtversäumnis zu der milden Strafe eines Zwangswohnsitzes verurteilt. Pentadius, der zu den Hauptanführern im Prozeß gegen Gallus gehört und den Julian in seinem Brief an die Athener heftig angegriffen hatte, überzeugte das Gericht von seiner Unschuld. Doch Ursulus, der Julian als sein Finanzminister in Gallien ergeben gedient hatte, wurde wegen geringschätziger Äußerungen über die Leistungsfähigkeit der Armee zum Tode verurteilt. Ursulus' Leben gehörte zu dem Preis, den Julian für die Unterstützung durch die Generäle der Ostarmee zahlen mußte.

Im Januar 362 hatte das Tribunal seine Aufgabe geschäftsmäßig und zügig erledigt und wurde aufgelöst. Es hatte seinen Zweck erfüllt, die Luft zu reinigen und darzulegen, daß die Leute, die für Mißgeschicke im Reich verantwortlich gewesen waren, zu den Beamten am kaiserlichen Hof gehört hatten.

Es war selbstverständlich, daß Konstantius' wuchernder Hofstaat beschnitten werden mußte. Seit Diokletian hatte der Herrscher sein gesondertes Leben geführt, umgeben von einer Armee von Kämmerern, Leibwachen und Leuten, die als Majordomus oder Kammerherr die geheiligte Person schützen sollten. Sehr viele dieser Ämter waren pure Pfründen. Und alle erlaubten es ihren Inhabern, einen einträglichen Handel mit ihrem echten oder angeblichen Einfluß bei Hofe aufzuziehen.

Der Lebensstil bei Hof war durch Verschwendung, weniger durch Verfeinerung gekennzeichnet. Nicht nur der Kaiser und seine Familie, sondern alle, die mit ihm in Berührung kamen, mußten die seltensten Gerichte essen, die kostbarsten Weine trinken, sich in die teuersten Stoffe kleiden, im Sommer durch Schnee, im Winter durch Rosen erfreut werden.

Julians echte Vorliebe für das Einfache empörte sich über die geschmacklose Zurschaustellung des Reichtums und über die gerissenen Höflinge, die sich daran mästeten. Aber ihm ging es um mehr: Er wollte unbedingt eine neue Art der Beziehung zwischen Kaiser und Untertan, wollte die endlosen Zeremonien abschaffen oder einschränken, die bisher Herrscher und Beherrschte getrennt hatten und die tatsächlich dem Zeremonial am persischen Sassanidenhof nachgebildet waren. Julian wollte zurück zu einem einfacheren, offeneren Lebensstil, in dem der Kaiser allen zugänglich war und etwa wie die Wohlhabenden seiner Untertanen lebte. Der ideale Kaiser war für ihn nicht Diokletian sondern Marc Aurel.

Es gibt eine Anekdote, wonach er in den ersten Tagen im großen Palast von Konstantinopel nach einem Barbier schickte, um sich das Haar schneiden zu lassen. Als sich ein Herr in prachtvoller Kleidung einfand, meinte der Kaiser, es handele sich offenbar um einen Irrtum, denn er habe einen Barbier, keinen Staatsrat verlangt. Der Mann erklärte, er sei der kaiserliche Barbier, und antwortete auf Julians weitere Fragen, daß er täglich Rationen für zwanzig Leute und zwanzig Pferde zusätzlich zu seinem beachtlichen Gehalt bekomme, außerdem ganz gut verdiene, weil er Bittschriften befördere. Bei anderer Gelegenheit stieß Julian auf den kaiserlichen Koch in großartiger Aufmachung. Er ließ seinen eigenen Koch kommen, stellte beide nebeneinander und fragte sein Gefolge, welcher von beiden wohl der Koch sei. Als sie auf den einfacher Gekleideten deuteten, entließ er den anderen als offensichtlich ungeeignet für seine Aufgabe.

Die Säuberung ging rasch und radikal vor sich. Tausende, die sich auf ein gesichertes Leben eingestellt hatten, wurden in Bausch und Bogen entlassen, darunter – wie ein Beobachter berichtet – viele ehrenwerte Männer, die ein besseres Los verdient hatten. Doch Julian ging es nicht um die Verdienste einzelner, sondern um ein System, das nach seiner Ansicht zu Korruption und mangelnder Leistung führen mußte – manchmal auch zu kaltblütigem Mord. In der Säuberung wurde ein unmittelbar politischer Zug sichtbar. Die ganze Eunuchengesellschaft, die man wegen ihrer intimen Beziehung zur kaiserlichen Familie für ein Treibhaus der Intrigen und der Macht ohne Verantwortung hielt, wurde entlassen. Julian erklärte trocken, er sei Witwer und habe nicht vor, wieder zu heiraten. Die *agentes in rebus* (Kuriere), Beamte unter dem *magister officiorum* (Polizeiminister) und vor allem als Spione in den Verwaltungsabteilungen eingesetzt, entließ man bis auf siebzehn, die dem persönlichen Stab des Kaisers zugeteilt wurden.

Für manche staatlichen Ämter mußten neue Ernennungen vorgenommen werden, ebenso auf den Gebieten, in denen Julian bereits geherrscht, wie auf denen, die er von Konstantius übernommen hatte. Die militärischen Kommandos im Osten blieben unangetastet; es wäre zu gefährlich gewesen, wenn Julian versucht hätte, Männer wie Agilo und Arbetio durch eigene Leute zu ersetzen. Doch er berief seinen vertrautesten Ratgeber, Salutius Secundus, in die wichtige Stellung des Prätorianer-Präfekten für den Osten. Claudius Mamertinus war, wie schon erwähnt, Präfekt von Illyricum und Konsul für das Jahr 362 geworden, während Nevitta, Julians getreuer General, das andere Konsulat innehatte, ein zwar unbedeutendes, aber sehr angesehenes Amt. Julians enger Freund Anatolius, der 360 *magister officiorum* (Polizeiminister) war, behielt sein Amt auch in Konstantinopel, Iovius wurde *quaestor sacri palatii*. Felix, den Konstantius 360 zu Julians *magister officiorum* ernannt hatte, der aber von Julian nicht anerkannt worden war, wurde nun *comes sacrarum largitionum*. Er war ein Anhänger von Konstantius gewesen, wurde nun aber Julians enger Freund und von ihm zum Heidentum bekehrt. Der Rhetor Nymphidianus, ein Bruder des Maximus von Ephesus, wurde *magister epistularum graecarum*, Staatssekretär für den griechisch-sprachigen Reichsteil. Ekdikios, vermutlich identisch mit einem Freund von Libanios, erhielt das Amt des Präfekten von Ägypten. Julians Onkel Julianus, Bruder seiner Mutter, mit dem er sich ausgezeichnet verstand, erhielt den wichtigen Posten eines *comes Orientis*. Ein anderer Julianus, Freund von Libanios und Themistios, wurde Gouverneur von Phoenicia. Atarbios, auch ein Freund von Libanios, Philosoph und Rhetor, war Gouverneur von Syrien. Leontios, der mit Libanios studiert hatte und jetzt Lehrer – vermutlich für Rhetorik – war, verwaltete Palästina; Vettius Agorius Praetextatus, Schwiegersohn von Symmachus und einer der Anführer auf dem heidnischen Flügel des römischen Senats, wurde, als er sich zu privaten Geschäften in Konstantinopel aufhielt, mit dem politisch unwichtigen, aber angesehenen Posten eines Prokonsuls von Achaia bedacht.

Wir kennen nur wenige Ernennungen, die Julian vornahm, aber einige politische Grundzüge treten klar zutage. Erstens: Militärische Ernennungen wurden vorgenommen oder verlängert bei bewiesener Tüchtigkeit, nicht aber dank irgendwelcher Beziehungen oder wegen politischer Tendenzen. Zweitens: Julians Berufungen in den Beamtendienst waren gründlich überlegt; es gab keine untüchtigen Leute, die ihr Amt lediglich ihrem Wohlstand oder dem Einfluß der Familie verdankten. Drittens, und das ist wohl am wichtigsten, versuchte Julian, vor allem akademisch gebildete und intellektuelle Männer in hohe Regierungsämter zu bringen.

Andere Kaiser haben dies vor ihm und nach ihm getan. Es war nicht mehr die Welt des zweiten Jahrhunderts, als Juvenal über die Vorstellung lachen mochte, daß ein Rhetor Konsul werden könne. Doch niemand hat diese Politik so konsequent wie Julian verfolgt. Er machte Literaten und Wissenschaftlern Angebote, die nicht immer angenommen wurden. Natürlich fühlte er sich selbst wohl im Umgang mit Gebildeten wie auch, auf andere Weise, im Umgang mit Soldaten. Doch es war mehr als persönliches Interesse.

Im großen und ganzen hatten sich die gebildeten Schichten der griechischen Städte im Imperium – Männer, die lehrten, Männer, die Bücher schrieben, die öffentliche Meinung machten – vom Imperium und seinen Angelegenheiten seit den chaotischen Jahren des dritten Jahrhunderts ferngehalten. Sie konnten oft nicht Latein und wollten es auch nicht. Die Verteidigung ihrer Grenzen, die Einziehung der Steuern überließen sie Männern einer anderen Sorte, rauhen Soldaten aus den nördlichen Provinzen, die Latein sprachen, grobe Sitten und begrenzte Interessen hatten, die arbeiteten, während die Gebildeten, die meistens im lokalen Rahmen auch die Wohlhabenden waren, ihr *dolce vita* der Lokalpolitik, der intellektuellen Zerstreuungen und des außerordentlichen Geschmacks fortsetzten. Die aufgeblähte Bürokratie, die Diokletian geschaffen hatte, brauchte Leute, und da die Intellektuellen im Osten sich fernhielten, gerieten Ämter, Beförderungen und Einfluß in die Hände von Leuten, die sich oft kaum dafür eigneten und deren Sinn für Tradition ebenfalls begrenzt war. Um die Mitte des vierten Jahrhunderts konnte die Beherrschung der Kurzschrift einen kometenhaften Aufstieg im Zivildienst ermöglichen. Männer wie Libanios, die noch die hellenistische Tradition verkörperten, zogen sich völlig auf sich selbst zurück. Sie beklagten zwar, daß lauter Nullen zu Amt und Würden gelangten, rieten aber ihren Schülern oder Söhnen keineswegs, sich aus dem engen Rahmen des Stadt- und Provinzlebens zu lösen und sich der Zentralregierung zur Verfügung zu stellen, wo zwar größere Gefahren drohten, aber auch mehr Gewinn zu erwarten war.

Die Verlegung der Hauptstadt von Rom nach Konstantinopel hatte die Dinge für die führenden Schichten der Städte im Osten verändert. Bisher war der Mittelpunkt des Reiches, der Ort, an dem die großen Entscheidungen fielen, weit weg gewesen, und die Bereiche, in die sich die kaiserliche Macht einschaltete, waren begrenzt. Jetzt aber lag mitten zwischen den griechischen Städten eine neue kaiserliche Hauptstadt, und die Zentralregierung griff jetzt auf vielen Gebieten ein, die bis dahin der lokalen bürgerlichen Initiative fast ganz überlassen gewesen waren. Die griechische Oberschicht, immer noch stolz auf ihre hellenistische Kultur, bestand zum großen Teil aus Heiden in einem Reich, dessen Herrscher Christen waren. Das verstärkte noch ihre Isolierung und das Gefühl, eine bedrohte Sache zu verteidigen. Doch wenn eine Gesellschaft, deren wichtigste Organisationseinheit die Stadt war, überleben sollte, mußten die führenden Bürger auf irgendeine Weise in den Prozeß der Entscheidungen mit einbezogen werden, der ja auch das Gedeihen ihrer eigenen Gemeinwesen betraf. Ein paar gebildete Männer entschlossen sich also, sich in der größeren Welt des Imperiums zu betätigen.

Zu ihnen gehörte Themistios (etwa 317–388). Er stammte aus dem Norden Kleinasiens und lehrte bis zu seinem Tode in Konstantinopel Rhetorik und Philosophie. Eine ganze Reihe von Kommentaren zu Plato und Aristoteles stammt von ihm. Da er auch Anteil am öffentlichen Leben der Hauptstadt nahm, wurde Konstantius auf ihn aufmerksam, um, wie er sagte, mit Themistios' Berufung in den Senat ›sophia hellenike‹ (griechische Gelehrsamkeit) gegen ›axioma romaikon‹ (römisches Ansehen) einzutauschen. Von Konstantius bis Theodosius hatte Themistios hohe Staatsämter inne und trug mit vielen Lobreden und Ansprachen an die Kaiser dazu bei, die politischen Ideen, die sie in die Praxis umsetzten, zu formulieren und zu verbreiten. Anders als die Neuplatoniker, die den Hauptzweck der Philosophie in der persönlichen Erleuchtung sahen, packte Themistios das Leben pragmatischer, eher im Sinne von Aristoteles, an. Praktische Tätigkeit in Stadt und Staat war für ihn ein Hauptziel der Philosophie. Als überzeugter Heide diente er getreulich einer Reihe christlicher Kaiser. Gewiß war er kein herausragender Philosoph, und als Staatsmann neigte er dazu, die Dinge zu verwischen und ungenaue Kompromisse zu schließen. Doch am kaiserlichen Hof vertrat er etwas von den Bestrebungen seiner Klasse im ganzen Reich. Obwohl sich Julians philosophische Einstellung scharf von der des Themistios abhob, waren die beiden durch ihr Heidentum verbunden und hielten es beide für höchst töricht, den Mittelpunkt der kaiserlichen Machtentfaltung zu boykottieren.

Julians eifriges Bemühen, die besten Vertreter der intellektuellen hellenistischen Welt zu aktiver Teilnahme an der Verwaltung des Imperiums zu bewegen, mag durch Themistios angeregt worden sein, denn die beiden standen seit langem in Briefwechsel. Doch die Briefe, die sie in den ersten Wochen nach Konstantius' Tod schrieben, enthüllen die tiefe Kluft, die sie voneinander trennte, und werfen auch ein Licht auf Widersprüche in Julians Haltung. Themistios' Brief ist verlorengegangen, aber sein Inhalt läßt sich aus Julians Antwort erschließen, die durch das Datum und die übrigen Umstände den Charakter eines öffentlichen Manifestes erhielt.

Die Auseinandersetzung scheint sich um die Auslegung einiger philosophischer Texte zu drehen, ist in Wahrheit aber ein Streit über die Beziehung zwischen griechischer Stadt und römischem Reich. Themistios hatte behauptet, ein Philosoph müsse voll am Leben des römischen Reiches teilnehmen, in der neuen Hauptstadt ein Amt verwalten und sich mit den großräumigen Problemen der Regierung befassen. Doch Julian, der Themistios mit größter Achtung behandelt, erklärt, es sei die eigentliche Aufgabe des Philosophen, ein paar Schüler zu unterrichten; er könne und solle sich nicht in Staatsgeschäfte mischen. Das ist eine mehr als reaktionäre Haltung – es ist die Distanzierung vom römischen Imperium, in dessen Schutz man die elitäre griechische Kultur im kleinen Kreis bedeutender Städte des Ostens pflegte. Diese Haltung ist außerdem typisch für den Neuplatonismus, der ›mehr am einzelnen als am Gemeinwesen, mehr am kontemplativen als am aktiven Leben interessiert war.‹ (A. D. Nock) Warum forderte Julian dann aber heidnische griechische Intellektuelle auf, unter seiner Regentschaft ein Amt zu übernehmen? Um das zu verstehen, muß man etwas weiter ausholen.

Julian war bewußt und durch seine Erziehung Grieche und Philosoph. Doch Geburt und Glück hatten ihn auch zum römischen Kaiser gemacht. In jüngeren Tagen war er an Rom und seiner Überlieferung wenig interessiert gewesen, doch als Caesar – und vor allem, seit er sich als Konstantius' Rivalen um die Macht verstand – hatte er mit dem Studium der römischen Geschichte begonnen. Es ist kein Zufall, daß er in Naissus nach dem Geschichtsschreiber Aurelius Victor schickte, ihn zum Gouverneur von Pannonien machte und ihm eine vergoldete Statue widmete. Sein eigentlicher Lehrer in römischer Staatskunst aber war vermutlich Salutius Secundus. Aus Julians späteren Schriften geht hervor, daß die Kaiser, die er sich zum Vorbild wählte, die Antonine – Antoninus Pius und dessen Adoptiv- und Schwiegersohn Marcus Aurelius Antoninus – waren. Als er in seinem ersten Panegyrikus für Konstantius ein Bild des idealen Kaisers entwarf, schilderte er ihn als den Mann, der sich im Umgang mit Volk und Magistrat wie ein Bürger benimmt, der den Gesetzen unterworfen ist und nicht über ihnen steht. Dieses Ideal des Regierens unter dem Gesetz taucht auch immer wieder in den Äußerungen seines Freundes Libanios auf, der sich gegen die ungezügelte Selbstherrlichkeit von Monarchen wandte. Julian hätte gern das Rad der Geschichte zurückgedreht und den Regierungsstil wieder eingeführt, der zwei Jahrhunderte vorher üblich gewesen war, also vor dem Chaos des dritten Jahrhunderts und vor der mit Diokletian begonnenen Zentralisierung und Bürokratisierung – und bevor Plotin das alte Band zwischen Philosophie und Politik zerrissen hatte. Julians Ideal war eine kaiserliche Regierung, die sich sowenig wie möglich in das wirtschaftliche, politische und kulturelle Leben der Städte einmischte, an deren Spitze ein aufgeklärter Kaiser stand, keine allem entrückte göttliche Inkarnation, sondern ein vernünftiger und zugänglicher *primus inter pares*. Daß sich bereits ein verklärender rosiger Schimmer über das Zeitalter der Antonine gelegt hatte, will nichts besagen. Die Illusionen, die sich Julian vielleicht über die Welt des Antonius Pius (gest. 161) und des Marc Aurel (gest. 180) gemacht hat, teilten seine Zeitgenossen. Nun erreichte aber gerade in der Zeit der Antonine die sogenannte zweite Sophistik ihren Höhepunkt, diese wunderliche griechische Kulturrenaissance, die mit dem wirtschaftlichen Aufschwung der griechischen Städte im Osten einherging. Zu der Zweiten Sophistik gehörte auch die Rolle des Sophisten: Diese Männer, die sich in den Städten Kleinasiens zusammenfanden, wurden oft die Vertrauten, die Berater und Kritiker römischer Kaiser und wirkten wie eine Art Lobby für die Interessen der städtischen Oberschichten im Osten. Doch im allgemeinen hatten sie weder ein Staatsamt inne, noch waren sie ein ständiger Faktor im Staatsapparat des römischen Imperiums.

Eine solche Rolle hatte Julian den Philosophen und Sophisten unter seiner Regierung zugedacht. Man muß es den vielen, die seine Einladung an den Hof nicht annahmen, hoch anrechnen, daß sie seine anachronistischen Absichten erkannten. In der zweiten Hälfte des vierten Jahrhunderts standen die heidnischen griechischen Intellektuellen vor der Wahl, sich völlig den Staatsangelegenheiten zu widmen, wie es Themistios tat, oder sich völlig davon zurückzuziehen – der Weg, den Libanios wählte. Das empfindliche Gleichgewicht, das im Zeitalter der Antonine geherrscht hatte, war seit langem gestört.

Der Alleinherrscher Julian hatte einen inneren Zwiespalt zu überwinden, doch das gelang ihm nicht mehr. Es ging um seine eigene Einstellung zum Konstantinischen Reich, das die Beziehung zwischen Ost und West, Latein und Griechisch so gründlich verändert hatte. Seine eigene Haltung war vermutlich stark durch die Erlebnisse seiner Jugend und der jungen Mannesjahre beeinflußt, auch durch die ungewöhnliche Isolierung, in der er gelebt hatte. Vielleicht war es gerade die Stärke seiner Empfindungen, die es ihm, dem Intelligenten und Aufrichtigen, erschwerte, den Komplex der Probleme kühl zu durchdenken. Er flüchtete in die Rückkehr zu einer Vergangenheit, die wie so viel längst Vergangenes zum Teil Mythos geworden war. Diese Überlegungen werden hier noch eine Rolle spielen, wenn Julians Religionspolitik erörtert wird. Vorher sollen aber noch Maßnahmen erwähnt werden, die der Politiker und Gesetzgeber Julian zu Beginn seiner Herrschaft traf.

Am 1. Januar 362 traten die Konsuln Mamertinus und Nevitta ihr Amtsjahr an. Julian nutzte die Gelegenheit, den neuen kaiserlichen Stil zu betonen. Als Mamertinus seinen offiziellen Besuch im Palast abstattete, erhob sich der Kaiser zu seiner Begrüßung. Und statt den Senat in den Palast zu befehlen, wie es bei Konstantin und Konstantius üblich gewesen war, ging er selbst – zu Fuß – ins Senatsgebäue, wo er sich eine Rede von Mamertinus zu seinem, Julians, Lob anhörte. Dieser Bruch mit dem bisherigen Protokoll war nicht nach jedermanns Geschmack, denn manche Leute hielten es für eine Erniedrigung, wenn sich Julian wie ein gewöhnlicher Bürger aufführte. Um sich die Ergebenheit seiner Untertanen zu sichern, mußte ein Kaiser vielleicht eine gewisse Distanz zwischen sie und sich legen. Julian wollte aber bewußt geschätzt werden, nicht in dieser gedankenlosen, vom Gefühl getragenen Anhänglichkeit. Während seiner Herrschaft kam es immer wieder zum Zwiespalt zwischen der Rolle des ›demokratischen Fürsten‹, die er spielen wollte, und der des entrückten, halbgöttlichen Herrschers, den die Masse seiner Untertanen erwartete und den die Situation vielleicht auch erforderte.

194

Mamertinus' Rede, derem Tenor Julian zugestimmt haben muß, bezieht sich zunächst geringschätzig auf die unrühmliche Vergangenheit, die nun aus und vorbei ist, enthält aber keine Angriffe auf Konstantius, dessen Begräbnis ein paar Tage zuvor stattgefunden hatte. Dann verbreitet sich Mamertinus vor allem über Julians militärische Erfolge, auf das Interesse, das er immer dem von ihm beherrschten Volk entgegengebracht habe, und erinnert schließlich die Bürger der Hauptstadt daran, daß Julian im vergangenen Herbst eine Getreideflotte aus Afrika nach Konstantinopel segeln ließ, obwohl die Stadt damals noch in Konstantius' Händen war. Ein oder zwei Tage nach der Rede schrieb Julian selbst an die Behörden in Ägypten, sich mit der Lieferung eines Obelisken für Konstantinopel zu beeilen – wovon man sicherlich in der Stadt erfuhr und erfahren sollte.

Die erste gesetzliche Verfügung, von der wir wissen, stammt vom 6. Januar 362 und betraf eine technische Anweisung für die Versorgung der Armeepferde; den genauen Inhalt kennen wir nicht. Ein Gesetz vom 17. Januar verstärkte die Kontrolle über betrügerische Beamte, eines vom 1. Februar verwarf die Ansprüche von Leuten, die Beamte bestochen hatten und ihr Geld zurückforderten. Im selben Monat beschränkte ein Erlaß streng die Benutzung der Staatspost für private Zwecke. Sogar ehrliche Beamte waren unerträglich gedrängt worden, Reisen mit Fahrzeugen der Staatspost zu gestatten, und unehrliche hatten einen schwunghaften Handel mit Genehmigungen betrieben. Nun sollte jeder Beamte, vom Prätorianer-Präfekten bis zum Provinzgouverneur, eine bestimmte Anzahl von Zulassungsscheinen erhalten; was darüber hinausging, mußte vom Kaiser selbst genehmigt werden. Einige weniger wichtige Postlinien, zum Beispiel nach Sardinien, wurden ganz eingestellt.

Im März erschien eine Reihe von Gesetzen zur Stärkung der finanziellen und politischen Stellung der Städte: Städtischer Boden, der von der kaiserlichen Verwaltung mit

Beschlag belegt worden war, sollte zurückgegeben werden, damit die Verpachtung die städtischen Einkünfte aufbessere, neue Steuern oder unbezahlte Dienstleistungen durften nicht mehr ohne kaiserliche Zustimmung eingeführt werden; Mitglieder städtischer Ratsgremien, die ihre Pflichten aus unterschiedlichen Gründen versäumt hatten, wurden an ihre Arbeit zurückgerufen; die Steuerfreiheit für Pächter von Staatsgütern wurde aufgehoben; eine Reihe von Maßnahmen sollte die unerträglichen Verzögerungen der Gerichtsverfahren verhindern. Im März verfügte Julian, das *aurum coronarium* – ein in Gold geleisteter Tribut vor allem der Stadtbewohner an den Kaiser – sei als freiwillige Leistung und nicht als Steuer zu behandeln. Zur selben Zeit wurden rückständige Bodensteuern gestrichen und wahrscheinlich die Abgaben für das kommende Jahr gesenkt.

Das alles sind natürlich nur Bruchstücke einer viel weitergehenden Gesetzgebung, aber sie kennzeichnen Julians politische Absichten: die Verhinderung von Verstößen und Mißbräuchen (obwohl vielleicht gerade die Verstöße und Mißbräuche ein Verwaltungssystem überhaupt funktionieren lassen); ferner die Trennung der zentralen Regierung von den Angelegenheiten der einzelnen Bürger, die Wiederherstellung der Städte als nahezu autonome Organe der lokalen Verwaltung (obwohl die Vernachlässigung der Ratspflichten und die Einmischung der Zentralregierung in bürgerliche Angelegenheiten seit langem üblich waren und darauf schließen lassen, daß die Städte des Imperiums nicht mehr imstande waren, ihre alten Aufgaben zu erfüllen).

In der Hauptstadt begann man mit dem Bau einer neuen Hafenanlage, und wir hören, daß ein Säulengang und eine öffentliche Bibliothek gebaut wurden; der in Ägypten bestellte Obelisk könnte der sein, der heute noch im Hippodrom steht, wo ihn Theodosius aufstellen ließ.

Es wäre ein grober Fehler, in Julian eine Art von antikem Liberalen zu sehen. Sein Ziel war nicht die Abschaffung der zentralen Bürokratie, sondern ihre Rationalisierung.

Ebenso bedeutete sein Verzicht auf die prunkvolle Repräsentation des Autokraten nicht, daß er tatsächlich eine Machtübertragung einleiten wollte. Die Regierung war unter Julian eher autokratischer als unter Konstantius. Doch wahrscheinlich war sie gerechter. Denn Gerechtigkeit, die jedem Bürger einen Status verlieh, wie er seinen Fähigkeiten entsprach, und ihm eine Entlohnung zuwies, die diesem Status zukam, war das Ziel dieses Philosophen und Königs im Sinne von Plato. Hinter allen demokratischen Gesten, die zweifellos echter Einfachheit und Unmittelbarkeit in Julians Charakter entsprachen, stand aber der strenge und drohende platonische Herrscher, verloren in die Kontemplation der transzendenten Welt der Ideen. Der wahre Herrscher, sagt er in seinem Brief an Themistios, »wenn er auch von menschlicher Art ist, muß göttlich sein durch seine Lebensweise, muß alles, was sterblich und tierisch ist, aus seiner Seele verbannen und nur das zulassen, was zur Erhaltung des Körpers notwendig ist«.

Die Zeitgenossen begriffen ihn. Eine lateinische Inschrift aus Pergamon nennt ihn »Herr der Welt, Lehrer der Philosophie, verehrungswürdiger Herrscher, gottesfürchtiger Kaiser, stets siegreicher Augustus, Verbreiter republikanischer Freiheit« (H. Dessau, *Inscriptiones Latinae Selectae* 751), und eine griechische Inschrift aus Iasus in Caria behauptet, seine Herrschaft sei auf Philosophie aufgebaut gewesen, »da er die ganze Welt durch Gerechtigkeit und andere Tugenden regierte«. (*Orientis Graecae Inscriptiones Selectae* 520.)

Julians Charakter enthielt Widersprüche und Konflikte, die oft aus seinem gewissenhaften Bemühen entstammten, eine vernunftgemäße Begründung für seine eigenen Einfälle und Gefühle zu finden. Ohne diese inneren Widersprüche wäre er ein langweiliger Mann und ein langweiliger Kaiser gewesen, und das haben ihm nicht einmal seine strengsten Kritiker vorgeworfen.

Als guter Platoniker konnte er sich kein echtes politisches Gemeinwesen ohne Staatsreligion vorstellen, eine Überzeugung, die er mit den meisten Christen seiner Zeit teilte, die aber für seine Vorbilder Antoninus und Marc Aurel geradezu widersinnig gewesen wäre. Seine Einwände gegen das Christentum als Staatsreligion waren zahlreich: Den groben Unterschied zwischen dem, was die Kirche predigte, und dem, was Christen taten, hatte er mit Bitterkeit am eigenen Leib erfahren; unwillig verfolgte er den Dogmenstreit, dem sich die Kirchenführer so skrupellos hingaben; ihm gefiel die Beschäftigung mit Leichen nicht, von Christi Leiche bis zu den echten oder angeblichen Gebeinen von Märtyrern, die in jeder Stadt und jedem Dorf verehrt wurden; schließlich hat ihn vielleicht auch die moralische Nachgiebigkeit, wie er sie empfand, abgestoßen: Die Forderungen waren ihm nicht streng genug, der größte Schuft konnte sich durch die Reue schließlich reinwaschen. Er sah hier nicht die Gerechtigkeit, die eine gute Gemeinschaft und ein guter Mensch verkörpern sollen, sondern eine Art Gnadensystem, das die Fähigkeit des Menschen, zwischen dem Richtigen und dem Falschen zu unterscheiden, untergraben mußte. Es öffnete den Weg zum Himmel nicht durch beständige Tugend, sondern durch periodische Orgien weinerlicher Beichten. Es war eine Religion für Kinder, nicht für erwachsene Menschen. Man könnte fortfahren mit Julians Vorwürfen gegen die Christen, und manche davon sollen hier noch eingehender erörtert werden. Doch vor allem haßte er das Christentum, weil es neu war. Wie viele tatkräftige Männer war er im Grunde konservativ. »Neuerungen«, schreibt er, »verabscheue ich mehr als alles andere, vor allem, wenn es die Götter betrifft, und ich meine, daß wir die Gesetzte, die wir aus der Vergangenheit übernommen haben, nicht antasten sollen, weil es offensichtlich ist, daß sie uns von den Göttern gegeben wurden.« (*Briefe* 20.)

Daß sich Julian zum neuplatonischen Heidentum rechnete, war geheimgehalten worden – doch praktisch war es wohl ein offenes Geheimnis. Solange er jedoch nach außen hin die Forderungen des Christentums erfüllte, genügte es

Konstantius und der öffentlichen Meinung, denn seit Konstantins Tagen trat so mancher in der Öffentlichkeit als Christ auf und war insgeheim doch Heide geblieben. Sogar nach seiner Proklamation zum Kaiser im Februar 360 vermied Julian jede öffentliche Teilnahme an heidnischen Ritualen und nahm, wie es die Sitte wollte, in Vienne am 8. April 361 am Ostergottesdienst teil. Es wäre wohl gefährlich gewesen, eine vorwiegend christliche Bevölkerung und ein Heer, dessen Soldaten zum großen Teil Christen waren, herauszufordern.

Auf seinem Marsch durch Thrakien von Naissus nach Konstantinopel brachte Julian aber ganz offen heidnische Opfer dar, wie er es voller Freude seinem einstigen Lehrer und Initiator in die Riten, Maximus, mitteilte: »Wir ehren die Götter öffentlich, und die meisten der mich begleitenden Soldaten sind gottesfürchtig (im heidnischen Sinne). Ich selbst opfere Rinder in aller Öffentlichkeit und habe den Göttern, die so viel für mich getan haben, in Dankbarkeit schon viele Hekatomben dargebracht. Die Götter verlangen, daß ich alles reinige, soweit ich es kann, und ich gehorche ihnen gern. Sie versprechen mir großen Lohn für meine Dienste, wenn ich nicht nachlasse.«

Eine interessante Feststellung nebenbei: Bei den Soldaten, die nun zum größten Teil Heiden sind, handelte es sich um dieselben Männer, denen zuliebe Julian noch wenige Monate zuvor am Gottesdienst in Vienne teilgenommen hatte. Es waren meistens Franken, Alemannen und andere Germanen, und wahrscheinlich war ihr Glaube, falls sie sich überhaupt einen bewahrt hatten, von Julians mit dem Verstand begründeten Hellenismus so weit entfernt wie vom Christentum. Doch sie hatten gelernt, daß man sich in Rom wie ein Römer benehmen mußte. Nachrichten über Julians öffentlich dargebrachte Rinderopfer und dergleichen werden schnell bis Konstantinopel gedrungen sein, doch niemand wunderte sich, daß Julian trotzdem beim christlichen Begräbnisgottesdienst für Konstantius eine führende Rolle spielte.

Religion konnte aber für Julian niemals eine private Angelegenheit sein, denn genau wie die zeitgenössischen Christen war er überzeugt, daß der richtige Glaube und der richtige Dienst an der Gottheit für das Gedeihen des Staates lebenswichtig waren. Doch sein eigenes Wesen und der vergeistigte Intellektualismus der heidnischen Sekten, denen er angehörte, verboten die Anwendung von Gewalt. Man mußte nur dem Menschen die Wahrheit zeigen, dann würde er sie früher oder später selbst erkennen. Notwendig war es eben, die Wahrheit sichtbar zu machen, damit auch die Vorteile und die Lügen ans Licht traten.

So gab er wenige Tage nach seiner Ankunft in Konstantinopel einen Erlaß heraus – dessen Text leider nicht erhalten ist –, nach dem aller ehemaliger Tempelbesitz, der seit Konstantin beschlagnahmt worden war, den ursprünglichen Besitzern zurückgegeben werden sollte. Im selben Erlaß oder in anderen, die ihn begleiteten, wurde ausdrücklich die öffentliche Feier aller religiösen Zeremonien gestattet. Außerdem entzog man der christlichen Geistlichkeit die Zuwendungen, die sie seit den Tagen Konstantins von der Regierung erhalten hatte: Ein ganz neuer Anfang sollte gemacht werden, und niemand durfte von vornherein benachteiligt oder im Vorteil sein. Zur selben Zeit – vielleicht einen oder zwei Tage nach den ersten Erlassen – ordnete ein neues Gesetz die Rückberufung aller wegen Häresie oder irgendwelchen abweichenden Meinungen verbannten christlichen Geistlichen an. Das konnte als eine weitere Maßnahme zur Aufhebung jeder Diskriminierung verstanden werden, denn wenn kein Unterschied zwischen Heiden und Christen gemacht werden sollte, dann auch nicht zwischen den Christen verschiedener Richtungen. Natürlich entstand durch die Rückkehr der verbannten Geistlichen in ihre Ämter eine unglaubliche Verwirrung innerhalb der mehr oder weniger arianischen Hierarchie, und Julian rechnete auch damit. Er hat vermutlich gehofft, die christliche Kirche werde sich selbst zerfleischen. Wahrscheinlich hatte er seine Hintergedanken, als er eine Versammlung von Bischöfen und ihren Anhängern in den Palast einberief, wo er ihnen auftrug, ihre Unstimmigkeiten zu bereinigen, damit jeder seine Religion in Frieden und ohne Furcht ausüben könne.

Die Rückgabe von Tempelbesitz erwies sich als sehr schwierig und verursachte viel böses Blut unter den Besitzenden. Viele Tempel wurden wiederhergestellt oder neu errichtet, in anderen Fällen zahlte man Abfindungen. Eine endlose Kette von Rechtsstreitigkeiten ergab sich aus dem Erlaß, denn Dritte, die guten Glaubens ehemaliges Tempelgut erworben hatten, wollten die Verantwortung nicht auf sich nehmen, die das neue Gesetz ihnen zuschob. Obwohl Julian mahnte, daß die Christen nicht behelligt oder zu Opferfeiern gezwungen werden dürften, kam es hier und da zu Unruhen. Der Bischof von Alexandria, Julians alter Nachbar Georg von Kappadokien, wurde von einer aus Christen und Heiden gemischten Menge gelyncht. Georg war allerdings ein Opportunist und ein Schurke gewesen, dessen einziger versöhnender Zug die Liebe zum Büchersammeln gewesen war.

Doch Julian war weder mit den Ausschreitungen der Massen noch mit der Anwendung von Gewalt durch die Behörden einverstanden. Er tadelte die Bürger von Alexandria für ihr Verbrechen und wies den Präfekten von Ägypten an, Georgs Bibliothek zu sichern und nach Konstantinopel zu schaffen. Im syrischen Arethusa wurde Bischof Markus, der die Heiden gezwungen hatte, das Christentum anzunehmen, vom Mob angegriffen und mit großer Grausamkeit getötet – die Schuljungen, Söhne der zum größten Teil heidnischen Oberschicht, stachen ihn mit ihren Schreibstiften zu Tode. Der ortsansässige Gouverneur, selbst Heide, schickte Julian einen Bericht, in dem er die Untat der Bürger heftig verurteilte und bemerkte, daß sie sich lächerlich machten. Es gab auch Christen, die sich nach dem Märtyrertod drängten, wie die drei phrygischen Jünglinge, die in einem neuerstellten Tempel die Statuen umwarfen und sich dann selbst anzeigten.

Wahre Horrorgeschichten waren im Umlauf, oft mit sexuellem Beiklang, wie sie unter solchen Verhältnissen oft weitergegeben werden. Da sollten Nonnen im libanesischen Heliopolis gezwungen worden sein, sich nackt auszuziehen, man rasierte ihnen das Haar ab, tötete sie und fütterte die Schweine mit ihren Eingeweiden. Aber diese Geschichte taucht zum erstenmal im fünften Jahrhundert auf und wird von keinem Zeitgenossen Julians erwähnt. Wo Gewalttaten geschahen, waren sie eine Ausgeburt der lokalen Verhältnisse. Der Kaiser hatte damals weder den Wunsch noch die Absicht, irgend jemanden zur Änderung seiner Ansichten zu zwingen.

Bezeichnend ist die Geschichte seiner Begegnung mit Maris, dem Bischof von Chalcedon. Maris war alt und litt an Star auf beiden Augen; er erhielt, wahrscheinlich auf seine Bitte, eine Audienz beim Kaiser, den er im Verlauf des Gesprächs als Verräter und Atheisten bezeichnete. Julian antwortete, da Maris blind sei, könne er die Wahrheit nicht sehen, und fügte hinzu: »Euer galiläischer Gott wird dich nicht heilen.« Maris gab zurück, er danke Gott für die Blindheit, die ihn hindere, in das Gesicht eines wetterwendischen Kaisers zu blicken. Das Gespräch scheint damit beendet worden zu sein. Der Kirchenhistoriker, der die Anekdote überliefert, berichtet, daß Julian erkannt habe, wie nachhaltig Märtyrer verherrlicht wurden; daraufhin habe er sich entschlossen, die Christen dadurch zu bestrafen, daß es keine neuen Märtyrer geben konnte.

Tatsächlich hing die Wirksamkeit seiner Maßnahmen weitgehend von den lokalen Behörden ab. Es gab Orte mit starker christlicher Mehrheit, wo alles ruhig blieb. In anderen wurden die neuen Verordnungen mit boshafter Schikane durchgeführt – man riß Häuser ab, weil Holzwerk ehemaliger Tempel für ihren Bau verwendet worden war. Doch im großen und ganzen setzte sich die Gesetzgebung ohne Aufruhr durch. Viele Tempel, Kultorte und Orakel wurden wieder besucht, längst aufgegebene Prozessionen und Zeremonien aufs neue gefeiert.

Eine Inschrift in einem Dorf bei Bostra vom Februar oder
März 362 besagt, daß der Tempel neu aufgebaut und wieder
geweiht worden sei. Julian hatte zum Gouverneur der
Wüstenprovinz Arabia Petraea einen ehemaligen Lehrer
für Rhetorik, Belaios, ernannt, der die kaiserlichen Erlässe
buchstabengetreu durchführte. Darauf schrieb Bischof Titus von Bostra an Julian, die christliche Bevölkerung sei
zwar empört, folge aber den Anweisungen des Bischofs
und verhalte sich ruhig. Wir haben noch Julians Brief an die
Bürger, in dem er betont, niemand solle gegen seinen
Willen zur Teilnahme an heidnischen Riten gezwungen
werden, und die Geistlichkeit und andere, die es wünschten, könnten frei ihren Gottesdienst begehen. Es dürfe aber
nicht zu einer Störung des Friedens kommen. Er riet dann
den Bürgern, Bischof Titus aus der Stadt zu vertreiben, da
er ihr vernünftiges Verhalten auf seinen eigenen Einfluß
zurückführe.

Die Briefe sind Ende 362 geschrieben, als sich Julians
Politik den Christen gegenüber etwas verändert hatte: Er
versuchte, einen Keil zwischen Laien und Geistliche zu
treiben. Im allgemeinen bildeten die neue Erlaubnis zu
heidnischen Gottesdiensten, die Rückberufung der verbannten Geistlichen und die Rückkehr der Geistlichen in
städtische Ämter – von denen sie bis dahin befreit gewesen
waren – nur vorübergehende Unbequemlichkeiten für die
Gemeinden der meisten Städte. Schlimmer, und zwar auf
lange Zeit, wirkte es sich dagegen aus, daß die staatliche
Unterstützung der Kirche wegfiel, und zwar die direkten
Zuschüsse wie die Steuerfreiheiten. Damit wurde die ganze
Struktur der von den Bischöfen unterhaltenen karitativen
Arbeit bedroht, aber auch die bereits selbstverständliche
Stellung der Kirche als Eigentümerin großer Vermögen.

Julian war zweifellos zunächst zufrieden mit den Ergebnissen seiner Politik, die auf gleiche Voraussetzungen für
alle Religionen abzielte. Doch seine Zufriedenheit hielt
nicht lange an. Es kam zu keinem massenhaften Abfall vom
Christentum, wenn auch zu häufigen Bekehrungen. Und

die Heiden, die wieder in der Öffentlichkeit ihrem Kult nachgingen, waren an der überfeinerten neuplatonischen Religion von Julian und seinen Freunden nicht interessiert. Was aufblühte, waren die traditionellen Kulte. Dazu gehörte auch der Kult für Mithras, den Sonnengott, zu dessen eingeweihten Anhängern Julian ja selbst gehörte. Er ließ in seinem Palast am Marmarameer ein Mithraeum einrichten und zelebrierte dort ein *taurobolium*, vielleicht sein zweites.

Doch gab es wenig Gemeinsames zwischen dem dualistischen, militanten Mithraismus des römischen Soldaten und des einfachen Mannes und der verwickelten, vielleicht auch verworrenen Metaphysik, die zum Beispiel in Julians *Hymne an den Sonnengott* zum Ausdruck kommt, einem Prosawerk, das er wahrscheinlich in den ersten Monaten seiner Herrschaft als Kaiser schrieb. Der ursprüngliche Dualismus, der den Mithraismus für kämpferische Naturen so anziehend machte, ist darin durch einen Vorgang der Emanation von oben nach unten ersetzt. Mithras, der Sonnengott, ist eine Emanation der wahren Sonne in der Welt der Ideen und bringt seinerseits wieder die sichtbare Sonne in der materiellen Welt hervor. Er verlangt von seinen Anbetern, besonders von denen, die ein hohes Amt innehaben, väterliche Freundlichkeit für Untergebene, strenge Selbstbeherrschung, Treue zu Verbündeten und Freunden und Verehrung für die Götter. Er bietet nicht körperliche Auferstehung, sondern Wiedergeburt in eine höhere und geistige Welt. Er ist eins mit Apoll und Dionysos und Serapis und einer Schar anderer griechischer und fremder Götter. Julian und die ihm Gleichgesinnten wollten den Kult und die Sittlichkeit des Mithraismus mit der Metaphysik der neuen, künstlichen Religion der Neuplatoniker verschmelzen. All das war für den Mann auf der Straße viel zu vergeistigt.

Außerdem war es Theologie. Und die alten Religionen kamen im allgemeinen ohne Theologie aus, wenn man darunter einen Komplex von Lehrmeinungen über göttliche Wesen versteht – göttliche Wesen, die von ihren

Anhängern angebetet sein wollen. Die alten Religionen von Griechen und Römern und die verschiedenen Verschmelzungen beider, in die dann noch unzählige Elemente aus den Religionen östlicher Völker einflossen, waren dem Wesen nach aktive Religionen. Wenn der Mensch die richtigen Handlungen in der vorgeschriebenen Weise vornahm, stellte er die Götter zufrieden und errang ihre Gunst. Was er glaubte, war völlig gleichgültig. Sittliche Forderungen konnten allerdings von den Kultdienern erhoben werden, so daß Opfer und Gebet eines Schurken, wenn auch rituell vorschriftsmäßig dargebracht, vergeblich blieben. Der Mensch mußte nicht nur die richtigen Kulthandlungen vornehmen, sondern auch ein guter Mensch sein, damit ihn die Götter schützten.

Es war möglich, daß den Anbetenden in einer Einweihungszeremonie oder auf andere Weise geheimes Wissen vermittelt wurde wie in den meisten Mysterienkulten. Doch der Anhänger wurde nicht befragt, ob er glaube, was ihm offenbart worden war. Freilich konnte der Besitz von geheimem Wissen für eine glückliche Beziehung zu den Göttern oder zu dem Gott wichtig sein, wichtig auch für den vollen Genuß des Heils, das sie anboten. Davon waren die Gnostiker jedenfalls überzeugt, die heidnischen wie die christlichen. Anbeter der Isis oder manichäische Dualisten gaben ihren Anhängern ein umfangreiches System des Wissens über die Götter und ihre Beziehung zum Universum und zur Menschheit an die Hand. Doch ein Glaubensbekenntnis ist offenbar auch hier nicht verlangt worden, wir hören niemals, daß der Kult für Isis oder Mithras oder der Manichäismus Ketzer gekannt habe. Eine verwirrende Vielfalt von Lehrmeinungen und Ritualen war vorherrschend. Und die Prüfungen – wenn Prüfungen auferlegt wurden – galten dem Tun, nicht dem Glauben. Christen konnten die Verfolgung durch den Staat schon dadurch vermeiden, daß sie ein Korn Weihrauch auf den Altar legten, der in den meisten Fällen wohl ein Altar für den Genius des regierenden Herrschers gewesen sein dürfte, obwohl niemand in ihm eine Gottheit von irgendwelcher Bedeutung sah; aber der Christ brauchte sich keineswegs zu einem heidnischen Glauben, zu Isis, zu Mithras oder irgendeiner okkulten Religion zu bekennen, um der Verfolgung zu entgehen.

Als Christ in einer von heftigem Streit um Lehrmeinungen erfüllten Zeit aufgewachsen, kannte sich Julian in theologischen Beweisführungen und Definitionen aus. Und seine wissenschaftlich fundierte Einstellung zu dem, was für die meisten Leute vor allem eine Sache des Gefühls war, regte ihn zur Systematisierung, zur Registrierung, zu klar formulierten Doktrinen an. Er hoffte, daß er den heidnischen Monotheismus, an den er glühend glaubte, für diejenigen, die außerhalb der kleinen Kreise intellektueller Initiierter standen, annehmbarer machen konnte, wenn er seine Überzeugung ausführlich darlegte, und er hoffte, damit auch den Vergleich mit dem Christentum besser bestehen zu können.

Allmählich hatte er sich offenbar einen Plan zurechtgelegt, im Verlauf seiner Gespräche mit den Vertrauten in Gallien und in Naissus. Zu den wichtigsten Gefährten gehörte sein Freund Salutius Secundus, jetzt Präfekt des Ostens. Salutius, ein Mann von Bildung und Ansehen sogar bei den Christen, sollte das geplante Lehrbuch schreiben. *Die Götter und das Universum* ist ein kurzes Werk von nicht mehr als zwanzig Druckseiten. Es ist wahrscheinlich zwischen März und Juni 362, als Julian in Konstantinopel war, veröffentlicht worden, worunter man die Verteilung von Kopien an wichtige Persönlichkeiten und Bücherverkäufer zu verstehen hat. Sicherlich hat Salutius die Arbeit im einzelnen mit Julian besprochen.

Es erörtert kurz und ohne Abschweifungen Themen wie das unsterbliche, nicht materielle und nicht räumliche Wesen der Götter, den Wert von Mythen, die uns auch dann, wenn sie uns täuschen, zur Wahrheit führen, ferner die Natur des Universums und der menschlichen Seele, das Wesen der Vorsehung und des Schicksals, den Ursprung des Bösen, den Grund, warum wir Göttern, die nichts brauchen, dennoch Opfer bringen, die Belohnungen und die Strafen, die Notwendigkeit der Seelenwanderung, die unfehlbare Glückseligkeit des Guten. Wenn auch nicht geradezu polemisch, so hatte das kleine Werk doch offenbar die Aufgabe, auf viele von den Christen erhobene Einwände gegen das Heidentum zu antworten. Es bezieht sich vornehmlich auf Plato, wenn wohl auch nicht unmittelbar, sondern auf Überlieferungen aus zweiter und dritter Hand. Alles wird klar und verständlich dargestellt. Als intellektuelle Arbeit überzeugt das Lehrbuch nicht gerade, denn es setzt so manches einfach als erwiesen voraus und umgeht einige der wichtigsten Probleme, mit denen sich die Theologen danach beschäftigten. Doch ist es imponierend als der erste – und letzte – Versuch, eine vernünftige und philosophische Grundlage für das verworrene Durcheinander von Glaubensinhalten und Praktiken zu finden, von dem das Heidentum der Spätantike geprägt war.

Salutius, das heißt also auch Julian, ist nicht daran interessiert, die Vergangenheit in einem antiquierten Sinn zu bewahren, sondern möchte ihr neues Leben einhauchen und ihr religiöses Erbe so darstellen, daß es mit dem Christentum in Wettbewerb treten kann, mit dem organisierten, artikulierten und polemischen Christentum. Salutius' Werk richtet sich an die Gebildeten, die sich etwas in der Philosophie auskennen, und seine Schlußkapitel setzen die Kenntnis der späten neuplatonischen Doktrinen voraus. Die Masse der Ungebildeten mußte ihren traditionellen religiösen Bräuchen und Vorstellungen überlassen bleiben, der Kampf spielte sich in den Köpfen der städtischen Oberschicht ab, die sich mehr und mehr dem Christentum zuwandte. Christliche Prediger und die christliche Kirche hatten zu ihrer Sprache gefunden. Die großen Kirchenväter des vierten Jahrhunderts waren gebildete Männer, die die traditionelle Kultur nicht einfach zum alten Eisen warfen. Längst waren die Tage vorbei, als Tertullian ausrufen konnte: »Was hat Athen mit Jerusalem zu schaffen?« Salutius' Lehrbuch der heidnischen Theologie ist ein erster Schritt, der intellektuellen Herausforderung des Christentums entgegenzutreten, und ein interessanter Hinweis auf die Richtung, die Julians Gedanken Anfang 362 eingeschlagen hatten. Gewalt und Zwang sollte es nicht geben. Die Flut des Christentums, die eine schon mehr als tausend Jahre alte Kultur zu ertränken drohte, sollte verebben, und zwar mit Hilfe der Vernunft. Es kam darauf an, die Zustimmung der gebildeten Oberschicht in den Städten zu gewinnen – die anderen würden dann dieser natürlichen Führung folgen.

In diesen ersten Monaten zu Konstantinopel entstanden auch zwei eigene Werke Julians, die ein Licht auf seine religiöse Gedankenwelt werfen.

Die Kyniker, die sich auf Diogenes bezogen – den Mann, der Alexander gebeten hatte, ihm aus der Sonne zu treten –, hatten an der Verschmelzung der philosophischen Schulen in der Spätantike nicht teilgenommen. Sie blieben die anarchistischen Außenseiter der Gesellschaft, belachten und kritisierten alle ihre Werte und Institutionen, führten ein herausfordernd einfaches Leben und hatten doch für das, was sie zu zerstören suchten, nichts Positives als Ersatz anzubieten; politisch und sozial hatten sie keinerlei Einfluß. In gewisser Weise bildeten sie eine Art Sicherheitsventil für die intellektuell Unzufriedenen in einer Übergangszeit. Ihre ätzende Kritik an der traditionellen Religion machte sie bis zu einem gewissen Grad zu natürlichen Verbündeten der Christen, und Kirchenführer wie Gregor von Nazianz behandelten einige dieser geradezu exhibitionistischen Kritiker der Ordnung mit bemerkenswerter Achtung.

Zu den Kritikern gehörte Herakleios, der sich schon am Mailänder Hof von Konstantius einen Ruf verschafft hatte. Anfang 362 stellte er sich in Konstantinopel ein und bat um die Erlaubnis, in Gegenwart von Julian einen Vortrag halten zu dürfen; Julian war keineswegs darauf erpicht. Immerhin gab er schließlich dem aufdringlichen Herakleios nach und besuchte seine Vorlesung, war aber entsetzt über den lästerlichen Stil des Mannes und die negativen Schlußfolgerungen aus seinen widersprüchlichen Argumenten. Damit war zu rechnen gewesen. Unerwartet aber war, daß Julian bald darauf selbst einen öffentlichen Vortrag hielt, in dem er Herakleios' Ansichten widerlegte und seine eigenen darstellte. Daß er diese Vorlesung, der noch weitere über verschiedene Themen folgten, öffentlich hielt, zeigt, wie sehr ihm seine Absichten am Herzen lagen, zeigt aber auch seine Mißachtung des Protokolls und sein fast übertriebenes Bedürfnis, sich mitzuteilen. Manche Zeitgenossen fanden, daß er die kaiserliche Würde verletze und damit das reibungslose Funktionieren des Staatsapparates störe. Andere wiederum begrüßten seine Unmittelbarkeit und Aufrichtigkeit als willkommene Absage an die Heuchelei offizieller Verlautbarungen unter seinen Vorgängern.

Der Text von Herakleios' Vorlesung ist nicht erhalten, Julians Antwort liegt uns noch vor, ein ziemlich umfangreiches Werk, das weit über eine bloße Antwort auf Herakleios hinausgeht. Julians Zeitgenossen stellten fest, daß er sehr geschickt zu diskutieren und die Meinung seines Gegners lächerlich zu machen verstand. Es wäre also überflüssig, Herakleios' Argumente im einzelnen aus Julians Kritik herauszusuchen.

Julian tadelt den blasphemischen Ton und wendet sich dann dagegen, daß die alten überlieferten Göttermythen als lächerlich abgetan werden; er weist darauf hin, daß die Kyniker die Gesellschaft beunruhigen – eine interessante Aussage aus gegnerischer Quelle – und daß ein auffallendes Mißverhältnis zwischen ihren moralischen Ansprüchen und ihrem Verhalten besteht. Dann fährt er fort mit der Erklärung einiger Mythen, die damals in neuplatonischen Kreisen eine besondere Rolle spielten; seine eigene geistige und sittliche Entwicklung schildert er als eine Art Allegorie auf das Herabfließen des Göttlichen zum Menschen und den entsprechenden Aufstieg der Seele zu Gott. Die Kyniker vergleicht er mit den Mönchen, die damals gerade unter den Christen auftauchten – Männer, die meistens nichts zu verlieren haben und alle möglichen materiellen Vorteile aus ihrer angeblichen Askese ziehen. Seinen eigenen Aufstieg zur Macht sieht er als Werk der Götter, er ist vom Schicksal auserwählt. Doch die Macht, die sie ihm gegeben haben, beruht auf der Vernunft, nicht auf Gewalt. Er soll seine Freunde als Freunde und nicht als Diener behandeln, seine Untertanen als Kinder, er soll ihnen die Liebe weiterreichen, die ihm die Götter erweisen, und sich in jedem Augenblick der göttlichen Hilfe bewußt sein. Dann flicht er ein Kompliment für Maximus ein, den Lehrer, der ihn in die Mysterienkulte der Neuplatoniker eingeweiht hatte und vor kurzem an den Hof von Konstantinopel gekommen war. Sein Vortrag endet mit der Mahnung an Herakleios, daß Diogenes selbst die Götter verehrt habe.

Was an diesem sonderbaren Werk vor allem auffällt, ist Julians starkes Sendungsbewußtsein, das im Grunde schlecht zu seiner natürlichen Freundlichkeit und seinem gänzlichen Mangel an Aggressivität paßt.

Etwas später, wahrscheinlich kurz vor dem 21. März 362, verfaßte Julian in einer einzigen Nacht seine Abhandlung über die Mutter der Götter. Ob sie öffentlich vorgetragen wurde, wissen wir nicht, aber sie ist sicher unter den Freunden und Gefährten des Kaisers weitergereicht worden. Julian macht sich hier daran, die neuplatonische Deutung des seltsamen orientalischen Mythos vom Hirten Attis darzulegen; der junge Attis wurde von Kybele, der Mutter der Götter, geliebt. Kybele behielt ihn bei sich, doch Attis verliebte sich in eine Nymphe, floh und lebte mit der Nymphe in einer Felsenhöhle. Später packten ihn Gewissensbisse, er kastrierte sich selbst, ließ seine Genitalien bei der Nymphe zurück und kehrte reuig zur Muttergöttin zurück, die ihm seine Mannheit zurückgab.

Wahrscheinlich handelte es sich ursprünglich um einen Fruchtbarkeitsmythos, der aber im Laufe der Zeit von allerlei Zutaten und Verdrehungen entstellt worden war. Außerdem hatten ihn ganze Generationen von Kommentatoren stoischer Herkunft immer wieder als Allegorie behandelt und erklärt und ihm einen physikalischen oder moralischen Sinn unterlegt. Julian gibt dieser sonderbaren Geschichte, die Jahrhunderte zuvor Catull Anlaß zu einem seiner großartigsten Gedichte gegeben hatte, eine neuplatonische, metaphysische Deutung. Nach seiner Ansicht schildert sie verhüllend den Abstieg der schöpferischen Intelligenz aus der transzendenten Welt in die Welt der Dinge und ihre Rückkehr zum intelligiblen Gott, von dem sie ihr Sein empfing. Wenn Julian betont, daß es sich nicht um ein einmaliges, geschichtliches Ereignis handelt, sondern daß es sich immer wieder vollzieht und es bis in alle Ewigkeit tun wird – denn das Universum ist unzerstörbar –, dann tut er es wohl, um seine Ablehnung des christlichen, historischen Berichts über den Abstieg Gottes auf die Erde zu unterstreichen. Die Abhandlung enthält viele allegorische Auslegungen von Einzelheiten der mythologischen Geschichte und setzt ein philosophisches Verständnis voraus, das nur die Hochgebildeten besessen haben können. Julian macht übrigens in dieser Arbeit Vorschriften für rituelle Enthaltsamkeit des frommen Heiden – kein Wurzelgemüse, keine Granatäpfel, Fisch nur bei besonderen Gelegenheiten, kein Schweinefleisch. Alle diese Vorschriften fanden sich schon in dem einen oder anderen Kult.

Schließlich veröffentlichte Julian Anfang Juni 362 eine dritte Abhandlung über Philosophie, veranlaßt durch den Vortrag eines Kynikers über Diogenes, der ja seit Jahrhunderten das Leitbild der Kyniker gewesen war. Die Abhandlung *Über die unwissenden Kyniker* befaßt sich vor allem mit einer Untersuchung von Diogenes' Leben, wie es überliefert worden war. Julian will beweisen, daß Diogenes in Wahrheit ein gottesfürchtiger Mann war, von denselben Grundsätzen wie Plato beseelt – obwohl er ihm immer entgegengehalten wird; er behauptet, daß die Kyniker des vierten Jahrhunderts Heuchler und Scharlatane seien, die das Erbe ihres großen Meisters mißverstanden und entstellt hätten. Aus seiner Beweisführung geht ein Glaube an die grundlegende Einheit aller hellenistischen Philosophie hervor, aus der nur die inzwischen praktisch verschwundenen Epikuräer und die Pseudo-Kyniker ausgenommen sind.

Julian war aber kein scharfsichtiger Philosoph – wenige Neuplatoniker des vierten Jahrhunderts waren es. Wie sie zog er es vor, grundlegende Unterschiede zu überdecken und alles im rosaroten Schimmer einer Einheit darzustellen, deren Umrisse verschwommen blieben. Ihm lag daran, daß die Verteidiger des heidnischen Hellenismus eine Einheitsfront gegen den Hauptfeind, das Christentum, bildeten. Seine Abhandlung *Über die unwissenden Kyniker* sollte man unter diesem Vorzeichen verstehen, als Versuch, neuplatonische Mystik mit dem zu vereinen, was er vermutlich als den gemäßigten Flügel der Kyniker ansah. Es ist ein Beitrag zur Überzeugungskraft der radikalen Kritik an der etablierten Ordnung. Doch die Wirkung muß sich wieder auf die Hochgebildeten beschränkt haben, deren politische Bedeutung Julian immer übertrieb. Es drängte ihn zwar immer, sich mitzuteilen, doch er fand nicht den Weg, sich dem einfachen Mann verständlich zu machen. Die einzige Gelegenheit, bei der er sich darauf verstand, boten ihm der Paradeplatz und das Schlachtfeld.

Ein paar Tage, nachdem er die Abhandlung veröffentlicht, vielleicht sogar selbst vorgetragen hatte, war er unterwegs nach Antiochia und zur persischen Front.

8
Antiochia

Der Kaiser und seine Truppe verloren wenig Zeit mit der Durchquerung Kleinasiens. Der römische Heerweg folgte einer natürlichen Straße, die schon 900 Jahre zuvor die Perser und vor ihnen die Hethiter benutzt hatten. Von Chalcedon – gegenüber von Konstantinopel am anderen Bosporus-Ufer – führte sie durch Nikomedia (Izmit), Nicaea (Iznik) und dann in Richtung Osten nach Ancyra (Ankara). Bevor Julian Ancyra erreichte, machte er einen Abstecher zum alten Kybele-Heiligtum von Pessinus (in der Nähe des heutigen Sivrihisar) im Vorgebirge des Dindymus.

In Ancyra kam es offenbar zu einer feindseligen Demonstration ansässiger Christen, für die ein Priester namens Basil zum Tode verurteilt wurde. Julian drängte vorwärts und schlug vermutlich den Weg ein, der an den glitzernden Salzflächen von Tuz Gölü entlangführte; das ersparte ihm, den Fluß Halys (Kízílírmak) zweimal zu überqueren, um Tyana (Kíz Hísar) zu erreichen, das zwischen Nigde und Eregli an der Südgrenze Kappadokiens lag.

Hier begann die einzige gute Straße durch die gewaltige Mauer des Taurus-Gebirges, durch die ›Tore Kilikiens‹ nach Tarsos, das in der fruchtbaren, blühenden Ebene des östlichen Kilikien lag. Dort gönnte sich der Kaiser eine kurze Rast. Von Tarsos an marschierte es sich leichter, durch Adana und Mopsuestia (Sejhan) bis zur Mittelmeerküste bei Aegae (Yumurbalik), dann an der Bucht von Iskenderum entlang an Issus vorbei – wo Alexander vor fast 700 Jahren Darius besiegt hatte – und über einen bequemen Paß durch die Berge von Amanus.

Als er am 18. Juli den Paß hinter sich gebracht hatte, sah Julian zum erstenmal die Mauern und Türme von Antiochia in der Sommersonne glänzen. Er war 1100 km von Konstantinopel entfernt und kam nun in eine für ihn ganz neue Welt.

An beiden Seiten des Orontes, dort, wo der Fluß seine scharfe Biegung nach Südwesten macht, breitete sich Antiochia aus, eine Stadt, die mit Alexandria um den dritten Rang unter den Städten des Imperiums wetteiferte. Sie war 145 vor Chr. von Alexanders General Seleukos gegründet worden und bildete jetzt, im vierten nachchristlichen Jahrhundert, einen bedeutenden Mittelpunkt für Handel und Gewerbe, aber auch für die griechische Kultur; sie war das Verwaltungszentrum für den römischen Osten und die Basis für kriegerische Unternehmungen gegen Persien in Mesopotamien und in Armenien.

Antiochia, heute Antakya, 20 Kilometer von der Mittelmeerküste entfernt, entzückte durch seine schöne Lage; den Stadtkern bildete eine Insel im Orontes. Die Stadt lag in der Ebene, doch unmittelbar im Süden steigt der Kasius steil auf bis zu einer Höhe von 1500 Metern. Die Mauern der Stadt zogen sich bergauf, bergab an seinen Vorsprüngen entlang, hoch über den Wohngebieten im Tal. Etwa 8 km im Nordwesten erhebt sich der Amanus, ein Ausläufer des Taurus-Gebirges. Die Stadt war mit Kilikien und Kleinasien durch einen Paß in der Bergkette verbunden. Die Ebene, etwa 16 km lang und halb so breit, war fruchtbar und wurde sorgfältig bestellt. An den unteren Berghängen zogen sich Terrassen für den Weinbau hin, wie gesprenkelt mit den Sommerhäusern der wohlhabenden Bürger. Weiter oben grasten die Schafe, und erst seit kurzer Zeit teilten christliche Einsiedler die Einsamkeit der Hirten.

Wie alle antiken Städte besaß Antiochia ein ausgedehntes Territorium, das sich im Osten fast bis Beroea (Aleppo), nach Süden rund 40 Kilometer weit erstreckte und insgesamt etwa 6475 Quadratkilometer umfaßt haben dürfte. Die Bevölkerungszahl können wir nur aus Hinweisen erschließen, wie übrigens Julians Zeitgenossen auch. Eine vor kurzem veröffentlichte Studie vertritt die Ansicht, daß die eigentliche Stadtbevölkerung im vierten Jahrhundert 150 000 Menschen betragen haben kann, während weitere 400 000 auf städtischem Landbesitz ringsum lebten (J. H. W. G. Liebeschütz, *Antioch: City and Imperial Administration in the Later Roman Empire*, 1972). Und die Bevölkerung wuchs in dem Maße, wie die kleineren Städte des römischen Ostens verfielen und ihre Bürger in die blühende Hauptstadt der Region zogen.

Antiochia lebte vor allem von der Landwirtschaft, die ihr den größten Teil ihres Reichtums eingebracht hatte. Der Anteil von Handel und Gewerbe war nur gering, der politische und soziale Einfluß der Handel- und Gewerbetreibenden ohne jeden Belang. Ein Blick auf die verschiedenen Gruppen soll verdeutlichen und zeigen, welche Möglichkeiten Julian hier offenstanden, welche Wege ihm verschlossen bleiben mußten.

Die Oberschicht der Gesellschaft bildeten die Grundbesitzer großer und kleinerer Güter auf städtischem Territorium. Sie waren keineswegs landwirtschaftliche Unternehmer, sondern hatten ihren Boden meistens verpachtet und lebten von der Pacht, nicht vom Ertrag. Die grundsätzliche Ausnahme bildete die ›Hausfarm‹, die den Grundbesitz selbst mit frischem Gemüse und Obst je nach Jahreszeit versorgte. Ein Grundbesitzer konnte sich durchaus an umfangreichen Geschäften beteiligen, die sich aber einfach aus seinem Besitz ergaben und keinen Selbstzweck bildeten. So schickte etwa Libanios einen Agenten nach Apamea, der dort landwirtschaftliche Produkte von Libanios' Besitz bei Antiochia verkaufen sollte, und verkaufte auch Wein im nahe gelegenen Kilikia, wo er dann Zimmerholz für sein Stadthaus einhandelte. Die Grundbesitzer lebten in der Stadt, besuchten ihre Güter auch nicht während der Sommerhitze, sondern zogen es vor, sich in der kühlen Vorstadt Daphne anzusiedeln, die nur ein paar Kilometer von Antiochia entfernt lag. In dieser Hinsicht unterschieden sie sich auffallend von den Grundbesitzern in Italien und im Westen, die auf und von ihren Gütern lebten.

Im Grunde hatten die Reichen nichts zu tun, ihr Leben wird in Müßiggang und mit Parteipolitik vergangen sein. Aber sie stellten den Nachwuchs für die wissenschaftliche Ausbildung, vor allem für Rhetorik und Rechtsgelehrsamkeit. Wer diese Künste beherrschte, genoß hohes Ansehen, und seine beruflichen Einkünfte konnten sich sehen lassen. Ein Beispiel dafür ist Libanios, der zu den wohlhabendsten Grundbesitzern in Antiochia gehörte, in seiner Vaterstadt Rhetorik lehrte und um 360 als der hervorragendste Gelehrte in der griechischen Welt galt.

Der kaiserliche Beamtendienst holte sich auch einen Teil seines Nachwuchses aus der grundbesitzenden Oberschicht von Städten wie Antiochia. Die weniger Wohlhabenden wurden *officiales*, das heißt, daß sie eine Laufbahn in einer lokalen oder zentralen Abteilung begannen. Die Wohlhabenden und Einflußreichen dagegen machten keine Karriere, sondern wurden unmittelbar zu Provinzgouverneuren oder in noch höhere Ämter berufen. Reichsbeamte genossen gute Bezahlung, Sicherheit und außerordentlich hohes Ansehen. Außerdem waren sie frei von Funktionen, die ihre Kollegen daheim belasteten, weil sie verpflichtet waren, dem städtischen Rat anzugehören.

Viel zahlreicher als die Grundbesitzer waren die Händler. In den meisten Fällen fertigten sie selbst das an, was sie verkauften, es gab keine Trennung zwischen Herstellung und Verkauf. Diese Gewerbe- und Handeltreibenden waren kleine Leute, arbeiteten mit allen Familienmitgliedern und vielleicht noch einem oder zwei Sklaven. Denn so bedeutend Antiochia auch als industrielles Zentrum war, so gab es doch keine ›Industriekapitäne‹, wahrscheinlich nicht einmal Gebäude für Warenproduktion, denn die Menschen arbeiteten, wo sie wohnten, und wohnten, wo sie arbeiteten. Werkstätten, Verkaufsstände und Läden waren über die ganze Stadt verstreut; die Konzentration des Handels auf einen Basar ist eine viel spätere Entwicklung. Zu diesem Teil der Bevölkerung zählten auch die Bankiers und Geldverleiher, auch sie waren kleine Leute, und ihre Hauptaufgabe war es nicht, Kredite zu besorgen. Antiochia hatte wie viele andere antike Städte kein Gegenstück zum ›königlichen Kaufmann‹ oder zum reichen Bankier in den Städten des mittelalterlichen Europas. Der soziale Status und der politische Einfluß dieser ganzen Schicht waren belanglos. Sie war von den Grundbesitzern getrennt durch die scharfe Unterscheidung im spätrömischen Reich zwischen *honestiores* und *humiliores*. Ein Kaufmann, ein Ladenbesitzer oder Bankier war ein *humilior* und als solcher sogar der entwürdigenden – und gefährlichen – körperlichen Bestrafung unterworfen.

Die Arbeitskräfte auf dem Lande stellten die Bauern. Obwohl Antiochia eine griechische Stadt war, arbeiteten auf seinen Feldern keine Griechen. ›Syriakisch‹ war die Sprache der Dorfbewohner, von denen die meisten nicht einmal Griechisch sprechen konnten. Syriakisch war auch in der Stadt selbst weit verbreitet und wurde fast von jedermann verstanden. Wie es vor kurzem ein Schriftsteller formulierte, gab es viel ›verschämte Zweisprachigkeit‹. Sogar der große Libanios verrät wenigstens an einer Stelle, daß er Syriakisch konnte. Die Leute vom Lande mußten zwar in die Stadt kommen, um ihre Erzeugnisse zu verkaufen und die wenigen Waren zu erstehen, die sie brauchten, aber man sah sie ungern, und die Behörden ermutigten nicht zu solchen Besuchen. So konnten Bauern ihr Leben im Anblick der Mauern von Antiochia verbringen und den Boden der Stadt bestellen, ohne je in Berührung mit städtischem Leben zu kommen.

Die genaue rechtliche Stellung der Landbewohner ist uns nicht ganz klar. Wahrscheinlich hatten sie das Land gepachtet und zahlten oft die Pacht in Ernteerträgen, gewiß zum Teil auch in Arbeitsleistungen für die Hausfarm des Grundbesitzers. Sie scheinen nicht gerade an den Boden gebunden gewesen zu sein, wie die Pächter in anderen Teilen des Imperiums, aber andererseits kann Tradition genauso verpflichtend wirken wie das Gesetz. Immerhin scheint es selten vorgekommen zu sein, daß ein Grundbesitzer einen Pächter vertrieb oder daß der Pächter seinen Vertrag aufgab. Die Bauern in der Ebene von Antiochia lebten vermutlich armselig und in Wohnungen, die nicht besser als Strohhütten waren. Weiter oben auf den lehmigen Hängen lagen große Dörfer mit geräumigen Steinhäusern. Sie verdankten ihren Wohlstand einer Monokultur, nämlich den Oliven, die zum Teil für entfernte Märkte bestimmt waren.

Mehrere Fernstraßen nach dem Osten – Indien, China – berührten Antiochia, und wir hören auch von Exporten in den Westen, vor allem von Textilien und Glaswaren. Doch es gibt kein Anzeichen für unternehmende Kaufleute, die sich mit Export und Import befaßten. Der Karawanenhandel durch die Wüste nach Persien wurde offensichtlich von den meist arabischsprechenden Nomaden besorgt. Fernhandel in den Westen war eine Art Nebenleistung der *navicularii*, der Grundbesitzer, die verpflichtet waren, ein Schiff für die Getreideversorgung der Hauptstadt zu unterhalten.

Die Verwaltung der Stadt lag in den Händen einer kleinen erblichen Oligarchie reicher Großgrundbesitzer, die den Rat bildeten. Das war alles, was von der städtischen Verfassung im alten Reich übriggeblieben war – von der Volksversammlung, dem Rat und den gewählten Verwaltungsbeamten. Die Volksversammlung war seit Ende des ersten nachchristlichen Jahrhunderts in den meisten Städten abgestorben oder aufgehoben worden. Sogar ihre Wahlbefugnis hatte der Rat der Stadt übernommen. Die Magistratsbeamten, wenn es sie noch gab, waren nur noch Ratsmitglieder, damit beauftragt, die Ratsbeschlüsse durchzuführen. Das Chaos des dritten Jahrhunderts war dadurch beendet worden, daß man die Zentralregierung gewaltig stärkte und ihr viele Funktionen zuwies, die früher von den städtischen Behörden wahrgenommen worden waren, und um die Mitte des vierten Jahrhunderts war das alte Gleichgewicht zwischen lokaler Initiative und zentraler Politik unwiederbringlich verschwunden. Die Rolle des Rats von Antiochia beschränkte sich jetzt darauf, die Steuern einzuziehen, die Gelder zu verwenden, die ihm von den zentralen Behörden zugewiesen wurden, und schließlich den Gouverneur zu beraten. Der Gouverneur – entweder der *consularis Syriae* oder sein Vorgesetzter, der *comes Orientis*, die beide in Antiochia residierten –, faßte die Beschlüsse und erwartete vom Rat ihre Durchführung, soweit es um innere Angelegenheiten der Stadt ging. Wenn eine Maßnahme mißglückte, waren die Ratsmitglieder einzeln und kollektiv verantwortlich.

Als im Jahre 386 eine aufrührerische Menge einige Statuen des Kaisers zertrümmerte, erwartete jedermann in Antiochia, daß nun Ratsangehörige verhaftet und hingerichtet werden würden. Denn im Jahre 303, als die Bürger von Antiochia eine meuternde Truppeneinheit bekämpften und besiegten, ließ Diokletian eine Anzahl führender Ratsmitglieder hinrichten, obwohl niemand ihnen Meuterei sondern nur deren Niederwerfung vorwerfen konnte.

Dem Rat mußte vieles mißlingen, denn er verfügte über keine Zwangsmittel. Es gab eine kleine, mit Knüppeln ausgerüstete Polizei und eine Einheit aus Bogenschützen, aber der Rat hatte sie nicht straff in der Hand. Es gab auch keine Bürokratie, die Ratsentscheidungen in die Praxis umsetzen konnte, obwohl die Zentralregierung des Imperiums ihre Bürokratie hatte. So war der Munizipalrat ein Gremium, das Verantwortung trug, aber keinerlei Machtmittel hatte, und es kann nicht wundernehmen, daß diejenigen, die entweder reich oder arm genug waren, oft versuchten, dieser gefährlichen Verpflichtung zu entgehen. Immerhin konnte man andererseits immer noch seinen Profit dabei finden, und die Zugehörigkeit zum Rat verschaffte hohes Ansehen.

Die Einnahmen der Stadt stammten vor allem aus der Verpachtung von städtischem Boden, das heißt von dem Land, das nicht im Besitz einzelner Bürger war, sondern der

Stadt als Rechtsperson gehörte. In der ersten Hälfte des vierten Jahrhunderts war dieser Besitz von der kaiserlichen Regierung im Zuge der allgemeinen Zentralisierung übernommen worden, und zweifellos hatte man dabei unterstellt, vielleicht zu Recht, daß der städtische Grundbesitz von den Mitgliedern des Rats ausgenutzt wurde, der sich ja aus den ansässigen Grundbesitzern zusammensetzte. Offenbar hatte der Rat trotzdem nicht ganz auf seine eigentliche Einnahmequelle verzichten müssen, doch der Gouverneur und seine Beamten entschieden darüber, wieviel die Stadt erhielt, wann und zu welchem Zweck. Dadurch wurde die Initiative der städtischen Behörden natürlich noch stärker unterdrückt. Es ist bezeichnend, daß die meisten öffentlichen Arbeiten offenbar von der Zentralregierung und nicht von den städtischen Behörden übernommen wurden. Eine der ersten Verordnungen Julians bestimmte, daß städtischer Grundbesitz den städtischen Behörden zurückgegeben werden sollte.

Ein schwacher Abglanz der einstigen Demokratie hatte sich noch in den sechzehn *tribus* erhalten, die aber jetzt nur noch bedeutungslose Verwaltungseinheiten waren. Sie hatten ein paar Aufgaben, zum Beispiel Aufsicht über die Beleuchtung, über die Sperrung der Fernstraßen und ähnliches. Sie mögen auch gewählte Beamte gehabt haben, aber niemand nahm sie ernst.

Das also war die Stadt, in der Julian im Sommer 362 seine Hofhaltung und sein militärisches Hauptquartier einrichtete.

Julian hatte sich viel von Antiochia versprochen, einer blühenden hellenistischen Stadt antiker Tradition, mit einem Apparat der Selbstverwaltung – anders als Konstantinopel, der neuen Gründung mit vorwiegend Latein sprechender Bevölkerung und unmittelbarer kaiserlicher Verwaltung. Antiochia war außerdem ein Mittelpunkt für Kunst und Gelehrsamkeit, dem junge Männer aus der ganzen griechischen Welt zuströmten, um hier ihre wissenschaftliche Ausbildung abzuschließen. Es war die Heimat von Libanios, dem hervorragendsten Gelehrten seiner Zeit, der noch dazu Heide war und den Julian schon in Nikomedia bewundert hatte. Endlich sollte er ihn wiedersehen. Hier, wenn überhaupt irgendwo, würde er das kraftvolle traditionelle städtische Leben wiederfinden, ohne das die Regierung des Imperiums zur Tyrannei werden mußte; hier würde er die so sehr ersehnte Verbindung aus religiöser Hingabe, philosophischer Spekulation und literarischer Kultur in voller Blüte antreffen. Erfrischt und beflügelt von Antiochia, wollte er dann als ein neuer Alexander nach Osten ziehen, um den uralten Feind zu besiegen. Zur gleichen Zeit würde er damit den Spuren einer langen Reihe römischer Befehlshaber folgen, von Lucull bis Trajan, Aurelian bis Konstantius, die vom festen Bollwerk Antiochia ausgezogen waren, um die Grenzen des Reichs zu verteidigen oder zu erweitern. Vielleicht lag ihm auch viel daran, die Unterstützung der großen und einflußreichen jüdischen Gemeinde der Stadt in einem Kampf gegen das Christentum zu gewinnen. Gamaliel, der Sohn des jüdischen Patriarchen Hillel II. und später selbst Patriarch, war ein Freund von Libanios.

Tatsächlich erwarteten Julian in Antiochia jedoch nur Enttäuschungen. Er war froh, als er nach acht Monaten den Staub der Stadt von den Füßen schütteln konnte. Historiker haben von unüberbrückbaren Gegensätzen des Temperaments zwischen dem ernsten jungen Herrscher und den frivolen Antiochiern gesprochen. Aber eine solche Erklärung, in der wohl als Unterton eine gewisse westliche Verachtung für ›das Orientalische‹ mitschwingt, läßt sich nicht halten. Julian mag sich ein etwas idealisiertes Bild von Antiochia gemacht haben, aber im großen und ganzen ist er sicherlich gut im Bilde gewesen über eine Stadt, in der er viele Freunde hatte. Und ein Mann, dem es gelungen war, sich mit den Bürgern von Athen, Vienne, Paris und Konstantinopel gutzustellen, wurde nicht durch irgendwelche charakterlichen Mängel gehindert, freundliche Beziehungen zu den Einwohnern von Antiochia herzustellen. Er hatte außerdem seinen Onkel und engen Freund Julian als *comes Orientalis* eingesetzt und wird von ihm über die Verhältnisse in der Stadt gründlich unterrichtet worden sein.

Die Gründe für Julians Versagen in Antiochia lagen tiefer. Zunächst einmal war es keine griechische, sondern eine christlich geprägte Stadt. Die christliche Gemeinde konnte ihre Ursprünge bis zu den Aposteln zurückverfolgen, und um die Mitte des vierten Jahrhunderts gab es vielleicht schon eine christliche Mehrheit in der Einwohnerschaft. Johannes Chrysostomos, der zwanzig Jahre nach Julians Tod in Antiochia predigte, spricht von hunderttausend Christen in der Stadt. Das mag eine geschätzte Zahl, das mag Wunschdenken gewesen sein, aber wenn er seiner Kongregation berichtet, daß die Kirche 3000 bedürftige Menschen in der Stadt unterstütze, dann hat er sicherlich zuverlässige Zahlen zur Hand gehabt.

In Julians Tagen wird der Anteil der Christen nicht viel geringer gewesen sein. Viele führende Familien waren schon seit Generationen Christen. Thalassius zum Beispiel gehörte zu den reichsten Bürgern, der Grundbesitz in vielen Provinzen des römischen Ostens hatte, von Asien bis Ägypten. Seine Tochter heiratete einen reichen Landbesitzer in Cyrrhus, sein Sohn Bassianus war in Konstantinopel kaiserlicher Notar, ein Mann mit großem Einfluß. Thalassius' Schwiegermutter war die Tante von Libanios, und Thalassius selbst hatte eines der höchsten Ämter in Konstantius' Reich innegehabt, als er 351–353 Präfekt des Ostens gewesen war und Konstantius seine ungünstigen Berichte über Julians Bruder Gallus geschickt hatte.

Als Julian nach Antiochia kam, lebte Thalassius nicht mehr, aber sein Sohn, der denselben Namen trug, hatte Besitz und Einfluß des Vaters übernommen. Die Familie war christlich, war es vermutlich seit Generationen. Und sie bildete keine Ausnahme in der Stadt: Wahrscheinlich gab es keine größere Stadt im Imperium, in der sich das Christentum unter den maßgebenden Leuten so durchgesetzt hatte wie in Antiochia, wo es den Lebensstil entscheidend mitgestaltete.

Der jüngere Thalassius erhielt von Julian den Auftrag, einen Tempel wiederaufzubauen, den seine Familie in ein Wohnhaus verwandelt hatte, und er mußte in den Rat eintreten, dem sein Vater so erfolgreich entgangen war.

Hier lag also eine Quelle der Schwierigkeiten, die Julian hinderten, sich mit den Antiochiern anzufreunden. Seine eigenen Freunde waren vor allem Heiden, ob nun so hingerissen von neuplatonischen Ideen wie sein Mitstudent aus Athen Celsus, jetzt Provinzgouverneur von Syrien, oder ob sie Traditionalisten wie Libanios waren, für die Religion schlicht zu ihrer uralten Kultur gehörte. Seine Freunde mögen ihm das Leben und die Interessen seiner Mitbürger sehr einseitig dargestellt haben.

Julian kannte die städtische Verwaltung vor allem aus Konstantinopel, wo sie aber durch die kaiserliche überdeckt wurde, und aus den gallischen Städten, die sich von den Zerstörungen des vorhergegangenen Jahrhunderts niemals ganz erholt hatten und deren Organisation ohnehin ganz anders gewesen war. Das lebendige politische Leben der griechischen Städte im Osten kannte Julian vor allem aus der Literatur. Die Reden von Dion Chrysostomus und Aelius Aristides spiegelten ein Zeitalter, in dem die Aufteilung der Verantwortung zwischen Stadt- und Reichsverwaltung ganz eindeutig war: Keine konnte ohne die andere bestehen, und ein Mann konnte in der einen wie der anderen eine hervorragende und befriedigende Laufbahn einschlagen. Manche, vor allem die sogenannten Sophisten, bewegten sich auch in beiden Welten, stellten dem Kaiser die öffentliche Meinung ihrer Städte und Provinzen vor Augen und erklärten wiederum ihren Mitbürgern die Probleme, vor denen der Inhaber der kaiserlichen Macht stand.

Wenn Julian auch wußte, daß sich seitdem vieles gewandelt hatte, hoffte er wahrscheinlich doch, im Rat von

Antiochia eine Körperschaft zu finden, in der noch Funken des alten Feuers glühten. Doch er hatte umsonst darauf gehofft. Die Stellung des Rats war geschwächt, weil in Antiochia nicht nur der Provinzgouverneur von Syrien, sondern auch sein Vorgesetzter, der *comes Orientalis*, residierten; der *comes* trug die Verantwortung für den gesamten östlichen Teil des Imperiums. Die mächtigen Würdenträger mit ihrem ganzen Beamtenapparat schüchterten den lokalen Rat nicht nur ein, sondern gingen oft über ihn hinweg. Und im Rat selbst vollzog sich eine Wandlung. Die wohlhabenderen Familien drückten sich vor ihren bürgerlichen Pflichten auf die eine oder andere Weise und zogen die größere Bühne der Reichsangelegenheiten vor. Thalassius war nur ein Beispiel: Männer, die in der Vergangenheit Führer des heimischen politischen Lebens gewesen waren, kehrten ihm jetzt den Rücken. Den ärmeren Grundbesitzern fiel es außerdem immer schwerer, den Verpflichtungen eines Ratsangehörigen nachzukommen, und sie entgingen ihnen, indem sie sich in die unteren Ränge der Zentralverwaltung einreihten oder sich der Kirche und der Rechtsprechung widmeten. Theoretisch sollte es solche Auswege nicht geben, praktisch wurden sie von vielen benutzt.

So fand denn Julian Ratsmitglieder vor, deren Initiative so beschränkt wie ihr Ansehen in ihrem eigenen Gemeinwesen war und die sich ständig mit Ablehnungen von oben und von unten herumschlugen. Alles das hatte wenig Ähnlichkeit mit der Welt von Dion Chrysostomus und Aelius Aristides.

Noch auffallender waren die wirtschaftlichen Probleme. Seit Konstantius 360 seine Unternehmungen gegen Persien begonnen hatte, war Antiochia die wichtigste militärische Bais der Römer gewesen. Den größten Teil der Armee hatte man zwar außerhalb der Stadt in Grenznähe untergebracht, doch Antiochia wimmelte von Soldaten und Beamten. In einer Rede von 360 schildert Libanios anschaulich die Lage:

»Da flossen hinein (in die Stadt) wie Flüsse ins Meer all die
Fußsoldaten, die Bogenschützen und Reiter, die Reit- und Pack-
pferde, Kamele und Troß. Ob sie standen oder saßen, der Erdbo-
den war von ihnen bedeckt, und die Mauern waren voll von
Schilden, Speeren und Helmen, die sie daran gehängt hatten,
überall hörte man Lärm und Getöse und Pferdewiehern. So viele
Regimenter waren in der Stadt untergebracht, daß allein ihre
Offiziere der Bevölkerung keinen geringen Zuwachs brachten. So
groß war die versammelte Menge, daß anderswo das Wasser nicht
gereicht hätte, sie alle zu versorgen. Doch jeder Bürger begrüßte
die Soldaten wie lange entbehrte Verwandte. Jedes Wohnhaus
wurde zu einer Art natürlicher Zufluchtshöhle. Nahrung gab es in
Fülle, als sei sie nicht durch menschliches Planen und Arbeiten
entstanden, sondern von der göttlichen Macht der Himmlischen
bereitet.« (Libanios, *Reden* 11.178.)

Hinter den blumigen Wendungen einer Rede, die man als
ein Stück ›Öffentlichkeitsarbeit‹ bezeichnen könnte, wird
die Unruhe der Bürger über Einquartierungen und Requi-
rierungen spürbar. Die Heere waren nicht wie ihre moder-
nen Nachfolger – zumindest manchmal – groß im Geldaus-
geben. Sie wurden meistens durch Zwangseinkäufe mit
Nahrung und Tierfutter zu Preisen versorgt, die von der
Regierung festgesetzt worden waren. Denkt man an die
hohen Transportkosten selbst bei sehr kurzen Strecken,
dann wird es klar, daß die Grundnahrungsmittel auf dem
Markt von Antiochia knapp wurden und ihre Preise hoch-
stiegen.

Als Julian an der Macht war, kam Ende 361 eine Delega-
tion aus Antiochia nach Konstantinopel, um dem neuen
Herrscher Respekt zu bezeugen. Wir wissen nicht, welche
Klagen und Forderungen sie vorbrachten, wissen aber, daß
Julian zusätzlich weitere 200 Bürger in den Rat der Stadt
berief und Antiochia einen weiteren Erlaß fälliger Steuern
bewilligte, über die allgemeine Streichung rückständiger
Steuern hinaus, die er bei seinem Amtsantritt vorgenommen hatte. Die erste Maßnahme sollte die finanzielle Belastung der Ratsmitglieder auf mehr Köpfe verteilen und
mehr Bürger zu den Entscheidungen heranziehen, die

unter den wachsamen Augen des *comes Orientis* und Provinzgouverneurs überhaupt noch fällig wurden. Die zweite Maßnahme läßt auf besondere wirtschaftliche Schwierigkeiten der Stadt schließen, über das Maß hinaus, das auch andere Städte zu bewältigen hatten. Wir können heute allerdings nicht mehr beurteilen, wie ernst die Lage war, denn die Klagen pflegen in solchen Fällen übertrieben zu werden.

Doch als Julian im Juli 362 nach Antiochia kam, fand er verärgerte, unzufriedene und mißtrauische Bürger vor, die viele Beschwerden vorzubringen hatten. Ende 361 hatte eine auf diese Landschaft begrenzte Dürre den Winterweizen geschädigt, und die Ernte im Mai und Juni 362 war schlecht ausgefallen. Als der Kaiser am Tag nach seiner Ankunft im Theater erschien, wurde er mit Geschrei empfangen: »Allles ist reichlich, aber alles ist teuer!«

Die Grundbesitzer, aus deren Klasse der Munizipalrat gewählt wurde, hatten von ihren Ernteerträgen mehr gehortet als auf den Markt gebracht, weil sie auf Preisanstieg hofften. Ihre Speicher quollen von Korn über, während die Bürger es täglich teurer bezahlen mußten, ein Vorgang, der in der antiken Welt allerdings nicht selten war.

Am Tage nach den Demonstrationen im Theater berief der Kaiser eine Versammlung aus führenden Bürgern, einigen Handwerkern und Kleinhändlern, wobei es offenbar darum ging, daß die städtischen Behörden Maßnahmen ergreifen sollten, um das Getreide auf den Markt und die Preise zum Sinken zu bringen. Außerdem verringerte der Kaiser seinen Hofstaat und ordnete am 18. August 362 an, daß Funktionäre, die keine unmittelbare Aufgabe zu erledigen hatten, sich keine Rationen holen, sondern sich nach Hause begeben sollten. Aus der Literatur des Antoninischen Zeitalters wußte Julian, daß damals die Munizipalräte selbst die Verantwortung für stabile Preise übernommen hatten. Es gehört zum System eines sozialen Vertriebs, das die antike Stadt kennzeichnete; Julian hatte gehofft, daß die Antiochier, deren Rat nun verstärkt worden war, selbst ihrer Schwierigkeit Herr werden und ihm Zeit zur Vorbereitung des Krieges lassen würden.

Ob es nun eine Krise war, die von den Behörden einer einzelnen Stadt überhaupt zu lösen gewesen wäre, läßt sich bezweifeln. Doch die führenden Männer Antiochias versuchten es nicht, sie hatten den Sinn ihrer Vorfahren für die bürgerliche Verantwortung verloren. Außerdem befanden sie sich in einem allzu starken Konflikt zwischen ihren Interessen als Grundbesitzer und ihren Pflichten als Ratsangehörige. Drei Monate lang geschah nichts. Als dann der Winter herankam, erkannte Julian, daß er selbst handeln mußte. Er führte Getreide von außerhalb ein, zunächst 400 000 ›Scheffel‹ aus dem fruchtbaren Gebiet zwischen Antiochia und dem Euphrat, in dem die Städte Challis (Kennisrin bei Aleppo) und Hierapolis (Membidj) lagen. Wahrscheinlich setzte er dafür die Nachschuborganisation und die Transportmittel der Armee ein. Später ergänzte er die Einfuhr durch drei aufeinanderfolgende Lieferungen von den kaiserlichen Domänen in Kleinasien und ließ schließlich auch noch Getreide aus Ägypten kommen, das vermutlich ursprünglich für Konstantinopel bestimmt gewesen war.

Zur selben Zeit, als er die Vorräte der Stadt auffüllte, setzte er den Preis für Brotgetreide auf zwei Drittel des bisherigen fest, doch Preiskontrolle ist ohne Rationierung sinnlos, und die Organisation der öffentlichen Verteilung von kostenlosem oder billigem Korn oder Brot, wie sie einst in Antiochia bestanden hatte, war in den chaotischen Jahren des ausgehenden dritten Jahrhunderts verschwunden. Spekulanten – die oft genug Agenten der Ratsmitglieder und anderer wohlhabender Grundbesitzer waren – kauften Korn zum festgesetzten Preis auf den städtischen Märkten und hielten es zurück, in der Hoffnung, daß sich die Preiskontrolle nicht halten werde; oder sie verkauften es auf dem Lande, wo die Festpreise nicht kontrolliert werden konnten. Einige Getreidehändler beklagten sich, sie säßen in der Zange zwischen den von den Grundbesitzern verlangten höheren Ankaufspreisen und dem festgesetzten Verkaufspreis; sie gaben den Handel auf.

Der gesamte Rat war gegen das Projekt eines kontrollierten Marktes, und sogar Libanios erklärt bei aller Freundschaft und Bewunderung für Julian, daß nur die Einflüsterungen eines bösen Dämons ihn zu diesem empörenden Schritt hätten veranlassen können.

Es handelte sich nicht etwa wie im späten dritten Jahrhundert um eine allgemeine Inflation: Die Lage in Antiochia entstand durch das einfache Gesetz, daß die Nahrungsmittelpreise in einer Zeit der Knappheit steigen und daß dann unvermeidlich gehortet wird. Solche Situationen waren von den Städten in der Vergangenheit oft genug gemeistert worden, aber im vierten Jahrhundert fehlte es am Willen und an den Mitteln, die Getreidepreise stabil zu halten. Es scheint in Antiochia unmöglich gewesen zu sein, billige Nahrung in Form von Brot, das nicht gehortet werden konnte, zu verteilen, statt Getreide, das man aufbewahren konnte; in Konstantinopel ging man erfolgreich nach diesem Grundsatz vor. Ende Februar 363 waren die Preise immer noch hoch, die Nahrung noch knapp, und die Stimmung wurde auf allen Seiten immer schlechter.

Die Erweiterung des Munizipalrats, die Julian gleich nach seinem Aufstieg zur Macht angeordnet hatte, brachte nicht die erwartete Wirkung. Wir hören von wohlhabenden Männern, die sich dem Rat entzogen, und von Spekulanten und anderen zweifelhaften Charakteren, die in ihn berufen wurden. Man kann schlecht abschätzen, wie ernst solche Vorwürfe zu nehmen waren – Julian nahm sie ernst; er schreibt mehrmals darüber. Durch ein Dekret vom 28. August 362 versuchte er, alle Männer in den Rat einzugliedern, deren Väter oder Großväter ihm angehört hatten, doch das scheint zu nichts geführt zu haben, es gab zu viele Ausflüchte. Der gegenseitige Argwohn und die Abneigung zwischen dem jungen Kaiser und der Oberschicht von Antiochia wurde heftiger und schließlich unüberbrückbar. Gerade diese Schicht der Gesellschaft von Antiochia, bei der er auf Zusammenarbeit und Verständnis gerechnet hatte, erwies sich als völlig unfähig, seine Absichten zu begreifen, und ganz und gar nicht bereit, an ihrer Verwirklichung mitzuarbeiten.

Die wirtschaftliche Krise blieb, die Armen der Stadt wurden noch ärmer, viele Grundbesitzer noch reicher. Die Bodensteuer, die Antiochia zu zahlen hatte, wurde noch einmal um 20 Prozent gesenkt, aber die Preise fielen trotzdem nicht. Land, das zu Zeiten von Konstantius durch das Imperium beschlagnahmt worden und offenbar unbestellt liegengeblieben war, wurde jetzt in 3000 Parzellen an führende Bürger ausgegeben; die Einkünfte sollten, wie man hoffte, zur Veranstaltung von Wagenrennen verwendet werden, und man erwartete außerdem eine bessere Belieferung der Stadt mit Nahrungsmitteln. Dieser Schritt entsprach, wie Julian selbst bemerkt, den Wünschen der Bevölkerung. Er hat ihm deshalb vielleicht einige Sympathien eingetragen, wenn auch nur von den Leuten, die nun die neuen Parzellen bestellten. Doch als Heilmittel für die wirtschaftlichen Probleme der Stadt wäre nur auf lange Sicht eine Wirkung zu erwarten gewesen.

Alles in allem endeten Julians Beziehungen zu den Einwohnern und dem Rat von Antiochia, soweit es wirtschaftliche Dinge betraf, in Spannungen und gegenseitigen Beschuldigungen. Eine Lösung, welche die Stellung der städtischen Grundbesitzer in Frage gestellt hätte, wäre nur mit Gewalt durchzusetzen gewesen, und darauf war Julian nicht vorbereitet; außerdem hätte sie die Schicht vernichten müssen, die ihm helfen sollte, das Rad der Geschichte zurückzudrehen und den Glanz der Vergangenheit wieder zu beschwören. Julian war in eine Sackgasse geraten. Die Unbeliebtheit, die er sich durch seine wirtschaftspolitischen Maßnahmen zuzog, verstärkte noch die Ablehnung, die ihm sein militantes Heidentum in einer so weitgehend christianisierten Stadt eintrug. Wahrscheinlich war es kein Zufall, daß fast unmittelbar nach seiner Einführung der Preiskontrolle der Apollotempel im nahe gelegenen Daphne abbrannte. Viele Zeitgenossen sahen darin eine Tat der Christen und einen Racheakt für die Exhumierung des Märtyrers Babylas, dessen Gebeine Julians Bruder Gallus nach Daphne geschafft hatte. Auf jeden Fall verschlechterte der Brand von Daphne die Verständigung zwischen Kaiser und Bürgern und veranlaßte Julian zu einer Unerbittlichkeit, die er vielleicht nicht gewünscht hatte. Im nächsten Kapitel wird der Vorfall noch ausführlich zur Sprache kommen.

Zu den Faktoren, die das Wirtschaftsleben erschwerten, gehörte das Fehlen mittelwertiger Münzen zwischen den stabilen, hochwertigen Goldstücken, dem *solidus*, dem Halb- und dem Drittel*solidus* und dem praktisch wertlosen bronzenen oder kupfernen Kleingeld. Zwischen beiden Geldsorten gab es noch den *nummus*, ein winziges, unansehnliches Stückchen Metall, von dem theoretisch 6000 einen *solidus* ausmachten, der in der Praxis aber noch weniger wert war. Man hatte auch Münzen zu 10 oder 25 *nummi*, deren Wert, am Gold gemessen, ebenfalls fortwährend sank.

Julian begann in Antiochia mit der Prägung einer neuen Münze aus versilberter Bronze, die wahrscheinlich 100 *nummi* wert war und die Lücke zwischen der Goldwährung der Reichen und den Kupfermünzen der Armen überbrücken sollte. Doch wie er berichtet, nörgelten die Antiochier an dem neuen Geldstück herum: Sie schätzten weder das bärtige Porträt ihres Kaisers – man ging hier glattrasiert – noch das heidnische Symbol auf der Rückseite. Julian konnte es ihnen nie recht machen.

In den acht Monaten, die Julian in Antiochia verbrachte, blieb keine Zeit für große Bauten. Aber er machte den Bürgern trotzdem ein Geschenk, und zwar eines, das für seine Interessen und ihre Beschränktheit sprach. Die Bibliothek des Bischofs Georg von Kappadokien, in der er sich als junger Mann in Macellum so gründlich umgesehen hatte, sollte ihm auf seinen Befehl hin geschickt werden, als der Bischof von seiner Herde in Alexandria gelyncht worden war. Jetzt erreichte sie ihn in Antiochia. Er brachte sie in dem Tempel unter, den zweieinhalb Jahrhunderte zuvor Hadrian zu Ehren seines Vorgängers Trajan errichtet hatte; offenbar sollte sie eine öffentliche Bibliothek darstellen, und eine Handvoll Lehrer und ihre Schüler mögen für die Gabe dankbar gewesen sein. Doch die Masse der Bürger, ob reich oder arm, nahm die Großzügigkeit ihres Herrschers gleichgültig hin, vielleicht sogar feindselig, denn kurz nach Julians Tod wurden die Bücher von einem aufgehetzten Mob verbrannt.

Am 1. Januar 363 begann Julian sein viertes Konsulat. Er hatte das alte, angesehene, aber bedeutungslose Amt unter Konstantius dreimal innegehabt, 356, 357 und 360, jedesmal als jüngerer Mitkaiser. Jetzt wählte er zu seinem Kollegen Flavius Sallustius, den Prätorianer-Präfekten von Gallien, einen aufrechten, heidnischen Spanier, der sein oberster Stellvertreter im Westen war. Das bedeutete einen klaren Bruch mit der Tradition. Weder Diokletian, noch Konstantin oder Konstantius hatten jemals ihr Konsulat mit einem einzelnen Privatmann geteilt, sondern nur ihre Mitkaiser berufen. Julian griff zurück ins zweite Jahrhundert, als die Kaiser oft einen Untertan dadurch ehrten, daß sie das Konsulat mit ihm teilten. Die Geste scheint von Julians Zeitgenossen kaum beachtet worden zu sein, die ja seinen Sinn für die Vergangenheit nicht recht schätzten.

Als Julian in Antiochia ankam, war er oft mit Demonstrationen von Treue und Anhänglichkeit begrüßt worden; vielleicht hatten sich die Antiochier so viel von ihm erhofft wie er von ihnen. Man fand ihn sonderbar, aber faszinierend, und begrüßte ihn als willkommene Abwechslung nach dem feierlichen, unnahbaren Konstantius. Doch Anfang 363 war aus dem Interesse Gleichgültigkeit und schließlich Feindseligkeit geworden. Schmähschriften erschienen auf öffentlichen Plätzen, Lieder machten ihn lächerlich. Natürlich empfanden die Christen keine Liebe für einen Herrscher, dessen heidnische Gesinnung sich rasch zu aggressiver anti-christlicher Haltung steigerte.

Sogar Nicht-Christen waren unzufrieden über seine Unfähigkeit, die steigenden Preise zu bekämpfen, und fühlten sich von seinem Fanatismus abgestoßen. Sie amüsierten sich über seinen Bart, seine Keuschheit, seine Vorliebe für Bücher, seinen Drang, ständig Opfer darzubringen. Julian reagierte darauf, indem er sich mehr und mehr auf den engen Kreis seiner Philosophenfreunde zurückzog und immer weniger in der Öffentlichkeit auftrat. Das machte jedoch alles nur noch schlimmer. Inzwischen wurde sein Gefühl von Isolierung noch durch den Tod mehrerer Freunde genährt, darunter den seines Onkels Julian, des *comes Orientis*. Die lange Leidenszeit des Mannes, der vermutlich an Krebs litt, gab den Christen Anlaß zum Jubeln, denn Gottes Hand strafte ihn sichtbar: Julian hatte die Religionspolitik seines kaiserlichen Neffen immer aktiv unterstützt.

Anfang 363 waren die Beziehungen Julians zu den städtischen Behörden von Antiochia abgekühlt und steif, obwohl sich Libanios bemühte, Brücken zu schlagen. Julian war seinem Wesen nach kein Mann, den ein Fehlschlag reizt, und seine Jugend hatte ihn noch nicht gelehrt, wie man damit lebt. Antiochia und seine Probleme, die in vieler Beziehung die Schwierigkeiten der zivilen Verwaltung des ganzen Imperiums spiegelten, schienen ihm weniger drängend zu sein, als die Aufgabe, Persien eine Lehre zu erteilen und die große Macht im Osten, die Rom die Herrschaft über den fruchtbaren Halbmond streitig machte, zu schwächen, wenn nicht gar zu vernichten.

Die Vorzeichen waren günstig. Aus Ägypten kam die Nachricht, daß nach mühseliger, kostspieliger Suche ein Apisstier gefunden worden war, der Vorbote von Glück und Sieg. Im Uferdickicht des Orontes hatte man einen Schwan gefangen, der nun in den Gärten des Zeustempels untergebracht war. Als Julian vor dem Tempel opferte, in dem Augenblick, als das Feuer auf dem Altar angezündet wurde, erhob sich der Schwan, flog dreimal um den Altar und entschwand in Richtung Osten.

Die Kundigen versicherten dem Kaiser, daß Zeus selbst ihm den Sieg über die Perser verheiße. Julian zweifelte auch nicht an der günstigen Vorbedeutung anderer Offenbarungen, von denen wir im übrigen nichts überliefert bekommen haben. Er lehnte Schapurs Angebot, sich zu einer Verhandlung zu treffen, ab und drängte auf die Vorbereitungen für einen größeren Feldzug.

Doch er war immer noch Philosoph und Literat und konnte es nicht ertragen, die Vorwürfe der Bürger unbeantwortet zu lassen. In den hektischen letzten Wochen der Kampfvorbereitungen fand er noch Zeit, sein letztes Werk zu verfassen, den *Misopogon* oder *Bart-Hasser*. Er ließ eine Abschrift am Elefantentor vor dem Palast anschlagen, damit jedermann sie lesen und abschreiben könne. Es ist eine ungewöhnliche Übung in Öffentlichkeitsarbeit, dazu ein Spiegel von Julians vielschichtiger Begabung. Der Form nach handelt es sich um einen satirischen Bericht über seine Beziehungen zu den Einwohnern von Antiochia, wobei sich die Satire ebenso gegen den Herrscher selbst wie gegen seine Verleumder richtet. Er ist von vornherein bereit, alle Anschuldigungen unbesehen anzuerkennen, zeigt dann aber durch Argumente voller Übertreibungen und paradoxer Behauptungen, wie unbegründet sie sind. Witzig, verletzend, völlig einseitig trotz vorgeblicher Sachlichkeit, beladen mit gelehrten Anspielungen und literarischen Hinweisen, muß der *Misopogon* für die meisten rätselhaft gewesen sein, die sich die Zeit nahmen, ihn zu lesen, während sie unter dem von einer Elefantenquadriga gekrönten Triumphbogen standen. Und da die meisten Menschen das, was sie nicht verstehen, mit Mißtrauen und Abneigung betrachten, hat sich der Kaiser wahrscheinlich dadurch noch mehr Feinde geschaffen. Vielleicht verfaßte er die Satire mehr zu seiner eigenen Befriedigung als um der politischen Wirkung wegen.

Oft liegt eine sonderbare, traumhafte Stimmung über den Pseudo-Reden der Spätantike, Reden, die nie gehalten wurden und wohl auch nicht dazu bestimmt waren. Ein

Mann kann tiefe Befriedigung empfinden, wenn er das niederschreibt, was zu sagen er weder Gelegenheit noch Mut findet. Es ist eine Technik der Selbstrechtfertigung, und nach acht Monaten Antiochia mußte sich Julian vor sich selbst rechtfertigen.

Ein paar Wochen nach der Veröffentlichung hatte er die Stadt verlassen, um den Befehl über sein Heer im Krieg gegen die Perser zu übernehmen.

9

Julian und die Christen

Die Gesetzgebung Konstantins und seiner Söhne, die heidnische Riten entweder einschränkte oder ganz verbot, ist im Theodosianischen Kodex 16.10, 1–6 zusammengefaßt. Sie rottete das Heidentum nicht etwa aus. Es ist unmöglich, die Zahl der Heiden und der Christen im Imperium zu irgendeiner Zeit abzuschätzen, und in jedem Fall wären Zahlen auch sinnlos ohne eine genaue Definition der Begriffe. Man kann sich natürlich Regionen, soziale Klassen oder andere Gruppierungen, Veranstaltungen und Situationen vornehmen und sie zahlenmäßig auf ihren Anteil von christlichen Gottesdiensten und heidnischen Ritualen untersuchen; aber darüber hinauszugehen und vom Glauben statt nur von der religiösen Praxis zu sprechen, muß beim Versuch bleiben.

Der kaiserliche Hof war so streng christlich, daß Konstantins Söhne geradezu bigott wurden. Doch der christliche Kaiser behielt dennoch das altrömische Amt des *pontifex maximus* und nahm gelegentlich sogar an heidnischen Zeremonien teil, wenn sie nur durch lange Tradition sanktioniert und angesehen waren. Die römische Senats-Aristokratie war noch lange Zeit weithin heidnisch, in einem sehr traditionalistischen Sinn. Trotzdem war auch sie vom synkretistischen Monotheismus der Zeit angesteckt, dessen Gottheiten nicht römischen Ursprungs waren, wie Mithras oder die *Magna Mater*. Manche führenden Persönlichkeiten waren begeisterte Anhänger der neuplatonischen Mysterienreligionen, die sich in den gebildeten Klassen des

Ostens entwickelt hatten. Lange, nachdem die kaiserliche Gesetzgebung öffentliche Opfer verboten hatte, wurden sie in Rom noch von kaiserlichen Beamten dargebracht. »Cesset superstitio, sacrificiorum aboleatur insania!« (»Der Aberglaube soll aufhören und der Wahnsinn der Opfer aufgegeben werden!«) donnerte Konstantius in einem Edikt von 341 und fügte einige Jahre später Einzelheiten hinzu: Opfer waren verboten; wer sie trotzdem darbrachte, wurde zum Tode verurteilt, sein Besitz fiel dem Staat zu, und Provinzgouverneure, die es versäumten, die Gesetze durchzusetzen, unterlagen der gleichen Strafe.

Doch noch 359 opferte Tertullus, der Präfekt der Stadt Rom, während einer Nahrungsmittelknappheit am Tempel von Kastor und Pollux in Ostia, und trotzdem behielt er sein Amt während der Regierungszeit von Konstantius. Den Sitzungen des römischen Senats ging ein symbolisches Opfer auf dem Altar des Sieges im Senatsgebäude voraus, bis Konstantius den Altar entfernen ließ. Die Lupercalien wurden bis 494 gefeiert.

Dagegen war Konstantinopel eine überwiegend christliche Stadt und schon als solche von Konstantin gegründet worden. Hier gab es keine Tradition heidnischer Zeremonien, die ihrer Ehrwürdigkeit wegen beachtet werden mußten. Die heidnischen Kultstätten der alten megarischen Kolonien von Byzanz waren von Konstantins neuer Hauptstadt längst verschluckt worden, und Julian konnte nur noch ein kleines Heiligtum für die Fortuna der Stadt – kaum eine echte Gottheit – entdecken und besuchen. Sonst hören wir nichts von einem eingewurzelten, öffentlichen heidnischen Kult.

Die Landbewohner des Imperiums, die ja die Masse der Bevölkerung ausmachten, hingen an ihren überkommenen Riten und Zeremonien. In den ersten drei Jahrhunderten blieb das Christentum eine fast ausschließlich städtische Religion, die sich von einer Stadt zur anderen verbreitete und das ländliche Gebiet übersprang. Im vierten Jahrhundert war es noch nicht viel anders, denn gegen Ende

drängte Johannes Chrysostomos die christlichen Landbesitzer von Antiochia, für ihre vom Christentum kaum
berührten Pächter Kirchen zu bauen und Priester einzusetzen. Augustin beklagte sich um 400 (Brief 91) über die offen
abgehaltenen heidnischen Gottesdienste mit Singen und
Tanzen in der kleinen Landstadt Calama (Guelma in Alge-
rien). Als die Geistlichkeit protestierte, wurde die Kirche
mehrmals mit Steinen beworfen und schließlich in Brand
gesteckt, ein Christ gelyncht. Wir hören von Massenbekehrungen in Kleinasien unter Justinian. Das ländliche Heidentum entartete nach und nach zu einem bäuerlichen Hokus-
pokus, der zwar 680 vom Ökumenischen Konzil verdammt
wurde, sich aber bis ins zwölfte Jahrhundert erhielt oder
von der Kirche aufgegriffen und im Laufe der Zeit ›christia-
nisiert‹ wurde; so ging es etwa mit den Lupercalien in Rom,
die 494 unter Papst Gelasius I. durch das Fest der Reinigung
(Mariens) ›ersetzt‹ wurden.

Die verschiedenen Städte hatten jeweils ihre eigene religiöse Atmosphäre. Alexandria scheint um die Mitte des
vierten Jahrhunderts ziemlich gleichmäßig in Christen und
Heiden aufgeteilt gewesen zu sein, zwischen denen eine
große jüdische Gemeinde eine etwas gefährdete Neutralität
hielt. Der große Serapistempel wurde erst 385 zerstört;
alljährlich brachte man dem Nil noch Opfer dar (Mitteis-
Wilcken, *Grundzüge und Chrestomathie der Papyruskunde*,
1.134). Die christliche Bevölkerung hatte bereits ihre feste
Organisation, und die ersten Phasen der wachsenden mön-
chischen Bewegung zeichneten sich ab. Beide Seiten waren
fanatisch, leidenschaftlich und neigten zu Gewalttaten.

Antiochia, die zweite Stadt des Imperiums, war, wie
erwähnt, ebenfalls von Christen und Heiden bewohnt,
ohne daß wir eine Vorstellung der Größenverhältnisse
haben: Libanios tut so, als sei seine Vaterstadt fast nur
heidnisch gewesen, will man aber Chrysostomos glauben,
war sie fast völlig christlich. Doch der eine schreibt in einer
literarischen Tradition, die das Christentum nicht zur
Kenntnis nimmt, der andere wendet sich meistens an eine

christliche Gemeinde. Auf jeden Fall lebten hier aber die Gruppen weniger gespannt nebeneinader als in Alexandria.

Manchmal boten auch benachbarte Städte ganz unterschiedliche Verhältnisse: Gaza in Palästina war vorwiegend heidnisch, der nur ein paar Kilometer entfernte Hafen Maiuma weitgehend christlich. Edessa im Norden Syriens war, und zwar schon sehr lange, eine fast völlig christliche Stadt, aber Karrhae (Harran), nur rund 60 Kilometer südöstlich von Edessa, war das Zentrum einer ursprünglich aus Babylonien stammenden Astralreligion, die von fast der ganzen Bevölkerung noch Jahrhunderte nach der Eroberung Syriens durch die Araber praktiziert wurde.

Es gab ganze Regionen, in denen die eine oder die andere Religion überwog. Kleinasien war ein Feld frühchristlicher Missionstätigkeit gewesen, und seine Städte gaben sich im vierten Jahrhundert jedenfalls zum größten Teil christlich. Die Halbinsel Griechenland, der ägäische Teil und Makedonien hielten noch am Heidentum fest. Erst gegen Ende des Jahrhunderts tauchten plötzlich auf dem Markt von Athen Lampen mit christlichen Motiven auf, obwohl die Stadt seit langem eine christliche Gemeinde hatte. Grenzprovinzen wie Britannien oder Pannonien werden noch ziemlich heidnisch gewesen sein, während in den mittelmeerischen Gebieten wahrscheinlich starke, aktive christliche Gemeinden gediehen.

Die römische Armee ist vermutlich vorwiegend heidnisch gewesen; bestimmte Kulte wie etwa der Mithraskult waren unter den Soldaten weit verbreitet. Aber es kam natürlich auch auf die Herkunft der Soldaten an, die meistens an den Göttern festhielten, die in ihrem Heimatort verehrt wurden; gerade dadurch trugen sie viel zur Verbreitung und schließlich zur Verschmelzung der Kulte bei.

Andere Berufsgruppen blieben vorwiegend heidnisch. Das gilt besonders für die Gelehrten und die Literaten der griechischen Welt, die Rhetoren und Philosophen, in ihren Kreisen vollzog sich die sonderbare Vermischung von altertümlichem Heidentum, neuplatonischer Philosophie und dem Streben nach persönlicher Heilserfahrung, eine Mischung, aus der die neuplatonischen Mysterienkulte hervorgingen. Sie waren im vierten Jahrhundert deutlich mit hellenistischen oder römischen Traditionen verknüpft, eine bewußte Abkehr vom christlichen römischen Reich der Konstantine, eine Art geistiger Widerstandsbewegung. Dadurch trafen sie sich in einem befremdlichen Bündnis mit den heidnischen Senatoren im alten Rom, mit denen sie die Abneigung gegen das Konstantinische Imperium teilten – die einen, weil es christlich war, die anderen, weil sich das Reich in Aufgabenbereiche mischte, die früher von den einheimischen Oberschichten der Städter verwaltet worden waren. Sie machten sogar gelegentlich gemeinsame Sache mit den ungebildeten heidnischen Landbewohnern, von denen sie doch durch eine fast unüberwindliche soziale Kluft getrennt waren. So übernahmen sie zuweilen Zeremonien und Kulthandlungen, die in ihrer ursprünglichen ländlichen Umwelt ausstarben, nun aber von den Gebildeten mit dem Fanatismus für das Altertümliche praktiziert und als Allegorien interpretiert wurden. Wir bemerken gegen Ende des vierten Jahrhunderts ein Wiederaufleben alter ägyptischer Religionsbräuche, die unter den griechischen oder hellenisierten Bevölkerungsteilen der Stadt um sich griffen, während die nicht hellenisierten einheimischen Bauern ein Christentum übernahmen, dessen Gottesdienst- und Umgangssprache nicht etwa Griechisch, sondern Koptisch war.

Im allgemeinen aber waren die heidnischen Philosophen ziemlich isoliert. Ihnen, den Sprachgewandten, fiel es nicht schwer, sich verständlich zu machen – aber ihre Botschaft verstanden nur Leute ihres eigenen Schlags. Wenn sie überhaupt an die Masse dachten, dann in unbestimmt paternalistischer Weise. Die Heilserfahrung des einzelnen, nicht die Massenbekehrung war ihr Ziel.

Die Einführung des Christentums von oben her, zunächst als geduldete, dann begünstigte und schließlich als die Religion, die frei, öffentlich und vom Gesetz geschützt praktiziert werden konnte, hat ein Bild von der Christianisierung geschaffen, das mit der Wirklichkeit nicht übereinstimmt. In einer Zeit der Massenbekehrungen gibt es oft kaum eine Verbindung zwischen der formellen Zugehörigkeit zu einer Religion und dem echten Glauben, und außerdem schwenkte man damals bereitwillig von einer Glaubensrichtung zur anderen über. Zwei Generationen kräftiger staatlicher Unterstützung hatten aus der Masse der Untertanen im Imperium keineswegs Christen gemacht. Aber sie hatten, und das war entscheidend, dem Christentum die Möglichkeit gegeben, sich in der führenden Schicht der städtischen Gesellschaft durchzusetzen. Bis zum Dekret von Konstantin und Licinius hatten sich vor allem Handwerker und Kaufleute in den Städten zum Christentum bekannt. Als Julian an die Macht kam, war aber die Zahl der Christen in der grundbesitzenden Oberschicht gewaltig angewachsen, bei den Männern also, die den Stadtrat beherrschten, die traditionelle Kultur bewahrten und ein ganzes Netz von Beziehungen untereinander und mit Provinz- und sogar Palastbeamten unterhielten. Diese Leute, der Tradition nach die Führer ihrer Gemeinwesen, drangen nun auch in die Führungsschicht der christlichen Kirche ein und brachten ihre Gewohnheiten, ihre Wertanschauungen und ihre Fähigkeiten mit, die Institutionen der antiken Gesellschaft zu handhaben.

So sah es aus, als Julian den Thron bestieg. Es wurde bald bekannt, daß er sich zur heidnischen Religion bekannte, und was vorher ein offenes Geheimnis gewesen war, wurde nun öffentlich proklamiert. Viele Christen werden jetzt mit umfassenden Verfolgungen gerechnet haben, an die sich höchstens alte Leute noch erinnern konnten. Doch die Entwicklung des Märtyrerkults hielt die Vorstellung von Verfolgung im Bewußtsein des Volks noch lebendig und verschlimmerte vielleicht noch nachträglich die Schrecken der Christenverfolgungen. Ebenso werden manche selbstbewußten Heiden in den Städten mit einem unmittelbaren Sturz der christlichen Kirche gerechnet haben, so daß mancherorts die Spannung bis ins Unerträgliche gestiegen sein mag, wenn die beiden Teile des Gemeinwesens einander unruhig beobachteten und sich fragten, was besser sei – abzuwarten oder den ersten Schlag zu führen.

Tatsächlich gab es jedoch keine Verfolgung. Vom kaiserlichen Hof kamen nur Anweisungen, daß die aus religiösen Gründen Verbannten zurückkehren sollten und daß Tempeleigentum, das widerrechtlich in Besitz genommen worden war, zurückgegeben werden sollte. In der angespannten Situation riefen diese Erlasse in besonders empfindlichen Gegenden allerlei Unruhe hervor. Sie waren für die christlichen Gemeinden höchst unbequem, für die Heiden ein Grund zur Freude, doch das Gleichgewicht der Kräfte im Imperium wurde dadurch nicht gestört.

Es war keine Gleichgültigkeit, wenn Julian nicht zu drastischeren Aktivitäten überging. Alle unsere Quellen, darunter seine eigenen Schriften, zeigen, daß er in den ersten Monaten seiner Herrschaft ständig über Religionsprobleme nachdachte und sie mit seinen heidnischen Freunden erörterte, vor allem mit dem gewandten und ehrwürdigen Gallier Salutius Secundus, den er zum Prätorianer-Präfekten für den Osten gemacht hatte; von Mitte Januar an war sein Gesprächspartner auch sein alter Lehrer Maximus aus Ephesus, ein Fanatiker, der die Geheimriten der Theurgen – der Götterbeschwörer – praktizierte. Wahrscheinlich war er ein Scharlatan, der aber sich selbst nicht weniger als die anderen täuschte. Es wäre verständlich, wenn er das Problem Religion und Staat anders beurteilt hätte als Salutius. Wissenschaftler haben auch versucht, zwischen den beiden zu unterscheiden und eine ›gemäßigte‹ Periode in der Zeit zu erkennen, als Salutius das Ohr des Kaisers hatte, dagegen eine extreme, als Maximus mehr Einfluß auf ihn bekam. Doch diese These läßt sich kaum halten. Julians Persönlichkeit war zu stark, um allzusehr von diesem oder jenem Ratgeber beherrscht zu werden. Es gibt einen Übergang von passivem zu aktiverem Verhalten des Kaisers in religiösen Angelegenheiten, aber er läßt sich leichter durch die Entwicklung von Julians Gedanken- und Gefühlswelt erklären als mit dem Ersatz einer Grauen Eminenz durch eine andere.

Julians Stellung als Kaiser und seine Macht, alle Maßnahmen durchzusetzen, ob sie die Religion oder die Genehmigung, mit der kaiserlichen Post zu reisen, betrafen, hingen von der beständigen Gunst der Armee und ihrer militärischen Anführer ab; da waren zunächst die Leute, die ihn aus Gallien begleitet hatten, dann die östlichen Heere. Während seiner Herrschaftszeit hielt er regelmäßig Ansprachen an die Truppenverbände und bemühte sich aktiv um die Unterstützung der Soldaten.

Man hatte ihn unter den ungünstigsten Umständen in die Macht über einen großen Teil Westeuropas gedrängt, ohne die Ausbildung und Erfahrung, die man von einem Prinzen aus dem kaiserlichen Hause erwarten konnte, und nun beschäftigte ihn das Problem der Führerschaft. Was mußte getan werden, und wie erreicht man, daß es getan wurde? Wie konnte man sich möglichst ohne Blutvergießen und Gewalt, möglichst ohne den Hebel der Angst durchsetzen? Wie konnte man eine Gesellschaft, die sich gefährlich verirrt hatte, wieder auf den rechten Weg bringen? Die Art, wie er Konstantius' Räte behandelte, und seine Verwaltungsreformen bezeugen seinen Sinn für politische Realitäten.

Was war mit dem römischen Imperium geschehen? Gelehrte unserer Zeit, deren Urteil sich auf das angehäufte Wissen und den Überblick über Jahrhunderte stützen kann, tun sich schwer, wenn sie erklären wollen, was in der Spätantike vor sich ging. Einem Zeitgenossen, der die Vorurteile seiner Zeit und ihre Verblendungen teilte, wäre es auch schwer geworden, eine Antwort zu geben. Doch eines steht fest: Das Imperium von Konstantin und seinen Nachfolgern war nicht mehr das der Antonine. Die Willenskraft der Menschen schien ausgehöhlt zu sein. Die Gruppen der

Gesellschaft, die früher ihre Funktionen sebstverständlich erfüllt hatten, scheuten jetzt vor den Aufgaben zurück. Ein deutliches Beispiel boten die Munizipalräte, deren Versagen als Führungsgruppe auf lokaler Ebene die Einmischung der immer stärker anwachsenden Bürokratie geradezu herausforderte. Diese Bürokratie wiederum, Versuchungen ausgesetzt, die ihre Vorgänger nicht gekannt hatten, wurde entsprechend korrupt und grausam. Die alte, einfache Zusammenarbeit zwischen der zentralen herrschenden Klasse und der regionalen herrschenden Schicht, deren jede ihre eigene Wertsetzung hatte und die Grenzen ihrer Macht kannte, war verschwunden. Dementsprechend mußte auch die kaiserliche Machtausübung unwirksamer und zugleich bedrückender werden.

Über die Grenzen drangen ständig kriegerische Völker, die Verwüstung und Elend hinterließen, wo einst friedliche, wohlgeordnete Provinzen bestanden hatten. Die Kaiser, statt ihren Untertanen frei zu begegnen und den Lebensstil der wohlhabenden Bürger zu teilen, waren zu entrückten, übermenschlichen Wesen geworden, die ihre unsichere Herrschaftszeit hinter dem schützenden Wall von Eunuchen und Höflingen verbrachten, nicht mehr imstande, die Probleme des Imperiums zu erkennen, und noch weniger, sie zu meistern.

Und an die Stelle der einfachen, traditionellen Art, den Menschen mit dem Menschen und den Menschen mit Gott zu verbinden, war nun eine ungewöhnliche Organisation, die christliche Kirche, getreten. Wären ihre Lehren nicht so demütigend gewesen, hätte man darüber lachen können. So hatten jedenfalls aufrechte und gebildete Männer jahrhundertelang gedacht, und ihre Argumente galten noch immer. Denn die lockere christliche Lehre von Vergebung nach der Reue nahm der Moral jede Grundlage, und die sichtbare Unstimmigkeit zwischen dem, was die Christen predigten, und dem, was sie taten, führte zu einer Welt der Doppelzüngigkeit und Heuchelei. Die Kirche hatte das alte Band zwischen dem Geistigen und dem Weltlichen zerrissen und die Menschen dazu gebracht, ihre Pflichten und Verantwortung für die Gesellschaft, in der sie lebten, zu vernachlässigen.

Eine solche Beschreibung der Veränderungen seit der Blütezeit des Imperiums wäre durchaus nicht völlig falsch, aber entstellt, weil Julian, und mit ihm viele Zeitgenossen, sich ein allzu idealisiertes Bild von der Vergangenheit machte. Und die ganzen Schlußfolgerungen wären schon durch die stillschweigende Voraussetzung wertlos, daß jede Veränderung immer nur eine Wendung zum Schlechteren bedeuten könne, eine Voraussetzung, die Julian manchmal offen aussprach und in der er mit einem großen Teil der heidnischen wie der christlichen Oberschicht einig war. In Wahrheit plante Julian wichtige Neuerungen für die Struktur und das Leben der römischen Gesellschaft, aber sein Wertsystem verlangte, daß er die Neuerungen als Wiederherstellung einer imaginären Vergangenheit ausgab.

Ein Historiker von heute würde wohl das Krankheitsbild mit allen Symptomen, die Julian in der Gesellschaft seiner Zeit vorfand, analysieren und die Grundübel in diesen oder jenen Phänomenen suchen, die sich auf die Wirtschaft, die Demographie, klimatische Veränderungen, geistige Auseinandersetzung, Geburtenkontrolle oder Probleme des täglichen Lebens bezogen. Ein Heide oder ein Christ des vierten Jahrhunderts würde eine Erklärung dafür eher in der Beziehung der Menschen zueinander, zum römischen Staat und insbesondere zu den höheren Wesen gefunden haben, von denen er annahm, daß sie das Weltall regierten. Verglichen etwa mit der Zeit Ciceros und Caesars war das vierte Jahrhundert von Religiosität durchdrungen, waren die Menschen besessen von dem Gedanken an ihre Verbindung zum Göttlichen. Für uns bildet sie einen Teil des Problems Spätantike, für den Zeitgenossen hingegen den Kern des Problems.

In diesem ohnehin schon religiösen Zeitalter war Julian zudem ein außergewöhnlich religiöser Mensch. Ob er es aus angeborener Neigung war oder weil er in der Jugend so lange Zeit daran gehindert worden war, gefühlsmäßige Bindungen zu anderen Menschen aufzunehmen, und weil seine große Intelligenz keine Gelegenheit hatte, sich an praktischen Fragen zu erweisen, weil er lange Zeit um sein Leben fürchtete – das zu entscheiden, sei klügeren Köpfen vorbehalten. Jedenfalls sah Julian im Christentum die eigentliche Ursache für den Niedergang des römischen Staates und in der Abschaffung oder Schwächung des Christentums die entscheidende Vorbedingung für die Wiedergeburt des Alten Rom. Für ihn bedeutete das Christentum den Verzicht auf die Vernunft und die Ordnung, auf denen die klassische Zivilisation beruhte. Es war eine Rückkehr in barbarische Zeiten. Gelehrte von heute, die seinen Kampf gegen das Christentum nur als eine unter anderen Verwaltungsreformen ansehen, gehen am Geist des vierten Jahrhunderts vorbei und vergessen, wie sehr in Julians eigenen Schriften die religiösen Themen überwiegen.

Julian war nicht nur ein Träumer, er war auch ein Mann der Praxis. Die Gebiete der Verwaltung, auf denen er persönliche Erfahrung besaß, waren die Verteidigung und die fiskalische Verwaltung, und als er sich unerwartet im Alleinbesitz der Macht sah, fuhr er natürlich mit dem fort, was er in Gallien getan hatte. Seine ersten Monate der Macht zeichnen sich durch eine Reihe von Reformen des Steuerwesens aus, Reformen der kaiserlichen Post und anderer Einrichtungen – alles Maßnahmen, die Mißbrauch verhindern, Kosten senken und die Lasten neu verteilen sollten, übrigens zugunsten der städtischen Grundbesitzer. Diese Politik des ›Aufräumens‹ setzte sich in seiner restlichen Regierungszeit durch weitere Erlässe fort. Man darf nicht vergessen, daß nur ein Bruchteil seiner Gesetzgebung in den siebzig Jahre später entstandenen Theodosianischen Kodex eingegangen ist.

Ähnlich wird er über das Problem der Grenzen gedacht haben, als er in Konstantinopel ankam. Er selbst hatte die wichtige Rheingrenze befestigt und ein Verteidigungssystem aufgezogen, das potentielle Eindringlinge abschrekken mußte. In kleinerem Maßstab hatte sein Stellvertreter Lupicinus dasselbe für die weniger lebenswichtige britische Grenze geleistet. Die lange Donaugrenze von Bayern bis ans Schwarze Meer war von Konstantius in mehreren Feldzügen von 351 bis 359 gesichert worden. Aber es blieb die entscheidende Grenze zum persischen Sassanidenreich. Fast vierzig friedliche Jahre waren auf Diokletians Sieg über Narses im Jahre 297 gefolgt, aber seit 335 rannten die Perser ständig gegen die Grenze an.

Konstantius hatte Diokletians Triumph nicht wiederholen können, und da ihn die Donaugebiete so lange beschäftigten, fand König Schapur II. Zeit genug, seine Stellung in Armenien und Mesopotamien auszubauen. 359 hatte er die römische Festung Amida (Diarbekir) eingenommen, die eine der Straßen nach Kleinasien sicherte, im Jahr darauf Singara (Sinjar) in Mesopotamien. Die Perser hatten auch Julians Thronbesteigung nicht genutzt, um Frieden zu schließen, und wenn sie ihre Positionen 361 auch nicht weiter ausgebaut hatten, so hing ihre Drohung doch nach wie vor über den Provinzen des Ostens, besonders über Syrien. Die Wiederherstellung eines geordneten städtischen Lebens in diesem reichen, stark bevölkerten Land verlangte zunächst die Sicherung der Grenze. Julian brach erst im Frühsommer 363 nach Syrien auf, aber die logistische Planung seines persischen Feldzugs muß schon bald nach seiner Ankunft in Konstantinopel begonnen haben.

In den ersten Monaten seiner Herrschaft nahm die religiöse Frage nur den zweiten Platz ein, war aber deshalb nicht vergessen. Seine Reden oder Abhandlungen über die Mutter der Götter oder über die Kyniker zeigen, daß er sich um einen Weg zu einer systematischen Theologie der neuplatonischen Religion bemühte. Salutius' kleines Lehrbuch, das bei der engen Verbindung der beiden Männer Julians Zustimmung gehabt haben muß, deutet ebenfalls in diese Richtung. Zu den Schwächen der alten Religionen gehörte, daß sie keine einheitliche Lehre besaßen, unter die sich die verschiedenen Kulte und Riten hätten einordnen lassen.

In alten Zeiten wäre es unmöglich gewesen, eine solche Lehre zu entwerfen – es wäre auch niemand in den Sinn gekommen. Doch das Ineinanderfließen und die neue Interpretation überkommener Kulte im ausgehenden zweiten und dritten Jahrhundert hatten zu einem – nicht unbedingt konsequenten – Monotheismus geführt, bei dem die Existenz eines einzigen obersten Gottes nicht unvereinbar mit der Verehrung einer Vielfalt untergeordneter Gottheiten war. Seit Jamblichos interpretierten die Neuplatoniker die Beziehung zwischen dem höchsten Gott und den untergeordneten Gottheiten neu, und ebendas machte die Formulierung einer Art heidnischen Credos möglich, das von den Anhängern fast jeden alten oder neuen Kults angenommen werden konnte. Nur so ausschließliche Monotheisten wie Juden und Christen oder konsequente Dualisten wie die Manichäer mußten eine solche Glaubenslehre ablehnen.

Julian kam nie soweit, eine einheitliche theologische Lehre zu formulieren, bewegte sich aber eindeutig in diese Richtung. Und das wiederum heißt, daß er vom christlichen Beispiel beeinflußt war.

Zu den Stärken des Christentums gehörte offensichtlich das Gefühl von Gemeinschaft, das auf dem gemeinsamen Glaubensinhalt beruhte. Die Verworrenheit des ›Heidentums‹ selbst, sogar des synkretistischen Heidentums im vierten Jahrhundert, schloß ein Gemeinschaftsgefühl bei der Masse seiner Anhänger aus. Nur die Eingeweihten der Geheimkulte, denen ein gewöhnlichen Menschen nicht zugängliches Geheimwissen anvertraut worden war, hatten ein Gefühl für Gemeinschaft, wie es die Christen auszeichnete. Wie wir noch sehen werden, war es nicht das einzige Gebiet, auf dem Julian vermutlich Anleihen bei den angefeindeten Christen gemacht hat, obwohl er es natürlich nicht eingestand – es ist auch sehr gut möglich, daß es ihm selbst nicht bewußt war.

Julian hoffte zunächst, daß die christliche Kirche, wenn sie die beträchtliche ihr von Konstantin eingeräumte Vorzugsstellung einbüßte, auch schnell an Boden verlieren werde. Wenn sie nicht länger durch ihre Verbindung mit dem Staat und durch das Verbot der meisten anderen öffentlichen Gottesdienste geschützt war, würden ihre Lehrmeinungen und Praktiken der sachlichen Kritik einer verständigen Beurteilung ausgesetzt sein – und sofort würde sich herausstellen, daß ihr alle Grundlagen fehlten. Geduld war nicht Julians Stärke, und er ließ verständiger Beurteilung nicht viel Zeit, ihr Werk zu verrichten. Schlimmer noch, er beging einen bei einem religiösen Menschen auffallenden Irrtum in seiner eigenen Beurteilung, einen Irtrtum, der außerdem einen schwachen Punkt seines Charakters enthüllte: Unwiderlegliche Behauptungen spielen nämlich eine sehr geringe Rolle für die Bekehrung, wenn sie auch eine aus anderen Gründen schon bestehende Neigung verstärken mögen. Gefühl aber ist immer wesentlich für die Bekehrung, und oft entzünden sich an einem Bewußtsein von Sünde und dem Verlangen nach Rettung Gefühle, die unter der Schwelle des Bewußten liegen. Daß Julian diesen Faktor seiner eigenen Erfahrung nicht erkannte, läßt vermuten, daß es ihm schwerfiel, die irrationalen Elemente im menschlichen Verhalten zu würdigen und zu berücksichtigen. Für ihn galt nur, was auf Verstandesebene und vernunftbegründet dargelegt werden konnte. Daß ihm offenbar jedes Bedürfnis nach sexuellen Beziehungen abging, deutet in die gleiche Richtung. Er konnte es nicht zugeben, daß ein so völlig irrationaler Faktor für seine Motivation eine Rolle spielen sollte.

Vielleicht haben die besonderen Verhältnisse, unter denen er seine Kindheit verbracht hatte – ohne persönliche Beziehungen, ohne ständigen Kontakt zu anderen Menschen –, sein Gefühlsleben verarmen lassen. Er hatte seine Mutter nie gekannt, sein Vater war, vielleicht vor seinen Augen, ermordet worden, als er noch ein kleines Kind war; kaum über zehn Jahre alt, wurde er der Fürsorge seines

Erziehers entrissen. Er hatte etwas Entscheidendes gelernt: dem ersten Eindruck zu mißtrauen. Trotzdem wirkte er nicht wie ein Neurotiker. Er fühlte sich wohl in Gesellschaft, teilte sich fast allzu schnell mit und scheute sich nicht vor Entscheidungen. Daß er die Juwelen und Schmuckstücke seiner Mutter viele Jahre aufbewahrte und eine von ihm gegründete Stadt nach ihr benannte – Basilinopolis bei Nicaea, zeigt, daß er den Verlust spürte, und spricht nicht für eine verkümmerte Persönlichkeit.

Doch wie immer es gewesen sein mag: Julian erwartete mehr vom Grundsatz des freien Wettstreits zwischen Christen- und Heidentum, als effektiv dabei herauskam. Es gab zwar einzelne Fälle der Abkehr vom Christentum, aber keine allgemeine Abwendung. Und selbst die überzeugten Heiden, auf deren Unterstützung er rechnete, waren nicht immer bereit, sich seinen Bemühungen anzuschließen. Einige lehnten seine Einladung an den Hof ab; andere, wie Eustathios von Kappadokien, der in diplomatischer Mission für Konstantius in Persien gewesen war, kamen, baten aber bald, in ihre Stadt und zu ihren Schülern zurückkehren zu dürfen. Obwohl Julian mit den Kriegsvorbereitungen und der Beseitigung der administrativen Mißbräuche beschäftigt war, fand er noch Zeit, über das Problem des Christentums in der römischen Gesellschaft nachzudenken. Sein erster Schritt kam unerwartet.

Am 17. Juni 362, als er schon in Antiochia oder nach dort unterwegs war, wurde ein Erlaß veröffentlicht, dessen Text, oder jedenfalls ein Teil davon, uns noch vorliegt:

»Schulleiter und Lehrer sollen sich vor allem in Sittlichkeit auszeichnen, dann erst in Beredsamkeit. Doch da ich nicht selbst in jeder Stadt anwesend sein kann, ordne ich an, daß jeder, der zu lehren wünscht, nicht eilig und ohne weiteres diesen Beruf ergreift, sondern daß er die Zustimmung des Munizipalrates und ein Dekret der Kurienmitglieder haben muß, und zwar auf den einstimmigen Beschluß der besten Männer hin. Dieses Dekret soll mir vorgelegt und von mir beurteilt werden, so daß sie ihre Stellung in den Stadtschulen mit meiner Zustimmung als eine Art höherer Empfehlung antreten können.« (C. Th. 13.3.5.)

Es war nun nichts Neues, daß sich die kaiserliche Verwaltung selbst um die Lehrer in den Schulen kümmerte, sie mußte es sogar, denn in vielen Fällen waren die Lehrer von Steuern und manchen Bürgerpflichten befreit. Die Zahl der Bevorrechteten war schon deshalb begrenzt und die Zustimmung des Rats notwendig für die Anstellung von Lehrern. Es gab einen ganzen Komplex von Gesetzen, die sich mit diesen Dingen befaßten.

An Julians Erlaß fällt auf den ersten Blick vielleicht auf, daß die moralischen Qualitäten des Lehrers so stark betont werden, dann aber, daß die Munizipalräte ihre Ernennungen dem Kaiser zur Genehmigung vorlegen mußten. Doch die erste Bestimmung spricht nur aus, was schon immer gegolten hatte, wenn es wohl auch nicht stets beachtet worden war, und die zweite konnte als weiteres Beispiel für die Neigung des Kaisers zur Zentralisierung der Entscheidungen gewertet werden. Dieser Erlaß erregte jedoch den Zorn der christlichen Kirchenführer, und auch weltoffene Heiden wie der Historiker Ammianus Marcellinus verdammten ihn als »unmenschlich und wert, in ewigem Schweigen begraben zu werden«. Die christliche, Julian feindliche Geschichtsschreibung hat dieses Gesetz immer als sein schlimmstes Verbrechen angesehen. Also steckte mehr dahinter, als der erste Blick vermuten läßt.

Als das Gesetz herauskam und als die Abschriften bei den Provinzgouverneuren anlangten, hatten die Schulen gerade Ferien. Es wird also viel herumgerätselt worden sein, wie das Gesetz zu verstehen sei. Ging es um die formelle Bestätigung von Entscheidungen des Munizipalrats, oder wollte die Zentralregierung die Moral der Lehrer jetzt von sich aus erforschen? Sollte das Gesetz nur auf Lehrer angewandt werden, die eine neue Anstellung suchten, oder auch rückwirkend? Galt es nur für Lehrer, die von den städtischen Schulen angestellt und bezahlt wurden, oder auch für die privaten? Auf Lehrer welcher Fächer sollte das Gesetz angewandt werden? Lehrer der Literatur, der Rhetorik, der Medizin, des Rechts, der Philosophie? Das

Gesetz war den Zeitgenossen zweifellos nicht so unverständlich wie uns, aber es ließ viel Raum für Unsicherheit und Argwohn in den christlichen Gemeinden.

Im Laufe des Sommers, vielleicht bald nach dem Erlaß, ließ Julian eine Art Rundschreiben versenden, in dem er ausführlich begründete, was ihn dazu bewogen hatte und wie er das Gesetz angewandt haben wollte. Es mag die Form eines Briefes an einen Beamten gehabt haben, der um Anleitung bat. In Wahrheit war es eine Ergänzung des ersten Edikts und wurde allen Provinzgouverneuren und wahrscheinlich auch den Munizipalräten zugestellt. Wir haben noch die griechische Fassung – die Regierung korrespondierte mit den Städten im Osten in griechischer Sprache –, in der allerdings viele, wohl durch die Übergenauigkeit der christlichen Abschreiber verursachte Lücken sind.

Julian erinnert zunächst daran, daß wahre Kultur nicht in der Beherrschung einer eleganten Sprache besteht, sondern in einer gesunden Verfassung der Vernunft und in der richtigen Auffassung vom Guten und Bösen, Schönen und Häßlichen. So ist ein Mensch, der das eine denkt und das andere lehrt, nicht unkultiviert, sondern unehrlich. Kleine Unstimmigkeiten sind bedauerlich, aber entschuldbar. Doch in wichtigen Dingen zeigt ein Zwiespalt zwischen Glauben und Lehre einen grundlegenden Charakterfehler an und schließt bewußte Täuschung der Schüler ein. Alle Lehrer irgendeines Fachs müssen moralisch tadellose Männer sein, ohne Widerspruch zwischen ihrer öffentlichen Tätigkeit und ihrem privaten Glauben. Das gilt besonders für die Grammatiker und Rhetoren, die der Jugend die Dichtung nahebringen und klassische Autoren erklären. Denn sie wollen ja nicht nur lehren, mit Wörtern umzugehen, sondern den Charakter bilden, und sie behaupten, ihr Thema sei praktische Lebensanschauung. Ob dieser Anspruch zu Recht besteht oder nicht, sie verdienen jedenfalls eine besondere Empfehlung, wenn sie sich keiner Widersprüche schuldig machen. Nun sind aber für die klassischen Dichter die Götter der Anfang aller Kultur, wie die

Anrufungen von Hermes oder der Musen zeigen. Es ist deshalb unsinnig, diese Dichter zu erklären, aber die Götter zu mißachten, die sie verehrten.

»Doch ich will sie mit dieser Darstellung nicht auffordern, ihren Glauben zu ändern. Ich lasse ihnen lieber die Wahl, entweder nicht das zu lehren, was sie doch nicht glauben, oder, wenn sie lehren, es ehrlich zu tun und nicht die Alten zu preisen, während sie deren religiösen Glauben verdammen. Da sie von ihren Schriften leben, wäre es das Eingeständnis, daß sie für ein paar Drachmen alles tun würden. Bis jetzt gab es viele Gründe, die Tempel nicht aufzusuchen, und es war entschuldbar, den eigenen Glauben geheimzuhalten. Doch nun, wo uns die Götter Freiheit geschenkt haben, scheint es mir unsinnig, daß Männer etwas lehren, was sie ablehnen. Wenn sie echte Interpreten der klassischen Dichter sind, sollen sie ihnen erst einmal in der frommen Verehrung für die Götter nacheifern. Wenn sie aber meinen, daß die Klassiker hier unrecht haben, sollen sie hingehen und in der Kirche Matthäus und Lukas auslegen...«

Dieses Gesetz gilt für alle Lehrer. Doch kein Schüler darf am Schulbesuch gehindert werden.

»Denn es ist unvernünftig, diejenigen vom edelsten Pfad auszuschließen, die noch zu jung sind, um zu wissen, wohin sie gehen, auszuschließen aus Angst, sie gegen ihren Willen ihrem Erbe zuzuführen. Doch es wäre wohl richtig, diese Leute gegen ihren Willen zu heilen, wie man es mit Wahnsinnigen tut. Sie verdienen Verzeihung. Toren müssen belehrt, nicht bestraft werden...«

Das Rundschreiben machte eindeutig klar, daß sich der Erlaß gegen die christlichen Lehrer richtete, daß er rückwirkend galt und daß er auf alle Lehrer für Grammatik und Rhetorik anzuwenden war, nicht nur auf die aus öffentlichen Mitteln bezahlten. Ein christlicher Lehrer konnte ohne Schwierigkeiten Grammatik und Prosodie unterrichten, wenn er Sprachfiguren und Gedankengänge analysierte, Anspielungen auflöste und den Sinn und die Etymologie von poetischen Wörtern erörterte. Darin bestand die Hauptaufgabe der Grammatiker, wie sie von dem Thrakier Dionysios in seiner ›techne grammatike‹ zusammengefaßt worden ist. Der Konflikt zwischen Glaube und Lehre konnte sich aber an dem letzten – für Dionysios wichtigsten – Unterrichtsgebiet entzünden, dem ›krinein poiemata‹ (Beurteilen von Gedichten).

Diese ›Beurteilung‹ oder ›Bewertung‹ literarischer Werke war für die antike Welt weniger eine Sache der Ästhetik als der Ethik. Noch immer beherrschte die Ansicht, daß der Dichter ein Lehrer sei und daß ›gute‹ Literatur erbaulich sein müsse, die erzieherische Theorie und Praxis. Welche moralischen Lehren konnte aber ein Christ durch Achilles oder Orest, Ödipus oder Medea gewinnen? Der christliche Lehrer konnte eigentlich nur tun, was Julian selbst tat: die Klassiker allegorisch ausdeuten. Das Material dazu war längst zur Hand, zuerst von den Stoikern, dann von den Neuplatonikern gesammelt und in ein System gebracht. Doch es ist klar, daß Julian nicht daran dachte, den Christen den Fluchtweg aus der Sackgasse zu gestatten, den er selbst mit seiner Interpretation des Mythos von Attis und Kybele benutzt hatte. Seine Entscheidung stand fest: der christliche Lehrer hatte nur die Wahl, entweder sein Christentum oder sein Lehramt aufzugeben.

Es soll aber noch einmal betont werden, daß eine Sperre für christliche Schüler im Rundschreiben nachdrücklich ausgeschlossen wird. Die Legende, Julian habe christlichen Kindern verboten, heidnische Schulen zu besuchen, findet sich zuerst bei Kirchenhistorikern wie Sokrates (Geschichte der Kirche 3.12.7) und Theodoret (Geschichte der Kirche 3.8.1), die etwa achtzig Jahre später schrieben, Julians Zeitgenosse Gregor von Nazianz, der das Schulgesetz vom christlichen Standpunkt aus erbittert angriff, hat die Verwechslung nicht verschuldet. Es handelt sich vermutlich um ein Mißverständnis oder um Böswilligkeit späterer Quellenbenutzer und nicht um einen Vorwurf, den die Zeitgenossen Julian machten. Wir werden sehen, daß dieser Punkt nicht unwichtig ist.

Entweder im Rundschreiben selbst, wahrscheinlich aber in besonderen Briefen nahm Julian einige Lehrer von der

Anwendung des Gesetzes aus. Dazu gehörte Prohairesios, ein Christ armenischer Herkunft, der in Athen lehrte und zu den berühmtesten Rhetoren seiner Zeit gehörte. Julian kannte ihn persönlich und hatte vielleicht seine Vorlesungen besucht. Kurz nach seiner Ankunft in Konstantinopel hatte er Prohairesios aufgefordert, die Geschichte seiner Auseinandersetzung mit Konstantius zu schildern, aber offenbar lehnte der Rhetor mit der Begründung ab, seine Lehraufgabe lasse ihm keine Zeit für diesen Auftrag. Wahrscheinlich war er es leid, Julian verpflichtet zu sein. Es muß ihm zur Ehre angerechnet werden, daß er es ablehnte, die Sondergenehmigung in Anspruch zu nehmen, und daß er sein offizielles Lehramt in Athen aufgab. Der einzige andere uns namentlich bekannte Lehrer, der sein Amt auf Julians Edikt hin selbst aufgab, war der römische Rhetor Marius Victorinus, dessen Bekehrung zum Christentum einige Jahre zuvor großen Eindruck auf die römische Gesellschaft gemacht hatte. Doch es ist klar, daß viele Lehrer im ganzen Imperium gezwungen wurden, ihren Beruf aufzugeben. Das Gesetz wurde durchgeführt.

Als Gegenmaßnahme gegen den wachsenden christlichen Einfluß in der Oberschicht der Städte war es gut durchdacht. Die Vertrautheit mit der klassischen Dichtung, die Fähigkeit, sich nicht nur in einer klassizistischen Literatursprache auszudrücken, sondern auch in den Wendungen eines klassischen Rahmens aus Bezügen und Anspielungen, war für jeden jungen Mann wichtig, der in der Rechtsprechung oder als höherer Beamter Karriere machen oder aktiven Anteil an den Angelegenheiten seiner Stadt oder Provinz nehmen wollte. Es war ebenfalls ein Merkmal des sozialen Status, ein Zeichen, daß man einer bestimmten Klasse angehörte. Dem Mann, der keine klassische literarische Erziehung genossen hatte, fehlten Ansehen und Einfluß im lokalen Gemeinwesen. Er war ausgeschlossen aus dem Netz von Korrespondenzen und Empfehlungen, das wir zum Beispiel in den Briefen des heiligen Basilios und denen des Libanios anschaulich vor uns haben. Ein solcher

Mann konnte weder individuelle noch kollektive Führungsaufgaben erhalten. Christliche Eltern, die zu dieser Schicht gehörten, mußten entweder ihren Söhnen die Erziehung vorenthalten, die ihnen der Tradition nach zustand, und sie so zu ›Außenseitern‹ machen, oder sie in den Jahren, in denen sie am bildungsfähigsten waren, einem Lehrer überlassen, der sich um die Bekämpfung des Christentums zu bemühen hatte. Denn jetzt, wo das Thema öffentlich angeschnitten worden war, konnte sich ein Lehrer kaum so etwas wie berufliche Neutralität leisten; wenn er nicht aus den Texten, die er mit seinen Schülern besprach, antichristliche Lehren zog, machte er sich als geheimer Christ verdächtig und setzte seinen Beruf aufs Spiel.

Die Entscheidung konnte den Eltern nicht leichtfallen. Damals war es an sich nicht ungewöhnlich, daß christliche junge Leute unter heidnischen Lehrern studierten, wie es auch die meisten großen Kirchenväter des vierten Jahrhunderts taten. Wäre es undenkbar oder auch nur nicht opportun gewesen, daß nach dem Erlaß ein christlicher Vater seinen Sohn noch einem heidnischen Lehrer anvertraute, darf man sicher sein, daß Gregor von Nazianz die Sache aufgegriffen und Julian beschuldigt hätte, christliche Kinder am Schulbesuch zu hindern. Die christlichen Kinder konnten weiter zur Schule gehen, und zweifellos haben es die meisten getan, nun aber in einer Atmosphäre, die vom offenen Zwiespalt zwischen der christlichen Erziehung im Elternhaus und der heidnischen in der Schule bestimmt wurde.

Viele Eltern haben sicherlich ihre Söhne zu Hause gelassen. So wird uns ein Fall erzählt, wo ein Vater und sein Sohn, die beide Apollinarios hießen und aus Berytos (Beirut) stammten, nach einer dritten Möglichkeit suchten. Sie brachten vor, an der Dichtung sei für den Lehrer nur die Form und nicht der Inhalt wichtig. Wenn christliche Stoffe in der traditionellen literarischen Form dargeboten würden, wäre der christliche Lehrer imstande, seine Schüler in der geforderten Weise auszubilden, ohne sich dem Vorwurf der Unehrlichkeit auszusetzen. So setzten sie sich hin und übersetzten so viele Bibeltexte, wie ihnen möglich war, in die Sprachform der klassischen griechischen Literatur. Die historischen Bücher des Alten Testaments wurden zu den vierundzwanzig Büchern eines Epos in Hexametern, andere Teile der Bibel zu Tragödien im Stil von Euripides, Oden im Stil Pindars, Komödien nach der Art von Menander. Die Evangelien und Episteln wurden in sokratische Dialoge umgegossen. Von diesem bizarren Unterfangen ist uns nur eine freie Übertragung der Psalmen in homerischen Hexametern erhalten geblieben, und da gibt es Zweifel über den Verfasser.

Vermutlich sind diese Werke niemals als Schullektüre verwendet worden; es bestand ja auch bald kein Bedürfnis mehr danach. Wie ein Kirchenhistoriker des fünften Jahrhunderts anmerkt, zogen die Menschen das Alte vor. Ganz abgesehen von der uns unbekannten literarischen Qualität der Arbeiten, die von den Apollinarioi verfaßt wurden, gingen sie schon von einer falschen Voraussetzung aus, denn klassische Literatur war nicht nur eine Sache der grammatischen Formen und des dichterischen Genres. Sie verlangte beides, die Kenntnis der Mythologie und der Geschichte und die Beherrschung einer ganzen Struktur von Werten und Anschauungen. Zwei Jahrhunderte später war es möglich, ein Lehrbuch der Grammatik anhand der Psalmen zu schreiben, aber da hatte sich schon die Gesellschaft gewandelt, war der Faden der Tradition abgerissen. Und doch haben die Psalmen im Mittelalter niemals Homer als Lehrbuch für klassisches Griechisch ersetzen können; sie boten höchstens eine – selten genutzte – Alternative.

Julians Schulgesetz war ein gut durchdachter Versuch, die Anziehungskraft des Christentums auf die gebildeten Oberschichten der Gesellschaft zu schwächen, das anti-intellektuelle Element des Christentums ans Licht zu ziehen und die Kirche aus den angesehenen und einflußreichen Stellungen zu drängen, die sie in den anderthalb Generationen seit Konstantin errungen hatte. Was geschehen wäre, wenn Julian alt geworden wäre und an seinem Edikt festgehalten hätte, ist eine unhistorische, aber reizvolle Frage. Doch alle Versuche zu einer intuitiven Beantwortung sollten besser unterbleiben, bis Julians ganze Lebensgeschichte erzählt worden ist.

Es ist aber gerecht, hier darauf hinzuweisen, daß Julian nach Meinung eines gegnerischen, aber gut informierten und intelligenten Beobachters einfach zu spät kam: Gregor von Nazianz wirft ihm vor, er versuche, aus der Dichtung und der Kultur Griechenlands ein heidnisches Monopol zu machen (Oratio 4.102). Das aber war in den sechziger Jahren des vierten Jahrhunderts nicht mehr möglich. Eine ganze Generation christlicher Gelehrter war herangewachsen. Die Regeln der Rhetorik galten auf der Kanzel ebenso wie im Theater oder im Gerichtssaal. Das literarische Griechisch war zur Sprache der kirchlichen Hierarchie geworden, die sie in ihrer umfangreichen Korrespondenz und für die Angelegenheiten ihrer Konzile und Synoden verwendete. Dogmatische Auseinandersetzungen wurden in den Begriffen der neuplatonischen Philosophie geführt und waren stark von dieser Philosophie beeinflußt. Es ging nicht mehr an, die christlichen Gemeinden des Imperiums als unwissend und vernunftlos darzustellen und aus der traditionellen Kultur ein Reservat für Heiden zu machen. Trotzdem rief Julians Edikt große Unruhe und Unbehagen in den christlichen Gemeinden hervor, viel mehr als die vereinzelten Fälle von Lynchjustiz, die der Kirche ein paar weitere Märtyrer verschafften.

Als Ergänzung zum Schulgesetz beschloß der Kaiser, für die gebildete griechische Welt systematisch die Argumente gegen das Christentum zusammenzutragen. Er arbeitete mit Unterbrechungen an seiner Abhandlung *Gegen die Galiläer*; sie ist vermutlich irgendwann Anfang 363 veröffentlicht worden. Der Name des Autors und die religiösen Spannungen der Zeit sorgten für eine breite Leserschaft, als sie erschien. Etwa achtzig Jahre später, als der Einfluß des Heidentums völlig zusammengeschrumpft war, hielt es der

Patriarch Kyrill von Alexandria für angebracht, Julians Buch in einem ausführlichen polemischen Werk zu widerlegen. Doch bei der Bedeutungslosigkeit des Themas im Mittelalter und der Frömmigkeit der Abschreiber ging Julians Buch schließlich verloren. Wir können es aber teilweise rekonstruieren aus den zahlreichen Absätzen, die Kyrills Widerlegung wörtlich oder zusammenfassend zitiert, dürfen dabei aber nicht vergessen, daß Kyrill ein Gegner war.

Andere hatten schon vor Julian das Christentum widerlegt, am eindrucksvollsten wohl der Platoniker Celsus und der Neuplatoniker Porphyrios, Schüler und Nachfolger von Plotin. Julian entnimmt manches den Werken seiner Vorgänger und ergänzt es durch Argumente, die er aus anderen Quellen hat, darunter vor allem einige, die von den dualistischen Gnostikern vorgebracht wurden und an die Ereignisse im Garten Eden anknüpften. In den noch erhaltenen Absätzen wird der Unterschied zwischen Altem und Neuem Testament und zwischen den verschiedenen Evangelisten stark herausgehoben. Die Christen werden getadelt, weil sie vom jüdischen Glauben abgefallen sind, aber auch, weil sie Praktiken eingeführt haben, die keine Rechtfertigung im Neuen Testament finden – wie den Märtyrerkult. Dem Schöpfungsbericht der *Genesis* wird Platons *Timaeus* entgegengehalten, heidnische heilsbringende Gottheiten – etwa Herakles und Asklepios – werden mit Jesus verglichen. Sie brachten der ganzen Welt Rettung und Hilfe, während Jesus nur in ein paar unbedeutenden Dörfern Judäas tätig war. Daß die Christen außerdem diejenigen verfolgten, die sie als Ketzer bezeichneten – wie paßte das zu ihrem Bekenntnis zur allumfassenden Liebe?

Julian war zwar von tiefem Ernst durchdrungen, aber seine Widerlegung des Christentums ist ein enttäuschendes Werk, und nicht allein deshalb, weil Kyrill uns nur eine polemische Auswahl von Zitaten überliefert hat. Es gelang Julian nicht, zwischen dem Grundsätzlichen und dem Nebensächlichen zu unterscheiden. Sein Leben lang hatte er sich streng bemüht, ein großer Denker und ein großer Schriftsteller zu werden, obwohl ihn die Natur zu beidem nicht geschaffen hatte. Die hitzige Atmosphäre des Neuplatonismus nach Jamblichos mit seiner Neigung, Lehre und Initiation zu vermengen, schärfte seinen Geist nicht, sie stumpfte ihn eher ab.

Als Schriftsteller zeigte er Geschmack, wenn er die blumigen Albernheiten vermied, die man sonst oft in der zeitgenössischen Rhetorik findet, aber seine Begabung war die Satire, nicht die gründliche Argumentation. Und er war immer in Eile. *Gegen die Galiläer*, gewiß lange geplant und bedacht, wurde in wenigen Monaten niedergeschrieben und auch dann nur in den Augenblicken, wo es ihm zivile Verwaltung und militärische Vorbereitung erlaubten. Julian hat vielleicht geglaubt, er habe hier sein größtes Werk geschrieben, aber er irrte sich.

Schließlich ging es ihm ja auch nicht so sehr darum, die Christen zu entmutigen, sondern die heidnischen Kulte neu zu beleben. Das entscheidende Thema war das Opfer. Julian versäumte keine Gelegenheit, an öffentlichen Opfern, oft sogar als Offiziant, teilzunehmen. Er freute sich an Massenopfern, wenn zuweilen hundert Ochsen auf einmal geschlachtet wurden. Die Bürger sahen ihres Kaisers Hände und Kleidung vom Blut geschlachteter Tiere triefen. Manche, die gegen das Opfern an sich nichts einzuwenden hatten, fanden Julians Verhalten unwürdig. Es hieß schon, wenn er als Sieger aus Persien zurückkäme, werde es bald an Vieh mangeln. Doch Julian nahm seine Opferhandlungen mit tödlichem Ernst vor. Den Zuschauern war es verboten, ihn dabei mit »Heil!« zu begrüßen oder zu jubeln – bei solchem Anlaß gebührte aller Beifall einzig den Göttern.

Aus dem Alten Testament, das er als Junge so gründlich gelesen hatte, wußte er, daß auch die Juden Tiere geopfert hatten, und er fragte, warum sie diese Art des Gottesdienstes nicht wiederaufnehmen wollten, jetzt, wo er nicht nur erlaubt, sondern sogar gern gesehen sei. Man antwortete, es sei ungesetzlich, Jahwe anderswo als im Tempel zu Jerusalem Opfer zu bringen, und den Tempel hatten Vespasian und Titus vor dreihundert Jahren zerstört. Sofort gab Julian den Auftrag, ihn neu aufzubauen, und verspach, aus kaiserlichen Mitteln zu den Kosten beizutragen. Er gab seinen Beschluß in einem offenen Brief an die jüdischen Gemeinden im Imperium bekannt, die sofort Geld aufbrachten. Das Werk konnte beginnen.

Julians enger Freund Alypios, ein Heide aus Antiochia, der *vicarius* für die britischen Provinzen während Julians Zeit in Gallien gewesen war, wurde mit der Aufsicht über den Tempelbau beauftragt und in den Rang eines *comes* erhoben. Mit Hilfe vieler jüdischer Freiwilliger, darunter auch Frauen, wurde der Platz geräumt; Leute, die sich darauf Häuser errichtet hatten, waren vermutlich Ansiedler ohne gültigen Rechtstitel. Anfang 363 begann die Arbeit am Bau. Doch ein Erdbeben setzte das Materiallager in Brand, der Bau mußte aufgeschoben werden. Julian stand bereits im Feld gegen die Perser. Man darf annehmen, daß der Patriarch Hillel mit gemischten Gefühlen dem Tempelbau entgegengesehen hatte, der ihm unweigerlich einen Teil seines Einflusses genommen und die ganze Macht in den Händen des Hohen Priesters konzentriert hätte. Nach Julians Tod ließ man den Tempelbau bleiben. Dem Kaiser war es sicherlich vor allem darauf angekommen, wieder Opferungen einzuführen. Und Jahwe war in seinen Augen eine ethnische Gottheit, verantwortlich für das Gedeihen eines einzigen Volkes, eine Gottheit also, wie sie in der neuplatonischen Hierarchie so leicht unterzubringen war. Aber die Bedeutung, die er dem Tempelprojekt zuerkannte, und der hohe Rang des Beamten, der den Bau zu leiten hatte, zeigen doch wohl, daß er im Judentum einen Verbündeten gegen das Christentum sah. Es ging ihm weniger um eine Art Entschädigung der Juden, mit denen die Christen übel verfahren waren, als darum, durch ein konkretes Beispiel die Verfälschung der Bibel darzulegen. Mehrere Kapitel im Neuen Testament (Matth. 24.2; Markus 13.2;

260

Lukas 19.44; 21.6) wurden nämlich immer so interpretiert, als würde der Tempel nie wieder aufgebaut werden.

Das Wiederaufleben öffentlicher Opferhandlungen, die erneute Befragung von Orakeln und ähnliches erfüllte viele heidnische Intellektuelle mit Zuversicht. Libanios, der nicht bereit gewesen war, zu Julian nach Konstantinopel zu kommen, begrüßte ihn in Antiochia und gehörte schon bald zu den einflußreichen Persönlichkeiten am Hof. Der Rhetor Himerios kam aus Athen nach Antiochia. Ein Gefühl von Erneuerung belebte alles. In einem Schreiben an einen Freund fragt Libanios im Jahre 362: »Was könnte man nun noch verlangen, da doch die heiligen Himmel der Menschheit geöffnet worden sind?« (Ep. 697.3). In einem anderen, etwa zur gleichen Zeit geschriebenen Brief spricht er seine Freude darüber aus, daß ein Freund ein Artemis-Heiligtum wiederhergestellt habe, und bittet, er möge doch den Kult auch seinen Kindern weitergeben (Ep. 710).

Doch Julian selbst war enttäuscht und beklagte sich über den Mangel an Begeisterung seiner Untertanen für die alte Religion und über die kümmerlichen Opfergaben. Es hing eben zuviel von der Initiative des einzelnen ab. Julian blickte wehmütig in eine Vergangenheit zurück, in der religiöse Zeremonien zum Leben der Stadt gehört hatten. Und er war sich darüber im klaren, welche Kraft die hierarchische Organisation der christlichen Kirche verliehen hatte. Er wünschte dem Heidentum eine ähnliche organisatorische Struktur zu verschaffen und es in das Leben der Gemeinwesen im Imperium einzubeziehen.

Was er noch unternommen hätte, wäre er länger am Leben geblieben, wissen wir nicht. Doch in der kurzen Spanne zwischen seiner Ankunft in Antiochia im Sommer 362 und seinem Aufbruch an die Front im Frühjahr 363 unternahm er einige Schritte, um die Zersplitterung der heidnischen Religion zu überwinden. Zunächst einmal gab er der Rolle des Priesters mehr Gewicht. Die meisten heidnischen Priesterämter waren keine Berufe im eigentlichen Sinne; ein Mann diente bei einer Opferhandlung und ging dann seinen profanen Aufgaben nach; es gab im allgemeinen keinen Unterschied zwischen Geistlichen und Laien, und ein Priester verdankte seinem Amt nicht etwa eine Führungsrolle im Gemeinwesen.

Doch Julian tat, was er konnte, um die Stellung des Priesters in der Gesellschaft zu heben: Der Priester hatte seine Pflicht getreulich zu erfüllen, zu bestimmten Stunden an bestimmten Tagen zu amtieren und nicht nur gelegentlich eine Opferhandlung vorzunehmen; er sollte Vorbild für seine Mitbürger sein, sollte nicht nur die rituellen Handlungen vornehmen, sondern auch den im Tempel Versammelten predigen, ihnen den Mythos auslegen, sie zu besserem Verhalten ermahnen und ihnen das Schicksal der Seele nach dem Tode erklären – Belohnungen und Strafen, die auf sie warteten. Der Priester durfte sich nicht mit erniedrigenden Tätigkeiten befassen – er durfte eigentlich überhaupt keinen Beruf haben. Er hatte gemeine oder leichtsinnige Gesellschaft zu meiden, durfte nicht ins Theater gehen – wo er nämlich im vierten Jahrhundert nicht die klassischen Tragödien gesehen hätte, sondern die skurrilen Possen des *mimus* und das nervenaufpeitschende Ballett des *pantomimus*. Er sollte nur erbauliche Bücher lesen, am liebsten philosophische, und alle volkstümlichen, trivialen oder schlüpfrigen Werke meiden. Mit anderen Worten: Er hatte sich so zu benehmen, wie man es von einem christlichen Priester erwartete, und der Schluß ist unvermeidlich, daß Julian seinen heidnischen *hieros* nach dem Bilde der christlichen Geistlichkeit formte. Auch früher mußten vermutlich bestimmte Priester rituelle Unreinheit vermeiden und waren allen möglichen sonderbaren Beschränkungen ihrer Handlungsfreiheit unterworfen, wie zum Beispiel diejenigen, die in Rom den *Flamen Dialis* – Jupiters Eigenpriester – umgaben. Doch es gibt in der heidnischen Tradition kaum Beispiele für die soziale und moralische Verantwortung, die Julian seinen Priestern auferlegte.

Gleichzeitig versuchte er, eine hierarchische Ordnung unter den heidnischen Priestern aufzuziehen. Die Priester der verschiedenen offiziellen Kulte wurden in disziplinarischen Angelegenheiten dem Erzpriester ihrer Provinz unterstellt, die Erzpriester wiederum Julian als dem *pontifex maximus*; für die Oberaufsicht der Erzpriester in bestimmten Kulten gab es tatsächlich alte Beispiele. Doch die geordnete Hierarchie, die Julian einzurichten suchte, ist eindeutig eine Nachahmung der christlichen Kirche. Es ist aufschlußreich, daß er in einem Brief an einen Erzpriester die Beaufsichtigung untergeordneter Priester mit dem Verb *episkopein* bezeichnet, das mit *episkopos*, der Bezeichnung für den christlichen Bischof, zusammenhängt. Die Disziplinargewalt des Erzpriesters bezog sich grundsätzlich auch auf Laien; Julian machte einem Provinzgouverneur Vorwürfe und schloß ihn für drei Monate von allen Opferhandlungen aus, weil er zu Unrecht einen Priester bestraft hatte.

Die neue heidnische Kirche sollte Waisen- und Krankenhäuser, Obdachlosenasyle und ähnliches errichten, damit, wie sich Julian ausdrückt, »wir für die Unglücklichen unter unseren Feinden sorgen können und nicht sie für uns«. Der Bezug auf christliche karitative Organisationen liegt auf der Hand, und zweifellos wünschte Julian auch, den Christen nachzueifern und sie möglichst noch zu übertreffen. Doch er griff damit ebenfalls bewußt zurück auf eine heidnische Tradition der Menschenliebe, wie sie besonders die Stoiker geübt hatten; für sie galt Brüderlichkeit als ethischer Grundsatz. Christen und Stoiker halfen den Bedürftigen, weil sie bedürftig waren, während die durchaus entwickelten karitativen Organisationen der antiken Stadt den Bürgern Nahrung, Bäder, medizinische Hilfe, Vergnügungen und Erziehung boten, weil sie eben Bürger waren. Julians Versuch, stoische Traditionen wiederzuerwecken und ein christliches Modell zu übernehmen, bedeutete das stillschweigende Eingeständnis, daß die Städte des Imperiums nicht mehr ihre alte Aufgabe erfüllen konnten, die Einkünfte ihrer Territorien an ihre Angehörigen zu verteilen, und daß die einstige Solidarität der Bürger gegen Außenseiter durch neue Verpflichtungen und neue Gemeinsamkeiten ersetzt worden war. Wie Konstantin die christlichen karitativen Werke großzügig aus staatlichen Mitteln unterstützt hatte, wünschte auch Julian seine neuen heidnischen Krankenhäuser und Obdachlosenasyle aus den Mitteln der Zentralregierung zu unterstützen.

Julians Neuordnung des Heidentums mit dem Ziel, daß es sich wirksam gegen das Christentum behaupten könne, blieb weithin ein frommer Wunsch. Die Verwirklichung sollte bis nach der Sicherung der Ostgrenze aufgeschoben werden. Aber der Geist, der Julian beseelte, ging klar aus den vielen offenen Briefen zu diesem Thema hervor, die der Kaiser Ende 362 und Anfang 363 schrieb. In diesen Briefen, die man als heidnische Enzykliken bezeichnen kann, legt Julian die Grundsätze vor, von denen sich die Priester in der Erfüllung ihrer Pflichten leiten lassen sollen, und umreißt die Stellung, die sie nach seinem Wunsch in der Gesellschaft einnehmen müßten. Zum Beispiel heißt es in seinem Brief an Arsacius, den Erzpriester von Galatien:

»Wenn der Hellenismus [das Heidentum] nicht den Fortschritt macht, den er machen sollte, ist es unsere Schuld, die wir ihn vertreten. Das Werk der Götter ist herrlich und großartig und jenseits unserer Gebete und Hoffnungen (möge Adrastea diese meine Worte gnädig aufnehmen!). Denn vor noch nicht langer Zeit hätte niemand auch nur gewagt, um einen so großen und bedeutenden Wandel zu beten. Und nun? Glauben wir, daß es nun genug sei? Sehen wir denn nicht, was am meisten zum Erfolg der Ungläubigen [der Christen] beigetragen hat – nämlich ihre Mildtätigkeit gegen Fremde, die Pflege der Gräber, die angeblich ernsthafte Lebensführung? Alle diese Tugenden müßten, so scheint mir, vor allem doch von uns geübt werden. Und es ist nicht genug für dich, wenn du selbst ein solcher tugendhafter Mann bist, jeder andere Priester in ganz Galatien müßte sich genauso verhalten. Wende dich an sie, überrede sie, sich mit Ernst zu betragen, oder nimm ihnen ihr Priesteramt, wenn sie, statt mit ihren Frauen und Familien und Dienern die Götter anzubeten, ihren Sklaven oder ihren Söhnen oder ihren galiläischen Ehefrauen gestatten, den Göttern Mißachtung zu bezeugen und den Atheismus der Religion vorzuziehen. Dann verbiete deinen Priestern, die Theater zu besuchen, in Schenken zu trinken und ein Handwerk oder einen

Handel zu leiten, der schändlich ist oder einen üblen Ruf hat. Ehre diejenigen, die dir gehorchen, vertreibe die Ungehorsamen.

Richte viele Herbergen in jeder Stadt ein, damit Fremden und nicht nur euren eigenen Leuten eure Mildtätigkeit zugute kommt, damit jeder Hilfe findet, der in Not ist. Ich habe schon Maßnahmen getroffen, um euch mit Geldmitteln zu versorgen. Ich habe auch angeordnet, daß ihr jedes Jahr dreißigtausend Scheffel Weizen und dreißigtausend Liter Wein für ganz Galatien erhaltet. Ich ordne an, daß ein Fünftel davon an die Armen, die im Dienste der Priester stehen, gegeben wird, der Rest an Fremde und Bettler, die zu uns kommen. Denn es ist eine Schande, daß kein einziger Jude bettelt und daß die gottlosen Galiläer unsere Armen zusätzlich zu ihren eigenen erhalten und daß man bemerkt, wie sehr es unseren Bedürftigen an unserer Hilfe fehlt. Lehre Freunde des Hellenismus, ihr Teil zu solchen öffentlichen Aufgaben beizutragen, und hellenistische Dörfer, die ersten Früchte der Ernte den Göttern darzubringen. Gewöhne die Hellenen an Handlungen, die von gutem Willen getragen werden und sag ihnen, daß dies lange Zeit hindurch unsere Aufgabe gewesen ist. So schildert zum Beispiel Homer den Eumaeus: ›Fremder, es ist mir nicht erlaubt, selbst wenn ein noch elenderer Mensch als du zu mir kommt, den Gast verächtlich zu behandeln. Denn alle Bettler und Fremden kommen von Zeus. Ich habe wenig zu bieten, aber ich gebe es von Herzen.‹ Wir wollen nicht zulassen, daß andere unsere guten Werke fortsetzen, während wir unsere Sache durch Gleichgültigkeit entehren oder sogar unsere Verehrung für die Götter zunichte machen. Wenn ich höre, daß du mir folgst, wird es mich mit Freude erfüllen.

Besuche selten die Gouverneure in ihrem Haus; korrespondiere in der Regel schriftlich mit ihnen. Laß keinen Priester ihnen entgegengehen, wenn sie die Stadt betreten, sondern nur, wenn sie die Tempel der Götter aufsuchen, und das, ohne den Vorhof zu verlassen. Laß keinen Soldaten ihnen in den Tempel vorangehen, sondern alle, die wollen, ihnen folgen. Denn sobald sie den Fuß in den heiligen Bereich setzen, werden sie private Bürger. Du weißt, daß du innerhalb des Tempelbezirks die Verantwortung trägst, denn das fordert das göttliche Gesetz. Diejenigen, die gehorchen, sind wirklich fromm, diejenigen, die sich an ihre Macht klammern, sind hochmütig und eitel.« (Julian, *Briefe* 84.)

Ein anderer Plan, den Julian damals verfolgte, der aber wahrscheinlich nie verwirklicht wurde, war die Einrichtung heidnischer ›Klöster‹ und ›Konvente‹, wo Männer und Frauen, die eine religiöse Berufung spürten, sich dem Studium der Philosophie und dem Dienst für die Götter widmen konnten, frei von allen materiellen Sorgen. Das Modell ist schlicht christlich, und der Plan verdankt tatsächlich nichts der Tradition philosophischer Gemeinschaften wie jener der Pythagoräer neunhundert Jahre zuvor.

Als der Herbst 362 verging, wurde Julian zunehmend unzufriedener mit dem langsamen Fortschritt der heidnischen Wiederbelebung und der lauen Aufnahme, die seine Vorschläge sogar bei denen fanden, die er für seine Freunde hielt. Unter den Kultstätten, die er wiederhergestellt hatte, war der Apollotempel in Daphne, der Vorstadt von Antiochia, in die sich die Bürger zu Genuß und Zerstreuung und nicht gerade zum Gottesdienst zurückzogen.

Julian selbst schildert die Vernachlässigung der alten Zeremonien:

»Für den zehnten Monat haben unsere Vorväter ein Fest zu Ehren von Apollo angesetzt; es war eure Pflicht, euch voller Eifer nach Daphne zu begeben. Ich selbst eilte vom Tempel des Zeus dorthin und dachte mir, wenn überhaupt irgendwo, dann werde ich mich dort freuen dürfen dank eurem Wohlstand und eurem Gemeinschaftssinn. Und ich stellte mir vor, wie ein Mann, der im Traum Visionen erlebt, wie die Prozession sein würde, die Opfertiere, die Trankopfer, die Hymnen zu Ehren des Gottes, der Weihrauch, die Jugend eurer Stadt vor dem Heiligtum, in weiße Gewänder gekleidet und die Seelen in Frömmigkeit erhoben. Doch als ich dort eintraf, fand ich weder Weihrauch noch Gerstenkuchen noch ein heiliges Opfertier. Einen Augenblick lang war ich erstaunt und vermutete, daß ich noch nicht im heiligen Bereich sei und daß ihr auf ein Zeichen von mir gewartet hättet, aus Achtung vor meinem Amt als Hoherpriester. Doch als ich fragte, welche Opfer die Stadt denn bringen wolle, um das Fest des Gottes zu feiern, antwortete der Priester: ›Ich habe aus meinem eigenen Haus eine Gans gebracht als Opfergabe für den Gott, aber bisher hat die Stadt nichts vorbereitet.‹« (Julian, Bart-Hasser, 361 D–362 B.)

Julian beschwerte sich sofort beim Munizipalrat, daß Antiochia weniger als ein armes Hinterwäldlerdorf getan habe, um den Gott zu ehren, daß sich die Ratsmitglieder nichts daraus machten, große Summen an Essen und Gelage zu verwenden, daß sie aber nicht den Preis für ein einziges Huhn aufbrachten, das Apollo bei seinem jährlichen Fest geopfert werden konnte, daß sie ferner ihren Frauen erlaubten, den Familienbesitz den Galiläern zu vermachen, die dann die Zuneigung der Armen durch ihre karitativen Unternehmungen gewännen. In der Anklage ist ein drohender Unterton unüberhörbar.

Als er nachforschen ließ, warum Apoll nicht mehr wie sonst Orakel erteilte, erhielt er die Antwort, der heilige Ort sei durch tote Körper entweiht und müsse gereinigt werden. Nun befanden sich tatsächlich die Gebeine des heiligen Babylas, eines Bischofs von Antiochia, der unter Kaiser Decius (249–251) den Märtyrertod gestorben war, in einer Kirche, die genau gegenüber vom Apollotempel gebaut worden war, und zwar ausgerechnet von Julians Bruder Gallus, der ein frommer und fast schon bigotter Christ gewesen war. Julian befahl sofort, daß die Gebeine des Heiligen an einen anderen Platz gebracht werden sollten.

Am Tage der Umbettung versammelten sich die christlichen Antiochier in Daphne und begleiteten die Reliquien bis in eine Stadtkirche. Die Stimmung war gespannt. Angeführt von den Geistlichen, sang die Menge Psalmen und wiederholte im Wechselgesang: »Schämen sollen sich alle, die den Bildern dienen und sich der Götter rühmen!« (Psalm 97.7). Sicherlich hat auch so mancher den Gesang mit drohenden Gesten begleitet. Es war eine unmittelbare Beleidigung des Kaisers und seiner Götter, und Julian verlor die Selbstbeherrschung. Er befahl seinem Freund Salutius, dem Prätorianer-Präfekten des Ostens, die Anführer zu verhaften.

Zwar war Salutius ein überzeugter Heide, aber hätte gern vermieden, die heikle Lage noch zu verschärfen. Immerhin ließ er ein paar Leute verhaften. Einer von ihnen, ein junger Mann namens Theodorus, zeigte unter der Folter ungewöhnliche Standhaftigkeit, und das Gerücht verbreitete sich, ein Engel habe ihm beigestanden, als er gepeitscht wurde. Salutius kehrte zu Julian zurück und riet ihm, in dieser Sache nicht weiterzugehen. Julian, ruhiger geworden, folgte dem Rat und entließ alle Verhafteten.

Ein paar Tage danach, am 22. Oktober 362, stand der Apollotempel in Daphne in Flammen und brannte bis auf den Grund nieder, und mit ihm auch das Standbild des Gottes, das der Athener Bildhauer Bryaxis vor siebenhundert Jahren angefertigt hatte. Jedermann verdächtigte die Christen, die vielleicht wirklich den Brand gelegt hatten. Nach einem andern Gerücht, das damals umlief, hatten vielleicht die Votivlampen, die um die Statue des Kynikerphilosophen Asklepiades standen, das Feuer entfacht. Doch die Nachforschungen führten zu keinem eindeutigen Ergebnis. Der Kaiser war niedergeschlagen, und die Christen triumphierten. Julian überwand sofort seine Mißstimmung durch die Entdeckung, daß die Götter schon vorher geruht hatten, ihm mitzuteilen, daß sie den Tempel verlassen würden, ehe der Brand ausbrach. Er ließ die achteckige Große Kirche in Antiochia schließen, die Konstantin gebaut hatte, und beschlagnahmte die goldenen liturgischen Gefäße. Er glaubte genau zu wissen, wer das Feuer verursacht habe.

Der Brand von Daphne bezeichnet einen Wendepunkt in Julians Verhalten zu seinen christlichen Untertanen. In seinem Werk *Die Cäsaren* – einem merkwürdig satirischen Rückblick auf seine Vorgänger –, das er für die Starunalien Mitte Dezember 362 schrieb, geht Konstantin davon in den Armen der personifizierten Verweichlichung und der Ausschweifung, bei denen er auch Jesus auf und ab gehen sieht und rufen hört: »Laßt jeden Verführer, jeden Mörder, jeden Verfluchten, jeden Schurken vertrauensvoll zu mir kommen. Denn ich will ihn mit diesem Wasser waschen und ihn damit sofort reinigen. Und wenn er jemals wieder dieselben Fehler begeht, braucht er sich nur an Brust und Kopf zu schlagen, und ich werde ihn wieder reinigen.«

Die Cäsaren ist eine Art kollektiver Anklageschrift, die von dem Problem ›schuldig durch Zusammenrottung‹ ausgeht.

Sie bezieht sich auf das Neue Testament, etwa den 1. Korinther 6.9–11. Die Spannung stieg natürlich weiter, und es kam zu einigen Fällen der Mißhandlung von Christen, bei denen Julian einzuschreiten versäumte, und zu vorbedachten Angriffen auf heidnische Kultstätten durch christliche Gruppen, durch die mancher wahrscheinlich zum Märtyrer zu werden hoffte, was er zuweilen auch erreichte. Die christliche Kirche überliefert die Namen etlicher Märtyrer, die unter Julian den Tod erlitten haben sollen, aber viele davon werden erst in späteren Quellen erwähnt, und die Umstände ihres Todes wirken höchst unglaubhaft. Man kann die Namen aus der Liste streichen, in die sie wohl durch Irrtümer oder Übereifer geraten sind. Doch es bleibt eine Anzahl von Märtyrern, deren Fall der Kritik skeptischer Historiker standhält. Dazu gehören zwei Beamte, die in einen Anschlag auf das Leben des Kaisers verwickelt waren und deshalb nicht unbedingt als wahre Glaubenszeugen gelten können, aber auch ein Priester und eine Nonne aus Antiochia, ein Priester in Ancyra, ein anderer in Heliopolis im Libanon und schließlich der Mann, der den Fortuna-Tempel von Caesarea zerstörte. Immerhin reichen die Fälle nicht aus, um von einer aktiven Politik der Verfolgung zu sprechen.

Der Kaiser begann, die Städte nach ihrem religiösen Charakter zu behandeln. So verlor Konstantia – früher Maiuma –, der Hafen von Gaza und ein Bollwerk des christlichen Glaubens, sein Stadtrecht und wurde Gaza wieder eingemeindet. Das konnte noch als Wiederherstellung alter politischer Zustände verteidigt werden, denn Konstantia war erst unter Konstantin vom heidnischen Gaza getrennt worden. Doch diese Entschuldigung ließ sich nicht auf die Degradierung von Caesarea anwenden, der Hauptstadt Kappadokiens. Es verlor die Stadtrechte und wurde wieder Mazaka genannt. Die Bürger waren zur Hauptsache Christen und hatten die Tempel schon vor langer Zeit abgeschafft. Als der einzige noch verbliebene, der Fortuna-Tempel, von Christen zerstört wurde, ordnete

Julian eine Untersuchung an, warf der heidnischen Minderheit vor, sie sei nicht bereit, für ihre Rechte zu kämpfen, belegte die Stadt mit einer Buße von 300 Pfund Gold, schickte die ganze Geistlichkeit in den Verwaltungsdienst der Provinz und degradierte die Stadt so, daß die Bürger mehr Steuern zahlen mußten. Als die Einwohner von Nisibis in Mesopotamien sich beklagten, daß sie unter einem persischen Angriff unerträglich leiden würden, antwortete der Kaiser, er werde ihnen erst dann militärischen Schutz gewähren, wenn sie ihr Christentum aufgäben. Andererseits erhielten die Bürger von Kyzikos alles, was sie nur wünschten, weil sie sich eifrig um die alte Religion bemühten, und ihr Bischof wurde aus der Stadt verbannt, zusammen mit mehreren Christen ohne Bürgerrecht.

Die Umstände jedes einzelnen Falles sind vielleicht von den Kirchenhistorikern nicht zuverläsig überliefert worden, aber sicher ist der Eindruck nicht falsch, daß Julian seine anfängliche Politik der Toleranz gegen die Christen aufgegeben hatte. Im Oktober 362 wurde Athanasius, der Bischof von Alexandria, der nach Julians Amnestie-Erlaß wieder zurückgekehrt war, erneut verbannt. Julian behauptete, das Edikt habe ihm nur das Recht gegeben, in die Stadt zurückzukehren, nicht aber, sein Bischofsamt wieder auszuüben. Der wahre Grund lag aber vermutlich darin, daß dieser unerbittliche, kämpferische Kirchenmann nach seiner Rückkehr nicht die Christen untereinander entzweit hatte, wie Julian gehofft haben mag, und daß er den Widerstand gegen die Religionspolitik des Kaisers anführte. Die erneute Verbannung zog dem Herrscher den Haß der temperamentvollen Christen Alexandrias zu.

In Antiochia enttäuschte ihn vieles. Einige seiner engsten Mitarbeiter im Kampf um die Wiederbelebung der alten Religion waren nicht mehr um ihn. Sein Onkel Julian, der *comes Orientis*, starb Anfang 363, und die Christen erklärten, das sei die Strafe für die Beschlagnahmung von kirchlichem Besitz in Antiochia. Diese Auslegung klang um so überzeugender, als ungefähr zur selben Zeit auch ein

Vertrauter des Kaisers, Felix, starb, der ebenfalls mit der Beschlagnahmung zu tun gehabt hatte; Felix, den Julian zum Neuplatonismus bekehrt hatte, gehörte zu den Beratern, denen der Kaiser besonders vertraute.

In der Bevölkerung von Antiochia wuchs die feindselige Stimmung. Die Christen waren natürlich ohnehin gegen Julian, aber auch nur wenige Heiden teilten seine Begeisterung oder waren daran interessiert, andere zu bekehren. Daß Julian mit fester Hand gegen den Wucher vorging, verärgerte die Geschäftswelt. Hinter seinem Rücken flüsterte man – und aus der sicheren Anonymität der Menge heraus klang es ihm auch gelegentlich laut entgegen –, er sei ein linkischer Bursche, ein engstirniger Spielverderber, unerträglich für die Umwelt. Andere deuteten an, seine endlosen Opferungen seien gewiß Buße für Ausschweifungen mit Frauen von schlechtem Ruf. »Das Chi und das Kappa haben uns nichts Böses getan«, hieß es, und man brauchte keinen Scharfsinn, um hinter den Initialen Christus und Konstantius zu erkennen. Sein Auftreten wurde lächerlich gemacht, besonders sein Bart, das Merkmal des Philosophen in einer Welt der praktisch Tätigen. Man nannte ihn den Schlächter, weil er so beharrlich darauf bestand, Opfertiere selbst zu töten.

All das war im Grunde belanglos. Doch Julian hatte während seiner Zeit als Caesar in Gallien Geschmack an öffentlicher Zuneigung gefunden und konnte sie nicht mehr entbehren. Vor allem hatte er ja in Antiochia auf mehr Verständnis gerechnet, in diesem großen Zentrum hellenistischer Kultur. Hatte er vergessen, daß es auch der Sitz einer der ältesten christlichen Gemeinden in der römischen Welt war? Er fühlte sich mißverstanden und verletzt und überließ sich immer öfter kleinen Ausbrüchen von schlechter Laune. Er drohte, Antiochia zu verlassen und seinen Hof in einer anderen Stadt, vermutlich in Tarsos, einzurichten. Bevor er Anfang März 363 ins Feld aufbrach, kam es noch zum vollständigen Bruch zwischen Kaiser und Bürgern. Er weigerte sich, eine Abordnung des Rates zu empfangen, und Libanios mußte eingreifen, um wenigstens den Schein von Eintracht herzustellen, obwohl Julian warnte, seine Geduld sei am Ende.

In alldem liegt gewiß etwas Kindisches, aber bei näherer Überlegung wird man bei vielen öffentlichen Auftritten, die sich Staatsmänner anderer Zeiten leisteten, etwas Kindisches entdecken. Ein weniger empfindsamer Mensch als Julian hätte einfach das Murren und den boshaften Witz der Antiochier nicht zur Kenntnis genommen; ein Mensch, der von der Richtigkeit seines Verhaltens überzeugt war, hätte seinen Kurs hartnäckig verfolgt, und wenn ihn der Mangel an Beliebtheit noch so sehr verletzt hätte; ein praktisch eingestellter Mann wäre vielleicht zu dem Schluß gekommen, daß die Wiedereinführung der alten Religion so viel Ärger nicht wert sei, und hätte sich auf andere und weniger schwierige Ziele konzentriert. Doch obwohl Julian so gern einen intellektuellen Standpunkt einnahm, war er nicht fähig, seine eigenen Ziele unvoreingenommen zu beurteilen. Er hatte zu viele göttliche Zeichen erhalten, zu viele Stimmen gehört, zu viele Botschaften aus dem Jenseits vernommen. Er konnte nur noch die Tauglichkeit der Mittel überprüfen, die er angewandt hatte.

In den Monaten nach dem Brand des Tempels von Daphne scheint er zu der Ansicht gelangt zu sein, daß seine ursprüngliche Politik der Duldung und seine neue Politik aktiver Ermutigung der Heiden und Einschüchterung der Christen gleicherweise untauglich seien. Er hatte die Zeichen der Götter falsch verstanden. Für einen Mann, der so wie Julian von der Zustimmung jenseitiger Wesen abhängt, ist das eine sehr unglückliche Situation, und sie erklärt weitgehend Julians Reizbarkeit in den letzten Monaten in Antiochia. Wahrscheinlich liegt hier auch ein Grund seiner wachsenden Besessenheit für die rituelle Reinigung. In den ersten Tagen seiner Alleinherrschaft hatte er an Maximus geschrieben: »Die Götter fordern mich auf, Reinheit in allen Dingen zu bewahren, soweit es mir möglich ist, und ich gehorche ihrem Befehl mit Eifer.« Seine ständige sexuelle

Enthaltsamkeit nach dem Tode seiner Frau sollte vielleicht auch Unreinheit vermeiden. In Antiochia ging er schließlich so weit, Opfergaben von den Altären in die Wasserleitungen zu tauchen und mit heiligem Wasser alle auf dem Markt angebotenen Waren zu besprengen.

Ein Edikt vom 12. Februar 363 verbot Leichenzüge bei Tage; in einem Rundschreiben dazu erklärte der Kaiser, er wolle vermeiden, daß tote Körper an offenen Tempeltoren vorbeigeführt würden und mit ihren Ausdünstungen den heiligen Raum verunreinigten; auch könne das Licht der göttlichen Sonne beleidigt werden durch Aufzüge, die nur den Göttern der Unterwelt zur Freude dienten. Es ist auch durchaus möglich, daß Julian glaubte, irgendeine Unreinheit in ihm selbst hemme seine Kommunikation mit der jenseitigen Welt. Statt die Schwierigkeiten des eigenen Wesens in die Außenwelt zu projizieren, neigte er dazu, objektive Probleme der Außenwelt im eigenen Innern aufzuspüren. Er scheint endlich zu dem Schluß gekommen zu sein, daß die Götter eine intensive anti-christliche Politik forderten. Bevor er an die persische Front aufbrach, kündigte er an, daß nach seiner Rückkehr strengere Maßnahmen – die er noch nicht nannte – gegen die Christen ergriffen werden sollten. Tatsächlich konnte man schon von einer gewissen Benachteiligung der Christen im öffentlichen Dienst sprechen, einer Diskriminierung, die für die immer stärkere Polarisierung der römischen Oberschicht durch die Religionsfrage spricht, aber auch zeigt, daß Julian seinen Anspruch aufgegeben hatte, Führer für alle Untertanen zu sein.

Die Kirchenhistoriker, die ja sehr viel später schrieben, berichten, daß Julian die Christen aus der kaiserlichen Garde ausschloß, daß sie weder zu Provinzgouverneuren noch in den Stab der Gouverneure berufen werden konnten, daß ihnen sogar der Zugang zur Armee versperrt war, weil ihre Grundsätze ihnen ja verboten, menschliches Leben auszulöschen. Für die Verbote wird kein Datum genannt. Es ist unmöglich, daß Julian die Abkehr vom

Christentum zur Vorbedingung für den Dienst in der Armee gemacht hat; er hing zu stark von der Unterstützung der Armee ab, und viele Offiziere und Soldaten waren Christen. Gregor von Nazianz erwähnt in seiner bitteren Anklage gegen Julian niemals einen Ausschluß christlicher Soldaten. Die Verwirrung stammt wahrscheinlich aus dem Mißverständnis eines griechischen Wortes, das militärischen und zivilen Dienst bedeuten konnte *(strateia)*, stammt aber natürlich auch aus der allgemeinen Abneigung gegen Julian. Der Ausschluß der Christen aus der Garde und der Provinzialverwaltung wurde vermutlich kurz vor Julians Aufbruch in den Krieg verfügt, als er sich entschlossen hatte, nicht nur das Heidentum zu fördern, sondern die Christen aus ihren Schlüsselpositionen zu verdrängen. Uns ist kein Fall überliefert, in dem ein Mann tatsächlich seinen Posten verlor, und vermutlich ist das Gesetz nie wirklich angewandt worden.

Ein eigenhändig geschriebener Brief Julians an Atarbios, den Gouverneur der Euphratprovinz Syriens, gibt Richtlinien für die Anwendung des neuen Gesetzes: »Bei den Göttern, ich will nicht, daß die Galiläer umgebracht oder ungesetzlich geschlagen oder auf irgendeine Weise schlecht behandelt werden. Doch ich erkläre, daß ihnen die Männer auf jeden Fall vorzuziehen sind, welche die Götter ehren. Denn praktisch ist alles durch die Torheit der Galiläer auf den Kopf gestellt worden, und nur die Gunst der Götter bewahrt uns alle. So müssen wir die Götter ehren und auch die Männer und die Städte, die sie anbeten« (Julian, *Briefe* 37). Mit anderen Worten: Wenn sich mehr als ein Kandidat um ein Amt im Dienst des Gouverneurs bewarb, sollte immer der Heide bevorzugt werden.

So standen die Dinge, als Julian am 5. März 363 von Antiochia an die persische Front aufbrach.

10

Persischer Krieg und Tod

Seit Syrien im zweiten vorchristlichen Jahrhundert zur römischen Provinz geworden war, hatten Rom und Persien eine gemeinsame Grenze. Sie verlief etwa vom Kaukasus über die armenische Hochebene bis zum Zusammenfluß von Euphrat und Chabur, dann quer durch die Wüste bis zum inneren Ende des Golfs von Akaba. Im nördlichen, gebirgigen Grenzgebiet wurden die beiden großen Mächte zuzeiten durch einen armenischen Pufferstaat getrennt, der abwechselnd unter den Einfluß der einen oder der anderen Macht geriet oder zwischen ihnen aufgeteilt wurde. Armenien hatte strategische Bedeutung, denn wer es beherrschte, kontrollierte die Wege zwischen Kleinasien und dem iranischen Hochland. Zu Julians Zeiten bildete der nördliche Teil der Grenze ein langgezogenes S: Westlich vom heutigen Batum begann sie eine lange Kurve scharf nach Westen bis zum Euphrat bei Divriği, folgte dem Strom etwa 160 km lang und machte dann einen großen Bogen nach Osten bis etwa Hakkari, südlich vom Wan-See. Von dort lief sie wieder in südwestlicher Richtung bis an den Euphrat, den sie südlich von Circesium erreichte. Im südlichen Grenzabschnitt standen Römer und Perser sich immer unmittelbar gegenüber, doch eine lange Strecke führte durch die dünnbevölkerte Wüste, wo jede Macht versuchte, ihren Einfluß auf die großen nomadischen Araberstämme zu festigen, mit dem Ergebnis, daß zwei lose gefügte Araberbünde einander in der Wüste gegenüberstanden und ihrerseits versuchten, die Großmächte gegeneinander auszuspielen.

Zwischen den Gebirgen und der Wüste lag der fruchtbare Halbmond, die Landschaft der vielleicht ältesten Kultur der Welt. Er erstreckte sich von Palästina und der phönizischen Küste durch Antiochia nach Edessa und Nisibis (Nusaybin) und im Bogen nach Süden bis Babylon, ein verhältnismäßig dicht besiedeltes Gebiet mit vielen Städten. Bis auf den westlichen Rand hing der Fruchtbare Halbmond von einem Bewässerungssystem ab, an dem jahrtausendelang gebaut worden war. Er war Mittelpunkt blühender Gewerbezweige, seine Textilien, Glas- und Metallwaren wurden im ganzen Römischen und Persischen Reich vertrieben und bis ins ferne China geschickt. Ein beträchtlicher Teil des Handels zwischen Ost und West über weite Entfernungen hin lag in den Händen der ortsansässigen Kaufleute. Und hier herrschte eine Einheit von Kultur und Lebensstil, die schon lange vor dem Auftauchen der römischen oder der persischen Macht bestanden hatte. Die Städte im römischen Syrien führten ihre Geschäfte in griechischer Sprache, doch die Landbevölkerung und ein großer Teil der Städter sprach Aramäisch. Von den Toren Antiochias, der Hauptstadt des römischen Ostens, bis zu den Toren von Ktesiphon (ungefähr an der Stelle des heutigen Bagdad), das im vierten Jahrhundert Persiens Hauptstadt war, zog sich ein einheitlicher Gürtel aramäischsprechender Bewohner hin, die sich zu keiner der beiden Großmächte hingezogen fühlten. Es gab viel Verkehr über die Grenze. Und das ganze Gebiet war von lebenswichtiger Bedeutung für die Wirtschaft beider Reiche.

Keine der beiden Mächte durfte hoffen, die andere zu vernichten. Ihre Machtzentren lagen vielzu weit auseinander, im Mittelmeerbecken bzw. auf der Hochebene des Iran. Aber Jahrhundert auf Jahrhundert kämpften römische und persische Armeen in den trostlosen Bergen Armeniens und auf den ausgedörrten Ebenen Mesopotamiens, und doch war das Beste, das sich hier erreichen ließ, eine winzige Grenzkorrektur. In gewissem Sinn handelte es sich um einen der völlig törichten Kriege der Geschichte. Aber er hatte seinen eigenen Antrieb: Keine der Mächte konnte es sich wirtschaftlich und strategisch erlauben, die andere über die umstrittenen Landschaften Armenien und Mesopotamien herrschen zu lassen. Sie kämpften um ihre Geltung, sie mußten den Armeniern und vor allem den aramäischen Völkern unaufhörlich zeigen, wer die stärkste Macht war. Wir kennen aus der späteren Zeit ähnliche Kriege, lange, blutige Kriege, die große Mächte nur deshalb ausfochten, um denen zu imponieren, um deren Territorium es letztlich ging.

In der Blütezeit des römischen Imperiums war Rom meistens die beherrschende Macht gewesen und hatte seine Grenzen manchmal – so unter Trajan – bis ins südliche Babylonien vorgetrieben. Persien wurde von der schwächlichen Dynastie der Parther regiert, die nicht auf die ungeteilte Treue des iranischen Adels zählen konnte. Seit Mitte des dritten Jahrhunderts aber hatte eine neue Dynastie, die Sassaniden, in Persien die Macht übernommen. Sie betonte die iranische Tradition und trat als Erbe von Darius und Xerxes auf. Rom wurde von Bürgerkriegen und Machtkämpfen erschüttert. Damals war Persien tonangebend in dem umstrittenen Gebiet. Doch als Diokletian die Ordnung im Imperium wiederhergestellt hatte, begann er sofort einen erfolgreichen Krieg gegen Persien. 297 wurde König Narses entscheidend geschlagen, und der Friedensvertrag sorgte für vier Jahrzehnte ohne kriegerische Auseinandersetzungen. Armeniens westlicher Teil wurde römische Provinz, der Rest des Landes blieb ein selbständiger Staat, in dem weder römischer noch persischer Einfluß überwiegen sollte. Weiter südlich setzte man eine dauerhafte Grenze fest, die im großen und ganzen der alten Grenze vor Trajans Siegen entsprach und den Fruchtbaren Halbmond ungefähr halbierte.

Gegen Ende von Konstantins Herrschaft beschloß aber der neue persische König Schapur II. (309–379), die Feindseligkeiten wiederaufzunehmen. Er brachte 335 das neutrale Armenien unter seinen Einfluß und leitete damit eine lange Reihe sinnloser Kämpfe zwischen den Großmächten ein. Von 338 bis 350 war Konstantius fast ständig mit militärischen Unternehmungen in Mesopotamien beschäftigt. Daß sie nie zu entscheidenden Ergebnissen führten, lag daran, daß er nicht das Hauptgewicht der römischen Armeen auf den Osten konzentrieren konnte, denn die ständige Bedrohung der römischen Macht an Rhein und Donau band große Teile der Streitmacht. Der Aufstand von Magnentius im Januar 350 zwang Konstantius, den Hauptteil der Streitkräfte nach Westen gegen den Usurpator zu schicken. Im Spätsommer 350 verließ er Syrien und blieb bis Herbst 359 im Westen.

Die Perser zögerten, das veränderte Gleichgewicht der Kräfte zu nutzen, denn Schapur hatte eigene Schwierigkeiten in anderen Gebieten seines weiten Reichs, die den Angriffen der Steppennomaden ungeschützt ausgesetzt waren. Schließlich begann er dennoch mit großer Operation gegen das Imperium und nahm 359 nach langer Belagerung die römische Festung Amida (Diarbekir) ein, die den Zugang zu Kleinasien beherrschte. Etwas später verbesserte er die persische Position in Mesopotamien, nahm Bezabde (Cizre) auf dem Westufer des Tigris und Singara (Sinjar), das in dem Hügelland zwischen Euphrat und Tigris lag. Doch inzwischen entglitt ihm die Herrschaft über Armenien, und wieder einmal waren Tausende für ein paar Meilen Wüstenboden gefallen. Doch der Krieg ging ja um das ›Image‹, und auf dieser Ebene hatte Persien einen winzigen, aber wichtigen Vorsprung gewonnen.

Das war die Situation, als Julian Ende 361 Alleinherrscher wurde. Die persische Frage hatte für ihn zwei Seiten. Einmal wünschte er die östliche Grenze so zu festigen, wie es ihm am Rhein gelungen war, damit das städtische Leben ungestört und ohne Angst vor Überfällen oder Besetzung durch den Feind gedeihen konnte. Dazu mußten die Perser aus den Gebieten vertrieben werden, die sie vor kurzem erobert hatten; aber auch die Wiederherstellung der Grenze, wie sie nach Diokletians Siegen ausgesehen hatte, gehörte dazu, ferner die Neutralisierung Armeniens und ein realisierbarer Friedensvertrag, der Aussicht hatte, von beiden Seiten eingehalten zu werden. Es war ein Ziel, das sich verwirklichen ließ, wenn auch gewiß nicht ohne Schwierigkeiten.

Andererseits hatte ein Krieg gegen Persien für einen Mann von Julians Erziehung und Interessen verführerische Untertöne. Es mußte ihm schwerfallen, sich nicht als neuer Marc Aurel zu sehen, unter dessen Herrschaft eine beachtliche Grenzkorrektur zugunsten Roms stattgefunden hatte. Hinter Marc Aurel erhob sich herausfordernd Trajans Gestalt, der die römischen Waffen bis an den Persischen Golf getragen und sich den Titel ›Parthicus‹ erworben hatte. Und da Julian mehr Grieche als Römer war – oder vielmehr ein Römer, der die griechische Tradition aufgenommen und sie sich angepaßt hatte, konnte er nicht anders, als sich in der Rolle eines neuen Alexanders zu sehen. Alexander hatte das Persien seiner Zeit nicht nur besiegt, sondern vernichtet. Und Alexander war ein Schüler von Aristoteles gewesen, dessen Lehren in neuplatonischer Sicht von denen Platos nicht zu unterscheiden waren; so hatte er gewissermaßen den König-Philosophen dargestellt, so, wie sich Julian selbst verstand.

Es war eine Deutung Alexanders, die Julian mit den meisten Zeitgenossen teilte; Alexanders Geist verfolgte die Spätantike. Eine romantische Version seiner Lebensgeschichte breitete sich gerade damals über die römische Welt und bis in die persische hinein aus. Mütter banden ihren Kindern Alexandermünzen als Abwehr böser Geister um den Hals. So mancher junge Mann muß sich in Alexanders kühne Taten hineingeträumt und gewünscht haben, sie möglichst noch zu übertreffen. Doch nur wenige waren in einer Lage, die ihnen eine Verwirklichung ihrer Träume auch von ferne anbot.

Ein Kirchenhistoriker des nächsten Jahrhunderts berichtet, Maximus von Ephesus habe Julian davon überzeugt, daß er die Wiedergeburt Alexanders sei. Ob Julian Maximus' Äußerung wirklich ernst nahm, ist schwer zu sagen. Sicherlich glaubte er wie alle guten Platoniker der Spätantike an die Wanderung der Seele von Körper zu Körper. Selbst wenn er im intellektuellen Raum Maximus' Behauptung zurückwies, mag sie doch dem tiefsten Bedürfnis seines Gefühls entsprochen haben und in einer Ebene des Verständnisses bewahrt worden sein, die nicht schon deshalb weniger wichtig war, weil sie ins Unterbewußte gehörte. Wie es auch gewesen sein mag, die Realitäten des Krieges gegen Persien konnten in Julians Bewußtsein verwischt werden durch historische Parallelen von starker Wirkung auf sein Gefühl, aber von zweifelhafter praktischer Bedeutung.

Julian muß sich zu Beginn des Frühjahrs 362 entschlossen haben, den Krieg im Osten dort wiederaufzunehmen, wo Konstantius ihn aufgegeben hatte. Als er im Mai 362 Konstantinopel gegen Antiochia vertauschte, waren die logistischen Vorbereitungen für einen größeren Feldzug bereits angelaufen. Vielleicht hätte er auch sonst nicht gezögert, aber von dem Tag an, als er die Nachricht von Konstantius' Tod erhielt, begann er, die Fortsetzung des Krieges zu planen, den er für unvermeidlich hielt. In den noch erhaltenen Schriften gibt es keinen Hinweis darauf, daß er jemals eine andere Lösung als einen Krieg für die Ostgrenze ins Auge gefaßt hatte.

Wahrscheinlich trieben ihn aber auch noch andere Überlegungen zum Krieg gegen die Perser. Wie schon erwähnt, war die Grundlage seiner Machtstellung vor allem das Militär. Er konnte auf die Unterstützung der gallischen Armee fest rechnen, die er so viele Male zum Sieg geführt hatte. Die Armee im Osten hatte zwar ihre Ergebenheit beteuert und er hatte ihren Anführern bei den in Chalcedon abgehaltenen Gerichtstagen Zugeständnisse eingeräumt, doch die Soldaten hatten noch nicht unter seinem Befehl gekämpft und hatten seit langem nicht mehr den Rausch des Sieges und seinen materiellen Begleiter, die Beute, genossen. Ihre Moral war schlecht, ihre Treue zweifelhaft. Sie konnten vielleicht verführt werden, einen Rivalen um den kaiserlichen Thron zu unterstützen: Je früher Julian sie in einen siegreichen Feldzug führte, desto besser für ihn und für sie.

Die Vorbereitungen des Feldzugs müssen Julians Hauptbeschäftigung während der neun Monate in Antiochia gewesen sein, wenn wir auch wenig davon hören, weder vom Kaiser selbst noch von anderen: Die Logistik der Kriege pflegt die Phantasie der Historiker nicht zu beflügeln. Aber die Besorgung eines Vorrats an Nahrung, Futter und Munition, seine Verteilung auf vorgeschobene Depots – die möglichst sicher vor dem Zugriff des Feindes sein mußten –, die Auffüllung der Kampfeinheiten, die Ausbildung der gallischen Soldaten für die völlig anderen Kriegsbedingungen im Osten, die diplomatische Korrespondenz mit den Bundesgenossen in den Bergen Armeniens, in den Wüsten des südlichen Syrien und in Mesopotamien – das alles waren Aufgaben, die viel Zeit in Anspruch nahmen. Julian hatte in Gallien begriffen, wie wichtig Einzelheiten sind. Nichts war belanglos für die Aufmerksamkeit eines Oberbefehlshabers. Die Vorsorge für die Bedürfnisse des Heeres trug wahrscheinlich zu den Preissteigerungen für Nahrungsmittel und zur wirtschaftlichen Krise in Antiochia bei, wenn sie auch, wie schon dargestellt, keineswegs die einzige Ursache war. Die sich aus alledem ergebende Feindseligkeit gegen Julian vergiftete die letzte Zeit seines Aufenthalts in der Hauptstadt des östlichen Rom, und er wird froh gewesen sein, als die Zeit zum Aufbruch kam. Vielleicht konnte ein Sieg die Lage ändern – das ist eine häufige Illusion jener Männer der Tat, die außerdem zur Kontemplation neigen.

Julian war ein erfahrener Befehlshaber, aber seine Erfahrungen bezogen sich nur auf eine bestimmte Art der Kriegführung, Krieg gegen Stämme, die zwar tapfer waren und über Reserven verfügten, aber auch politisch zersplittert und technisch zurückgeblieben waren. Er hatte wiederholt die überlegene Beweglichkeit und größere Schlagkraft seiner Armee ausgenutzt, wenn er tief in feindliches Gebiet eindrang und den Gegner in die Zange nahm, entweder zwischen eine bewegliche Kampfeinheit und die sicheren Grenzbefestigungen oder zwischen die beiden Säulen einer Truppe. Mit solchen Operationen, die Julian mit der für ihn typischen Entschlossenheit und Schnelligkeit durchführte, hatte er die Germanen meistens erfolgreich bekämpft und mit einer einzigen Schlacht den Sieg errungen.

Doch ein Krieg gegen das sassanidische persische Imperium war eine ganz andere Sache. Julian hat offenbar die Ausbildung und die logistischen Möglichkeiten des persischen Reichs und die gewaltigen Reserven des Hinterlandes entscheidend unterschätzt. Es ist erstaunlich, daß er anscheinend die Konsequenzen der großen Entfernungen nicht bedacht hat. Der veränderte Maßstab verlangte eine andere Methode der Kriegführung, denn hier genügte es nicht, sich an die Taktik der Einfälle in feindliches Gebiet zu halten und die Maßstäbe einfach zu erweitern. An der Rheinfront nämlich entfernte sich die Truppe nie weit von ihrer Basis, sie konnte sich jedenfalls meistens aus dem Lande selbst versorgen; im Osten aber mußte sie viele Tage durch feindliches Land marschieren, wo es vielleicht für Mensch und Tier keine Nahrung gab und wo auch die Versorgung mit Wasser schwierig werden konnte.

Es kam zu keiner klaren Definition der Kriegsziele. Natürlich ging es vor allem darum, römisches Territorium zurückzugewinnen und die persischen Truppen, auf die man stieß, zu schlagen. Der Mönch Ephraem berichtet von einem Brief, in dem der Kaiser erklärt habe, er beabsichtige, Persien zu demütigen und Singara zurückzugewinnen, das war das Ziel von Diokletian und Konstantius gewesen – und es war erreichbar. Doch Julian dachte auch daran, die persische Hauptstadt Ktesiphon zu erobern und König Schapur abzusetzen, an dessen Stelle sein Bruder Hormizd, der lange als Flüchtling auf römischem Gebiet gelebt hatte, treten sollte.

Das war aber ein völlig anderes Unternehmen, das viel umfangreichere Reserven verlangte, wie sie für die Belagerung einer großen und sehr stark befestigten Stadt notwendig waren. Wir können nur aus seinen Taten auf Julians Absichten schließen, denn er hat sie nicht formuliert. Aber es scheint tatsächlich, daß er den Vorrang der beiden Ziele nie festgelegt hat und daß er deshalb natürlich auch nicht im voraus die Folge von Entscheidungen bedachte, die im Laufe des Feldzugs zu treffen waren.

Es gibt in der historischen Überlieferung manche Hinweise auf die Opposition militärischer Kreise gegen seinen Plan. So wurden die regelmäßig von Julian befragten Wahrsager unter Druck gesetzt, damit sie ungünstige Vorzeichen meldeten. In Rom zog man die Sybillinischen Bücher zu Rate und übermittelte dem Kaiser ihre nicht gerade ermutigende Botschaft: Auf keinen Fall solle er römisches Territorium verlassen. Eine Verschwörung zu seiner Ermordung wurde aufgedeckt, zwei Offiziere der kaiserlichen Garde, Jubentinus und Maximinus, beides Christen, wurden hingerichtet. Schließlich schickte der Prätorianer-Präfekt von Gallien, Sallustius, der mit Julian das Konsulat von 363 teilte, dem Kaiser einen Brief, in dem er ihm in den stärksten Ausdrücken vom Feldzug abriet. Er stehe, so meinte dieser erfahrene Staatsmann, am Abgrund eines nicht wiedergutzumachenden Unheils. Doch als Julian den Brief erhielt, war er schon auf dem Marsch nach Persien.

Julian schob alle Ratschläge beiseite. Für ihn war Kritik nur ein Zeichen feindseliger Haltung, er verfolgte ohne Schwanken seinen Weg wie einst Herkules bei den Pygmäen, um es mit den Worten von Ammianus zu sagen, der damals bei Julian war. Die Hartnäckigkeit, die Julian schon immer bewiesen hatte, schien nun fast schon pathologisch zu werden. Er hatte ja so oft recht gehabt, wenn sich die anderen irrten! Er traute seinem eigenen Urteil zu sehr. Seine Selbstsicherheit wurde zudem durch die immer noch wachsende Zuversicht gestärkt, daß ihn die Götter zu einem großen Schicksal ausersehen hatten: Er sollte den verlorenen Glanz Roms erneuern. Viele Leute in seiner unmittelbaren Umgebung, etwa Maximus von Ephesus, ermutigten sein Sendungsbewußtsein aus Gründen, die keineswegs immer selbstlos waren, und spielten den Rat erfahrener Militärs herunter, die nicht ihre philosophischen und religiösen Ansichten teilten.

Wahrscheinlich verhärtete ein weiterer Faktor Julians Haltung. Seine keineswegs nebensächlichen Bemühungen, die Verwaltung des Imperiums zu säubern, Leistungsfähigkeit den eingefahrenen Verwaltungsgewohnheiten und Gerechtigkeit den Privilegien vorzuziehen, hatte ihm nicht viel Beifall eingetragen. Sein ebenso nachhaltiges Bemühen, eine gefährliche Religion einzuschüchtern, die nach seiner Meinung das moralische Gefüge des römischen Volkes unterhöhlte, und die Menschen wieder auf den richtigen Weg zu bringen, hatte ihm nur Feindseligkeit und Haß eingebracht. Die Aufgabe, ein großes Imperium zu beherrschen, erwies sich als schwierig, und schnelle Lösungen gab es nicht. Seit dem Winter 362/63 in Antiochia häuften sich die Fehlschläge.

Julian war ein junger Mann voller Ungeduld. Mit Sehnsucht dachte er an die Tage zurück, als er siegreich von seinen Feldzügen gegen die Franken oder Alemannen zurückgekehrt und mit aufrichtig gemeinten Schmeicheleien von der Zivilbevölkerung empfangen worden war. Die Zeit war gekommen, wieder ins Feld zu ziehen – denn hier kannte er sich aus, und hier gab es rasche Erfolge. Wenn er als Sieger zurückkehrte und das alte glorreiche ›Parthicus‹ seinem Namen anfügen konnte, würde sich alles ordnen, die Schwierigkeiten verschwinden. Er würde sich wie früher in der öffentlichen Zustimmung sonnen, die ihm zum Bedürfnis geworden war. Daher seine Ungeduld, daher der Widerwille, auf die zu hören, die weiter blickten und zur Vorsicht rieten.

Julian war noch immer ein guter Befehlshaber. Im großen und ganzen beteten seine Soldaten ihn an. Und die bis ins Detail bedachten Kriegsvorbereitungen wurden mit seiner gewohnten sorgfältigen Gründlichkeit durchgeführt. Doch er befand sich in einer gefährlichen geistigen Verfassung; gewiß war er untadelig, gewiß von begeisterndem körperlichen Mut, aber auch imstande, sich grob zu irren, wenn es um größere strategische Entscheidungen ging. Er war kein zweiter Alexander.

Vielleicht lag der erste Fehler schon in der Ablehnung der Verhandlungen, die Schapur im Winter 362/63 angeboten hatte. Der persische König war offenbar beunruhigt über die Nachrichten von den umfangreichen Kriegsvorbereitungen auf römischer Seite; vielleicht war er bereit, sich Frieden zu erkaufen. Julians gesamte Umgebung – so berichtet Libanios, der zu ihr gehörte – drängte den Kaiser, auf die Verhandlungen einzugehen; er sei ja imstande, aus einer Position der Stärke heraus zu verhandeln. Doch Julian wies das persische Entgegenkommen kurzerhand ab und antwortete, es sei nicht nötig, Unterhändler zu schicken, da Schapur ihn selbst ohnehin bald bei sich sehen werde. Ein diplomatischer Sieg, der natürlich kein vollständiger sein konnte, hätte Julians Verlangen nach persönlichem Ruhm nicht befriedigt, hätte nicht die schwer faßbare ›Endlösung‹, die Julian so faszinierte, für die Frage der Ostgrenze gebracht. Also gingen die militärischen Vorbereitungen weiter.

Botschafter gingen hin und her zwischen Antiochia und den verschiedenen abhängigen Königreichen und Protektoraten an der östlichen Grenze. Die meisten Angebote militärischer Hilfe wurden höflich abgelehnt, denn die Truppen, die vom König von Iberia (dem heutigen Georgien) und den Stammes- und Gebietsführern Kurdistans kommen konnten, hätten mehr gehindert als sie wert waren. Doch Armenien war ein wichtiger Bundesgenosse. Seinen König Arsakes hatte Konstantius auf den Thron gesetzt, als er das Land aus persischer Herrschaft befreite, und er hatte Olympia, die Tochter von Flavius Ablabius, geheiratet; dieser Flavius war ein Kreter geringer Herkunft, den die Freundschaft mit Konstantin zum Prätorianer-

Präfekten von 329 bis 337 und zum Konsul des Jahres 331 gemacht hatte. Arsakes erhielt Anweisung, im Frühjahr seine Streitmacht zu mobilisieren und weitere Anordnungen Julians abzuwarten.

Inzwischen erhielten die zahlreichen Einheiten des Feldheeres in Syrien den Befehl, ihre Winterquartiere zu verlassen und sich zum Sammelpunkt Hierapolis (Membidj) zu begeben, das fast 100 km nordöstlich von Aleppo und etwa 24 km westlich vom Euphrat lag. Für die Einheiten, die während des Winters östlich vom Strom untergebracht waren, bedeutete das den Rückzug aus dem Grenzgebiet. Hierapolis war eine große Militärbasis mit reichen Vorräten an Nahrungsmitteln, Futter und Waffen.

Den Persern gab das Zusammenziehen der Heere ein deutliches Zeichen, daß Feindseligkeiten bevorstanden, aber keinen Hinweis auf die Stoßrichtung der Römer. Sie konnten ebenso nach Nordosten zur Rückeroberung von Amida marschieren wie nach Südosten auf das persische Mesopotamien zu. Schapur muß etwa zur gleichen Zeit seine Streitkräfte mobilisiert, sie aber zurückgehalten haben – wahrscheinlich vor allem in Assyrien –, bis er sah, wohin der römische Vorstoß zielte. Die persische Strategie war es, stets auf der Hut zu sein, damit die Armee des Königs nicht in die Zange geriet; sie ließ sich auch nicht ohne weiteres zu einer großen Schlacht zwingen. Es gehörte zur persischen Kampfart, große Schlachten zu vermeiden, es sei denn unter besonders günstigen Voraussetzungen. Also wartete Schapur ab, und bei Julian lag die Initiative.

Am 5. März verließ der Kaiser Antiochia in Richtung Osten. Der erste Marschtag auf der Straße nach Aleppo, von der heute noch Streckenabschnitte erkennbar sind, hatte den Charakter einer Prozession. Julian und seine Leibgarde wurden begleitet vom Munizipalrat und den führenden Bürgern Antiochias, vom Provinzgouverneur und dem *comes Orientis* mit ihrem Gefolge und einer Menge Zivilisten. Die Stimmung war gespannt. Räte und Bürger fügten ihren guten Wünschen die Hoffnung hinzu, Julian werde heiterer sein, wenn er als Sieger zurückkehre. Und Julian erwiderte, sie würden ihn niemals wiedersehen, da er bei der Rückkehr, wie angekündigt, sein Hauptquartier in Tarsos aufschlagen wolle.

Die erste Nacht verbrachte man in Litarbae (Al-Terib), etwa 56 km von Antiochia entfernt. Von hier reiste er nur mit seiner Leibgarde und dem Gefolge aus Freunden, zu denen auch die Philosophen Maximus und Priscus und sein Arzt Oreibasios gehörten, und seine Stimmung stieg, je weiter er sich von Antiochia und dessen Problemen entfernte. In Beroea (Aleppo) besuchte er die alte Akropolis, hielt eine kurze Ansprache an den Rat und opferte einen weißen Stier.

Am 9. März erreichte er Hierapolis. Seine Ankunft wurde verdüstert durch den Zusammenbruch eines Säulenganges am Stadttor, wobei fünfzig Soldaten den Tod fanden; Julian scheint das nicht erschreckt zu haben. In einem langen Brief an Libanios, dem er nach der Ankunft schrieb, schilderte er die Vorkommnisse des Marsches und beschrieb die Orte, die er gesehen hatte. Der Brief strahlt Zuversicht aus: Julian befand sich wieder in einer Lage, die er zu meistern verstand.

Nach einem oder zwei Tagen war das gesamte Heer unterwegs. Eine vorbereitete Bootsbrücke wurde über den Euphrat gelegt, und am 12. oder 13. März kampierte das ganze Heer um Batnae (Seruj) etwa 65 km jenseits des Stroms. Auch hier kam es zu einem Unfall, als ein ungeheurer Stapel Stroh in sich zusammenstürzte und fünfzig Pferdeknechte unter sich begrub, die von unten her Futter entnehmen wollten. Diese Geschichte unterstreicht, wie umfangreich die logistischen Vorbereitungen gewesen waren.

In Batnae traf Julian eine Delegtion aus Edessa, wo Konstantius auf dem Vormarsch regelmäßig sein Hauptquartier aufgeschlagen hatte. Edessa war vorwiegend christlich und ist vermutlich deshalb von Julian übergangen worden. Im gleichen Eiltempo erreichte der Kaiser mit seiner Armee am nächsten Tag Karrhae (Harran).

Der Name des Ortes hatte keinen guten Klang in römischen Ohren, denn hier waren der Triumvir Crassus und seine Armee 416 Jahre zuvor von den Parthern vernichtet worden. Doch es war auch eine standhaft heidnische Stadt, deren Bewohner immer noch ihre alte Sternenreligion babylonischen Ursprungs beibehalten hatten – obwohl das christliche Edessa so nahe lag. Sie hielten noch lange nach der Eroberung durch die Araber im siebten Jahrhundert an ihrer Religion fest. Es muß eine sonderbare, ganz nach innen gewandte Gemeinschaft gewesen sein, die sich bewußt von der Umwelt abwandte. Julian verbrachte hier mehrere Tage und opferte natürlich den einheimischen Göttern. Es gibt auch unbestätigte Berichte, wonach er hier seinem Verwandten von Mutterseite, Prokopius, einen kaiserlichen Purpurmantel mit der Anweisung übergab, die Macht zu übernehmen, falls er höre, daß Julian in Persien gefallen sei. Aber das kann durchaus ein später von Prokop ausgestreutes Gerücht gewesen sein, als er versuchte, Kaiser Valens den Thron streitig zu machen.

Im Jahre 363 war Prokop 37 Jahre alt und hatte eine erfolgreiche, wenn auch nicht glänzende Laufbahn als Zivilbeamter hinter sich. Seit Julians Thronbesteigung besaß er den hohen Rang eines *comes*. Er erhielt jetzt zusammen mit General Sebastianus den Befehl über eine Streitmacht von 30000 Mann, die in Karrhae von der Armee abgeteilt wurde.

Zwei Straßen führten von Karrhae nach Persien, eine genau nach Osten durch Nisibis (Nusaybin) über den Tigris nach Medien (bis zum Tigris die heutige Strecke der Bagdadbahn); die andere Straße verlief nach Süden zum Euphrat und folgte dem Fluß bis an das Gebiet des südlichen Mesopotamien, in dem vier große Städte zeitlich aufeinander folgten: Babylon, Seleukia, Ktesiphon und Bagdad. Von Karrhae aus mußte es den Persern möglich sein, aus Julians weiteren Bewegungen seine Absichten zu erkennen, und vielleicht brachte ihm diese Überlegung die schlimmen Träume ein, die ihn quälten und mehrere Tage in Karrhae festhielten.

Als die Armee wieder in Marsch gesetzt wurde, unternahm man alles, um den Feind möglichst zu täuschen in einem Gebiet, das von seinen Spähtrupps durchforstet wurde. Die 30000 Mann unter Prokop und Sebastianus konnten für die Hauptmacht gehalten werden – jedenfalls vorübergehend. Sie erhielten den Befehl, bis an den Tigris zu marschieren, aber nicht überzusetzen, ehe man nicht Verbindung mit König Arsakes' armenischer Streitmacht aufgenommen hatte. Dann sollten sie gemeinsam durch Kurdistan und Medien marschieren und sich schließlich in Mesopotamien wieder mit Julians Hauptmacht vereinen.

Es war die Hauptaufgabe dieser kleineren Armee, die Flanke und die Nachhut gegen Angriffe zu schützen, die das Heer von seiner Basis abschneiden würden. Außerdem sollte sie möglichst viele persische Einheiten im Norden binden und drittens als linker Flügel einer Zange wirken, in der man Schapur zu fassen hoffte. Sebastianus war ein erfahrener Offizier und Oberbefehlshaber in Ägypten gewesen. Er hatte auch hier den eigentlichen Oberbefehl, während Prokop diplomatische Aufgaben wahrzunehmen hatte, vor allem als eine Art Verbindungsmann zu König Arsakes. Doch das gemeinsame Kommando zweier Männer von so unterschiedlicher Erfahrung konnte nur zu einem Fehlschlag führen, und tatsächlich hat diese doch beträchtliche Streitmacht bei den kommenden Ereignissen kaum eine Rolle gespielt.

Julian wollte mit dem Gros der Armee die andere Strecke marschieren, also an den Euphrat und nach Mesopotamien hinein. Doch um die Perser zu täuschen, die nicht nur behende Spähtrupps eingesetzt, sondern auch viele Anhänger unter den aramäischsprechenden Bewohnern des Grenzgebiets hatten, marschierte er zunächst auf der Straße nach Norden, als wolle er Prokop und Sebastianus zum

Trigris folgen. Angebliche Nachschub-Depots an den Straßen sollten die Täuschung vollständig machen. Erst im
Dunkel befahl er eine scharfe Wendung nach rechts und
marschierte durch die Wüste bis zur Biegung des Euphrat.
Nach vier Tagen, am 26. März, erreichte er Kallinikum
(Rakka), am Zusammenfluß von Belis (Balikh) und Euphrat. Kallinikum war ein größerer Ort, Mittelpunkt für
den Handel zwischen dem römischen und dem persischen
Reich und weit darüber hinaus. Am Tag nach der Ankunft
feierte man das Fest der Göttermutter Kybele, in deren
Geheimkult Julian eingeweiht war. Er nahm an den Zeremonien und an der rituellen Waschung des Götterbildnis-
ses im Wasser des Euphrat teil.

Von Kallinikum führte die Straße am linken Euphratufer
entlang. Bis Circesium an der Grenze – dem Karkemisch der
Bibel – waren fünf Tage zu marschieren. Unterwegs kamen
die Scheichs der arabischen Hirtenstämme unter römischer
Protektion, um dem Kaiser formell zu huldigen. Sicherlich
erhielten sie neben Geldgeschenken auch die Anweisung,
die Wüstenflanke der Armee zu schützen und ihre pro-
persischen Verwandten abzulenken. Als Verbündete hatten sie allerdings wenig Bedeutung – und waren obendrein
zum großen Teil Christen. Es wäre aber gefährlich gewesen, durch ihr Gebiet zu ziehen, ohne sie als politische
Einheit zu respektieren. Am 1. April war Circesium (Besei-
re) am Zusammenfluß von Abora (Chabur) und Euphrat
erreicht. Hier begann die Reihe der Grenzbefestigungen.
Die tatsächliche Grenze zwischen Rom und Persien verlief
damals irgendwo zwischen Circesium und Dura im Süden.

Inzwischen hatten Pioniere auf dem oberen Euphrat eine
Flotte gebaut. Manche Boote waren aus dem Holz der
armenischen Berge hergestellt, bei anderen handelte es sich
um Flöße, die von aufgeblasenen Tierhäuten getragen
wurden, wie man sie heute noch auf dem Euphrat bei der
Talfahrt benutzt. Die Flotte diente nicht nur dem Transport
von Menschen und Pferden; einige Schiffe trugen Schleudern und andere Belagerungsmaschinen, wieder andere

konnten, wenn nötig, Pontonbrücken bilden. Außerdem gab es fünfzig regelrechte Kriegsschiffe, die für Seegefechte ausgerüstet waren. Diese Flotte fuhr nun den Euphrat hinab und verband sich mit der Landstreitmacht etwas nördlich von Circesium, während Julian die arabischen Scheichs empfing.

Den Befehl über die Schiffe hatten der Tribun Konstantius, ein Onkel des späteren Kaisers Valentinian und vermutlich auch ein Pannonier, und ein *comes* mit Namen Lucillianus, von dem wir sonst nichts wissen. Die Flottenstärke wird auf 1100 bis 1250 Fahrzeuge geschätzt, und wenn es sich zum Teil auch nur um Flußboote und Flöße handelte, besaßen sie insgesamt doch eine beachtliche Transportkapazität.

Der Euphrat beginnt im März anzuschwellen und führt im Mai Hochwasser, dann sinkt der Wasserstand rasch und erreicht im Oktober seinen Tiefststand: Es mußte also ausreichend Wasser für die Flotte bis zum Mittsommer und darüber hinaus geben.

Von Circesium an begleiteten die Schiffe das marschierende Heer – eine große Erleichterung der Versorgung. Der Kaiser selbst reiste streckenweise auf einem Staatsschiff. Eine Bootsbrücke über den Chabur war schon vorbereitet. Und während die Armee den Fluß überschritt, erhielt Julian den erwähnten Brief des Präfekten Sallustius von Gallien, der ihn beschwor, die persische Expedition aufzugeben. Aber es war zu spät, selbst wenn Julian dazu bereit gewesen wäre.

Bevor sie die Grenze überschritten, versammelte Julian die Truppen bei Zaitha, etwa 30 km von Circesium entfernt am Euphrat. Er hielt ihnen eine Ansprache, der Augenblick war bewegend. Zum ersten Mal seit fast siebzig Jahren war eine römische Armee im Begriff, auf persischem Boden zu kämpfen. Abgesehen von einigen Kavallerie-Patrouillen, die bei Karrhae gesehen worden waren, hatte man noch keinen Kontakt zum Feind gehabt, aber Julian wußte, daß jede seiner Bewegungen beobachtet und den Persern gemeldet wurde. Dieser Augenblick mochte wohl der letzte sein, wo er seine Männer antreten lassen und zu ihnen sprechen konnte. Ammianus Marcellinus, der Historiker, war dabei und hat später die Ansprache in seiner eigenen Version in sein Geschichtswerk aufgenommen. Ihr wesentlicher Inhalt:

»Dies ist nicht, wie Übelwollende meinen, das erste Mal, daß die Römer in Persien eindringen. Ganz zu schweigen von Lucullus, Pompejus und Antonius' Stellvertreter Ventidius sind die Kaiser Trajan, Lucius Versus und Septimius Severus siegreich aus Persien zurückgekehrt, wie es auch der jüngere Gordianus getan hätte, wäre er nicht ermordet worden. Erzürnt über das Schicksal überfallener Städte und besiegter Armeen, bin ich entschlossen, unser Gebiet sicher und stark zu machen. Sollte ich in der Schlacht fallen, wird es ein williges Opfer für mein Land sein. Wir müssen Persien vernichten, wie unsere Vorfahren Karthago vernichtet haben und Veji. Von euch verlange ich unerschütterliche Disziplin. Wenn alles vorbei ist, werde ich euch für alles, was ich getan habe, Rede und Antwort stehen.« (Ammianus Marcellinus 23.5. 16–23.)

Eine merkwürdige Rede, falls Ammianus sie richtig überliefert hat. Sicherlich herrschte unter den Soldaten eine gewisse Unruhe bei dem Gedanken, auf persischem Boden kämpfen zu müssen, und Julian versucht, sie durch die Erinnerung an die römische Geschichte zu beruhigen. Doch seine Unentschlossenheit über das Kriegsziel kommt klar zum Ausdruck: Er will die östlichen Provinzen sichern – das war durch einen begrenzten Sieg mit nachfolgendem Vertrag zu erreichen, wie es Diokletian, den er unter seinen historischen Vorgängern nicht erwähnt, getan hatte. Gleichzeitig spricht er aber davon, Persien so zu vernichten, wie Karthago zerstört worden war oder wie Alexander das Reich der Achämeniden vernichtet hatte. Ein Soldat mit einiger Geschichtskenntnis mochte sich wohl fragen, ob er nun an den Tigris oder bis Sogdiana marschieren sollte, in jene ferne Landschaft im Nordosten des Iran, die Alexander erobert hatte. Schließlich bezieht er sich mit dem Versprechen, Rechenschaft abzulegen, auf den römischen Grundsatz, der zweihundert Jahre zuvor gegolten hatte, als ein Augustus oder ein Marc Aurel dem Senat und dem Volk einen ausführlichen Bericht über die Verwaltung ablegten. Es ist nicht die Sprache des autokratischen Diokletian und seiner Nachfolger, noch die des christlichen römischen Imperiums von Theodosius bis Heraklius. Falls es sich aber nicht nur um eine gefällige Redensart handelte – und der Vorabend einer Schlacht ist wohl nicht der Augenblick für eine wohlüberlegte Erklärung –, zeigt es wieder einmal, daß Julian offenbar blind für die Unterschiede zwischen dem alten Imperium und dem vierten Jahrhundert war.

Am 6. April überschritt das Heer die Grenze nach Persien. Es bewegte sich jetzt nicht mehr in Marschsäulen vorwärts, sondern in Schlachtformation, mit Vor- und Nachhut, Flankenschutz und größeren Abständen zwischen den Infanterieeinheiten. Während sie am linken Stromufer entlangmarschierten, sahen sie am anderen die verlassene Stadt Dura-Europos (Salihye).

Erst nach viertägigem Marsch am Strom stießen sie auf die erste persische Befestigung, die alte Stadt Anatha (Ana), auf einer Insel im Euphrat. Heute ist Ana der nördlichste Ort, an dem im Irak noch Dattelpalmen kultiviert werden. Die Garnison ergab sich nach einer Unterhandlung mit Prinz Hormizd, und die Festung ging in Flammen auf. Der Garnisonskommandant trat in römische Dienste und wurde später Oberbefehlshaber in Ägypten. Unter den Stadtbewohnern lebte ein einstiger römischer Soldat, der vor fast siebzig Jahren unter Maximian gedient und den man hier im fernen Persien zurückgelassen hatte. Nun annähernd hundertjährig und Patriarch einer großen Familie, versicherte der Veteran seinen Landsleuten überglücklich, er habe ja immer gewußt, daß er sein Grab in römischer Erde finden werde.

Auf dem Marsch flußabwärts nahm die Armee, was sie brauchte, aus dem schmalen Streifen Ackerland, der den Strom säumte, und verbrannte alles übrige. Zu unmittelbarer Berührung mit dem Feind kam es nicht, doch jedermann wußte, daß er in der Nähe lauerte. Ein Soldat, der töricht genug war, über den Fluß zu setzen, wurde von persischen Soldaten, die wie aus dem Nichts hervorsprangen, ergriffen und vor den Augen seiner Kameraden getötet, die ihm über die 270 Meter Flußbreite hinweg nicht helfen konnten.

Manche Befestigungen ergaben sich, andere, zum Beispiel ein Fort auf einer Insel im Strom, versuchten neutral zu bleiben, um sich später dem Sieger anzuschließen. Alle Städte auf dem Weg der Armee gingen in Flammen auf, alle Einwohner, die nicht geflohen waren, wurden umgebracht: Wenn es um die Befestigung der römischen Macht ging, machte sich Julian nicht viel Gedanken um das Leben der Barbaren, wie er es schon in Germanien bewiesen hatte. Wo aber war der Feind? Kein Anzeichen von organisiertem Widerstand, keinerlei Hinweise darauf, was König Schapur und seine Feldarmee vorhatten.

Aber hier und da zeigte es sich plötzlich, daß Schapur sie wachsam beobachtete. Als die Armee, die sich gerade auf dem rechten Euphratufer aufhielt, bei den rauchenden Trümmern der kleinen Stadt Ozogardana (vielleicht Sari Al-Hadd bei Hit) lagerte und Prinz Hormizd zu einem Spähtrupp aufbrach, wäre er fast von einem Trupp pro-persischer Araber unter ihrem König gefangengenommen worden; bei ihnen war der Surena, der Kronfeldherr der königlich persischen Armee. Nur die Tatsache, daß es an dieser Stelle keine Furt gab, rettete Hormizd davor, gewaltsam mit seinem Bruder vereint zu werden. Die persische Truppe in ihrer blinkenden Rüstung wurde von den Römern vertrieben.

Das Heer zog jetzt in ein Gebiet mit reichen Bewässerungskulturen ein; das Gelände war kreuz und quer von Kanälen durchzogen, von denen einige Euphrat und Tigris verbanden. Der größte Kanal, der Naar-Malch (aramäisch für ›Königskanal‹), war schiffbar und endete bei Ktesiphon im Tigris. Armee und Flotte folgten seinem Lauf. An welchem Punkt sie den Euphrat verließen, geht aus den zeitgenössischen Berichten nicht klar hervor – in der verwirrenden Landschaft ließ sich schwer zwischen Kanal und Fluß unterscheiden. Es ist heute unmöglich, das Bett des Naar-Malcha im vierten Jahrhundert nachzuzeichnen, denn das Bewässerungssystem ist im Laufe der Jahrhunderte grundlegend verändert worden. Die Perser verteidigten einige Kanäle, ein Übergang mußte also unter feindlichem Beschuß vorgenommen werden. Aber es blieb bei Scharmützeln.

Endlich erreichten die Römer am 27. oder 28. April die erste bedeutende Festung, Pirisabora (al-Ambar), die zweitgrößte Stadt des persischen Mesopotamien nach Ktesiphon, etwa 65 km vom Tigris entfernt. Die Stadt war fast vollständig von Kanälen und Flußarmen umrahmt. Die Römer versuchten zunächst, die Garnison zur Übergabe zu bewegen, aber vergebens. Gut ausgebildete Soldaten verteidigten die Mauern und fingen die römischen Geschosse mit ihren schweren Lederschilden und dicken Filzstreifen auf. Immer wieder verlangten die Verteidiger ein Gespräch mit Prinz Hormizd, doch als er sich den Mauern näherte, empfingen sie ihn mit einem Hagel von Beschimpfungen und Beleidigungen. Vielleicht hofften sie, er werde so nahe herankommen, daß sie auf ihn schießen konnten.

Am nächsten Tag fuhren die Römer schwere Belagerungsmaschinen auf und schlugen am frühen Morgen eine Bresche in die Mauern. Die Garnison zog sich sofort in die Zitadelle zurück, die eigene Befestigungsmauern aus sonnengedörrten Ziegeln hatte und auf einem hohen Vorsprung über den Euphrat hinausragte. Der Kampf dauerte den ganzen Tag, und die mächtigen, geschwungenen Bogen der Perser brachten den Römern hohe Verluste ein.

Am nächsten Tag näherte sich unter Julians persönlicher Führung eine römische Abteilung unter über dem Kopf ineinandergeschobenen Schilden – dem berühmten ›Schilddach‹, der *testudo* der Römer – den Toren und versuchte, sie zu stürmen, wurde aber schließlich zurückgedrängt. Danach brachten die Römer einen noch größeren Belagerungsturm – Ammianus nennt ihn *helepolis* – in

Stellung; in den engen Gassen der Unterstadt muß er schon viel zerstört haben, ehe er an Ort und Stelle stand.

Doch Mauern aus gedörrten Ziegeln lassen sich leicht einreißen, und als die Verteidiger der Zitadelle sahen, wie sich die große Maschine langsam näherte, und merkten, daß sie ihre Mauern hoch überragte, beschlossen sie die Übergabe, stellten sich auf der Mauer auf und hoben flehend die Hände. Zunächst sprach der Garnisonskommandeur von der Mauer herunter mit Prinz Hormizd. Zufrieden mit den Zusicherungen, die man ihm machte, ließ er sich an einem Seil herunter und wurde vor Julian gebracht. Man kam überein, daß niemandem in der Zitadelle etwas geschehen werde, wenn sie die Waffen niederlegten. Dann wurden die Tore geöffnet, und 2500 Menschen, Soldaten und Zivilisten, strömten heraus. Sie wurden fortgeführt, die Stadt niedergebrannt.

Am nächsten Tag, dem 30. April, wurden drei Schwadronen römischer Reiterei, die in der Nähe der ausgebrannten Stadt patrouillierten, plötzlich von einer ähnlich starken persischen Streitmacht unter dem persönlichen Befehl des Surena angegriffen. Mehrere Leute fielen, eine Standarte geriet dem Feind in die Hände. Julian war zornig und erbittert über diese symbolische Niederlage, wahrscheinlich aber auch über die Tatsache, daß man im persischen Oberkommando genauß wußte, was die Römer machten, während er immer noch nicht die geringste Vorstellung hatte, wie König Schapur und sein Heer vorgehen wollten. Er befehligte selbst eine Reitereinheit, die den Surena und seine Leute davonjagte. Dann stieß er die beiden überlebenden Offiziere aus dem Heer aus und tat, was er für altrömischen Brauch hielt: Er ließ zehn Soldaten, die unter ihrem Befehl gekämpft hatten, hinrichten. Die Strafe scheint ungewöhnlich hart gewesen zu sein, denn sonst wurden im spätrömischen Heer nur Verrat und Meuterei automatisch mit dem Tode bestraft.

Wollte Julian wiederherstellen, was er für den antiken Begriff von Disziplin hielt? Oder begann er die Nerven zu verlieren? Es ist schwer zu sagen. Doch die Moral sank sichtlich, obwohl die Römer noch kaum Verluste erlitten hatten.

Am selben Tag, an dem er diese exemplarische Strafe angeordnet hatte, redete er wieder zu seinen versammelten Truppen, beglückwünschte sie zu ihrem Sieg bei Pirisabora, forderte sie auf, im selben Geist weiterzukämpfen, und versprach jedem Mann hundert Silberstücke als Zulage zum Sold. Man kann den Wert dieser Schenkung schwer abmessen. Nach dem offiziellen Kurs von Gold und Silber war sie achteinhalb *solidi* wert. Als er in Paris zum Augustus ausgerufen wurde, schenkte er den Soldaten fünf *solidi* und ein Pfund Silber, was insgesamt knapp elf *solidi* ausmachte. Damals wurde das Angebot offenbar zufrieden aufgenommen, doch jetzt waren die Soldaten bis zum Aufruhr gereizt.

Julian hielt ihnen, wie Ammianus berichtet, eine Rede über die Armut des römischen Staates, die von seinen Vorgängern verschuldet worden sei, und über seine eigene Sparsamkeit. Anscheinend stellte seine Erklärung die Treue und Gelassenheit seiner Leute wieder her. Aber ihr Unbehagen konnte sie wohl kaum vertreiben, das Gefühl der Verlassenheit, wenn sie so Tag für Tag durch Wüstensand oder zwischen Bewässerungsgräben marschierten und nicht einmal ihr Ziel kannten.

Die nächsten Tage führten sie durch eine Landschaft, die von den Persern unter Wasser gesetzt worden war, was bei dem jetzt hohen Wasserstand des Euphrat keine Schwierigkeit gemacht hatte. Man mußte Brücken und Pontons einsetzen und kam nur langsam voran. Und den persischen Bogenschützen war zuzutrauen, daß sie plötzlich aus dem Hinterhalt heraus auf die Römer schossen und verschwanden, bevor die Infanterie sie verscheuchen konnte.

Die Soldaten fanden zwar reichlich Nahrung an den Millionen Dattelbäumen, die hier wuchsen, aber sie waren übermüdet und reizbar. Als sie in eine jüdische Stadt kamen, deren Bewohner geflohen waren, setzten sie den

Ort in Brand, offenbar ohne den Befehl abzuwarten. Es gab in dieser Gegend viele Juden, die ihre Herkunft zum Teil noch auf die babylonische Gefangenschaft zurückführten. Im allgemeinen unterhielten sie gute Beziehungen zum Sassanidenreich. In ihren Kreisen wurde übrigens bald darauf der Babylonische *Talmud* zusammengestellt. Leider erwähnt er mit keinem Wort Julians Invasion von 363, die den jüdischen Gemeinden so viel Schaden zufügte.

Inzwischen hatte das Heer vermutlich den Euphrat verlassen und folgte nun dem Lauf eines großen Kanals, der Euphrat und Tigris miteinander verband. Etwa am 8. Mai erreichte es die Stadt Maiozamalcha (vielleicht das Mahoze des *Talmud*). Es wäre gefährlich gewesen, weiter vorzurücken mit einer so mächtigen Befestigungsanlage im Rücken, also mußte man mit der Belagerung beginnen. Bei einem ersten Erkundungsgang wäre Julian fast von einer kleinen Gruppe persischer Soldaten getötet worden, die einen unerwarteten Ausfall aus einem Nebentor machten. Den einen durchstieß er mit seinem Schwert, seine Gefährten töteten einen anderen, die übrigen liefen davon. Bevor die Belagerung begann, wurde das römische Lager auf einen sicheren, ringsum durch Wasserläufe geschützten Platz verlegt. Die Römer fürchteten die persische Kavallerie – wozu sie hier, etwa einen Tagesmarsch von Ktesiphon entfernt, auch allen Grund hatten. Tatsächlich griff auch eine Reitergruppe unter dem Surena die Packtiere an, wurde aber vertrieben, ehe sie ernstlichen Schaden anrichten konnte. Die Einwohner von zwei kleinen ›Inseln‹ in diesem mit Wasser vollgesogenen Land versuchten, über Wasserwege bis Ktesiphon zu gelangen, doch die meisten wurden getötet oder von den Römern gefangen, die an den Ufern Wache hielten oder in ihren Booten die Kanäle kontrollierten.

Die Stadt Maiozamalcha stand auf einer felsigen Anhöhe und war schwierig zu erreichen. Die Mauern erhoben sich gewaltig, die Garnison war sehr stark. Der Angriff begann, aber es wurde schnell klar, daß wenig Hoffnung bestand,

die Stadt im Sturm zu nehmen. Man brachte also Belage-
rungmaschinen heran, errichtete Dämme und begann,
Stollen unter die Mauern zu treiben. Inzwischen erkundete
Victor, ein sarmatischer Offizier, der unter Konstantius im
Osten gekämpft und seit der Grenze den Befehl über die
Nachhut innehatte, die Straße bis Ktesiphon; er berichtete,
daß zwischen Maiozamalcha und Ktesiphon keine größeren feindlichen Verbände lägen. Die Nachricht begeisterte
die Soldaten. Sie verdoppelten ihre Angriffe an verschiedenen Punkten des Mauerwerks, aber die schwergepanzerten
persischen Verteidiger waren unverwundbar für römische
Geschosse. Der unebene Boden erschwerte es außerdem
den Belagerern, sich den Mauern unter dem Schutz der
testudo, des Schilddachs, zu nähern. Ihre Artillerie schleuderte vergeblich Hagel von Pfeilen und Steinen. Die Verluste waren groß, die Hitze machte den Römern zu schaffen,
denn das südliche Mesopotamien gehört im Sommer zu
den heißesten Gegenden der Erde. Als der Abend kam,
zogen sich die Belagerer zurück.

Der nächste Tag verging auf die gleiche Weise, und Julian
begann sich Sorgen zu machen. Er hatte gehofft, vor
Anbruch der großen Hitze Mesopotamien wieder verlassen
zu können. Und jeder Tag, der damit vertan wurde, die
Festung Maiozamalcha zu schwächen, gab König Schapur
Gelegenheit, sein Feldheer zu rüsten, von dessen Verbleib
man immer noch nichts wußte. Doch am Abend berichtete
Dagalaifus, der die Unterminierung leitete, daß man mit
einem Stollen fast durchgestoßen sei. Darauf beschloß
Julian, nicht bis zum nächsten Tag zu warten.

Die müden Soldaten inszenierten einen neuen Angriff
auf die Mauern, um die Wachsamkeit der Verteidiger
abzulenken und den Lärm der Tunnelbauer zu übertönen.
Als es dunkel wurde, brach man an die Oberfläche durch.
Die Römer fanden sich in einem Raum, in dem eine Frau
Korn mahlte. Als sie den Mund zum Schreien öffnete,
wurde sie mit einem einzigen Hieb umgebracht. Die Eindringlinge töteten, ohne Aufsehen zu erregen, auch die

anderen Hausbewohner und schlichen sich dann zur Wache am nahe gelegenen Tor, wo die persischen Soldaten, zufrieden mit den Ereignissen des Tages, im Wachhaus sangen und die Feinde nicht kommen hörten – innerhalb einer Minute waren sie alle tot, die Tore offen, und die Römer drangen in die Stadt.

Während sie durch die Straßen stürmten, brachten sie alles um, was ihnen in den Weg kam, und setzten die Gebäude in Brand. Vielen Einwohnern gelang es, sich auf die Mauern zu retten, doch auch da waren sie nicht sicher, und verzweifelt stürzten sie sich in die Tiefe. Nur wenige blieben unverletzt. Die römischen Soldaten gingen umher und machten den Leiden der Verstümmelten ein Ende. Nabdates, der Garnisonskommandeur, und achtzig seiner Leute wurden lebend aufgegriffen und vor Julian geführt, der ihnen das Leben schenkte.

Die Stadt gab reiche Beute her, die am nächsten Tag unter die Soldaten verteilt wurde. Zu den begehrtesten Beutestücken gehörten die jungen Perserinnen, deren Schönheit weithin berühmt war. Julian nahm nichts für sich als einen tauben und stummen Jungen, der sich so beweglich in Gebärden ausdrückte, daß er das Mitleid des Kaisers erregte. Es kam noch zu einem letzten Alarm, als die Armee gerade abziehen wollte und man hörte, daß sich eine Einheit persischer Soldaten noch in einem unterirdischen Gelaß verborgen hielt und den Römern in den Rücken fallen wollte. Sie wurden ausgeräuchert und getötet. Es war eine harte und verlustreiche Schlacht für die Römer gewesen. Ihren Ausgang für die Bewohner von Maiozamalcha faßte Ammianus in einem knappen Satz zusammen: »So wurde eine große und volkreiche Stadt durch die Kraft römischer Waffen zerstört und in Staub und Trümmer verwandelt.«

Etwa Mitte Mai brach die Armee auf nach Ktesiphon. Es ging langsam vorwärts, weil so viele Kanäle zu überbrücken waren. Eine persische Abteilung unter dem Befehl eines Sohnes von König Schapur hatte mehrere Befestigungen besetzt und versuchte, die römische Vorhut aufzuhalten, wurde aber rasch in die Flucht geschlagen. Am Ende des ersten Marschtages erreichten die Römer den Tiergarten des persischen Königs, dessen Tiere sie sämtlich abschlachteten. Nach einem weiteren Marschtag befanden sie sich in der Nähe von Seleukeia, wo zwei Rasttage eingelegt wurden: Die Hitze ermüdete sehr, aber die vielen Gewässer und der Überfluß in dieser intensiv kultivierten Landschaft boten ideale Gelegenheit zu Ruhe und Erholung.

Während sich seine Soldaten ausruhten, begab sich Julian auf eine erste Erkundung und wagte sich so dicht wie nur möglich an Ktesiphon heran. Obwohl nichts von König Schapurs Armee in Sicht kam, war der Widerstand der Perser hartnäckig und erfinderisch. Julians Abteilung verlor ihren Troßwagen, als persische Soldaten einen Ausfall aus einer kleinen Stadt machten und sofort von anderen unterstützt wurden, die sich in dem dichten Pflanzenbewuchs versteckt gehalten hatten. Der Kaiser rettete mit knapper Not sein Leben, als er von den Verteidigern eines Forts erkannt wurde, auf das er zuritt. Sein Waffenträger wurde verwundet, ihn selbst mußte die Leibgarde hinter der Schutzwehr ihrer Schilde aus der Gefahrenzone bringen.

Die Ehre verlangte nun natürlich, das kleine Fort zu belagern, und man begann mit den Vorbereitungen. Doch nachts machten die Verteidiger einen unerwarteten Ausfall, wurden durch andere Perser, die aus einem unterirdischen Versteck kamen, verstärkt und fügten den römischen Belagerern so schweren Schaden zu, daß die Einheit ins Wanken geriet und fast geflohen wäre. Julian war wütend. Er war nicht an taktische Niederlagen gewöhnt und bestrafte die Überlebenden der Abteilung. Dann übernahm er selbst den Befehl für den Angriff auf das Fort, das sich bald der Übermacht ergab. Doch mehrere Tage – und wer weiß, wie viele Menschenleben – hatte man verloren, um einen einsamen Posten, den man wahrscheinlich außerhalb der Reichweite von Geschossen hätte umgehen können, zu erobern. Und jeder von den Römern verlorene Tag war ein gewonnener für Schapur...

Nach diesen Gefechten brauchte das Heer Ruhe, diesmal hinter den Wällen eines gut bewachten Lagers. Nach einigen Tagen begann man, einen Damm abzureißen, mit dem die Perser den Hauptkanal gesperrt hatten. Die Flotte konnte nun in den Tigris einfahren. Jetzt stellte sich die schwierige Aufgabe, die Armee auf das linke Tigrisufer zu bringen, um Ktesiphon angreifen zu können. Die Mauern der persischen Hauptstadt, die am anderen Ufer hoch zwischen den Palmen aufragten, waren deutlich zu erkennen. Doch das Ufer wurde von einem großen persischen Heer geschützt, diesmal nicht von einer Vorausabteilung, die sich zurückziehen sollte, sobald sie angegriffen wurde.

Die Römer auf dem rechten Stromufer sahen ihre Rüstungen schimmern, und durch das Pferdewiehern drang ein neuer und unheilvoller Ton: das Trompeten ihrer Elefanten. Wie groß auch immer der Wert von Elefanten in der Kriegführung anzuschlagen war – sie boten sicherlich eine wirksame psychologische Waffe gegen die Römer. Sogar ein erfahrener Offizier wie Ammianus hatte offenbar tödliche Angst vor ihnen, und um so größer mußte das Entsetzen der Soldaten aus der Rheinarmee sein, die niemals Elefanten gesehen hatten. Der ungewohnte Geruch machte außerdem die Pferde unruhig.

Julian wollte eine rasche Lösung. Er riet zu sofortiger Landung am anderen Ufer, aber die Generäle und Berater widersprachen und versuchten, ihn davon abzuhalten. Wir kennen ihren Plan nicht, können aber annehmen, daß sie wieder flußaufwärts bis zu einem weniger gefährlichen Übergang marschieren wollten. Doch Julian hatte seinen Entschluß gefaßt. Er schickte Victor mit fünf Schiffen, die mit Soldaten vollgepackt waren, über den Tigris. Es gelang den Römern nicht, die steile Uferböschung unter dem Hagel persischer Geschosse zu erklimmen, aber Julian wollte sich auf keinen Fall mit einer Niederlage abfinden. Er ließ die übrige Armee übersetzen, bevor der Brückenkopf genommen worden war. Die große Zahl von Schiffen und Männern nahm die Perser voll in Anspruch, so daß die Römer tatsächlich das Ufer erklettern und sich auf die persischen Reihen werfen konnten. Wieder einmal hatte Julian gegen die Fachleute recht behalten. Er war gegen alle Gesetze der Strategie vorgegangen, indem er die Niederlage geradezu herausforderte, und es war geglückt. Sein Selbstvertrauen, durch die voraufgegangenen Ereignisse vielleicht erschüttert, war wiederhergestellt. Und die Mauern von Ktesiphon erhoben sich in einer Meile Entfernung.

Zwischen den Römern und der Stadt stand aber eine persische Armee, immer noch nicht König Schapurs Kampfarmee, aber ein furchteinflößendes Heer unter dem Kommando des Surenas. Aus der Nähe sahen nun die römischen Soldaten, darunter Jünglinge aus den Sümpfen und Wäldern am Niederrhein, das schimmernde Panzerhemd der persischen Reiter, den schweren Lederschutz ihrer Pferde, die langen gebogenen Schilde der Infanteristen, die sie von Kopf bis Fuß schützten, wenn sie in geschlossenen Reihen vorrückten. Hinter ihnen ›die wandernden Berge‹, wie ein Berichter schreibt, die gewaltige Masse der Elefanten. Die Römer konnten aber keine Zeit verschwenden, sondern griffen am Tag nach ihrem erfolgreichen Flußübergang an. Es war der 29. Mai.

Ein Hagel von Speeren und Pfeilen gab den römischen Fußsoldaten Schutz, als sie auf die persischen Linien zumarschierten. Doch bald fehlte der Platz zum Schießen, ineinander verkeilt kämpften die beiden Heere. Julian war überall, ermutigte seine Soldaten, feuerte sie an, setzte ständig sein Leben aufs Spiel. Nun gerieten die Perser ins Wanken – und gleich darauf flohen sie Hals über Kopf hinter die nahen Mauern der Stadt, von den Römern hitzig verfolgt. Manche wären ihnen gewiß in die Stadt gefolgt, meint Ammianus, aber Victor gab das Haltesignal. Denn es war gefährlich, eine vom Kampf erschöpfte Armee, deren Ordnung sich aufgelöst hatte, zu nah an eine befestigte Stadt rücken zu lassen, aus der frische persische Truppen kommen konnten. Die Perser waren berühmt für ihre Taktik, mitten aus der Flucht heraus umzukehren und weiterzukämpfen.

Es war ein großartiger Sieg. Die Perser hatten 2500 Mann verloren, die Römer 70. Der einfache Soldat hatte erlebt, daß er die Perser in der Schlacht schlagen konnte, trotz Rüstung und Elefanten, und die Freude war groß, als im römischen Heer die Kampfauszeichnungen verteilt wurden. Julian, erregt vom Beifall der Männer, die er zum Sieg geführt hatte, war sicher, daß die Götter ihn schützten.

Am nächsten Tag allerdings wurde seine Zuversicht erschüttert: Von zehn Opferstieren brachen neun sterbend zusammen, ehe sie den Altar erreichten, und der zehnte riß sich los. Man fing ihn ein, opferte ihn – und seine Leber wies unheilvolle Zeichen auf. Der skeptische Historiker könnte wohl vermuten, daß irgend jemand die Opfertiere aus eigenen Gründen vergiftet habe, aber für Julian und seine Umgebung lag in dem ganzen Vorgang die Botschaft, daß die Götter sein Vorhaben nicht billigten.

Der Kriegsrat trat zusammen, überschattet von diesen Vorzeichen. Zu entscheiden war, ob Ktesiphon belagert werden sollte – und wenn nicht, was man dann unternehmen wollte. Über den ersten Punkt waren die Meinungen geteilt, doch die Mehrheit sprach sich gegen die Belagerung aus. Die Stadt war zu gut verteidigt, und die Belagerer gerieten in die Gefahr, zwischen ihren Mauern und dem Heer Schapurs gefangen zu werden. Julians Ansicht ist uns nicht überliefert, aber er nahm die Meinung der Mehrheit hin. Ktesiphon sollte also nicht belagert werden – damit entfiel auch der Versuch, Schapur zu entthronen und den pro-römischen Hormizd an seine Stelle zu setzen. Man kann sich wahrhaftig fragen, weshalb Julian dann überhaupt nach Ktesiphon gezogen war. Wäre es nicht viel wirksamer gewesen, persisches Territorium nahe der Grenze zu verwüsten, wo die Kommunikation einfacher und sicherer war? Der Abschreckungseffekt wäre ebensogroß gewesen.

Für diese Frage lassen sich mehrere Antworten denken: Julian, und vielleicht auch seine Generäle, hätten sich zum Beispiel von der Größe und Uneinnehmbarkeit der Hauptstadt keine Vorstellung gemacht, bis sie vor ihr standen; aber das ist unwahrscheinlich, denn in Friedenszeiten ging ein lebhafter Verkehr über die Grenze hierher. Julian könnte auch in geheimer Verbindung mit einer Gruppe in der Stadt selbst gestanden und gehofft haben, Ktesiphon werde ihm durch Verrat ausgeliefert werden. Man darf nämlich nicht vergessen, daß hinter dem offenen Krieg mit Waffen ein geheimer mit Spionen und Agenten ablief. Wenn auch die Technik der Zeit unvollkommen gewesen sein mag – die Ausnutzung menschlicher Schwächen war außerordentlich raffiniert. Pirisabora war ohne ernstlichen Widerstand übergeben worden. Wir entnehmen einer Nebenbemerkung eines zeitgenössischen Historikers, daß Nabdates, der Verteidiger von Maiozamalcha, mit den Römern in Verbindung stand und versprochen hatte, die Stadt auszuliefern. Das mag auch erklären, warum man bei seiner Gefangenschaft sein Leben schonte und ihn wenige Tage danach dem Feuertod auslieferte.

In Ktesiphon hatte Prinz Hormizd zweifellos Anhänger. Ob eine Verschwörung zur Übergabe der Stadt fehlschlug? Oder gab es niemals eine Verschwörung – war Julian nur von persischen Agenten davon überzeugt worden? Wir werden noch hören, daß sich offenbar persische Agenten in Julians Hauptquartier aufhielten, als der Kriegsrat abgehalten wurde – vielleicht auch kurz danach –, deren Aufgabe es war, die Römer in eine Falle zu locken. Diese Hypothesen können heute nicht mehr bewiesen werden, wir können nur ausschließen, daß sie völlig absurd oder unmöglich sind. Doch die wahrscheinliche Erklärung ist schon zu Anfang dieses Kapitels angedeutet worden: Julian hatte nicht einmal sich selbst die Ziele seines Feldzugs klargemacht und nicht sämtliche möglichen Abweichungen durchdacht. Er muß erwartet haben, die persische Hauptarmee zu treffen, bevor er die Hauptstadt erreichte. Wenn er sie geschlagen hätte, wäre Ktesiphon vielleicht von selbst gefallen. Und auf jeden Fall hätte man dann viel Zeit gehabt, die Belagerung vorzubereiten. Wie sich später herausstellte, hatten die Römer Ktesiphon schon erreicht, als König Schapurs Heer noch untätig irgendwo in ihrem Rücken stand. Ob dieser Umstand den ursprünglichen Plan über den Haufen geworfen hat?

Wie es auch gewesen sein mag: Ktesiphon sollte aufgegeben werden. Was nun aber? Die meisten Mitglieder des Kriegsrats strebten anscheinend danach, sich so rasch wie möglich aus Persien zurückzuziehen. Das hätte bedeutet, den Euphrat hinauf bis Circesium zu marschieren, 500 km in der Hitze des mesopotamischen Sommers, ohne Flotte, die nicht flußaufwärts fahren konnte. Es würde ein langer Marsch sein, aber unmöglich war er nicht, vor allem dann nicht, wenn der Strom die Römer ständig von Schapurs Streitmacht trennte. Und jeder Tag würde sie der Sicherheit näherbringen.

Aber damit sei kein Ruhm zu gewinnen, sagte Julian. Persien gehörte ihnen schon fast; warum es jetzt fahrenlassen aus Feigheit oder Bequemlichkeit? Er bestand darauf, weiter ins Landesinnere vorzudringen. Hoffte er, Schapur zu einer Schlacht zwingen zu können? Oder wollte er ihn täuschen und von hinten fassen? Sein Entschluß scheint durch die Ankunft von zwei persischen Edelleuten mit abgeschnittenen Nasen beeinflußt worden zu sein. Sie erklärten, sie seien Opfer von Schapurs Tyrannei, seien aus Ktesiphon entkommen und begierig darauf, den Römern gegen ihren einstigen Herrn zu helfen. Was sie den Römern eigentlich versprochen haben, geht wiederum aus den zeitgenössischen Berichten nicht klar hervor. Vielleicht behaupteten sie, einen Weg zu kennen, auf dem Julian zu der zweiten römischen Streitmacht unter Prokop südlich von Armenien stoßen würde; das ist jedenfalls die annehmbarste Erklärung. Sie können Julian auch angeboten haben, ihn nach Persien hineinzuführen und dabei Schapurs Armee zu umgehen.

Auf jeden Fall wurden alle Schiffe zusammengeholt und in Brand gesteckt. Die von Häuten getragenen Flöße konnten natürlich niemals stromaufwärts fahren, die hölzernen Schiffe nur mühsam gegen die Strömung vorankommen. Wenn die Armee nicht am Euphrat bleiben wollte, war die Flotte überflüssig, durfte aber auch nicht den Feinden in die Hände fallen. Außerdem wurden durch ihre Zerstörung rund 20 000 Mann für aktivere militärische Aufgaben frei. Der Rauch alarmierte die Soldaten: Jetzt merkten sie, daß sie keineswegs bald nach Hause zurückkehren sollten.

Im Hauptquartier faßte irgend jemand Verdacht gegen die beiden persischen Deserteure und ließ sie foltern. Da gestanden sie, daß die ganze Geschichte nicht stimmte; aus Treue gegen König Schapur hatten sie sich so verstümmeln lassen. Sofort gab Julian Befehl, mit der Zerstörung der Flotte aufzuhören, aber es war schon zu spät. Man hatte nur noch ein paar Boote, mit denen man, wenn es nottat, Flüsse überqueren konnte.

Die Entscheidung, ins Innere zu marschieren, wurde trotzdem aufrechterhalten, kann also nicht nur durch die falsche Information der persischen Agenten veranlaßt worden sein. Die Berichte der Zeitgenossen vermitteln aber den Eindruck, daß die Armee von jetzt an nicht mehr wußte, wohin sie marschierte und mit welcher Absicht. Wenn Julian gehofft hatte, sich mit Prokop und König Arsakes vereinen zu können, dann war er entweder völlig falsch über deren Stellung unterrichtet oder hatte keine Vorstellung von der Entfernung, die man in schlimmster Sommerhitze am Tigris entlang marschieren mußte. Keine Erklärung kann überzeugen. Vielleicht war es gar nicht Prokop, nach dem er suchte, sondern Schapur, vielleicht hoffte Julian immer noch, ihn zu einer Schlacht zwingen zu können. Wir wissen es nicht. Und sehr wahrscheinlich wußte Julian nicht, wo er in diesem leeren, weiten Land Prokop oder Schapur suchen sollte.

Am ersten Tag marschierte man durch fruchtbares, bestelltes Land am linken Tigrisufer. Doch dann begannen die

Perser, die Ernte und sogar das Gras vor ihnen in Brand zu stecken, und hielten die Römer damit nicht nur auf, sondern setzten sie auch dem Hunger aus. Ständig griffen sie aus der Entfernung an und schickten von Zeit zu Zeit Reiterabteilungen gegen die römischen Marschsäulen. Manche meinten, man habe es schon mit Schapurs Heer zu tun. Da die Römer keine Flotte mehr hatten, konnten sie auch nicht auf das andere Ufer ausweichen und damit der ständigen Belästigung durch die Perser entgehen. Wohin ein römischer Soldat auch blickte, glaubte er persische Rüstungen aufblitzen zu sehen. Die Moral der Truppe sank.

Ein neuer Kriegsrat. Die Soldaten rumorten, sie wollten den Weg zurückmarschieren, den sie gekommen waren. Julian und seine Generäle waren sich in der Ablehnung einig: Die Römer selbst hatten auf dem Marsch ja die ganze Erde versengt, so daß für Mensch und Tier nichts Eßbares vorhanden war. Und der Euphrat war an vielen Stellen über die Ufer getreten und hatte das Land in Morast verwandelt.

Aber es gab keine überzeugenden Vorschläge. Man opferte Tiere und prüfte die Eingeweide nach Vorzeichen, um zu erfahren, ob man versuchen sollte, durch Mesopotamien zurück oder vorwärts bis zum Fuß des Zagrosgebirges zu marschieren und unterwegs zu plündern. Die Zeichen sagten, daß kein Weg erfolgreich sei. Endlich entschloß man sich zum vermeintlich kleineren Übel – man wollte nach Norden zum Gebirgsvorland marschieren, immerhin sei die Armee dort der Sicherheit Armeniens näher, und wahrscheinlich konnte man Verbindung mit den Truppen unter Prokop und Arsakes aufnehmen. Die Art, wie dieser Beschluß gefaßt wurde, läßt vermuten, daß sich Julian nicht mehr Herr der Lage fühlte, sondern sich abwechselnd in Unentschlossenheit oder Hartnäckigkeit verstrickte. Was immer vor den Toren Ktesiphons vor sich ging: Die Wirkung auf den Kaiser war verheerend.

Am 16. Juni setzte sich die Armee auf dem linken Ufer des Tigris wieder in Marsch, ständig von leichten Angriffen der Perser beunruhigt. Schließlich tauchte im Norden eine große Staubwolke auf. Manche glaubten, sie sei durch eine Herde wilder Esel aufgewirbelt, wie sie in Mesopotamien häufig waren. Aus der Ansicht anderer sprachen ihre Hoffnungen und Wünsche: Sicherlich seien es die Armeen von Prokop und König Arsakes, die jetzt zu ihnen stoßen und sie retten würden. Manche vermuteten aber, es handle sich um König Schapurs Heer. Da niemand wußte, was bevorstand, beschloß man, für die Nacht ein Lager aufzuschlagen, obwohl nur wenige Schlaf fanden. Die ersten Strahlen der Morgensonne fielen auf ein Meer blitzender Rüstungen: Es war Schapurs Armee.

Schapur war offenbar zunächst auf Prokops vorgetäuschte Angriffe gegen Armenien hereingefallen und hatte im Norden gewartet, bis ihm klar wurde, daß er es hier nicht mit der Hauptmacht der Römer zu tun habe. Vielleicht wollte er auch nur die offene Feldschlacht mit einer großen römischen Streitmacht vermeiden und zog es vor, seinen Feind durch Ermüdung zu erschöpfen und dem mesopotamischen Sommer seine Wirkung zu überlassen. Nun endlich kam er von den Bergen herunter und stellte sich Julian. Die Römer hatten den Tigris zur Linken, konnten ihn aber nicht überqueren, und die Wüste, die sich bis an das Zagrosgebirge erstreckte, zur Rechten. Es wäre Selbstmord gewesen, wenn die Römer versucht hätten, die persische Flanke an dieser Seite zu umgehen. Durch einen schmalen Wasserlauf von den Römern getrennt, stand Schapurs Armee. Die Römer, die darauf vertrauten, daß sie die Perser in einer regelrechten Infanterieschlacht schlagen würden, wollten sofort angreifen, doch Julian war vorsichtig geworden und fürchtete eine Falle der Perser. Trotzdem flackerten hier und da zwischen den vordersten Reihen Gefechte auf und hielten an, bis sich die Perser zurückzogen.

Ein römischer Sieg – an dem nur beunruhigte, daß die Perser keineswegs kampfbegierig waren. Als die Römer nach dem Kampf bis Barsaphthai vorrückten, wurden sie ständig von Arabern, die sich den Persern angeschlossen hatten, belästigt. Doch diese berittenen Truppen hüteten sich, in Reichweite der römischen Infanterie zu geraten, die sie offensichtlich fürchteten. Der nächste Tagesmarsch führte zu einem großen Gut in bewässerter Landschaft; hier wurde zwei Tage Rast gemacht, die Soldaten durften sich erholen.

Am 20. Juni schickten sie sich zum Weitermarsch an. Die persische Hauptmacht war nirgends zu sehen. Doch plötzlich tauchte hinter den niedrigen Hügeln eine große Reitereinheit auf, um der römischen Marschsäule in den Rücken zu fallen. Die römische Reiterei schwärmte aus, ritt die Wadis, die trockenen Flußläufe, hinauf und versuchte, den Persern den Rückzug abzuschneiden. Sofort zog sich der Feind zurück. Aber die Römer hatten Verluste erlitten, und die ganze Unsicherheit der Lage machte ihnen zu schaffen. Die Einheiten warfen einander Feigheit vor, ein Reiterkorps wurde öffentlich degradiert, die Leute mußten zu Fuß mit Troß und Gefangenen marschieren; vier Offiziere der Leichten Reiterei wurden zu Gemeinen degradiert.

Hitze, Insekten, das Wissen, daß gleich hinter den Hügeln Schapur sie belauerte, all das machte die Ungewißheit über die eigenen Absichten noch schwerer erträglich. Jeder war erschöpft, nervös und mißtrauisch. Man kam nur langsam voran, weil, wie jetzt überall, das Gras und das Getreide vor den Römern brannte. Wieder wurde die Verpflegung knapp. Am 21. Juni schaffte das Heer noch kaum 15 km bis Maranga, das etwa 50 km südlich von Samarra lag. Hier schlug man das Lager auf.

Bei Tagesanbruch meldeten die Wachen ein ungeheures persisches Heer. Der Anblick der schwer gepanzerten persischen Soldaten mit ihrem vom Visier verdeckten Gesicht, das Aussehen und das Getöse der Elefanten verbreiteten allgemeine Schrecken. Julian wußte, daß er sich nicht an der Flanke fassen lassen durfte. Wenn die persischen Bogenschützen hinter seine Linien gerieten, war das Unglück da. Er wußte auch, daß die Perser in der Verwendung von Geschossen besser ausgebildet und geübter waren als die Römer, aber der römischen Infanterie im Nahkampf nicht standhalten konnten. So stellte er seine Armee in flachem Halbkreis auf und ließ von beiden Enden angreifen, um die Zeit zu verkürzen, in der seine Leute dem Angriff persischer Schützen ausgesetzt waren. Die Schlacht war lang und blutig. Schließlich zogen sich die Perser zurück, wobei sie viele Tote auf dem Schlachtfeld liegen ließen. Wieder ein römischer Sieg. Aber er löste nicht das Problem der Versorgung, und er hinderte die persischen berittenen Truppen und ihre arabischen Verbündeten nicht daran, ständig die Römer zu belästigen und an ihrer Kraft zu zehren.

An den nächsten drei Tagen, dem 23., 24. und 25. Juni, blieb die Armee in ihrem Lager zu Maranga. Die Toten mußten begraben, die Verwundeten versorgt werden. Verpflegung war kaum zu haben. Die normale Ration für einen Römer dieser Zeit bestand aus Zwieback oder Brot, Schweine- oder Hammelfleisch, Wein oder Weinessig. Vielleicht wurde die Ration an Zwieback und Essig, wenn der Feldzug weit von der Basis fortführte, erhöht, weil beides sich leichter transportieren ließ. Julian berichtet in einem zu Beginn des Feldzugs geschriebenen Brief (Brief 98) davon, daß Flußboote mit Zwieback und Weinessig für den Bedarf des Heeres beladen wurden. Doch nun gab es nur noch Weizengrütze für Kaiser und Soldaten, und das nicht einmal ausreichend.

Julian schlief kaum. Eines Nachts, als er in seinem Zelt las, glaubte er den Geist des römischen Volkes zu sehen, der mit verschleiertem Haupt und verhülltem Füllhorn das Zelt durch die Vorhänge verließ. In derselben Nacht sah er einen fallenden Stern. In ihm wuchs die Überzeugung, daß die Götter mit ihm unzufrieden seien und ihn verließen. Vor der Morgendämmerung noch ließ er die etruskischen Wahrsager kommen und ihre alte Kunst der Prophezeiung anwenden. Sie warnten ihn, er dürfe auf gar keinen Fall an einer Schlacht teilnehmen, und zitierten Kapitel und Verse der heiligen Bücher, um ihrer Warnung Nachdruck zu verleihen. Doch Julian, sonst so versessen auf Prophezeihungen, schlug ihre Warnungen in den Wind – er wollte auf jeden Fall aus der Falle, in der er saß. Denn er wußte, daß die Perser jetzt sein Heer angreifen konnten, wo es ihnen paßte, und daß er ihnen die Initiative überlassen hatte. Die Wahrsager baten ihn, den Aufbruch wenigstens um ein paar Stunden zu verschieben, aber das hätte Marschieren in der schlimmsten Hitze des Tages bedeutet.

Sobald es hell wurde am 26. Juni, setzte sich das Heer in der Nähe des Flußufers in Richtung auf Samarra in Bewegung. Es wurde nun ständig von den Hügeln ringsum angegriffen und mußte in Schlachtformation marschieren. Julian war bei der Vorhut, als er hörte, daß die Nachhut heftig angegriffen wurde. Der Kaiser ritt zurück, um zu sehen, was er tun könne, und hielt sich nicht damit auf, die schwere Brustplatte anzulegen, die sein Waffenträger ihm reichte. Unterwegs stellte er fest, daß seine linke Flanke von einer starken, durch Elefanten unterstützten Reitereinheit angegriffen wurde und ins Wanken geriet. Er ritt auf den Kampfplatz, sammelte die weichenden Soldaten um sich, und seine Gegenwart und sein Beispiel brachten Ordnung in die Reihen. Die Perser zogen sich zurück. Julian ritt ihnen nach und gab seinen Männern ein Zeichen, ihm zu folgen. Seine Leibgarde war auseinandergerissen und von ihm getrennt worden. Doch einige sahen ihn davonstürmen, mitten in das wirre Durcheinander der fliehenden Perser hinein. Sie riefen ihm zu, er möge umkehren. Wahrscheinlich hörte er es nicht. Plötzlich streifte eine Reiterlanze seinen Arm und drang ihm in die Seite. Er versuchte instinktiv, sie herauszuziehen, zerschnitt sich aber nur die Hand, wurde ohnmächtig und sank vom Pferd. Die Leibgarde hatte sich inzwischen bei ihm eingefunden. Man trug ihn zum Arzt. Die Armee machte halt und schlug ihr Lager auf.

Oreibasios versorgte den verwundeten Kaiser. Bald fühlte sich Julian stark genug, nach Waffen zu verlangen, aber er konnte nicht einmal stehen, geschweige denn kämpfen.

Nun fragte er nach dem Namen des Ortes und erhielt ›Phrygia‹ zur Antwort. Ein Orakel hatte ihm früher verkündet, er werde seinem Schicksal in Phrygia begegnen, und Julian hatte vermutet, die Provinz Phrygia in Kleinasien sei damit gemeint. Nun erkannte er die wahre Bedeutung des Orakels und verstummte. Während er im Sterben lag, wogte draußen eine blutige, verlustreiche Schlacht hin und her.

Es heißt, der Kaiser habe eine formelle Sterbebett-Ansprache gehalten, und das erscheint durchaus möglich. Die Situation verlangte es, und Julian war für solche Pflichten empfänglich. Gibbon meint sogar, er habe sie im voraus entworfen und einstudiert. Die Rede, die uns Ammianus überliefert hat, kann aber aus verschiedenen Gründen nicht das gewesen sein, was der sterbende Kaiser wirklich sagte. Obwohl Stabsoffizier während der persischen Expedition, stand Ammianus sicherlich nicht an Julians Sterbebett, sowenig wie Magnus von Karrhae, dessen Bericht Ammianus oft zur Ergänzung seiner eigenen Erinnerungen heranzieht. Vielleicht ist das einzige, was an Ammianus' Erzählung zutrifft, die Weigerung des Kaisers, einen Nachfolger zu ernennen. Ganz sicherlich hat er nicht seinen Verwandten Prokop vorgeschlagen, was wiederum daran zweifeln läßt, daß Julian wirklich, wie schon erwähnt, Prokop einen Purpurmantel überreicht und ihn angewiesen haben soll, das Reich zu regieren, falls er selbst nicht zurückkehre.

Maximus und Priscus, die zu Julians Gefolge gehörten, standen am Bett des sterbenden Kaisers, um ihm den Trost der Philosophie zu bieten. Vielleicht begannen sie wirklich einen sokratischen Dialog über den Adel der Seele, wie Ammianus berichtet. Aber sicher verlor sich das Gespräch in zusammenhanglose Äußerungen bei nachlassender Kraft und erlöschendem Bewußtsein.

Plötzlich brach die von Oreibasios versorgte Wunde wieder auf und blutete heftig. Nach Atem ringend, erbat Julian einen Schluck kaltes Wasser. Er trank, lag dann ruhig da und starb nach wenigen Minuten, ohne noch ein Wort zu sprechen. Er stand im zweiunddreißigsten Lebensjahr und im zweiten Jahr seiner Alleinherrschaft über das Römische Reich.

Hier ist nicht der Platz für eine erschöpfende Untersuchung über die Art, wie Julian ums Leben gekommen ist. Sein Nachfolger Jovian war der einzige, der eine Untersuchung hätte anordnen können, und er hat es nicht getan. Hier soll nur wiedergegeben werden, was zeitgenössische oder fast noch zeitgenössische Quellen aussagen und welche Schlüsse daraus gezogen werden können; sodann soll die Legende über Julians Tod zu Wort kommen, wie sie im Mittelalter vorherrschte.

Zunächst die zeitgenössischen Berichte. Der Mönch Ephraem der Syrer, der im Jahr von Julians Tod in Nisibis schrieb, sieht im Tod des Kaisers die Rache des Himmels, deutet aber nirgends an, daß sich der Himmel eines anderen Racheinstruments als einer persischen Lanze bedient haben könne.

Gregor von Nazianz, der 363 oder 364 schrieb, berichtet, er habe Teilnehmer am Feldzug befragt, und einige hätten berichtet, Julian sei von einem Perser angegriffen worden, als er überstürzt ins Handgemenge ritt; andere hätten ihm berichtet, sein Mörder sei ein Römer gewesen, der erbittert war über die Bemerkung Julians, es sei doch schade, so viele Männer in römisches Territorium zurückzuführen.

Libanios gibt zwei zu verschiedenen Zeiten verfaßte Berichte über Julians Ende; die Daten der Niederschrift stehen nicht fest. In der vermutlich älteren Fassung, dem *Klagelied für Julian*, das 363 oder 364 geschrieben wurde, sagt Libanios nur, Julian sei von einer Reiterlanze getroffen worden, und setzt offenbar voraus, der Täter sei ein Perser gewesen. In der späteren Leichenrede, dem *Epitaphios*, behauptet er aber, der Gegner habe kein Perser sein können, denn niemand habe die von Schapur ausgesetzte Belohnung verlangt. Er meint, die tödliche Wunde habe ihm ein Christ beigebracht, vielleicht ein Wüsten-Araber.

Der Ausdruck, den er hier verwendet *(taienos tis)*, läßt darauf schließen, daß er die Geschichte von einem altsyrisch sprechenden Erzähler gehört hat, denn im Altsyrischen wurden die Beduinen ›Tayyayē‹ genannt.

Magnus von Karrhae, der am Feldzug teilnahm, glaubte offenbar an ein Verbrechen, ohne den Täter zu nennen, falls der Chronist Malalas im 6. Jahrhundert ihn richtig zitiert.

Ammianus Marcellinus, der ja bei der Schlacht anwesend war, schrieb seine Schilderung erst um 390 nieder und hatte inzwischen natürlich Gelegenheit, andere Darstellungen zu lesen; er sagt eindeutig, daß die Hand, welche die Lanze schleuderte, unbekannt sei. Diese nachdrückliche Feststellung läßt vermuten, daß er damit die Berichte anderer zurückweist, die zu wissen behaupteten, wer den tödlichen Stoß geführt hatte.

Eutropios, Festus und Aurelius Victor berichten alle nur, daß Julian von einem Feind getötet worden sei.

Das ist das Fazit der zeitgenössischen Berichte, und danach kann man nur schließen, daß niemand wußte, wer die tödliche Waffe schleuderte. In dem Durcheinander, das entsteht, wenn aus einer Schlacht wilde Flucht und Verfolgung werden, sind Freund und Feind unentwirrbar verknäuelt, und die Situation ändert sich in jedem Augenblick. In den paar Sekunden, als der Kaiser verwundet wurde und vom Pferd sank, mußte die ganze Aufmerksamkeit seiner Leibwache darauf gerichtet sein, ihn schnell aus dem Getümmel zu bergen. Der Einwand, daß der Gegner kein Perser gewesen sein könne, weil niemand die Belohnung verlangt habe, ist nicht beweiskräftig: Der Mann kann selbst unmittelbar danach gefallen sein, oder er ahnte nicht, wen er da verwundet hatte, denn da der Kaiser den Brustpanzer nicht trug, war er vielleicht nicht zu erkennen. Die Perser wußten zunächst nicht einmal, daß Julian gefallen war.

Wenn diese Schlußfolgerung, daß nichts erwiesen ist und nichts bewiesen werden kann, enttäuscht, kann ich nur darauf hinweisen, daß zwanzig Bände detaillierter Indizien die Zeitgenossen Präsident Kennedys noch immer nicht über den genauen Hergang seiner Ermordung informiert haben.

Es war nur verständlich, daß die Menschen Julians Tod für ungewöhnlich hielten, auch dann, wenn sie nicht wußten, wer die Lanze geworfen hatte. Ephraem der Syrer spricht, wie wir sahen, von göttlicher Rache. Ein gewisser Kallistos, der zu Julians Leibwache gehörte, verfaßte ein Gedicht in Hexametern über den Tod seines Herrn – wann, wissen wir nicht. In den Versen, die uns nicht erhalten sind, wird Julians Tod einem Dämon zugeschrieben. Auch Libanios meint, Dämonen seien am Werk gewesen. Doch für diejenigen, die Julian ablehnten – alle führenden christlichen Persönlichkeiten seiner Zeit – waren die übernatürlichen Mächte, die ihn töteten, nicht Dämonen, sondern Heilige oder Engel.

Der Kirchenhistoriker Sozomenos, der etwa achtzig Jahre später darüber schrieb, erzählt von einem Reisenden, der in einer einsamen Kirche übernachtete und im Traum eine Versammlung von Heiligen und Propheten sah, von denen sich zwei entfernten, um Julian zu töten, und wiederkehrten, um zu berichten, daß sie ihren Auftrag ausgeführt hatten. Eine ähnliche Geschichte findet sich bei dem armenischen Historiker Faustus von Buzanda, der wahrscheinlich sein Werk vor Ende des vierten Jahrhunderts verfaßte. *Im Leben des heiligen Basilius,* zu Unrecht Amphilochius von Iconium zugeschrieben, wird behauptet, der heilige Basilius habe diese Vision gehabt. Die Namen der beiden Heiligen, die den Auftrag erhielten, Julian aus der Welt zu schaffen, sind in jeder Darstellung andere. N. H. Baynes hat vorgebracht, daß die Geschichte in arianischen Kreisen von Antiochia entstanden sein müsse. Das ist gut möglich, aber keinesfalls bewiesen.

In all diesen Geschichten erleben wir, wie sich konkrete Einzelheiten aus der Idee entwickelten, die zuerst von Ephraem geäußert wurde: Julians Tod sei ein Racheakt des

Himmels gewesen. Auf dieser Grundlage hat sich die mittelalterliche Legende von Julian aufgebaut, von der im elften Kapitel die Rede sein wird. Die Behauptung, Julians Gegner sei ein Römer – in diesem ganzen Zusammenhang notwendigerweise ein Christ – gewesen, muß aus heidnischen Kreisen stammen. Libanios kennt sie schon 365, kann aber nicht dafür einstehen. Man mag es für bare Münze nehmen oder auch nicht, wenn Ammianus etwa um 390 schreibt, die Perser hätten einen oder zwei Tage nach Julians Tod die Römer verhöhnt, weil sie, die Perser, ihren Kaiser getötet hätten. Wenn sie es taten, besagt es doch nichts. Die persischen Soldaten standen nicht unter Eid, und alles, was die Römer kränken und ihre Moral schwächen konnte, war ihnen natürlich recht.

Am Morgen nach Julians Tod traten die Heerführer zusammen, um über den Nachfolger zu verhandeln. Sie zweifelten nicht daran, daß die kaiserliche Macht im vierten Jahrhundert auf der Gewalt über die Streitkräfte beruhte und daß sie die Wahl gar nicht umgehen konnten, selbst wenn sie es gewünscht hätten. So unternahm man in einem waffenstarrenden Lager am Tigris, umringt von persischen Soldaten, die jede Bewegung des Feindes beobachteten, Versprengte aufgriffen und von Zeit zu Zeit Angriffe unternahmen, das Werk, den neuen Herrscher des Römischen Reiches zu wählen. Die Generäle wandten sich an die Kommandeure der Legionen und der Reitereinheiten, um die Meinung der Truppe zu sondieren. Schon machte sich der alte Zwiespalt zwischen der Armee aus Gallien und der anderen, die im Osten unter Konstantius gekämpft hatte, wieder bemerkbar, jetzt, wo Julian tot war.

Arintheus und Victor unterstützten einen Kandidaten ihrer Partei, Nevitta und Dagalaifus einen aus ihrer Mitte. In Julians altem Freund Salutius Secundus bot sich ein Kompromiß an; er war Prätorianer-Präfekt des Ostens und hielt sich bei der Armee auf, außerdem war er Zivilist und in beiden militärischen Lagern geachtet, im großen und ganzen auch von der Zivilbevölkerung. Obwohl Heide, hatte er nichts von missionarischem Eifer an sich und war auch gegen Julians harte Maßnahmen zur Unterdrückung des Christentums aufgetreten. Doch Salutius war alt und berief sich auf Alter und mangelnde Gesundheit.

Während die Beratungen weitergingen, einigte sich eine Offiziersgruppe auf Jovian, den Kommandeur der kaiserlichen Garde, dessen Vater Varronianus schon dasselbe Amt unter Konstantius innegehabt hatte. Da man keinen anderen Kandidaten hatte, war die Generalität einverstanden. Seinem Bericht zufolge wandte Jovian ein, daß er als Christ wohl kaum imstande sein werde, eine weitgehend heidnische Armee zu führen. »Wir alle hier sind Christen«, antworteten die Generäle, und Jovian war beruhigt. Man legte ihm eilig Julians Purpurmantel um, und während die Armee schon aufbrach, schritt er die Reihen ab.

Jovians Taten gehören nicht zu dieser Geschichte und sollen nur kurz zusammengefaßt werden. Er brachte das Heer an das Ostufer des Tigris, unter ständigen persischen Angriffen, aber ohne eine wirkliche Schlacht. Die römischen Verluste waren groß. In den ersten vier Tagen des Juli gelang es dem Heer, sich eine Überquerung des Euphrat zu erzwingen, aber eher trotz Jovians Führung als durch sie. Die Verpflegung wurde knapp, die Römer verhungerten fast. Trotzdem beschloß König Schapur, der immer noch eine offene Schlacht mit den römischen Legionen fürchtete, möglichst rasch eine Regelung herbeizuführen. Der Surena und andere persische Würdenträger erschienen mit Friedensvorschlägen im römischen Lager. Sofort nahm man Verhandlungen auf, rasch wurde ein Friedensvertrag auf dreißig Jahre unterzeichnet – mit Bedingungen, die für die Römer mehr als ungünstig waren: Fünf Grenzprovinzen auf dem linken Tigrisufer, die Maximian und Diokletian erobert hatten, wurden Persien zurückgegeben, dazu Schlüsselstellungen, die Festungen Nisibis (Nusaybin) und Singara (Sinjar). Die Römer verpflichteten sich, König Arsakes von Armenien nicht gegen die Perser zu schützen – und tatsächlich wurde Arsakes bald danach von Schapur gefangengenommen und geblendet. Das war der Preis, für den Jovian seine Truppen aus ihrer mißlichen Lage befreien durfte. Er war außerdem darauf bedacht, möglichst schnell wieder römischen Boden zu erreichen, bevor sich Prokop zum Kaiser proklamieren lassen konnte.

Die römische Armee marschierte durch Hatra nach Nisibis unter härtesten Bedingungen. Hätte man nicht Kamele und Packmulis geschlachtet und gegessen, wäre man verhungert, ehe Cassianus, der Armeekommandeur im römischen Mesopotamien, mit frischer Verpflegung ankam. Als sie Nisibis erreichten, weigerte sich Jovian, in der Stadt zu übernachten; er ließ das Lager vor den Toren aufschlagen: Es wäre schimpflich für einen römischen Kaiser gewesen, den Fuß in eine Stadt zu setzen, die er gerade eben an eine fremde Macht abgetreten hatte. Am nächsten Tag erschien ein hoher persischer Offizier, betrat die Stadt und hißte vor den Augen aller Römer, die draußen ihr Lager hatten, die persische Fahne auf dem Bollwerk der Festung.

Die Armee führte Julians einbalsamierten Körper mit sich. Während er draußen vor Nisibis auf dem Totenlager hingestreckt lag, kam der alte Mönch Ephraem aus dem Tor und sah sich den Toten an. Er war ein Dichter, und seine Gedanken und Gefühle sind uns in einer altsyrischen Hymne überliefert, die er kurz darauf schrieb:

»Ich ging, meine Brüder, und nahte
mich der Leiche des Unreinen.
Ich stand über ihm
und verhöhnte sein Heidentum.
Und ich sagte: Ist er es,
der sich erhob
gegen des Lebenden Namen
und vergaß, daß er Staub ist?
Gott hat ihn in den Staub zurückgeschickt,
damit er lernt, daß er Staub ist.«

Ephraem stellt dann Betrachtungen über Julians Tod und die in ihm enthaltenen Lehren an, über das Verbrennen der Schiffe, über die Lanze, die ihn tötete. Er schließt, Julian habe »den Tod gewählt« und den Panzer abgelegt, um getroffen zu werden. Das ist nicht etwa als eine Art Selbstmord aufzufassen, sondern Julian selbst sei zum Werkzeug seiner Bestrafung ausersehen worden – »wen Gott verderben will, dem nimmt er erst den Verstand«.

Prokop traf bei Nisibis mit Jovian und seiner Armee zusammen. Als Verwandter des Kaisers erhielt er den Auftrag, den Leichnam nach Tarsos zu überführen, die Stadt, in der er seine Hofhaltung einrichten wollte, wäre er siegreich aus dem Feldzug zurückgekommen. Julian wurde etwas außerhalb der Stadtmauern begraben, an der Römerstraße, die zu den Pässen über das Taurus-Gebirge führt, gegenüber vom Grab des Kaisers Maximinus Daja. Als Jovian im Herbst 363 durch das Gebiet kam, verschönerte er die Grabstätte, und vielleicht war er es, der das griechische Distichon auf den Grabstein meißeln ließ:

Ἰουλιανὸς μετὰ Τίγριν ἀγάρροον ἐνθάδε κεῖται
ἀμφότερον βασιλεύς τ᾽ἀγαθὸς κρατερός τ᾽αἰχμητής.

(Vom schnell strömenden Tigris kam Julian und fand hier seine Ruhe, ein großer König und tapferer Krieger.)

Nach anderer Version lautet die Grabinschrift:

Κύδνῳ ἐπ᾽ ἀργυρόεντι ἀπ᾽ Εὐφρήταο ῥοάων
Πέρσιδος ἐκ γαίης ἀτελευτήτῳ ἐπὶ ἔργῳ
κινήσαςστρατιὴν τόδ᾽ Ἰουλιανὸς λάχε σῆμα,
ἀμφότερον βασιλεύς τ᾽ἀγαθὸς κρατερός τ᾽αἰχμητής.

(Am silbrigen Kydnos fand Julian sein Grab, als er von den Wassern des Euphrat kam und aus dem Lande Persien, nachdem er seine Armee an ein Werk geführt hatte, das sie nicht vollendete. Er war beides, ein guter König und ein tapferer Krieger.)

Sein Grab lag also bei Tarsos. Einige Jahre später schrieb sein Freund Libanios, ihm hätte gebührt, in der Akademie zu Athen begraben zu werden, nahe Platos Grab, damit er seinen Teil an den Opfergaben habe, die seinem Meister von den Generationen der Studenten dargebracht wurden.

Der Historiker Ammianus dagegen, der ja unter Julians Befehl gekämpft hatte, schreibt: »Nicht der Kydnos, so schön und klar er auch ist, sollte auf seine sterbliche Hülle blicken: Sondern der Tiber, der die Ewige Stadt teilt und an den Stätten der alten Götter vorbeifließt, sollte an seinem Grab vorüberziehen, damit der Ruhm seiner edlen Taten nie vergeht.«

Diese beiden Äußerungen umreißen die beiden Seiten von Julians Charakter: Er war ein griechischer Philosoph und ein römischer Kaiser. Er hat hier wie dort versagt. Doch die Erinnerung an ihn hat die Zeiten überdauert, und das Rätselhafte seiner Persönlichkeit hat den Verstand und die Phantasie von fünfzig Generationen beschäftigt.

11
Epilog

Als Bischof Athanasius – von Julian aus dem Exil, in das ihn seine Mitchristen verbannt hatten, zurückgeholt – von den christenfeindlichen Maßnahmen des Kaisers hörte, sagte er, es sei ja nur eine kleine Wolke, die bald vorbeiziehen werde. Und so war es auch. Julian verließ keine Welt, die durch sein Dasein unwiederholbar verändert worden wäre. Der Gegensatz zu seinem Vorbild Alexander ist nicht zu übersehen: beide starben im gleichen Alter, doch Alexanders Eroberungen hatten den Nahen Osten verwandelt. Aber die meisten Maßnahmen Julians wurden in ihr Gegenteil verkehrt oder vergessen, und das christliche Rom, das Konstantin gegründet hatte, entwickelte sich weiter.

Das Entsetzen über die römische Niederlage in Persien erschreckte das Volk für eine Weile, und es kam hier und da zu halbherzigen Verfolgungen von Heiden, die man für Julians enge Freunde hielt. Libanios und seine Freunde in Antiochia mußten sich eine Weile lang still verhalten. Etwas Bedrohliches lag in der Luft und hinderte Julians Freunde, irgend etwas für ihn zu schreiben oder über ihn zu erzählen. Gregor von Nazianz, der spätere Erzbischof von Konstantinopel, der Julian ja als Student in Athen gesehen hatte, griff ihn posthum und auf eine manchmal geradezu skurrile Art an. In der gespannten Atmosphäre fürchteten manche prominenten Heiden um ihr Leben. Doch nur wenige – wenn überhaupt jemand! – kamen um, und im ganzen Römischen Reich geschah Julians einstigen Parteigängern nicht viel.

Maximus stand auch bei Jovian in Gunst, wurde jedoch unter Valentinian und Valens verhaftet, weil er sich während Julians Regierung schlecht aufgeführt habe; durch Eingreifen einflußreicher Freunde wurde er wieder befreit und Jahre danach hingerichtet, weil er in eine Verschwörung verwickelt war, die auf magische Weise die Zukunft von Kaiser Valens zu erkunden versuchte. Priscus wurde verhaftet, durfte dann aber nach Griechenland zurückkehren, wo er noch dreißig Jahre später lebte und lehrte. Oreibasios wurde verbannt, sein Besitz beschlagnahmt, doch seine ärztliche Kunst brachte ihn rasch wieder zu Ansehen; er heiratete in Konstantinopel eine reiche Frau und zeugte vier Kinder. Seleukus, eifriger Heide an Julians Hof, mußte eine hohe Geldbuße zahlen. Aristophanes, der Gouverneur von Mazedonien, und ein oder zwei weitere Männer verloren ihre öffentlichen Ämter. Sonst aber kam es kaum zu einer Verfolgung von Julians Gefährten.

Als sich nach einigen Monaten die Angst gelegt hatte, begannen Julians Freunde seine Schriften zu sammeln und sein Leben nachzuerzählen. Diese Biographien wurden allerdings nicht in dem Sinne veröffentlicht, daß man sie etwa auf dem Buchmarkt erstehen konnte, sondern sie wanderten von Hand zu Hand unter den Heiden und den immer noch um die Vergangenheit bemühten Gruppen, in deren Augen Konstantins Reich ein abstoßender Irrtum blieb. Einige von Julians eigenen Schriften sind erhalten geblieben, die Arbeiten der Freunde aber, die sein Andenken bewahrten, sind verlorengegangen, ausgenommen zwei lange Gedächtnisreden von Libanios, die beide wahrscheinlich einer auserwählten Hörerschaft heidnischer Freunde in Antiochia vorgelesen wurden und erhalten blieben, weil die Studenten der Rhetorik an allem, was Libanios schrieb, so lebhaft interessiert waren.

Es dauerte nicht lange, bis die Legende Gestalt annahm und Julian für die winzige, aber hartnäckige Gruppe heidnischer Intellektueller ein idealer Philosoph-König geworden war. Eunapios, der Ende des Jahrhunderts schrieb, sieht ihn als das Musterbild eines Kaisers. Zosimus, ein heidnischer Anwalt, der etwa um 500 eine Geschichte des Spätreiches verfaßte, übernimmt fast den Ton der Heiligenlegenden, wenn er von Julians Leben und Taten berichtet. Die philosophische Schule von Athen, die immer noch einen sehr dünnen Faden aus Platos Akademie weiterspann, scheint mit Julians Thronbesteigung eine neue Zeitrechnung begonnen zu haben, denn der Biograph von Proclus, der 485 als Leiter der Schule starb, datiert dessen Tod auf das 124. Jahr nach Julians Thronbesteigung. Einige gingen so weit, einen Kult für den toten Julian zu begründen – nicht den üblichen Kult für den vergöttlichten Herrscher, sondern für den zum Märtyrer gewordenen Führer, der noch über seinen Anhängern wache. Sogar die Kirchenhistoriker des fünften Jahrhunderts benutzten auch heidnische, Julian günstige Quellen. Johannes Malalas, der im sechsten Jahrhundert zu Antiochia seine fromme Weltchronik verfaßte, konnte noch zeitgenössische, von Julians Bewunderern verfaßte Schilderungen seines letzten Feldzugs heranziehen. Und sogar Johannes Zonaras, Kirchenrechtler im Konstantinopel des zwölften Jahrhunderts, vermittelt in seiner Weltgeschichte Einzelheiten aus einer romantischen Lebensbeschreibung Julians, die nach seinem Tod in heidnischen Kreisen entstanden war. Soviel zur heidnischen Julian-Legende, die wahrscheinlich immer nur in einem kleinen Kreis Intellektueller weitergereicht wurde. Die Christen machten ebenfalls bald Legende aus der Geschichte. Und ihre Legende beherrschte das Mittelalter und färbt sogar heute noch unsere Vorstellung von Julian. Wir werden noch darauf zurückkommen, müssen aber vorher versuchen, Julians Handlungen zu bewerten, ohne auf die Legenden zu achten, die sich um ihn ranken.

Mißt man Julian mit dem strengen Maßstab des Historikers, dann hat er auffallend wenig erreicht. Einige seiner Gesetze wurden 434 in den Theodosianischen Kodex aufgenommen, einige wenige waren noch ein Jahrhundert später in Kraft, als Justinians Rechtsbeauftragte den Justinianischen Kodex zusammenstellten. Doch diese Gesetze waren in die ständige Fortentwicklung des römischen Rechts eingegangen und betrafen meist Fragen von zweitrangiger Bedeutung.

Julian hinterließ keine großen Bauten oder öffentliche Werke, die seinen Namen überlieferten, keine Städte wurden nach ihm benannt, nur eine Stadt trug den seiner Mutter. Die großen Prozesse des sozialen Wandels, die er aufzuhalten versucht hatte – etwa der Niedergang der Munizipalräte und der Klasse, aus der sie sich zusammensetzten –, liefen ohne Unterbrechung durch seine kurze Regierungszeit weiter. Und sein Versuch, die von Konstantin geschlossene Verbindung zwischen christlicher Kirche und römischem Staat aufzubrechen, scheiterte hoffnungslos und damit auch seine Absicht, die Oberschicht der Gesellschaft für ein verjüngtes und intellektuell ansehnliches Heidentum zu gewinnen. Doch Julian fiel mit einunddreißig Jahren im Kampf. Darin lag nichts Unvermeidliches. Vielleicht wäre seine Wirkung auf die Geschichte des Imperiums ganz anders gewesen, hätte er eine normale Lebensspanne gehabt:

Hätte Julian so lange gelebt wie sein Onkel Konstantin, wäre er es gewesen und nicht der dumme und unberechenbare Valens, der sich der ersten großen Völkerwanderungswelle stellen mußte, als die Westgoten, von den Hunnen vorwärtsgedrängt, an die Donaugrenze kamen und Siedlungsland forderten. Valens und seine Berater packten mit ihrem Schwanken und ihrer Korruption die Sache so unglücklich an, daß die Westgoten binnen drei Jahren eine römische Armee in der Schlacht vernichtet und den Kaiser getötet hatten und danach den Balkan beherrschten. Eine Generation später verwüsteten sie Rom. Julians Erfolge in Gallien erlauben die Vermutung, daß er die Krise realistischer erkannt und erfolgreicher überwunden hätte. Die Wanderbewegung der Völker hätte sich natürlich fortgesetzt, aber vielleicht hätte sie das römische Reich und die mittelmeerische Welt später und anders beeinflußt.

Hätte er das biblische Alter von siebzig Jahren erreicht, dann wäre es möglich gewesen, daß er Ende des Jahrhunderts noch den Lauf der Dinge mitbestimmt hätte. So aber wurde das römische Reich geteilt und ist nie wieder vereinigt worden. Ob Julian in seiner seltsamen Verbindung von römischem politischem Instinkt und griechischer Kultur diese Einheit hätte aufrechterhalten und damit die Zersplitterung des Westreichs in barbarische Königreiche verhindern können? Auf solche Fragen antwortet der Historiker nicht gern – aber sie dürfen gestellt werden. Schließlich: Hätte Julian so lange gelebt wie Anastasius oder Justinian, dann wäre er noch im zweiten Jahrzehnt des fünften Jahrhunderts am Leben gewesen, zu einer Zeit, als Alarich Rom besetzt hatte und Augustin begann, seinen *Gottesstaat* zu schreiben. Wäre das eine oder andere dieser Ereignisse auch dann eingetreten, wenn Julian, reich an Erfahrung und ehrwürdig durch sein Alter, die Politik bestimmt und ihre Durchführung geleitet hätte?

Solche Abstecher in das, was Science-fiction-Autoren als ›Alternatives Universum‹ bezeichnen, können nichts beweisen und nichts widerlegen. Sie können uns nur daran erinnern, daß man Julian unrecht tut, wenn man seine Regierungszeit nach den Ergebnissen beurteilt, die bei seinem frühen Tod vorhanden waren. Er hatte erkannt, daß die politische Lebensfähigkeit eines riesigen mittelmeerischen Imperiums von der Loyalität und dem Wohlstand seiner Städte abhing und daß diese Loyalität und dieser Wohlstand von der ständig wachsenden und offenbar unberechenbaren Einmischung der Zentralgewalt bedroht wurde, daß sich das Gleichgewicht zwischen lokalem Unternehmungsgeist und autoritärer Herrschaft zu sehr zugunsten der zentralen Obrigkeit verschoben hatte. Der eigentliche Bereich für die Ausübung der Gewalt war in seinen Augen die tatkräftige Verteidigung der Reichsgrenzen. Sie allein konnte Verhältnisse schaffen, in denen sich das städtische Leben entwickeln und der vielfältige wirtschaftliche Austausch zwischen Stadt und Land gedeihen konnte. Wirksame Verteidigung war aber nur möglich, wenn das Imperium geeint blieb. Getrennte Herrschaft mußte früher oder später zum Bürgerkrieg führen, in dem die Soldaten die Menschen töten mußten, die sie schützen sollten. Das alles sind gewiß nicht sehr tiefe Einsichten, aber sie bildeten eine gute Grundlage für sein praktisches Handeln.

Das Christentum: Es war eindeutig zu spät, eine Religion auszumerzen, die so unterschiedliche Schichten ansprach, die vorzüglich organisiert war und auf Märtyrerblut aufblühte. Doch es war nicht unrealistisch – wenn die Zeit dazu ausgereicht hätte –, darauf zu hoffen, daß die Ehe zwischen christlicher Kirche und römischem Reich aufgelöst werden könnte. Das Christentum hätte als die Religion der Massen überleben können, statt die einzige zugelassene Religion zu sein. Das hätte ihre Anziehungskraft auf die Oberschicht der römischen Gesellschaft entscheidend verändert, die ja zum größten Teil gerade erst bekehrt worden war.

Es ist klar, daß Julian die Ausmaße des Phänomens Christentum verkannte. Ein Gesetz über die christlichen Lehrer zeigt aber seinen scharfen Blick für einen schwachen Punkt in der Anziehungskraft, die das Christentum auf die Oberschichten ausübte. Daß er die heidnischen karitativen Institutionen förderte, beweist sein Verständnis für die soziale Bedeutung der Kirche in einer Welt, in der das alte bürgerliche System der sozialen Sicherheit zusammenbrach. Was von seiner antichristlichen Polemik noch erhalten ist, beweist sein unbestechliches Gefühl für die immer breitere Kluft zwischen christlicher Predigt und Lebensführung der Christen, jetzt, wo die Kirche reich und mächtig geworden war.

Doch bei all seiner eigenen tiefen Religiosität scheint ihm niemals die gewaltige Anziehungskraft des Christentums auf den einfachen Mann klargeworden zu sein, das Gefühl von Sicherheit – mag es auch unbegründet gewesen sein –, das die Christen aus ihrer Religion in einer Zeit der sich rasch wandelnden Gesellschaft gewannen. Wahrscheinlich hatte er überhaupt Schwierigkeiten, sich in andere Menschen hineinzuversetzen: Völlig isoliert im bildungsfähigsten Lebensalter, nicht fähig, jemandem zu trauen, gefangen in einer kafkaesken Welt der unberechenbaren Gefahren; dann plötzlich in Situationen geworfen, die rasche Entscheidungen und unangefochtene Geltung seiner Autorität verlangten, war Julian zu sehr Außenseiter, um sich leicht in die Welt derer einzufühlen, die ein kontinuierlicheres Leben führten. Und er hatte, vielleicht als Ergebnis früherer Ängste, ein Gefühl von eigener Errettung und persönlicher Mission, das den meisten seiner christlichen Zeitgenossen vermutlich fehlte. Er war ein Mann des Alles oder Nichts in einer Situation, in der Kompromisse vielleicht zum Erfolg geführt hätten.

Doch seine Haltung zum Christentum als einem politischen und sozialen Phänomen enthielt zudem noch einen tieferliegenden Irrtum. Er sah es als die zerstörerische Kraft an, welche die sittliche Entschlossenheit des Menschen allmählich aufweichte und ihre einst so scharfen Umrisse verwischte.

Wenn sich das Römische Imperium in einer Krise befand, dann suchte er die Ursache dafür ausschließlich im Übergewicht der neuen Religion. Deshalb war es für ihn die erste Aufgabe als Herrscher, der die Macht und Wirkungskraft des Imperiums wiederherstellen und die Lebensfähigkeit seiner Gesellschaft sichern wollte, den Einfluß des Christentums so rasch und entscheidend wie möglich zu verringern. Doch heute sehen die meisten Historiker das schnelle Wachstum und die Ausbreitung des Christentums als Auswirkung oder Symptom des politischen und sozialen Wandels in Rom an – nicht aber als dessen Ursache. Vergebens wandte Julian seine Tatkraft und seine Begabung an die Bekämpfung eines Phantoms. Unvernunft und Reizbarkeit, wie er sie in den letzten Monaten seiner Regierung gelegentlich an den Tag legte, sind leicht zu verstehen als Ausfluß der Enttäuschung, die wir heute vielleicht als unvermeidlich ansehen. Für die Menschen seiner Zeit waren die Dinge nicht so klar durchschaubar.

Weit davon entfernt, die Bindungen der römischen Gesellschaft aufzulösen, wurde das Christentum im Gegenteil einer ihrer wichtigsten Faktoren. Das Gefühl von Einheit, von gemeinsamem Ziel und göttlichem Schutz, das in der oströmischen Welt vorherrschte, gehörte zu den Kräften, die ihr Überleben im Mittelalter möglich machten: Sie widerstand dem Ansturm der moslemischen Araber, der Slawen, der Bulgaren und erlag erst während des 4. Kreuzzugs 1204 der Raubgier der Mitchristen. Doch diese Entwicklung konnten Julian und seine Zeitgenossen nicht ahnen, denn in ihrer Generation begann die Verschmelzung von christlicher und klassischer Kultur ja erst. Sie konnten nicht wissen, daß die Soldaten eines christlichen Römischen Reiches ihre Grenzen acht Jahrhunderte lang erfolgreich verteidigen konnten, während ihre Schreiber und Gelehrten die Texte der hellenistischen Literatur und Gedankenwelt abschrieben und erklärten, darunter auch Julians Werke, die als Vorbild für guten literarischen Stil galten.

In gewissem Sinn sind natürlich alle historischen Gestalten für uns tragisch, weil ihnen unbekannt blieb, was wir wissen: die Zukunft. Julians Tragik war zudem besonders ausgeprägt durch den Gegensatz zwischen seinen hervorragenden persönlichen Eigenschaften und dem völligen Scheitern dessen, was er angestrebt hatte. Er überstand eine Jugend, welche die meisten Menschen zu Zynikern oder Psychopathen gemacht hätte. Er erhielt sich die Fähigkeit, mit großem Eifer Ziele zu verfolgen, die über seine persönliche Befriedigung hinausgingen, und ihnen so viel Intelligenz, Mut und Hingabe zu widmen, daß er damit die meisten seiner Zeitgenossen übertraf. Ausgeprägter als jeder andere Herrscher des Spätreiches hatte er eine klare Vorstellung von der Gesellschaft, die er wünschte. Sein Charakter besaß einen Adel, der fast wie ein Leuchtfeuer die vielen Opportunisten seiner Umgebung überstrahlte.

Und doch scheiterte er. Und er scheiterte zum Teil, gerade weil er sein Ziel mit solcher Aufrichtigkeit und Offenheit verfolgte. Sein Mangel an Weltkenntnis und persönlicher Erfahrung machte ihn zum Opfer der Dilettanten und Scharlatane, die sich selbst vorgaukelten, sie würden die Traditionen einer glorreichen Vergangenheit bewahren. Sie nahmen sich oft nur halbwegs ernst, Julian aber schrieb ihnen den Ernst zu, der ihn selbst beseelte. Und so fand er sich allmählich in eine antichristliche Haltung getrieben, die für die römische Welt kaum Bedeutung hatte. Die sprudelnden Quellen seiner Tatkraft wurden immer mehr den falschen Aufgaben zugeleitet. Und seine klare, aber unkritische Intelligenz wirkte in einer Welt, in der Täuschung und Wirklichkeit immer schwieriger zu unterscheiden waren. Wäre er dumm oder träge gewesen, hätte er sich vielleicht durchlavieren können, wie es so viele seiner Vorgänger und Nachfolger getan haben. Aber gerade seine Besonderheit machte ihn verletzlich. Doch trotz seines Versagens ist er unvergessen.

Die romantische heidnische Auffassung von Julian ist hier bereits angedeutet worden. Das feindselige Bild der Christen verdanken wir vor allem Gregor von Nazianz, der in zwei ätzenden Angriffen den toten Kaiser als Werkzeug des Teufels darstellte. Gregor versuchte gar nicht, Julian mit den Augen des Historikers zu beurteilen – ihm ging es einzig und allein um den theologischen Aspekt: Julian war der Feind der Kirche, und deshalb blieben alle Tugenden, die er besessen haben mochte, völlig belanglos. In geschickter Auswahl der Themen, verzerrter Schilderung, Karikatur und Übertreibung entwirft er das Bild eines durch und durch schlechten Mannes und triumphiert über seinen vorzeitigen Tod. Die weite Verbreitung, die Gregors zwei Reden über Julian durch die Kirche erhielten, machte rasch die grelle Schwarzweißzeichnung zur beherrschenden Auffassung im griechischen Osten.

Im lateinischen Westen, wo die Wirkung von Julians Maßnahmen gegen das Christentum weniger spürbar geworden war, kam es zu ausgewogeneren Auffassungen. Ammianus Marcellinus, der Soldat aus Antiochia, der sich später in Rom zur Ruhe setzte, um die Geschichte seiner Zeit in lateinischer Sprache zu schreiben, hatte ja unter Julian gedient und ihn persönlich gekannt. Er war Heide, hatte aber nichts gegen Christen. Seine Beobachtungen, die Sympathie für Julian mit scharfer Kritik an einigen seiner Maßnahmen verbinden, sind in diesem Buch gelegentlich schon herangezogen worden. Sein endgültiges Urteil über den Kaiser ist zu lang, um hier wörtlich und vollständig zitiert zu werden. Es beginnt: »Er war ein Mann, der es wert war, unter die Heldengestalten gerechnet zu werden, und wurde durch seine hervorragenden Leistungen wie durch seine persönliche Würde gleichermaßen gekennzeichnet.« Dann fährt er fort, die positiven Züge von Julians Charakter aufzuzählen, wobei er sich an das Schema der wichtigsten Tugenden hält, das von Lehrern der Rhetorik aufgestellt, ursprünglich aber aus Plato abgeleitet worden war. Danach wendet er sich Julians Mängeln zu: Er war zur Leichtfertigkeit geneigt, bemühte sich aber, sie zu unterdrücken; er redete zuviel; er war zu abhängig von Prophezeiungen und anderen abergläubischen Praktiken; er bemühte sich um Popularität und ließ sich gern loben; obwohl seine Gesetzgebung in der Regel heilsam war, müssen seine Maßnahmen gegen christliche Lehrer und die zwangsweise Ergänzung der Munizipalräte durch Personen, die nicht mehr zu diesem Dienst verpflichtet waren, scharf getadelt werden. Schließlich gibt Ammianus eine Schilderung von Julians Aussehen und Auftreten, die hier schon zitiert worden ist (Seite 102), und geht dann auf den Vorwurf ein, er sei ein Kriegstreiber gewesen: Er war es nicht, erklärt Ammianus, sondern Konstantius habe zuerst die militärische Reaktion der Perser herausgefordert und sei verantwortlich gewesen für die großen Verluste an Menschen und die Zerstörungen. Julian habe nur im Osten versucht, was ihm im Westen gelungen war, nämlich eine tragfähige Grundlage für einen dauerhaften Frieden zu errichten.

Ende des Jahrhunderts bewies der christliche Dichter Prudentius, ein Spanier, der eine glänzende Beamtenlaufbahn hinter sich hatte, daß er, bei scharfer Verurteilung von Julians Haltung gegen die Christen – doch ein Empfinden für die Größe und die Tragik dieses Lebens hatte:

Principibus tamen e cunctis non defuit unus
me puero, ut memini, ductor fortissimus armis,
conditor et legum, celeberrimus ore manuque,
consultor patriae, sed non consultor
habendae religionis, amans ter centum milia divum.
Perfidus ille Deo, quamvis non perfidus orbi,
augustum caput ante pedes curvare Minervae
fictilis et soleas Iunonis lambere, plantis
Herculis advolvi, genua incerare Dianae
quin et Apollineo frontem submittere gypso
aut Pollucis equum suffire ardentibus extis

(Doch fehlte unter allen Kaisern in meiner Knabenzeit einer nicht, wie ich noch weiß, ein starker Führer in Waffen, ein Gesetzgeber, hochberühmt durch Wort und Schrift, ein Betreuer des Vaterlandes, aber nicht der wahren Religion, da er dreihunderttausend Götter liebte. Gott nicht treu, wohl aber treu in der Welt, beugte er das erhabene Haupt zu Minervas Füßen, leckte Junos irdene Sohlen, wälzte sich Herkules zu Füßen, polierte die Knie der Diana, beugte sich vor einem gipsernen Apoll und räucherte Pollux' Pferde ein durch brennende Eingeweide.)

Sogar Augustin erkannte – zu Beginn des fünften Jahrhunderts – den Widerspruch in Julians Charakter. Als er ihn beiläufig im *Gottesstaat* erwähnt, sagt er von ihm: »Er hatte ungewöhnliche Begabungen, die fehlgeleitet wurden durch sein Machtstreben und eine gotteslästerliche und abscheuliche Neugier. Er überließ sich deren leeren Prophezeiungen, als er, des Sieges sicher, seine Schiffe verbrannte, die den notwendigen Nachschub trugen. Dann drängte er unbesonnen voran zu unmäßigen Unternehmungen, wurde als Folge seiner Unvorsichtigkeit getötet und ließ eine elende Armee im feindlichen Territorium zurück.« Unvorsichtigkeit, Neugier und Machtstreben sind

menschliche Fehler, die oft mit glänzender Begabung ein-
hergehen. Augustins Julian ist kein Teufel.

Doch der Teufel war das, was die Christen wollten. Er
machte Julian verständlich. Eine legendenhafte Schilderung seines Lebens und Sterbens kam bald auf, vermutlich
in Syrien. Die Kirchengeschichte von Sozomenos, die um
die Mitte des fünften Jahrhunderts verfaßt wurde, berichtet
von einem Sophisten auf dem Weg zu Julian nach Persien,
der in einer abgelegenen Kapelle einen Traum hatte. Er sah
eine Versammlung von Propheten und Heiligen, die über
die Leiden der Christen unter Julian sprachen. Zwei von
ihnen gingen davon, um der Sache ein Ende zu machen,
kamen nach kurzer Zeit zurück und berichteten, Julian sei
getötet worden. Eine ähnliche Geschichte wird – wie auf
Seite 316 erwähnt – schon von dem armenischen Historiker
Faustus von Buzanda erzählt, der sie vielleicht schon vor
Sozomenos niederschrieb. Bald ergänzten populäre Aus-
schmückungen das, was noch an der frühen Version ver-
mißt wurde, und schließlich finden wir im Umriß die
ausführliche Darstellung in der populären Chronik von
Johannes Malalas (sechstes Jahrhundert) und in der *Chronik
des Ostens* (Mitte des siebten Jahrhunderts).

Eine ins einzelne gehende Darstellung erscheint in einer
romantischen Geschichte *Leben des heiligen Basilius*, die, wie
erwähnt, fälschlich seinem strengen Freund Amphilochius
von Iconium zugeschrieben wird; wahrscheinlich stammt
sie aus dem sechsten Jahrhundert. Angelpunkt der Erzählung ist ein Traum des heiligen Basilius, in dem er erlebt,
wie die Muttergottes den heiligen Mercurius beauftragt, die
›Schlange‹ Julian zu töten. Als Basilius erwacht, findet er
Schwert und Lanze, die bei den Gebeinen des Heiligen
aufbewahrt werden, naß von frischem Blut und erhält bald
darauf die Nachricht, der Kaiser sei in Mesopotamien von
unbekannter Hand erstochen worden.

Noch weiter ausgearbeitete, novellistische Fassungen
gibt es im Altsyrischen. In der einen tritt Julian als Ungeheuer auf, das Kindern das Herz und Schwangeren das

Ungeborene aus dem Leibe reißt, um seine magischen Beschwörungen durchzuführen. St. Mercurius prophezeit dem späteren Kaiser Jovian Julians Tod, und mitten in der letzten Schlacht mit den Persern verkündet eine himmlische Stimme, Julians letzte Stunde sei gekommen. Nach einer anderen altsyrischen Version hat sich der junge Julian zu Unrecht den Besitz seiner Tante, der Schwester von Konstantin, angeeignet und ist durch diese Sünde einem Dämon zum Opfer gefallen. Der Dämon verspricht ihm die Herrschaft über die Welt, falls er gehorsam sei. Julian ist einverstanden und wird Kaiser. Dann folgt die bekannte Geschichte mit dem heiligen Mercurius.

Eine dieser Fassungen, die dem *Leben des heiligen Basilius* ähnelt, wurde im neunten Jahrhundert von einem Subdiakon ins Lateinische übertragen. Hier nun ist Libanios zunächst ein Parteigänger Julians, wird aber bekehrt und lebt bei Basilius als Mönch. Diese Fassung verbreitete sich rasch im Westen und wurde von vielen mittelalterlichen Schriftstellern aufgegriffen, so im dreizehnten Jahrhundert von Vincent de Beauvais in seinem einflußreichen Werk *Spiegel der Geschichte*.

Inzwischen entstanden in der ganzen christlichen Welt gefälschte Berichte über Märtyrer unter Julian, in der Absicht, etwas Glanz über ganz unbedeutende lokale Kirchen zu werfen. Eine solche Erzählung spielt in Rom – das Julian nie besucht hat – und dreht sich um zwei angebliche Märtyrer Johannes und Paulus, denen die große Kirche St. Johannes und Paulus, südlich vom Kolosseum, gewidmet war. Doch Ausgrabungen, die Ende des vorigen Jahrhunderts vorgenommen wurden, lassen vermuten, daß es sich ursprünglich offenbar um zwei ganz andere und sicherlich echte Märtyrer handelt, nämlich die Heiligen Juventinus und Maximinus. Die Geschichte von Julian und den beiden Märtyrern greift der italienische Dominikaner Jacobus a Voragine (Virragio) in seiner vielgelesenen *Legenda aurea* im dreizehnten Jahrhundert auf, ebenso Hrothsvitha von Gandersheim im zehnten Jahrhundert, die ihre seltsamen, an

Terenz orientierten lateinischen Dramen für die Aufführung durch ihre Nonnen schrieb. Hier bringen Johannes und Paulus das Eigentum einer Tochter Konstantius' in Sicherheit, deren christlicher Ehemann nach Ägypten verbannt und schließlich hingerichtet worden ist. Julian versucht, die beiden Männer durch einträgliche Palastämter zu bewegen, ihren Glauben aufzugeben. Sie bleiben aber standhaft und werden schließlich hingerichtet, weil sie sich weigern, Jupiter zu opfern.

Solche Legenden beherrschen das Bild Julians im Mittelalter des Abendlandes. Sie spiegeln sich auch in der Regensburger *Chronik* des zwölften Jahrhunderts: Eine kunstvolle Geschichte berichtet, daß der junge Julian vor den Papst zitiert wurde, weil er den Besitz seiner frommen Pflegemutter veruntreut habe. Er schwört, er sei unschuldig, und die arme Frau muß sich schließlich als Wäscherin ihr Brot verdienen. Im Tiber findet sie eine Merkur-Statue. Der Dämon veranlaßt Julian, das gestohlene Eigentum zurückzugeben, und bietet ihm schließlich an, ihn zum Kaiser zu machen, wenn Julian ihm gehorcht. Der ist einverstanden, folgt Konstantin auf den Thron und beginnt mit der Christenverfolgung, der auch die beiden reichen Herzöge Johannes und Paulus zum Opfer fallen. Er läßt sie hinrichten. Dann kommt er auf einem Feldzug nach Griechenland, trifft den Abt Basilius, verfolgt ihn und läßt den jungen Offizier Mercurius hinrichten, als er sich weigert, dem Christentum abzuschwören. In einem Traum sieht Basilius Mercurius mit Schild und Lanze aus dem Grab steigen und davonreiten, um sich an Julian zu rächen. Der Kaiser wird von einem geisterhaften Reiter erstochen, seine Leiche aber auf wunderbare Weise nach Konstantinopel versetzt, wo sie, ohne zu verwesen, bis zum Jüngsten Gericht liegen wird. Indessen geht Basilius an das Grab von Mercurius und findet dort Schild und Lanze naß von frischem Blut. – Es wäre schwierig, hier die Elemente von Sage, Geschichte und Dichtung auseinanderzuklauben, die dieses Konglomerat bilden.

Renaissance und Reformation brachten eine neue Beurteilung von Julians historischer Rolle. Sein Abfall vom Christentum, der dem mittelalterlichen Menschen so unfaßlich erschienen war, weil ihm die Kirche eine geschlossene Welt bot, wirkte ganz anders auf eine Generation, welche die Spaltung der Kirche, die heftige Polemik und schließlich die bewaffnete Auseinandersetzung der einzelnen Gruppen erlebte. Die neue, säkulare Einstellung der Humanisten zum Menschen und seinen Taten rücken Julian aus der Theologie wieder in die Geschichte. Und die politische Erfahrung von Fürsten und Stadtstaaten, die neue Analyse der politischen Macht, in die diese Erfahrung mündete, führten auch zu einer neuen Sicht von Julians Verhalten als Staatsmann: man war nicht mehr hypnotisiert vor Entsetzen über seine Apostasie.

1489 schrieb Lorenzo de Medici ein Theaterstück über Julian für die Feste von St. Johnannes und St. Paulus, ein Stück, das noch ein Jahrhundert zuvor undenkbar gewesen wäre. Die Handlung stimmt ungefähr mit der mittelalterlichen Legende überein, wie es ja der Anlaß forderte: Johannes und Paulus werden hingerichtet, weil sie nicht vom Christentum abfallen wollen, und der heilige Mercurius steigt, als Basilius betet, aus dem Grab und tötet den Kaiser, der die Warnung eines Astrologen, sein Tod stehe unmittelbar bevor, in den Wind schlägt. Der Kaiser ist hier aber nicht mehr das mittelalterliche Ungeheuer, sondern ein Renaissanceheld, wendig, ehrgeizig, intelligent und beredt, sein Leben eine menschliche Tragödie und kein theologisches Lehrstück.

Hans Sachs hat in mehreren Liedern die mittelalterliche Geschichte ebenfalls aufgegriffen, doch sein Julian ist ein Bürger, wie ihn der Dichter aus Nürnberg kannte, schlau und gerissen, aber keineswegs völlig böse. In einem Lied verbindet Hans Sachs die Julian-Legende mit dem Märchen vom Kaiser, dem beim Baden seine Kleider gestohlen werden und den darauf niemand, weder seine Höflinge noch seine eigene Frau, erkennt. Diese freie Behandlung des alten Stoffes ist ein weiteres Beispiel für die säkularisierte, von der Theologie losgelöste Ansicht, die sich im sechzehnten Jahrhundert über den Apostaten verbreitete: Er konnte sogar zum Helden einer moralisierenden Geschichte gemacht werden.

Er konnte auch ein tragischer Held sein. In der großen Ära des europäischen Dramas wurden überall Stücke um Julian geschrieben, in England (1596 von einem unbekannten Autor), in Italien (1612 von Melchior Zoppio), in Spanien (von Juan Crisóstomo Velez de Guevara im 17. Jahrhundert), in Deutschland (1668 von Johannes Herbin, einem lutherischen schlesischen Pastor) und in der Schweiz (1624 von einem Unbekannten aus Luzern). Anscheinend ist nur Herbins Stück gedruckt worden. Süddeutsche Jesuiten machten Julian zum Helden mehrerer Stücke, die sie im siebzehnten Jahrhundert zur Aufführung in ihren Seminaren schrieben; die langen und sensationell aufgemachten Dramen – jeder mußte eine Rolle haben – verbanden ziemlich ungeschickt die mittelalterliche Legende von den Heiligen Johannes und Paulus mit dem Bericht, den Ammianus Marcellinus von Julians Leben gegeben hat.

Im selben Jahrhundert wurden auch die Quellen veröffentlicht und kritisch untersucht, die den Gelehrten ermöglichten, den verteufelten Julian des Mittelalters wie den tragischen Julian der Renaissance beiseite zu schieben.

Godefroys gelehrter Kommentar zum Theodosianischen Kodex (zwischen 1626 und 1652 in sechs Bänden herausgegeben) verschaffte der überlieferten Gesetzgebung Julians den gebührenden Platz in der Geschichte des vierten Jahrhunderts. Der belesene französische Jansenist Jean François le Nain de Tillemont untersuchte, verglich und kritisierte in seiner *Histoire des empereurs* (1690 ff.) die zeitgenössischen Quellen für Julians Leben bis in unglaubliche Einzelheiten hinein. Sein Ziel war Verteidigung. Für ihn war Julian immer noch der Abtrünnige, doch Tillemonts Unangreifbarkeit und Genauigkeit, dazu eine Kenntnis des Materials, die nicht ihresgleichen hatte, schufen zum erstenmal eine brauchbare Grundlage für die Beurteilung Julians als geschichtliches und nicht als theologisches Phänomen. Ausgaben von Ammianus, mit gelehrten Kommentaren versehen, in denen zahllose Punkte seines Berichts über Julian ein für allemal geklärt wurden, veröffentlichten der Franzose Henri de Valois 1636 und der Holländer Jacob Gronovius 1693.

Das umfangreiche Werk von Julians Freund Libanios wurde zwischen 1606 und 1627 von Frédéric Morel in einer Ausgabe veröffentlicht, die zum erstenmal einen mehr oder weniger verständlichen Text vorlegte. Von Julian selbst erschienen schon 1499 48 Briefe im Druck, und zwar als Muster griechischen Prosastils. Einige seiner übrigen Werke wurden in ziemlich unbefriedigenden Ausgaben im Laufe des sechzehnten Jahrhunderts veröffentlicht. Doch im siebzehnten erschienen dann zum erstenmal zwei vollständige Ausgaben seiner erhaltenen Werke in zuverlässiger Textfassung und mit gelehrten Kommentaren. Die erste veröffentlichte der französische Gelehrte Denis Petau 1630 in Paris, die zweite der aus Genf stammende deutsche Gelehrte und Staatsmann Ezechiel Spanheim 1696 in Leipzig.

Die Werke der Gelehrten des siebzehnten Jahrhunderts legten den Grundstock für ›das Zeitalter der Vernunft‹ im achtzehnten. Schon 1699 verfaßte der protestantische Theologe Gottfried Arnold in seiner *Unparteiischen Kirchen- und Ketzergeschichte* eine ausgewogene Würdigung Julians, verwarf alles Legendenhafte und bezog sich ausschließlich auf echte Quellen. Montesquieu bedachte ihn sogar in seinen Werken *Grandeur et décadence des Romains* (1734) und *De l'esprit des lois* (1748) mit höchstem Lob als Staatsmann und Gesetzgeber. Im Jahre 1735 veröffentlichte Philippe René de la Bléterie die erste ausführliche Biographie Julians und stellte ihn darin durchgehend wohlwollend dar. Henry Fielding (1797-1854) traf in seiner *Journey from this World to the Next* Julian keineswegs in der Hölle an, sondern in Elysium. 1782 erschien der zweite Band von Edward Gibbons *Decline and Fall of the Roman Empire*, in dem drei bemerkenswerte Kapitel Julian gewidmet sind. Gibbon erkennt in Julian den philosophischen Monarchen, der in einer Zeit des Niedergangs den Ruhm des römischen Imperiums wiederherzustellen sucht; aber er bedauert oft, daß sich Julian zum Aberglauben seiner Zeit herabließ. Es heißt da:

»Die meisten Fürsten würden, wenn man ihnen den Purpur abstreifte und sie nackt in die Welt würfe, sofort in die niedersten Schichten der Gesellschaft sinken, ohne Hoffnung, je aus dem Dunkel aufzutauchen. Doch die persönliche Leistung Julians war in gewissem Maß von seinem Schicksal unabhängig. Was immer er im Leben gewählt haben könnte – durch seinen unerschütterlichen Mut, seinen lebhaften Verstand und seine intensive Hingabe hätte er die höchsten Auszeichnungen seines Berufs erreicht oder zu erreichen verdient; und Julian hätte sich selbst dann in den Rang eines Ministers, eines Generals erhoben, wenn er als irgendein Bürger geboren worden wäre. Hätten die eifersüchtigen Launen der Macht seine Erwartungen enttäuscht, wäre er dann weise vom Pfad des Auserwählten zurückgetreten, dann hätte die Anwendung derselben Begabungen in gelehrter Einsamkeit sein damaliges Glück und seinen unsterblichen Ruhm über alles, was Könige erreichen können, hinausgehoben... Das theologische System Julians scheint die erhabenen und wesentlichen Prinzipien der Naturreligion enthalten zu haben. Doch da es dem Glauben, der nicht auf Offenbarung beruht, an fester Zuversicht fehlen muß, fiel der Schüler Platos unbedacht in die Gepflogenheiten des vulgären Aberglaubens zurück... Der Genius und die Macht Julians waren der Aufgabe nicht gewachsen, eine Religion wiederherzustellen, der es an theologischen Prinzipien fehlte, an moralischen Vorschriften, an kirchlicher Disziplin; die rasch ihrem Verfall und ihrer Auflösung entgegenhastete und keiner gründlichen oder zusammenhängenden Reform zugänglich war. In der Anwendung seiner ungewöhnlichen Begabung stieg er oft unter die Majestät seines Ranges herab. Aus Alexander wurde Diogenes, der Philosoph wurde degradiert zu einem Priester.«

Die Menschen des achtzehnten Jahrhunderts sahen Julian gern durch ihre eigene Brille, als Verkörperung leidenschaftsloser Vernunft und Feind des veralteten Aberglaubens. Gibbon war ehrlich und gelehrt genug, um die

Schwierigkeiten einer solchen Deutung zu erkennen. Anderen fehlte oft eine dieser beiden Eigenschaften. So machte Diderot aus Julian ›*l'honneur de l'eclectisme*‹. Und Voltaire, der ihn immer wieder als Beispiel heranzog, war verwirrt von seiner unübersehbaren Religiosität, die er wegzudisputieren oder als unwesentlich zu übergehen versuchte. In einem Absatz, der schließlich unter dem Stichwort ›Julian‹ in sein *Dictionnaire philosophique* aufgenommen wurde, schreibt er.

»Was so einzigartig und so wahr ist: Wenn Sie einmal seine unglückselige Wandlung beiseite lassen, wenn Sie diesem Kaiser nicht in die christlichen Kirchen, nicht in die Götzentempel folgen; statt dessen aber in sein Haus, ins Feld, in die Schlacht; wenn Sie seine Sitten, sein Auftreten, seine Schriften verfolgen: Dann werden Sie ihn überall wie Marc Aurel finden. So ist dieser Mann, den man so abscheulich geschildert hat, vielleicht der erhabenste Mensch oder steht wenigstens an zweiter Stelle.«

Schiller hat lange beabsichtigt, Julian zum Helden einer Tragödie zu machen. Doch die Schwierigkeiten eines solchen Unterfangens türmten sich immer höher vor ihm auf, und das Drama blieb ungeschrieben.

Die Romantik tat sich schwer mit Julian – vielleicht schon deshalb, weil nicht die kleinste Liebesgeschichte in seinem Leben zu finden ist. Und da er so überaus gern redete und schrieb, umfloß ihn auch nicht jene Stille, die für die romantische Auffassung mit dem Begriff der Tiefe verbunden war. Er wurde zur Verkörperung des Unterlegenen. 1812 veröffentlichte August Neander eine gelehrte, mehrmals überarbeitete Studie über Julians Leben und stellte den Kaiser als tiefernsten Wahrheitssucher dar, der fast von seiner ganzen Umgebung mißverstanden wurde.

An Neanders Werk orientierten sich die meisten Schriftsteller des neunzehnten Jahrhunderts. Ernüchterte Intellektuelle identifizierten sich gern mit Julian, dem Rebellen und Außenseiter, der größer als seine Feinde war. So machte zum Beispiel Alfred de Vigny, der 1837 mit seiner

Daphné begann – einer Art moralischer Biographie in Dialogform–, Julian zu einem Menschen voll tiefer Erkenntnis, der gegen unlösbare moralische Probleme kämpft.

Henrik Ibsens zweiteilige Tragödie *Kaiser und Galiläer* (1873) ist schlechte Geschichtsschreibung und schlechtes Theater und selten aufgeführt worden. Sie entstand als Ergebnis des jahrelangen Kampfes, den der Dichter ausfocht, um den Streit zwischen zwei unversöhnlichen Prinzipien des Lebens darzustellen, den Streit zwischen Idealismus und unmittelbarem Lebensgenuß, den jedes Zeitalter auszutragen hat. Julians Synthese von beidem stellt, obwohl er scheitert, Ibsens Lösung für die moralische Krankheit der bürgerlichen Gesellschaft dar, die er so oft diagnostiziert und geschildert hat.

Der Russe Dmitri Mereschkowski verlegt in seinem Roman *Julian Apostata* (1894) den Kampf in Julian selbst, einen Kampf um die Synthese zwischen Sinnen und Seele, zwischen heidnischer und christlicher Frömmigkeit. Der eigentliche Held des Romans ist vielleicht der Philosoph Maximus, der weiß, daß Hellas Götter nicht existieren, der sie aber weiter anbetet, weil er auf den noch unbekannten Heilsbringer wartet. Der Roman ist mit seinem schwülstigen Stil und der verworrenen Handlungsführung symptomatisch für den Geisteszustand bei einem Teil der russischen Intelligenz gegen Ende des neunzehnten Jahrhunderts. Uns bringt er keine neuen Erkenntnisse über Julian. Man sollte aber wohl anmerken, daß Ibsen wie Mereschkowski es für angebracht hielten, Julian eine *femme fatale* beizugeben. Bei Ibsen ist es die für uns so schattenhafte Helena, die hier zur idealen Frau stilisiert wird; Mereschkowski führt eine heidnische Bildhauerin ein, die sich zum Christentum bekehren läßt und sich weigert, den Kaiser zu heiraten.

In Athen brachte 1877 Kleon Rhangawis, Sohn des bekannteren griechischen Staatsmannes, Dichters und Gelehrten, seine gigantische Tragödie (1500 Zeilen Prosa, 9000 Verse) *Julian Apostata* heraus. Sein Julian ist ein Humanist, ernüchtert von der sterilen Tyrannei der Religion. Auch hier wird eine romantische Liebe eingeflochten: Als Student in Athen begegnet Julian einem christlichen Mädchen, das er später, als Kaiser, heiraten möchte. Um der Heirat zu entgehen, ertränkt sich das Mädchen im Bosporus. Der Vater, darüber wahnsinnig geworden, wird von skrupellosen Verschwörern benutzt, den Kaiser in Persien zu ermorden. Das Stück war viel zu lang, um aufgeführt zu werden, und schon die Lektüre macht Mühe, denn es ist in strengem klassischen Griechisch geschrieben. Doch wegen der implizierten Kritik an der orthodoxen Kirche wurde es heftig angegriffen und mußte aus den Buchhandlungen entfernt werden.

In Frankreich, für das Julian durch seine Zeit in Paris besonders interessant war, veröffentlichte Etienne Jouy 1823 eine Tragödie, *Julian dans les Gaules*. Hier geht es mehr um romantische Liebe als um Religion oder Politik. Sainte-Beuve und Renan sahen – um die Mitte des Jahrhunderts – in Julian eine wunderliche, verworrene Mischung aus Fanatismus und Selbsttäuschung, und das trotz seiner unleugbaren Intelligenz. Anatole France machte ihn 1892 in seinem *L'Empereur Julien* zu einem sonderbar toleranten Fanatiker, der durch eigene bittere Erfahrung Achtung vor menschlichem Leben und menschlichem Denken gelernt hat.

Neben diesen größeren Werken brachte das neunzehnte Jahrhundert eine Vielfalt von Theaterstücken, Gedichten und Romanen über Julian heraus, die vergessen sind und nur noch von Spezialisten beachtet werden. Besonders fruchtbar war Deutschland, und deutsche Autoren benutzten Julian oft für ihre tendenziösen Absichten. Wilhelm Molitors Spiel *Julian der Abtrünnige* (1866) hält sich zwar eng an die Quellen, entwirft aber ein stark katholisch gefärbtes Bild, in dem das Mittelalter nachhallt. Ein noch stärker dämonischer Julian erscheint in Adam Traberts *Kaiser Julian der Abtrünnige* (1894). Felix Dahns dreibändiger Roman *Julian der Abtrünnige* (1893), einst als kleines Meisterwerk gepriesen, macht aus dem Helden einen jungen Heerführer, der von der Mission beseelt ist, das Römische Imperium wieder zu beleben, aber durch skrupellose Ratgeber auf den falschen Weg gebracht wird. Der einzige Mensch, der ihm die Wahrheit sagt, ist der hellenisierte Germane Serapio, den der Autor aus einer einzigen Erwähnung des Mannes bei Ammianus zur Romanfigur aufgebaut hat.

Frankreich, Italien, Niederlande, Polen und Dänemark brachten ebenfalls ihr Teil an phantasievollen Darstellungen Julians hervor, meist in dramatischer Form und meist von sehr kurzem Erfolg

Das zwanzigste Jahrhundert wandte sich Julian kaum als Heldengestalt zu, obwohl er immerhin für die Psychologen sehr interessant sein müßte; nur wenige Werke der schönen Literatur haben sich an seinem Leben und an seiner Persönlichkeit entzündet. Eine bemerkenswerte Ausnahme bildet Nikos Kazantzakis' Tragödie *Julian Apostata* (1945), die den Kaiser als existentialistischen Helden in einem Kampf darstellt, von dem er weiß, daß er vergebens sein wird. Das Stück wurde 1948 in Paris uraufgeführt.

Die wissenschaftliche Beschäftigung mit Julian und seiner Zeit entsprach dem wachsenden und vertieften Interesse des Jahrhunderts am spätrömischen Reich. Zahllose Artikel in wissenschaftlichen Zeitschriften haben Einzelheiten seines Lebens, seiner Gesetzgebung, militärischen Strategie, religiösen Haltung und literarischen Absichten erhellt – und zuweilen verdunkelt. An ausführlichen Darstellungen für den nicht wissenschaftlich interessierten Leser hat es ebenfalls nicht gefehlt. J. Geffckens *Kaiser Julianus* (1914) ist der nüchterne Bericht eines Gelehrten mit Sinn für die Veränderungen in der Gedanken- und Gefühlswelt, die das Ende der Antike bezeichnen. Der belgische Gelehrte Joseph Bidez schrieb sein Werk *La vie de l'Empereur Julien* (1930) mit einer Sicherheit der Einfühlung, einer Klarheit und einem Blick für die Probleme, die sein Buch bis heute zur Autorität gemacht haben. Die einzige spätere Studie, die es allenfalls mit Bidez aufnehmen kann, stammt von dem italienischen Historiker Roberto Andreotti, *Il regno del l'Imperatore Giuliano* (1936).

Das seltsam unschlüssige Urteil in der ersten Hälfte unseres Jahrhunderts ist am besten zusammengefaßt in den Worten, mit denen der französische Historiker André Piganiol das Kapitel über Julians Regierung in seinem Buch über das christliche Imperium von 325 bis 395 schließt:

»So führte dieser Held seine Armee in ein Unglück, das schwer auf der Zukunft des Imperiums lastete. Dieser Freund der Freiheit war dazu bestimmt, als König-Sonne auf die Weise der Inkas zu herrschen. Dieser Philosoph, der die heidnischen Moralisten Roms mißverstand, verband die Verteidigung des Heidentums mit den albernsten Hirngespinsten. Seine wahre Größe liegt auf ethischem Gebiet. Der Adel und sogar die Rastlosigkeit seines Wesens, seine Selbstkritik, sein nie endender Dialog mit den Göttern fordern unsere Achtung. Er besaß, sagt Ammianus, die vier Haupttugenden Mäßigkeit, Umsicht, Gerechtigkeit und Mut. Mehr als die meisten Theologen seiner Zeit, denen diese Rangerhöhung zugesprochen wurde, hätte er verdient, als Heiliger bezeichnet zu werden.«

Peter Brown gibt in seinem Werk *World of Late Antiquity* (1971) weniger ein völlig anderes Urteil als einen völlig anderen Ausgangspunkt für eine Beurteilung, wie sie der zweiten Hälfte unseres Jahrhunderts angemessen ist.

»Julian setzte sich für die ›Gemeinschaft der Hellenen‹ ein. Er vertrat den unterdrückten Landadel der alten griechischen Städte Kleinasiens, ›achtbare Männer‹, die mit wachsendem Zorn die Lästerungen, den unanständigen Reichtum und die tiefe geistige Verworrenheit der Hofgesellschaft von Konstantin und Konstantius beobachtet hatten... Er erinnerte die Oberschichten an Grenzsteine, die von der sozialen Fluktuation zu Beginn des vierten Jahrhunderts weggespült worden waren... Julian war nicht unrealistisch. Er sah mit der Klarsicht des Hasses einen offenkundigen Faktor der Zeit, er sah, wie sich das Christentum wie ein feuchter Fleck an den Mauern seiner geliebten hellenistischen Kultur ausbreitete. Doch er sah nicht, daß dieses selbe Christentum imstande war, die klassische Kultur einer Elite dem Durchschnittsbürger der römischen Welt zu vermitteln.«

344

Man wundert sich nicht, daß Julian wieder die Aufmerksamkeit schöpferischer Autoren auf sich gelenkt hat. 1962 erschien Gore Vidals *Julian*. Das Buch spiegelt das Interesse, das man in der Mitte unseres Jahrhunderts dem Kaiser entgegenbrachte. Die Erzähltechnik – ein von Julian geführtes Tagebuch wird zwanzig Jahre später von Libanios und von dem Philosophen Priscus, der beim Tode des Kaisers anwesend war, kommentiert – erlaubt eine Verbindung von Selbstenthüllung und objektiver Richtigstellung. Sie spricht eine Lesergeneration an, die mit der auf der Couch des Psychoanalytikers geborenen Literatur vertraut ist. Julian wird mit einer Reihe sexueller Abenteuer bedacht, von denen weder er noch seine Freunde und Feinde je etwas erwähnt haben, und manche Schilderungen sind zu Anfang der sechziger Jahre wohl noch als Pornographie empfunden worden. Julian wird in seiner Beziehung zu Gott und zur politischen Macht weniger scharf umrissen als in der Beziehung zum Mitmenschen. Doch es ist ein kraftvoller Roman mit starker Anziehungskraft auf alle, die sich in ihrer Welt verloren vorkommen. Man kann sich unschwer mit Vidals Julian identifizieren.

Die Massenmedien in der zweiten Hälfte unseres Jahrhunderts, Fernsehen und Film, scheinen Julian noch nicht entdeckt zu haben. Vielleicht ist er zu intellektuell und bietet zu wenig optische Motive, ist zu sehr ein Mann der Worte, zu wenig ein Mann der Tat.

Und doch ist er nach sechzehn Jahrhunderten ein Symbol, das dem Menschen hilft, sich selbst zu verstehen. Sein besessener Drang nach Kommunikation, das Bewußtsein, ein Außenseiter zu sein, mit der Berufung, eine kranke Gesellschaft zu heilen, die tragische und brutale Endgültigkeit durch seinen frühen Tod, das alles sollte ihn für den Menschen unserer Tage interessant machen. Amerikanische Studenten haben ihn spontan mit Präsident Kennedy verglichen. Wenn Julians Seele in einem strahlenden neuplatonischen Himmel leben sollte, wird er sicherlich zufrieden sein, daß sein Andenken auf der Erde unsterblich ist.

ANHANG

Zeittafel

363 4. April: Julian betritt persisches Gebiet
Anfang Juni: Römischer Sieg in der Nähe von Ktesiphon
Flotte wird durch Brand zerstört
16. Juni: Römer beginnen mit dem Rückzug
26. Juni: Tod Julians
Juni: Die Armee ruft Jovian zum Kaiser aus
Juli: Jovian schließt einen demütigenden Friedensvertrag mit Persien
August: Prokop begräbt Julian in Tarsus

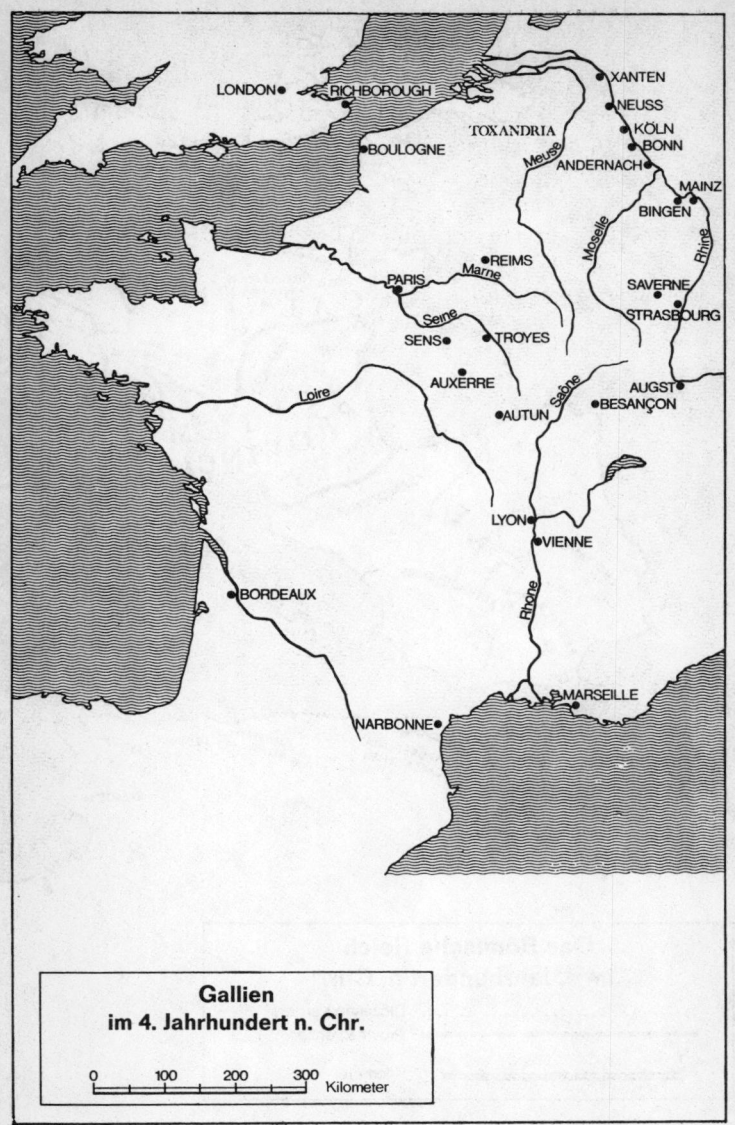

**Gallien
im 4. Jahrhundert n. Chr.**

0   100   200   300   Kilometer

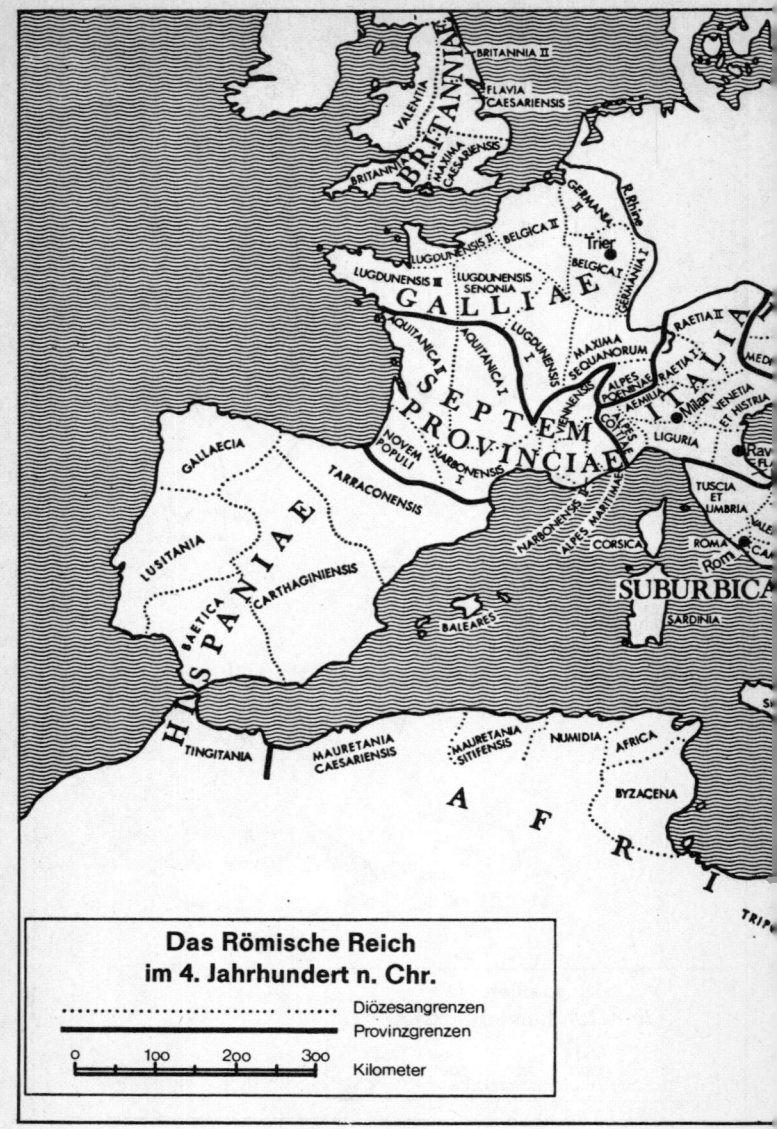

Das Römische Reich
im 4. Jahrhundert n. Chr.

.... Diözesangrenzen
————————————— Provinzgrenzen

0   100   200   300   Kilometer

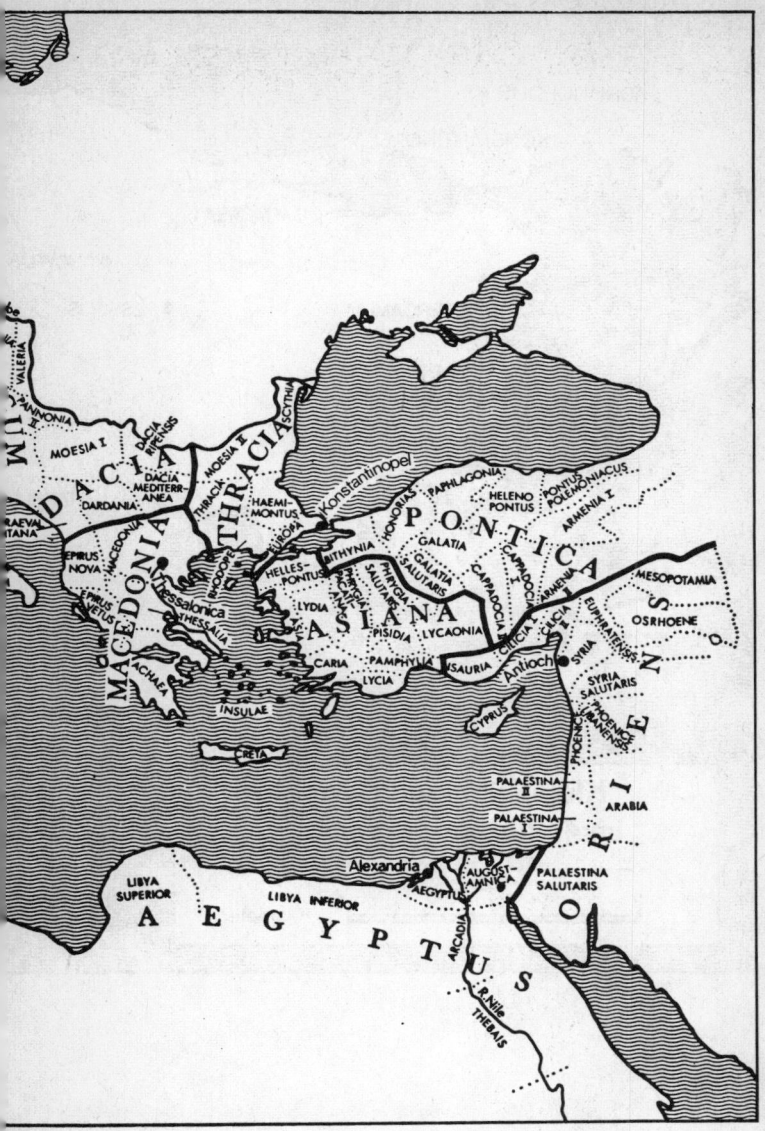

ADRIANOPOLIS
KONSTANTINOPEL
NICOMEDIA
NICAEA
ANCYRA
PERGAMUM
PESSINUS
SMYRNA
EPHESUS
TARSUS
Kleinasien und Syrien
im 4. Jahrhundert n. Chr.
ungefährer Grenzverlauf
0
100
200
300
Kilometer

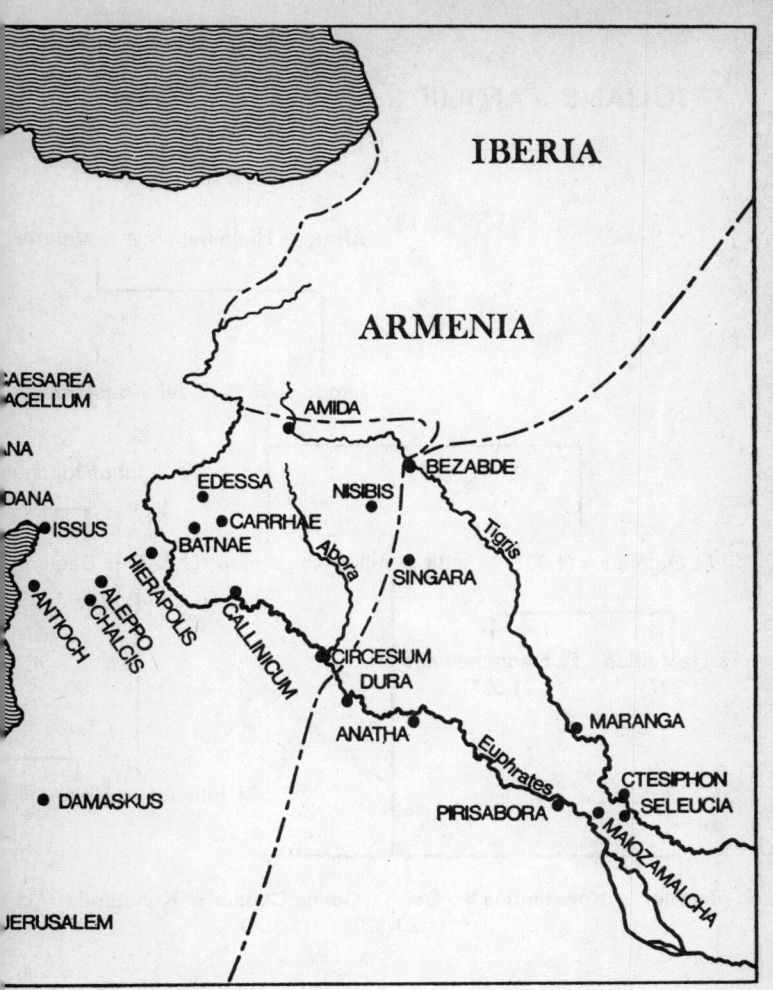

IBERIA

ARMENIA

CAESAREA
ACELLUM

NA

DANA

ISSUS

EDESSA

NISIBIS

AMIDA

BEZABDE

CARRHAE

BATNAE

Abora

SINGARA

Tigris

HIERAPOLIS

ALEPPO

ANTIOCH

CHALCIS

CALLINICUM

CIRCESIUM

DURA

MARANGA

ANATHA

Euphrates

CTESIPHON

SELEUCIA

DAMASKUS

PIRISABORA

MAIOZAMALCHA

JERUSALEM

JULIANS FAMILIE

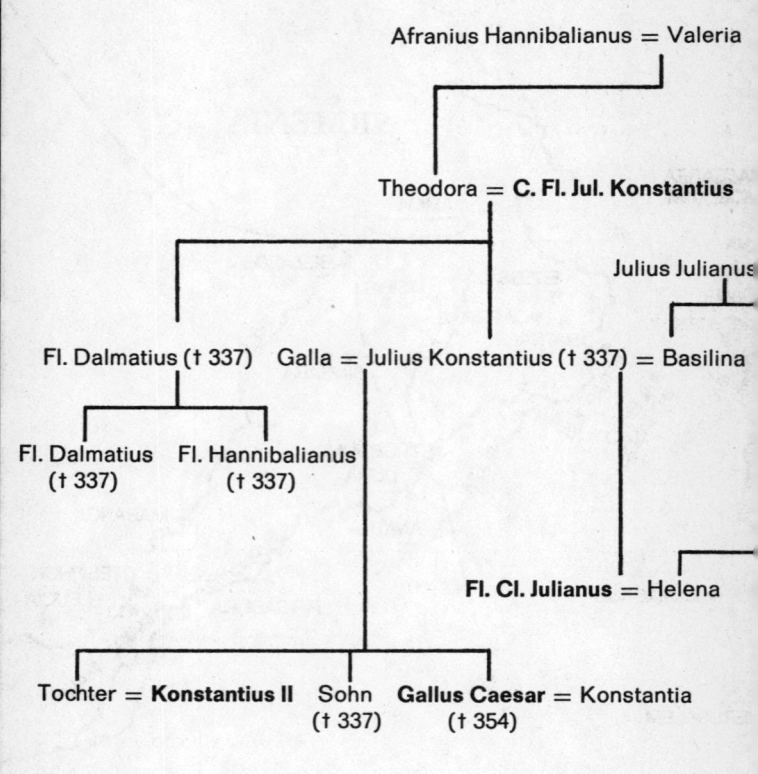

Afranius Hannibalianus = Valeria

Theodora = **C. Fl. Jul. Konstantius**

Julius Julianus

Fl. Dalmatius († 337)   Galla = Julius Konstantius († 337) = Basilina

Fl. Dalmatius   Fl. Hannibalianus
(† 337)   († 337)

Fl. Cl. Julianus = Helena

Tochter = **Konstantius II**   Sohn   **Gallus Caesar** = Konstantia
                               († 337)   († 354)

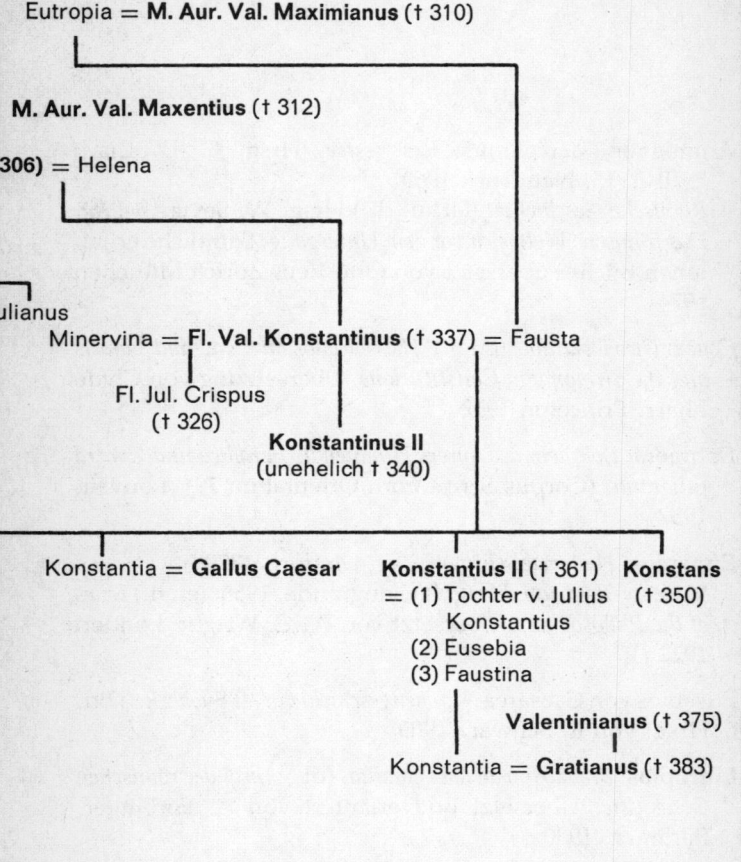

Eutropia = **M. Aur. Val. Maximianus** († 310)

M. Aur. Val. Maxentius († 312)

306) = Helena

Iulianus

Minervina = **Fl. Val. Konstantinus** († 337) = Fausta

Fl. Jul. Crispus
(† 326)

Konstantinus II
(unehelich † 340)

Konstantia = **Gallus Caesar**   **Konstantius II** († 361)   **Konstans**
= (1) Tochter v. Julius   († 350)
    Konstantius
(2) Eusebia
(3) Faustina

Valentinianus († 375)

Konstantia = **Gratianus** († 383)

Literaturhinweise

Ammianus Marcellinus: *Res gestae*. Hrsg. C. U. Clark 1910–1915. Neudruck 1963
Römische Geschichte. (lat. u. dt.) Hrsg. W. Seyfarth 1968
Das römische Weltreich vor dem Untergang. Sämtliche erhaltenen Bücher übersetzt von Otto Veh. Zürich/München 1974

Codex Theodosianus. (engl.) *The Theodosian Code and Novels and the Sirmondian Constitutions*. Übersetzung von Clyde Pharr. Princeton 1952

Ephraem: *Ephraem des Syrers Hymnen de Paradiso und Contra Julianum*. (Corpus Scriptorum Orientalum 79). Louvain 1957

Eunapios: *Historiae*. (Frg.) Hrsg. Dindorf. 1870
Vitae sophistarum. Hrsg. J. Giangrande. 1956. (engl.) *Lives of the Philosophers*. Übersetzt von W. C. Wright. London 1922

Eusebios von Caesarea: *Kirchengeschichte in 10 Büchern*. 3 Bd. Hrsg. von E. Schwarz.1909

Eutropios: *Breviarum ab urbe condita*. (dt.) *Abriß der römischen Geschichte*. Übersetzt und erläutert von A. Forbinger. Berlin ca. 1930

Gregor von Nazianz: *Reden*. Englische Übersetzung in: C. W. King, *Julian the Emperor*. London 1888

Johannes Malalas: *Chronik.* Hrsg. Dindorf 1831. Englische Übersetzung von M. Spinka und G. Downey. Chicago 1940

Julian: *The works of the Emperor Julian.* (griech. u. engl.) Übersetzt von W. C. Wright. 3 Bde. London 1913-1924 *Briefe* (griech. u. dt.) Hrsg. Bertold K. Weis. München 1973

Libanios: *Libanii opera.* Bd. 1–4. Hrsg. R. Foerster. Leipzig 1903–1908 (engl.) Libanius, *Selected Works.* Übersetzt von A. F. Norman. London 1969 *Autobiographische Schriften.* Eingeleitet, übersetzt und erläutert von Peter Wolf. Zürich/ Stuttgart 1967

Prudentius: *Werke.* 4 Bde. Hrsg. M. Lavarenne. Paris 1943–1951

Rusinus von Aquilaea: *Kirchengeschichte.* Engl. Übersetzung von W. H. Fremantle. London 1892

Sokrates Scholastikos: *Kirchengeschichte.* 3 Bde. Hrsg. R. Hussey. Oxford ³1893. Englische Übersetzung von A. C. Zenos. London 1891

Sozomenos: *Kirchengeschichte.* Hrsg. J. Bidez und G. Chr. Hansen. Leipzig/Berlin 1960. Englische Übersetzung von C. D. Hartranft. London 1891

Theodoret: *Kirchengeschichte.* Hrsg. L. Parmentier und F. Scheidweiler. 1954. – Englische Übersetzung von B. Jackson, London 1892

XII Panegyrici Latini. Hrsg. R. A. B. Mynors. Oxford 1964

Personenregister

HEYNE BIOGRAPHIEN

Die Taschenbuchreihe mit den bedeutenden Biographien der Großen der Weltgeschichte

Wilfried Blunt
Ludwig II.
König von Bayern
12/2 - DM 7,80

Robert Gutman
Richard Wagner
Der Mensch, sein Werk,
seine Zeit
12/3 - DM 9,80

Gavin de Beer
Hannibal
Ein Leben gegen Rom
12/7 - DM 5,80

H. F. Peters
Lou Andreas-Salomé
Das Leben einer außer-
gewöhnlichen Frau
12/8 - DM 8,80

Erich Eyck
**Bismarck und das
Deutsche Reich**
12/9 - DM 8,80

Edward Crankshaw
Maria Theresia
Die mütterliche
Majestät
12/10 - DM 8,80

G. P. Gooch
Friedrich der Große
Herrscher – Schrift-
steller – Mensch
12/12 - DM 12,80

Zoé Oldenbourg
Katharina die Große
Die Deutsche auf
dem Zarenthron
12/13 - DM 7,80

Werner Maser
Adolf Hitler
Legende – Mythos –
Wirklichkeit
12/15 - DM 12,80

Marcel Brion
Die Medici
Eine Florentiner Familie
12/20 - DM 7,80

Heinrich Eduard Jacob
Mozart
Geist – Musik –
Schicksal
12/22 - DM 9,80

David Shub
Lenin
Geburt des
Bolschewismus
12/23 - DM 9,80

Virginia Cowles
Wilhelm II.
Der letzte deutsche
Kaiser
12/26 - DM 10,80

Neville Williams
**Elisabeth I.
von England**
Beherrscherin eines
Weltreiches
12/28 - DM 7,80

Ronald W. Clark
Albert Einstein
Leben und Werk
12/30 - DM 12,80

Raoul Auernheimer
Metternich
Staatsmann und
Kavalier
12/33 - DM 6,80

W. H. Lewis
Ludwig XIV.
Der Sonnenkönig
12/34 - DM 8,80

Michael Grant
Caesar
Genie – Eroberer –
Diktator
12/35 - DM 6,80

Berndt W. Wessling
Beethoven
Das entfesselte Genie
12/36 - DM 8,80

Egon Caesar
Conte Corti
**Elisabeth
von Österreich**
Tragik einer
Unpolitischen
12/40 - DM 10,80

Robin Lane Fox
Alexander der Große
Eroberer der Welt
12/41 - DM 12,80

Eberhard Horst
**Friedrich II.,
der Staufer**
Kaiser – Feldherr –
Dichter
12/43 - DM 12,80

Jean Héritier
Katharina von Medici
Herrscherin ohne Thron
12/44 - DM 9,80

Ruth Jordan
George Sand
Die große Liebe
12/47 - DM 9,80

Robert Payne
Stalin
Macht und Tyrannei
12/48 - DM 14,80

W. Siegmund-Schultze
**Johann Sebastian
Bach**
Genie über den Zeiten
12/49 - DM 7,80

Michael Grant
Nero
Despont – Tyrann –
Künstler
12/53 - DM 7,80

HEYNE BIOGRAPHIEN

Die Großen der Weltgeschichte –
Wissenschaft · Politik · Kultur

HEYNE BIOGRAPHIEN

*Die Großen der
Weltgeschichte –
Politik · Kultur
Wissenschaft*

HEYNE BIOGRAPHIEN

Hermann Schreiber

AUGUST DER STARKE

Kurfürst von Sachsen –
König von Polen

12/146 - DM 12,80

HEYNE BIOGRAPHIEN

Peter Quennell

SHAKESPEARE

Genie des Welttheaters

12/94 - DM 9,80

HEYNE BIOGRAPHIEN

John Barnes

EVITA PERON

Mythos und Macht

12/120 - DM 12,80

HEYNE BIOGRAPHIEN

Stephen B. Oates

MARTIN LUTHER KING

Kämpfer für
Gewaltlosigkeit

12/139 - DM 16,80

HEYNE BIOGRAPHIEN

Jürgen Klein

VIRGINIA WOOLF

Genie - Tragik - Emanzipation

Originalausgabe

12/114 - DM 16,80

HEYNE BIOGRAPHIEN

Wolfgang Leppmann

RAINER MARIA RILKE

Leben und Werk

12/121 - DM 12,80

HEYNE BIOGRAPHIEN

Daniel James

CHE GUEVARA

Leben und Sterben eines
Revolutionärs

12/133 - DM 14,80

HEYNE BIOGRAPHIEN

Wolfgang Jeske/Peter Zahn

LION FEUCHTWANGER

Der arge Weg der Erkenntnis

12/142 - DM 12,80